Hans-Jürgen Fründt
Dominikanische Republik

„Ante mis ojos, la isla de la Española,
la más hermosa tierra que ojos humanos
jamás hayan visto."

(„Vor meinen Augen die Insel La Española,
das schönste Land, das menschliche Augen
jemals gesehen haben.")

(*Christoph Kolumbus* 1492)

Impressum

Hans-Jürgen Fründt
Dominikanische Republik
erschienen im
Reise Know-How Verlag Peter Rump GmbH
Osnabrücker Str. 79, 33649 Bielefeld

7., neu bearbeitete und komplett aktualisierte Auflage 2011

Gestaltung
Umschlag: G. Pawlak, P. Rump (Layout);
Christina Kouperman (Realisierung)
Inhalt: Günter Pawlak (Layout);
Kordula Röckenhaus (Realisierung)
Karten: Catherine Raisin, der Verlag
Fotos: Susanne Muxfeldt (sm), Hans-Jürgen Fründt (hf),
Markus Harteis (mh), Frank Herbst (fh), Hans Jessel (hj)
Titelfoto: www.fotolia.de © Darren Pellegrino

Lektorat (Aktualisierung): Christina Kouperman

Druck und Bindung: Media Print, Paderborn

ISBN 978-3-8317-2039-2

Printed in Germany

Dieses Buch ist erhältlich in jeder Buchhandlung Deutschlands, der Schweiz, Österreichs, Belgiens und der Niederlande. Bitte informieren Sie Ihren Buchhändler über folgende Bezugsadressen:

Deutschland
Prolit GmbH, Postfach 9, D-35461 Fernwald (Annerod)
sowie alle Barsortimente

Schweiz
AVA-buch 2000, Postfach, CH-8910 Affoltern

Österreich
Mohr Morawa Buchvertrieb GmbH, Sulzengasse 2, A-1230 Wien

Niederlande, Belgien
Willems Adventure, www.willemsadventure.nl

Wer im Buchhandel trotzdem kein Glück hat, bekommt unsere Bücher auch über unseren
Büchershop im Internet: www.reise-know-how.de

Wir freuen uns über Kritik, Kommentare und Verbesserungsvorschläge, gern per E-Mail an info@reise-know-how.de.
Alle Informationen in diesem Buch sind vom Autor mit größter Sorgfalt gesammelt und vom Lektorat des Verlages gewissenhaft bearbeitet und überprüft worden. Da inhaltliche und sachliche Fehler nicht ausgeschlossen werden können, erklärt der Verlag, dass alle Angaben im Sinne der Produkthaftung ohne Garantie erfolgen und dass Verlag wie Autor keinerlei Verantwortung und Haftung für inhaltliche und sachliche Fehler übernehmen. Die Nennung von Firmen und ihren Produkten sowie ihre Reihenfolge sind als Beispiel ohne Wertung gegenüber anderen anzusehen. Qualitäts- und Quantitätsangaben sind rein subjektive Einschätzungen des Autors und dienen keinesfalls der Bewerbung von Firmen oder Produkten.

054dr Foto: hf

VORWORT

Schon *Kolumbus* äußerte sich vor gut 500 Jahren begeistert über die heutige Dominikanische Republik, als er die Insel bei seiner ersten Reise entdeckte; sein Ausspruch über ihre Schönheit ist überliefert (s. Seite 3). Diese Schönheit wurde jedoch lange Jahrhunderte nur von wenigen Menschen gewürdigt, war man doch auf ganz andere Güter (Gold) aus. In den letzten Jahren hat sich dies geändert, das Interesse an der Karibikinsel ist sprunghaft gestiegen.

Die „Dom. Rep.", wie sie bereits respektlos abgekürzt wird, bietet eine weite Palette von abwechslungsreichen Landschaften, Stränden wie aus dem Bilderbuch und Städten, die einen tropischen Charme ausstrahlen.

Eine Zeit lang war die „Dom." – wenn schon abgekürzt, dann bitte so – ein wenig in Verruf geraten, galt als eine Art Mallorca der Karibik. Aber da tut man beiden Inseln Unrecht, denn wie auch Mallorca nur an ganz bestimmten Stellen seinem schlechten Ruf gerecht wird, hat die Dominikanische Republik mehr zu bieten als nur die Auswüchse von Sosúa – viel mehr. Wer nur in seiner Hotelanlage bleibt, erfährt nichts über den dominikanischen Alltag. Wer sich aber auf das Land einlässt, mit offenen Augen und wenigstens einem Minimum an Spanischkenntnissen reist, kann die wirklichen Schönheiten überall entdecken.

Wir wollen Anregungen geben, einmal seinen Hotelkomplex zu verlassen und etwas hinter die Urlauberkulissen zu schauen. Es lohnt sich, ist mit wenig Aufwand realisierbar, vermittelt dem Besucher bleibende Eindrücke – und lässt ihn womöglich *Kolumbus'* Begeisterung teilen.

Hans-Jürgen Fründt

INHALT

Exkurse 10
Hinweise zur Benutzung 11

Vor der Reise

Alles auf einen Blick 14
Informationen 18
Das Land im Überblick 19

Praktische Reisetipps A–Z

Ausrüstung 34
Autofahren 35
Bekleidung 38
Diplomatische Vertretungen 39
Ein- u. Ausreisebestimmungen 40
Einkäufe 42
Elektrizität 43
Essen und Trinken 44
Feste und Feiertage 49
Film und Foto 51
Geldfragen 52
Gesundheit 56
Hin- und Rückreise 63
Maße und Gewichte 69
Mit Kindern unterwegs 70
Motorradfahren 73
Nachtleben 75
Notfälle 78
Öffnungszeiten 78
Post 79
Preise und Reisekasse 79
Radfahren 85
Reisezeit 87
Sicherheit 89
Sport und Erholung 93
Sprache 96
Telefonieren 99
Uhrzeit 102
Unterkunft 102
Verhaltenstipps 108
Verkehrsmittel 110
Versicherungen 118

Land und Natur

Geografie 122
Klima 123
Flora 126
Fauna 131
Nationalparks 138

Staat und Gesellschaft

Staatssymbole 150
Geschichte 151
Staat und Verwaltung 159
Aktuelle Politik 162
Medien 165
Wirtschaft 166
Tourismus 170

051dr Foto: hf

Menschen und Kultur

Bevölkerung 174
Religion 179
Hahnenkampf 180
Alltagsleben 182
Die Frau in der Gesellschaft 184
Musik 186
Kunsthandwerk 190
Literatur 192
Architektur 193
Bildungswesen 196
Gesundheitswesen 197

Santo Domingo

Überblick 202
Geschichte 203
Sehenswertes 205
Ausflüge in die Umgebung 232
Praktische Reisetipps 235

Ostseite

Überblick 250
Boca Chica 251
Juan Dolio 258
San Pedro 263
La Romana 266
Bayahibe 272
Higüey 277
Punta Cana 279
Sabana de la Mar 288
Miches 289

Südwesten

Überblick 294
San Cristóbal 296
Playa Najayo 299
Palenque 300
Baní 300
Ázua 302
Barahona 304
Strände südlich von Barahona 307
Nationalpark Jaragua 309
Lago Enriquillo 310

Zentrales Hochland

Überblick 318
Santiago 319
La Vega 325
Moca 328
Salcedo 329
Jarabacoa 331
Constanza 339
San Francisco de Macorís 341

Nordküste

Überblick 344
Puerto Plata 346
Playa Dorada 358
Sosúa 360
Cabarete 369
Río San Juan 376
Strände westl. v. Pto. Plata 378
Playa Luperón 378
Ruinas La Isabela 379
Punta Rucía 380
Monte Cristi 381

Samaná

Überblick 388
Sánchez 389
Parque Nacional Los Haïtises 391
Las Terrenas 392
Playa Bonita 397
El Limón 399
Samaná-Stadt 400
Cayo Levantado 406
Las Galeras 407
El Valle 410
Playa Rincón 411

Anhang

Kleine Sprachhilfe 414
Literaturhinweise 418
Reisegesundheitsinformationen 420
Register 427
Der Autor 431
Kartenverzeichnis 432

Exkurse

Das Land in Zahlen ... 17
Piña colada ... 48
Kleines Flug-Know-how ... 67
Diebstahl beim Busfahren ... 91
Fünf Namen für eine Insel ... 123
Hurrikane ... 125
Chapetones und Criollos ... 155
Erfolgreicher Sklavenaufstand ... 177
Emigration in die USA ... 178
Historische Rekorde ... 204
Wo ist das Grab des Kolumbus? ... 207
Sir Francis Drake, Pirat der Königin ... 215
Sklavenhandel ... 220
Die Trujillo-Ära ... 228
Baseball in San Pedro ... 264
Enriquillo ... 314
Masken aus La Vega ... 326
Einwanderer von den Kanarischen Inseln ... 347
Die Zeit der Piraten ... 352
Tödlicher Sprachtest ... 365
Die Juden von Sosúa ... 367
Der Schatz von Cofresí ... 380
Die erste spanische Siedlung ... 382
400 versunkene Schiffe ... 394
Whale Watching ... 404

Hinweise zur Benutzung

Bei der Verwendung von Namen haben wir uns überwiegend an die spanische Schreibweise gehalten. So taucht zwar im Text der Name *Kolumbus* auf, dies geschieht aber nur zur Illustration, ansonsten haben wir die spanische Schreibweise „Colón" verwendet.

- **Internetadressen,** die über zwei Zeilen laufen, werden ohne Trennstrich geschrieben, um Verwechselungen mit Bindestrichen zu vermeiden, die zur Adresse gehören können.

Spanische Begriffe

- Wenn bei Adressenangaben der Begriff **Apartado Postal** auftaucht, ist ein Postfach gemeint.
- **Calle:** Straße, in Adressenangaben auch c/ abgekürzt
- **Casa:** Haus
- **Cobrador:** der wichtigste Mann einer Guagua, kassiert die Fahrgäste ab
- **Colmado:** Tante-Emma-Laden
- **Comedor:** kleines, einfaches Restaurant mit begrenzter Auswahl
- **Guaguas:** Kleinbusse, die kreuz und quer durch Santo Domingo fahren, aber auch auf längeren Strecken im ganzen Land verkehren.
- **Iglesia:** Kirche
- **Malecón:** Promenade am Meer
- **Motoconchos:** „Mofataxen"; junge Männer knattern mit ihren Mofas oder Mopeds durch die Straßen und befördern Fahrgäste auf kurze Distanzen.
- **Museo:** Museum
- **Parque:** Park, kann auch ein kleiner zentraler Platz sein
- **Playa:** Strand
- **Plaza:** Platz, generell nach einer Persönlichkeit benannt

Abkürzungen

- Wenn bei einer **Adresse der Zusatz s/n genannt** wird, dann steht dies für *sin número* (ohne Hausnummer). Das ist die offizielle Adressenangabe; sie wird immer dann gebraucht, wenn es sich um unverwechselbare Gebäude handelt.
- **Av.** steht für Avenida (breite Straße).
- **c/** wird für Calle (Straße) in Adressangaben benutzt.
- **R.D.$** bedeutet dominikanischer Peso und steht für *República Dominicana*, das $-Zeichen bedeutet hier nicht Dollar, sondern Peso.

200dr Foto: hf

VOR DER
REISE

ALLES AUF EINEN BLICK

Anreise Acht internationale **Flughäfen** gibt es im Land, drei werden momentan von Europa aus angeflogen: Santo Domingo für alle Ziele an der Südküste, Puerto Plata für viele Destinationen an der Nordküste, und Punta Cana für die Strandzonen an der Ostspitze. Je nach Fluggesellschaft gibt es auch vereinzelt Flüge nach La Romana (im Süden) und nach Samaná, aber insgesamt äußerst selten. Der Direktflug dauert etwa 9–10 Stunden.

Ein- und Ausreisebestimmungen Bundesbürger, Schweizer und Österreicher müssen einen noch drei Monate gültigen **Reisepass** vorlegen. Jeder Besucher muss aber auch eine **Touristenkarte** vorweisen; sie wird im Normalfall bei der Buchung vom Reisebüro ausgehändigt. Falls nicht, unbedingt nachfragen, denn ansonsten muss sie über die Botschaft erworben werden oder direkt nach der Landung für 10 US$ gekauft werden. Die Karten sind ziemlich klein und tragen einen Barcode. Außerdem muss jeder Passagier **zwei Formulare ausfüllen,** eines für die Einreise, das andere wird bei der Ausreise eingezogen. Ein weiteres (weißes) Formular muss für den Zoll ausgefüllt werden, sowohl bei der Ein- als auch bei der Ausreise. Der visafreie Aufenthalt ist auf 90 Tage beschränkt. Bei der Ausreise sind 20 US$ Ausreisesteuer fällig, die aber meist die Reiseveranstalter übernehmen.

Organisiert oder auf eigene Faust? Dank der ausgezeichneten **Busverbindungen** kann das Land problemlos auf eigene Faust bereist werden. Große Städte werden stündlich per Linienbus angesteuert, abgelegenere Orte etwas seltener.

Unterkunft In allen größeren Orten gibt es Unterkünfte, in den Touristenorten stehen teilweise mehrere Dutzend zur Auswahl. Preiswerte Hotels liegen bei 20 US$, nach oben sind keine Grenzen gesetzt. Ei-

Seite 12/13: Playa Bonita auf Samaná

nige ganz vorzügliche Hotelanlagen liegen relativ abgelegen bei Punta Cana; bis zur nächsten Stadt sind es im Extremfall dann 50 km (nach Higüey).

Eine Hotelunterkunft auf eigene Faust zu buchen, ist nicht in jedem Fall preiswerter, die großen Reiseveranstalter bieten mitunter erstaunlich günstige Arrangements an. Seit ein paar Jahren haben die großen Reiseveranstalter ihr Hotel-Angebot aber ausgedünnt, die Katalog-Auswahl ist somit kleiner geworden. Bei einigen Hotelketten lohnt sich oft auch ein Besuch der Homepage, da hier attraktive Vergünstigungen bei der Internetbuchung winken, so etwa bei der *Accor*-Gruppe.

All Inclusive

All Inclusive wird immer beliebter, obwohl etliche Hoteliers nur murrend mitziehen. Aber nicht in jedem Fall beinhaltet *All Inclusive* auch tatsächlich alles, denn manchmal gilt die freie Auswahl nur für nationale Getränke oder lediglich für ausgewählte Sportarten oder wiederum nach einer bestimmten Uhrzeit nicht mehr.

Essen & Trinken

In den Ferienanlagen und Urlauberhotels mangelt es an nichts, reichhaltige Büfetts und abwechslungsreiche Speisen gehören hier zum Programm.

Außerhalb der großen Städte werden Restaurants doch deutlich seltener, oftmals finden sich dann nur ein Comedor (kleiner Imbiss) oder eine mobile Garküche.

Auf **Fischgerichte** sollte in der Zeit von April bis September verzichtet werden. In dieser Zeit kann es nach dem Verzehr zu schweren Vergiftungen kommen. Hervorgerufen wird diese Vergiftung durch Ciguatoxin; man nimmt an, dass die Fische das Toxin durch giftige Algen über die Nahrungsmittelkette aufnehmen. Bei dem Fisch verursacht die Vergiftung keinerlei Veränderungen.

Transportmittel

Die großen Städte werden von zwei **Linienbusgesellschaften** verbunden, auf der Hauptroute Santo Domingo – Santiago – Puerto Plata sogar im Stundentakt. Abgelegenere Orte werden seltener angesteuert, aber immer noch nach Fahrplan. Darüber hinaus pendeln schier unzählige Kleinbusse (Guaguas) nach dem Prinzip: Es geht los, wenn der Bus voll ist – und voll ist er, wenn der Fahrer es bestimmt. So gelangt man auch in die abgelegensten Ecken, jedenfalls bei Tageslicht, nachts (ab 19 Uhr) verkehren deutlich weniger Busse.

Geld

US-Dollar werden im Alltagsgeschäft genauso gerne angenommen wie dominikanische Pesos, der **Euro** kann überall gewechselt werden. Selbstverständlich können aber in Banken, Wechselstuben oder an der Hotelrezeption Euro, SFr oder US$ getauscht werden. Traveller-Schecks in US-Dollar werden von den großen Hotels anstandslos als Zahlungsmittel akzeptiert. Kreditkarten werden in allen touristisch relevanten Zonen akzeptiert. Mit seiner Maestro-Karte (frühere EC-Karte) kann man auch an vielen **Automaten** Geld abheben. Bei der Ausreise können bis zu 30 % der Summe zurückgetauscht werden, die man vorher in Pesos eingetauscht hat, vorausgesetzt, man hat die Bankquittungen. Private Wechselstuben tauschen zu ungünstigeren Kursen auch Peso gegen US$.

Kosten

Die Dominikanische Republik soll neben Kuba das **preiswerteste Karibik-Ziel** sein. Die Preise für Verpflegung und Transport sind generell niedrig, die für Hotelunterkünfte schwanken nach individuellen Ansprüchen. In den Ferienanlagen ist dagegen alles doppelt so teuer wie „draußen". Auch Mietwagen haben einen relativ hohen Preis.

Dominikaner

Die Dominikaner sehen sich als die **freundlichsten Menschen der Welt** an. Das kann zwar niemand beurteilen, aber ohne Zweifel wird ein Ausländer selten ein böses Wort hören. Und das, obwohl alljährlich immer mehr Touristen kommen und einen gewissen Wohlstand vorführen.

Verständigung

Immer mehr Dominikaner, die in den Ferienzentren arbeiten, sprechen zumindest etwas Deutsch

Das Land in Zahlen

- **Offizieller Name:** República Dominicana
- **Staatspräsident:** Dr. Leonel Fernández Reyna, 2008 zum dritten Mal für vier Jahre gewählt.
- **Fläche:** 48.511 km²
- **Bevölkerung:** ca. 10 Mio., davon 73 % Mestizen, 16 % Weiße, 11 % Schwarze
- **Bevölkerungswachstum:** zuletzt 1,6 %
- **Bevölkerungsstruktur:** 1–14 Jahre: 34 %, 15–64 Jahre: 61 %, 65 Jahre und älter: 5 %
- **Religion:** 75 % römisch-katholisch, 4 % Protestanten, 1,5 % Adventisten, 1,5 % Zeugen Jehovas, 2 % Sonstige (u.a. jüdischen Glaubens), außerdem sind 16 % ohne Religionszugehörigkeit.
- **Landesfarben:** rot-blau mit weißem Kreuz in der Mitte
- **Hauptstadt:** Santo Domingo (2,73 Mio., damit zweitgrößte Stadt der Karibik, nach Havanna auf Kuba)
- **Größere Städte:** Santiago (600.000 Einw.), La Romana (230.000), San Francisco de Macorís (180.000), San Pedro de Macorís (250.000), Puerto Plata (140.000)
- **Größter See:** Lago Enriquillo
- **Höchster Berg:** Pico Duarte (3087 Meter, damit höchster Berg der Karibik)
- **Niedrigster Punkt:** Lago Enriquillo, 44 Meter u. NN
- **Mittlere Temperaturen:** 24–27 °C im Jahresdurchschnitt, Mai–Oktober: 30–35 °C bei hoher Luftfeuchtigkeit, in den Wintermonaten 24–28 °C
- **Niederschläge:** Regenzeit von etwa Mai bis Oktober an der Südküste, im Norden eher ab November
- **Unabhängigkeitstag:** 27. Februar
- **Küstenlinie:** 1288 km
- **Grenze zu Haiti:** 310 km
- **Tourismus:** insgesamt ca. 3,2 Mio. Auslandsgäste, davon im Jahr 2010 (bis einschl. November) über 160.000 Deutsche

oder Englisch, einige sogar ganz ausgezeichnet. Außerhalb dieser Zonen sieht es schon anders aus, da ist dann der Reisende gefordert und muss etwas **Spanisch** beherrschen. In das dominikanische Spanisch mit seinen abweichenden Begriffen, der anderen Sprachmelodie und der teilweise etwas verkürzten Aussprache bestimmter Wörter muss man sich erst hineinhören.

Reisezeit

Eine Reise in die Dominikanische Republik kann unter klimatischen Gesichtspunkten **ganzjährig** unternommen werden. In den Sommermonaten wird das Klima allerdings durch die Regenzeit geprägt, dann herrscht neben der Hitze eine hohe Luftfeuchtigkeit, die nicht jeder verträgt. In den Wintermonaten fällt das Thermometer nur unwesentlich, dafür herrscht ein konstant trockenes Klima, allerdings nicht an der Nordküste; dort setzt die Regenzeit im Oktober oder November ein.

Malaria Die Insel galt bislang als fast malariafrei, nur wer in das Grenzgebiet zu Haiti fuhr, musste eine Malariaprophylaxe durchführen. Leider kommt es heute auch in anderen Gegenden zu Erkrankungen, sogar in Punta Cana. Laut dominikanischen Zeitungen gab es zuletzt auch Ausbrüche vom Dengue-Fieber. Informationen sind u.a. über das Zentrum für Reisemedizin in Düsseldorf erhältlich: www.travelmed.de, www.crm.de; siehe auch „Gesundheitstipps“ im Anhang.

INFORMATIONEN

Botschaften Adressen siehe Kapitel „Praktische Reisetipps, Diplomatische Vertretungen“.

Fremdenverkehrsamt Grundlegende Infos und Prospekte verschickt:

- **Dominikanisches Fremdenverkehrsamt,** Hochstr. 54, 60313 Frankfurt/M., Tel. (069) 91397878, Fax 283430, germany@godominicanrepublic.com, www.godominicanrepublic.com.

Internet

- **www.dominican-rep.com** (Tipps zu den Regionen)
- **www.hispaniola.com** (sehr viele konkrete Reisetipps)
- **www.popreport.com** (Infos zu Puerto Plata und zur Nordküste)
- **www.dominicana.com.do** (allgemeine Infos zum Land, aber auch so überraschend Wissenswertes wie Infos zu Filmen, Büchern oder Musik)
- **www.the-samana-page.com** (informative Seiten über Samaná mit vielen Tipps)

- **www.infolasgaleras.com** (praktische Tipps zu diesem kleinen Samaná-Ort)
- **www.bocachicabeach.net** (Infos zu Boca Chica, scheint etwas veraltet)
- **www.domrep-magazin.de** (deutschsprachig, liefert interessante Nachrichten von der Karibikinsel)
- **www.activecabarete.com** (Tipps zum Ort, u.a. auch zu Hotels, Kneipen und Ausflügen)
- **www.colonialzonedr.com** (Private Seite mit Hotel- und Restaurant-Tipps, viele allgemeine Infos von Insidern)

Das Land im Überblick

Kurze Vorstellung der Regionen

Die Dominikanische Republik ist für die meisten Urlauber ein Ziel, um Strandurlaub zu machen. Tatsächlich findet der Feriengast auch einige ganz vorzügliche Strandabschnitte, die Region um Punta Cana dürfte sogar unter karibischen Maßstäben weit vorne liegen. Aber nur zum „Beachen" in die Karibik fahren? Das wäre doch viel zu schade. Hier eine kurze Übersicht über die Möglichkeiten.

Santo Domingo

Die älteste noch existierende Stadt Amerikas ist mittlerweile zu einer Millionenstadt angewachsen. Der historische Kern dagegen ist ein architektonisches Kleinod geblieben. Alte spanische Kolonialbauten, wuchtige Festungsmauern, schicke Museen, eine beeindruckende Kathedrale und Straßenzüge, in denen die Zeit stehengeblieben scheint. Nur wenige Schritte entfernt der Alltag, entlang des Malecón, einer kilometerlangen Ausfallstraße mit Promenade, oder, zur anderen Stadtseite, das quirlige Marktgeschehen rund um die Plaza Enriquillo. Etwas außerhalb der Kolumbus-Leuchtturm, Faro á Colón, ein gigantomanisches Prestige-Bauwerk, das Ex-Präsident *Balaguer* zur 500-Jahr-Feier der Entdeckung Amerikas hochziehen ließ.

Südosten

Hier liegen mit Boca Chica und Juan Dolio zwei der ältesten Strandabschnitte. **Boca Chica** hat sich zu einem Ort gewandelt, in dem viel Trubel herrscht, nichts für Leute, die ruhige Ferien wünschen. **Juan Dolio,** ein weitläufiges Stranddorf mit nur noch wenigen Hotels. Der Strand ist nicht einheitlich, mal schmal und grau, dann wieder einladend und breiter, er wurde durch Sandaufspülungen künstlich vergrößert. **La Romana,** ein mittelgroßer Ort ohne Sehenswürdigkeiten. **Bayahibe,** ein Dorf mit schöner Strandbucht und überwiegend einfachen Unterkünften sowie einem ca. drei Kilometer entfernten Strandabschnitt mit qualitativ besseren Häusern. Von hier starten täglich Dutzende von Ausflugsbooten zur vorgelagerten **Isla Saona. Higüey,** die letzte große Stadt im Osten mit eigenwilliger Kirche, die auf dem 50-Pesos-Schein abgebildet ist. **Punta Cana** ist das Strandparadies schlechthin: 30 km Strand, dutzende hervorragender All-Inclusive-Hotels und Palmen, so weit das Auge reicht.

Südwesten

Palenque, ein kleines Fischerdorf mit ursprünglichem Charme, früher Fluchtpunkt der Hauptstädter. **Barahona,** letzte große Stadt im trockenen, heißen Westen, weist keine Sehenswürdigkeiten auf, ist aber Startpunkt für Touren zu den unerforschten Stränden von Paraíso oder Oviedo. **Lago Enriquillo,** ein See, der 44 Meter unter NN liegt und in dem noch Krokodile schwimmen, befindet sich in einer brütend heißen Klimazone.

Cordillera Central

Das fruchtbare zentrale Hochland wird auch „dominikanische Alpen" genannt. **Jarabacoa,** eine Stadt inmitten einer bergigen, grünen Landschaft, in der abends das Thermometer herrlich sinkt, ist Ausgangspunkt für eine Besteigung des höchsten Berges der Karibik, des Pico Duarte mit 3087 Metern. Etwas außerhalb liegt **Santiago,** die zweitgrößte Stadt des Landes und ein Tipp für alle, die einkaufen wollen.

601dr Foto: hf

Nordwesten Eine trocken-heiße Region, schwach besiedelt und wenig fruchtbar. An der Küste liegen ein paar einsame, aber gleichwohl hervorragende Hotelanlagen bei Maimón, Cofresí, Luperón, außerdem die älteste Siedlung der Neuen Welt, La Isabela.

Norden **Puerto Plata,** zentrale, aber noch relativ ruhige Stadt an der Nordküste. Kein herausragender Strand, aber ein Bernsteinmuseum, eine angenehme Stadtatmosphäre und eine Seilbahn zu einem 800 Meter hoch gelegenen Aussichtspunkt, dem Monte Isabel de Torres. Ganz in der Nähe liegt **Playa Dorada,** ein Strandabschnitt mit einem Dutzend großer Hotelanlagen in einem etwas separierten Abschnitt. Aus **Sosúa,** einer kleinen Gemeinde um eine nette Bucht, wurde der quirligste Touristenort des ganzen Landes, hier bleibt kein Auge trocken. **Cabarete,** der Surfertreff, liegt vor einem sehr schönen Strand.

Samaná Eine Halbinsel, die wie ein ausgestreckter Finger ins Meer ragt, zählt zu den schönsten Ecken des

Am Strand in Punta Cana: Playa Bávaro

Landes mit tollen Stränden, endlosen Palmenhainen und der Bacardi-Insel. Ein Höhepunkt der ganz besonderen Art: *Whale Watching* im Frühjahr.

Bewertung aus touristischer Sicht

Im vorherigen Kapitel wurde das Land in Grundzügen vorgestellt, wurden kurz und knapp die Merkmale der einzelnen Regionen dargestellt. In diesem Abschnitt soll ein anderer Ansatz gewählt werden, eine Beurteilung aus rein touristischer Sicht. Selbstverständlich ist diese rein subjektiver Natur und beruht auf persönlichen Erfahrungen und Beurteilungen des Autors. Da mag denn der eine oder andere Leser schließlich vor Ort zu einer gegenteiligen Auffassung kommen. Gleichwohl soll dies ein Versuch sein, dem Urlauber eine Hilfestellung an die Hand zu geben, um „sein" Urlaubsziel passend auszuwählen.

Santo Domingo

Die **zweitgrößte Stadt der Karibik** (nach Havanna auf Cuba) dürfte wohl für niemanden ein primäres Urlaubsziel sein. Selbstverständlich lohnt ein Besuch, sogar mehrere Tage Aufenthalt können problemlos mit interessanten Besichtigungstouren gefüllt werden, aber als Städtereiseziel kommt die Hauptstadt wohl nicht in Frage.

Eltern mit Kindern, die einen eintägigen Besuch planen, sollten vielleicht an einem Sonntag kommen. Zwar sind dann praktisch alle Geschäfte geschlossen, aber eine Besichtigungstour durch die Altstadt kann dann viel stressfreier absolviert werden. Es fahren nämlich kaum Autos durch die engen Straßen, und der ansonsten nie endende Strom von Menschen tröpfelt bestenfalls. Die Straßen sind also ziemlich leer, kein ständiges Autogehupe stört und erschreckt womöglich die Kleinen. Außerdem flanieren auch einige dominikanische Familien mit ihren Kindern durch die

Straßen und Parks, mögliche spielerische Kontakte sind also nicht ausgeschlossen.

Boca Chica Dieser Strand war schon immer das **Naherholungsgebiet** der Hauptstädter. Kein Wunder, ist Boca Chica doch schnell erreicht, und es pendeln beinahe im Fünfzehn-Minuten-Rhythmus Busse von der Plaza Enriquillo in Santo Domingo. Am Wochenende wird es also eng am Strand und laut, jedenfalls für europäische Ohren. Dominikaner erfreuen sich eher daran, dass alle paar Meter ein anderer Ghettoblaster steht und, natürlich, Merengue spielt, immer *a tope,* so laut, wie es nur geht.

Für manchen ist das dann doch zu viel. Außerdem ziehen hier unzählige fliegende Händler auf und ab, sprechen jeden Touristen unermüdlich an, obwohl sie sich meist eine Abfuhr holen. Die „Hauptmeile“ ist eine relativ kurze Straße parallel zum Strand, die Calle Duarte; hier liegen die meisten Kneipen und Restaurants, entsprechend quirlig ist das Nachtleben. Dann kommen auch die vielen Pärchen Marke „café con leche“ (Milchkaffee) zum Vorschein, Boca Chica hat sich zu einem der beiden Hauptorte des Sextourismus entwickelt. Viele kleinere Hotels und zwei größere, die allerdings rigoros abgeschottet werden, sind zu finden. Der Strand misst etwa einen Kilometer und liegt in einer Bucht; da sich weit draußen ein Korallenriff schützend davorlegt, plätschert das Wasser sacht ans Ufer, fast wie in einer Badewanne.

Juan Dolio

Juan Dolio ist kein gewachsener Ort, sondern ein **Sammelname** für einen Strandabschnitt von 4–5 km Länge. Eigentlich besteht der Hauptteil dieses Ortes, um ihn dann doch so zu benennen, nur aus einem kilometerlangen Weg, der zwischen Meer und Hauptstraße verläuft. Hier liegt nur noch ein kleineres Hotel und an einigen Punkten etwas geballt auch Restaurants, Reisebüros, Taxen etc. Diese Stellen heißen dann etwas großspurig Plaza Quisqueya oder Plaza Ramada, aber tatsächlich darf man nicht allzuviel erwarten. Der weitestgehend von Palmen begrenzte Strand ist recht schön, da er vor ein paar Jahren durch Sandaufspülungen verbreitert wurde. Etwa am Ende dieser Piste wird das riesige Gelände eines mittlerweile geschlossenen Hotelkomplexes erreicht, dort ändert sich das Bild. Ein asphaltierter Malecón, eine Promenade mit nett bepflanztem Grünstreifen, verläuft jetzt direkt am Meer entlang. Juan Dolio erlebt momentan touristisch keine gute Zeit. Viele kleine Hotels und sogar zwei riesige Anlagen sind geschlossen, an sehr vielen Privathäusern hängen Verkaufsschilder und gleichzeitig werden neue Apartment-Anlagen gebaut. An die 100 Mio. US-Dollar sollen nun investiert werden, um dem Ort einen neuen Schwung zu geben. Mal abwarten!

Bayahibe

Ein nettes, **kleines Dorf,** an einer schönen Strandbucht gelegen. Bis vor kurzem gab es hier nur einfache Unterkünfte, mittlerweile wurden aber doch die ersten großen Hotelanlagen errichtet. Ein Hotel okkupierte kurz entschlossen sogar den halben Strandabschnitt. Tagsüber fallen außerdem Hun-

Dorfstraße in Bayahibe

056dr Foto: hf

derte Touristen ins Dorf ein, klettern auf eines der vielen Boote und lassen sich zur Insel Isla Saona rüberfahren. Ein Tagesausflug mit viel Rum-Punsch für die Punta-Cana-Urlauber, aber die sind abends wieder verschwunden. Der Strand liegt in einer schönen Bucht, bleibt gleichwohl überschaubar und auch etwas schmal. Deutlich schöner ist die 2–3 km entfernte Playa Americanus Dominicus, wo auch ein paar gute Hotels zu finden sind. Das Dorf selbst bietet herzlich wenig, ein paar Lokalitäten, das war's schon; man muss mit der Ruhe und der Trägheit umgehen können, dann wird man Bayahibe schätzen lernen.

Punta Cana Hinter diesem Namen verkaufen die Reiseveranstalter ein weitläufiges Strandgebiet im äußersten Osten der Insel. Eigentlich verbirgt sich hinter Punta Cana nur **ein kleiner Abschnitt,** die benachbarten Strände tragen nämlich Namen wir Bávaro oder Macao. Eine deutliche Trennung kann aber tatsächlich kaum gezogen werden, verläuft hier doch durchgehend einer der schönsten Strände der Karibik. Angeblich über 30 km zieht er sich durch Buchten und vor nie enden wollenden Palmenwäldern. Der weiche, helle Sand fällt sacht ins Wasser, das ruhig ans Ufer plätschert. Beinahe eine Idylle, an der nur vier Dutzend Hotels liegen, die sich auf über 15–20 Kilometern verteilen. Die Hotels sind alle hervorragend und kleine Welten für sich, die meisten fungieren als All-Inclusive-System, das heißt, dass der Strandwanderer in einer fremden Anlage hier nicht einmal eine Cola bekommt. Alle Anlagen sind streng bewacht, selbst am Stand trifft man keine fliegenden Händler. Nur wenige Unterkünfte können hier von Individualtouristen angesteuert werden, sie liegen in Cortecito, einem Mini-Dorf am Stand von Bávaro. Da der nächste Ort, Higüey, gute 50 km entfernt liegt, bleiben die meisten Urlauber gleich in ihrer Anlage. Das jeweilige Management bietet deshalb auch allerhand an, um den Urlaubern die Zeit nicht lang werden zu lassen. Das Nachtleben beschränkt sich zwangsläufig auf die jeweiligen Hotelbars; wer also auf die Pauke hauen will, sollte vielleicht einen anderen Ort wählen. Für kleine Kinder gibt es dagegen kaum einen besseren Platz. Sie können im Sand buddeln und im flachen Teil des Pools planschen.

Samaná

Die Halbinsel Samaná zählt zu den **landschaftlich reizvollsten Regionen der Insel,** außerdem sind hier ein paar sehr schöne Strände zu finden. Der Hauptstrand, Las Terrenas, liegt an der Nordseite, erreichbar auf einer asphaltierten Straße, die sich über einen Höhenzug von gut 500 Metern schlängelt. Der Strand von **Las Terrenas** ist relativ schmal, schlängelt sich aber über etliche Kilometer vor einem durchgängigen Palmenwald ent-

056dr Foto: hf

lang. Das lockte ständig mehr Touristen an, der alte Ort Las Terrenas wurde im Laufe der Jahre immer mehr ausgebaut. Bessere Lokalitäten ergänzen nun die einfacheren Strandbuden, großzügige Hotels entstanden in den Außenbereichen, die alten, kleineren halten teilweise noch tapfer dagegen. Auch hier entstanden zuletzt mehrere sehr schicke Apartment-Anlagen. In der benachbarten **Playa Bonita** sind dann noch weitere gemütliche Hotels direkt am Strand zu finden.

Las Galeras, ganz an der Ostspitze gelegen, ist so etwas wie das absolute Laid-back-Refugium, ruhiger geht es kaum noch.

In **Samaná-Stadt** liegen zwar einige nette Lokalitäten, aber kein nennenswerter Strand. Dafür entschädigt dann die kleine vorgelagerte Bacardi-Insel, Cayo Levantado, die tatsächlich fast so schön ist wie im Werbespot, obwohl der gar nicht dort gedreht wurde.

Seit eine **neue Autobahn** die Fahrt von Santo Domingo nach Samaná auf zwei Stunden deutlich verkürzt hat, muss abgewartet werden, ob dies die Situation auf Samaná verändert. Die dortigen Hoteliers jedenfalls haben große Erwartungen.

Der Strand von Playa Bonita

130dr Foto: hf

Cabarete Eigentlich nicht viel mehr als ein Straßendorf, das sich zu einem sportiven Ort gemausert hat. Der Strand zieht sich gut zwei Kilometer um eine Bucht herum und verläuft dann noch über etliche Kilometer weiter. In Cabarete treffen sich die Surfer, vor allem die Kitesurfer, denn jeden Nachmittag bläst hier ein starker Wind seitlich in die Bucht. Entsprechend bieten etliche Vermieter von Windsurfbrettern ihre Dienste an, Anfängerkurse inklusive. Zahlreiche Hotels und Restaurants liegen direkt am Strand, abends genießt man dann herrliche Ausblicke beim Drink zum Sonnenuntergang. Aber auch auf der Landseite sind schöne Hotelanlagen zu finden. Auf Animation wird hier meist verzichtet, die Gäste können sich offensichtlich bestens selbst vergnügen. Einige größere Ho-

Strandlokale in Cabarete

058dr Foto: hf

telanlagen liegen drei bis fünf Kilometer außerhalb des eigentlichen Ortes, zwar immer noch am schönen Strand, aber doch ein wenig isoliert.

Sosúa

Das schlechte Image der „Dom. Rep.", um sie auch nur ein einziges Mal so zu nennen, wie es viele Urlauber tun, entstand hier. Ursprünglich war Sosúa mal ein kleiner, verschlafener Ort, der sich an eine etwa einen Kilometer lange ruhige Bucht schmiegte. Aus und vorbei! Heute hat sich Sosúa in einen rummeligen, quirligen Ort verwandelt. Direkt am Strand liegen Dutzende, eher ein gutes Hundert kleiner **Kioske;** angeboten wird alles Mögliche und Unnütze. Vor allem liegen hier auch etliche Kneipen, nicht wenige unter deutscher Flagge. Aber auch im Ort selbst finden sich genügend Lokalitäten, die alle zusammen besonders nachts zur Hochform auflaufen. Gut, wer da ein Hotel hat, das etwas außerhalb liegt. Im alten Stadtteil Los Charamicos dominiert noch dominikanisches Leben, während im Ortsteil El Batey der Tourist das Zepter schwingt. Sosúa ist kein Ort für ruhige, romantische Karibikferien, auch Familien mit Kindern sollten einen anderen Ort wählen. Die Prostitution ist auch hier unübersehbar.

Kitesurfer am Strand von Cabarete

Playa Dorada

Eine Strandzone, die in unmittelbarer Nähe von Puerto Plata liegt. Hier befindet sich ein gutes Dutzend Hotelanlagen, aufgereiht wie auf einer Perlenkette. Eine Zufahrtsstraße führt von der Hauptstraße im Halbkreis durch diese Zone, schlägt einen Bogen und endet wieder an derselben Hauptstraße. Im Zentrum erstreckt sich ein **Golfplatz,** der vorzugsweise von den US-Amerikanern genutzt wird. Innerhalb dieser Zone ist alles vorhanden, egal ob eine bestimmte Lokalität gesucht wird, ein Spielkasino, ein Souvenirladen oder ein Reisebüro. Wer die gesamte Zone abläuft, dürfte nicht unter 45 Minuten unterwegs sein, das deutet die Größe an. Deshalb pendeln hier auch Busse, die die Touristen von den entfernteren Hotels zum Strand und zurück bringen. Wer einmal diesen bewachten Bereich verlassen möchte, geht einfach bis zur Hauptstraße, muss also die trennende Schranke passieren und hält den nächsten Bus an. Da die im Minutenabstand vorbeibrausen, stellt dies wahrlich keine Hürde dar.

Puerto Plata

„Aber da gibt es doch keinen Strand!", so lautete der fast erschrockene Ausruf eines Dominikaners, neben dem ich im Flugzeug während der ersten Reise saß. Recht hatte der Mann, aber das war mir damals nicht klar. Puerto Plata zählt immerhin zu den größten Orten des Landes, ein Flugplatz trägt den Namen, und in so manchem Prospekt wird ein Hotel dem Ort zugerechnet, obwohl es doch einige Kilometer außerhalb liegt. In Puerto Plata existiert kein nennenswerter Strand, jedenfalls aus touristischer Sicht und verglichen mit den schönen Playas, die es sonst im Land zu entdecken gibt. Der einzige Strand, die Playa Long Beach, wurde sogar durch Sandaufspülungen künstlich verbreitert. Diese Stadt dürfte deshalb für die meisten Besucher nur als ein **Tagesausflug** eingeplant sein. Sicher, es macht schon Spaß, durch die Straßen zu laufen, sich das ungeschminkte karibische Leben anzuschauen, die zwei, drei Sehenswürdigkeiten zu besichtigen. Trotzdem sollte die Erwartung nicht zu hoch sein.

Maimón, Cofresí, Luperón Drei Strandzonen, dreimal das gleiche Bild, deshalb sollen sie hier zusammengefasst sein. In jeder Bucht sind **hervorragende Hotelanlagen** zu finden, die dem Gast alles bieten, allerdings liegen sie alle ein wenig isoliert. Wer gerne noch einen Stadtbummel bei Sonnenuntergang unternehmen möchte oder auch sonst gerne den Kontakt zur Stadt sucht, wird hier nur mit einiger Mühe auf seine Kosten kommen. Die Strände sind alle durchaus schön, aber neben der Hotelanlage gibt es kaum weitere touristische Infrastruktur in der Nähe.

Barahona Eine Gegend für Entdecker, ohne Spanischkenntnisse geht es nicht. Wer hier urlaubt, erlebt eine ganz andere Seite, nicht die rummelige und auch nicht die künstliche Urlaubswelt. Einige wenige Hotels sind schon zu finden, aber hier herrscht Ruhe, ja beinahe kann man schon sagen Einsamkeit vor. Die Landschaft zeigt sich trocken, verkarstet und heiß. Ein Stadtbummel durch Barahona dürfte keine erfrischenden Eindrücke bringen, man muss sich schon auf ruhige bis träge Urlaubstage einstellen können und die nähere Umgebung (Lago Enriquillo) erkunden wollen.

Jarabacoa Die andere Seite der Karibik. Jarabacoa liegt in dem Gebirgszug der Cordillera Central, auch dominikanische Alpen genannt. Hier ist das Klima bedingt durch die Höhe milder, auch gibt es eine ganz andere Vegetation sowie ein paar **beeindruckende Wasserfälle.** Wer möchte, kann auch eine Besteigung des höchsten Berges der Karibik unternehmen, Angebote dazu gibt es genug. Interessant auch die Rancho Baiguate, eine Farm am Ortsrand mit rustikalen Unterkünften und diversen Angeboten zu allen möglichen sportiven Unternehmungen (Mountainbiketouren, Quadfahren, Wandern, Rafting etc.).

1260dr Foto: hf

Praktische Reisetipps A–Z

Ausrüstung

Hier nur ein paar Tipps, denn was jeder mitnehmen will, muss er/sie schon selbst entscheiden.

Hilfreich ist eine **Taschenlampe.** Im ganzen Land fällt regelmäßig für mehrere Stunden der Strom aus. Zwar haben die meisten Hotels einen Generator, der die Stromversorgung sichert, aber eben nicht immer. Außerdem ist es in manchen Orten stockfinster, wenn die Straßenbeleuchtung nicht funktioniert. Da ist eine Taschenlampe bitter nötig, um nicht hilflos durch die Straßen zu stolpern.

Ohropax oder Ohrenstöpsel sind ebenfalls eine echte Hilfe für lärmempfindliche Leute. Wer sein Zimmer in der Nähe des Generators hat, wird diese Mittelchen sehr zu schätzen wissen.

Ein **Moskitonetz** ist nicht zwingend notwendig. Es genügen schon die Moskito-Coils. Diese Coils sind kleine Spiralen, die am Abend angezündet werden und ca. acht Stunden vor sich hinglimmen. Sie verbreiten einen scharfen Geruch, der die Moskitos vertreibt. Weiterhin helfen auch Mittel, die auf die Haut aufgetragen werden und dort einen Schutzfilm hinterlassen, der die Mücken abhält (siehe auch: Gesundheit).

Eine **Schnorchelausrüstung** mitzunehmen lohnt allemal. Speziell in den ruhigen Gewässern vor Samaná (Cayo Levantado, Las Terrenas) können Urlauber stundenlang tauchen und Fische beobachten.

Eine gute **Sonnenbrille** gehört unbedingt ins Gepäck, genau wie eine **Kopfbedeckung, Sweatshirt** und ein **Halstuch.** In den Bussen läuft entweder die Klimaanlage derart stark, dass man sehr schnell auskühlt, oder, falls keine vorhanden ist, werden alle Fenster aufgerissen. Dadurch entsteht der schönste Durchzug, beides hat schon so manchem Urlauber eine Erkältung beschert. Generell sollte leichte Kleidung aus Leinen oder Baumwolle bevorzugt werden.

Ein **Zelt** braucht niemand mitzunehmen. Es gibt keinen einzigen offiziellen Campingplatz, und auf wildes Zelten irgendwo am Strand oder im Zuckerrohrfeld sollte auch verzichtet werden.

Einen dicken **Schlafsack** benötigt man nicht, besser einen Leinenschlafsack, ein Inlett oder einfach einen großen Bettbezug einpacken. Meist ist es warm genug, so dass ein Daunenschlafsack völlig unnötig ist.

Einen **Adapter für Flachstecker** sollte jeder mitnehmen. Auf der Insel ist das amerikanische System der Flachstecker weit verbreitet, bestenfalls in einigen Hotels kann man den europäischen Stecker nutzen. Außerdem gibt es 110 V.

Fotomaterial ist nicht überall zu bekommen.

AUTOFAHREN

Viele Urlauber mieten ein Auto und genauso viele „Experten" raten davon ab. Warum? Weil man sich einfach auf die **dominikanische Verkehrsrealität** einstellen muss. Und die weicht nun doch erheblich von der uns bekannten aus der Heimat ab.

Wo liegen die Unterschiede? Der Verkehr sei ja chaotisch, behaupten nicht wenige; das ist so nicht richtig, er folgt nur anderen Gesetzmäßigkeiten. Selbstverständlich wollen auch Dominikaner ohne Beulen oder gar Unfällen nach Hause kommen. Was für Europäer so fremd wirkt, ist die Tatsache, dass Dominikaner nicht so stur in den Bahnen fahren, wie wir es gewohnt sind. Da wird problemlos links wie rechts überholt, auf einer zweispurigen Straße schnell eine dritte oder vierte Spur eröffnet.

Damit der Nebenmann dessen auch gewahr wird, drückt man einmal mehr oder weniger intensiv auf die **Hupe.** Sie wird so zu einem Kommunikationsmittel, was ebenfalls für die Ausländer ungewohnt ist. Kein Wunder, dass im alltäglichen Straßenverkehr ein konstanter Huplärm zu hören ist, denn gehupt wird ständig und von allen, Autos

201dr Foto: hf

und Motorrädern, Bussen und Lkws. Das kann zugegebenermaßen nerven.

Ebenfalls ungewöhnlich für uns ist die Tatsache, dass der Autofahrer sich vornehmlich nach vorne orientiert. Er achtet stark auf die **Aktionen des Vordermannes,** um gegebenenfalls sofort reagieren zu können. Umgekehrt achtet er nicht allzu sehr auf den Hintermann, denn der - siehe oben - passt schon wieder selbst auf. Das ist ungewohnt, lernt man doch bei uns in der Fahrschule: Achte auf den Hintermann und richte deine Fahrweise entsprechend aus, so dass du ihn nicht gefährdest. Die Dominikaner machen es andersherum, sie achten darauf, dass sie den Vordermann nicht gefährden.

Der **Blinker** funktioniert häufig nicht, deswegen muss der Hintermann auch besonders genau auf die Handzeichen des Vordermannes achten. Er wird oft mit seinem linken Arm anzeigen, ob gehalten, abgebogen oder überholt werden soll.

Soweit zum Grundsätzlichen. Darüber hinaus gibt es noch eine einfache Regel: **Groß schlägt Klein.** Ein großer Pkw hat im Zweifel Vorfahrt vor einem kleineren, ein Auto vor einem Moped, ein Motorrad vor einem Mofa. Das gilt auch beim Überholen, der Stärkere und damit Schnellere hupt kurz, zieht vorbei, und der Überholte weicht aus – sofern das überhaupt noch möglich ist. Man achte auf die Mopedfahrer, wenn sie von einem Auto überholt werden, irgendwie schaffen sie es immer, noch einen leichten Schlenker nach rechts zu machen, obwohl kaum Platz bleibt.

Wichtig auch folgender Rat: Eine grüne **Ampel** bedeutet nicht unbedingt, dass niemand von rechts kommt. Also bei Ampeln trotz allem nach rechts und links schauen und erst dann Gas geben. Seit neuestem wird zumindest in Santo Domingo ziemlich **streng kontrolliert.** Rotlichtsünder werden sofort zur Kasse gebeten und müssen zu einer sechsstündigen Nachschulung. Laut Zeitungsberichten trägt dieses Vorgehen erste Früchte. Auch Ausländer bleiben nicht verschont und verlieren viel Zeit, da der Strafzettel bei einer bestimmten (!) Bank bezahlt werden und dann bei der Polizei vorgelegt werden muss.

Die **Straßen** sind durchweg gut, nicht wenige sogar hervorragend. Bei jeder Wahlkampftournee war es eines der wichtigsten Versprechen der jeweiligen Regierung, die Straßen in entfernten Regionen auszubauen. Und manchmal werden diese Zusagen auch eingehalten. In den 1990er Jahren wurde ziemlich häufig gewählt, also sind auch die wichtigsten Überlandstraßen tadellos, allerdings ohne Seitenstreifen und Beleuchtung. Das bedeutet, dass auf Nachtfahrten möglichst verzichtet werden sollte. Unzählige Autos, Motorräder und Fußgänger sind unterwegs und leider schlecht bis gar nicht erkennbar. In kleineren Orten gibt es häufig keine Bürgersteige; die Bewohner (also auch die Kinder!) sind gezwungen, die Straße zu benutzen. Hier heißt es doppelt aufpassen! Da es spätestens um 19 Uhr stockfinster ist, sollte der Mietwagenfahrer bis dahin rechtzeitig sein Quartier erreicht haben.

Straßenkreuzung unweit Plaza Enriquillo in Santo Domingo

Vor beinahe jedem Ort sind sie zu finden, die „schlafenden Polizisten", *Policías acostados.* Ein gewichtiger Begriff, aber es sind nichts weiter als zwei **Bodenschwellen,** die im Abstand von etwa 3–5 Metern quer über die Straße verlaufen. So wird jeder Fahrer gezwungen, abzubremsen und im Schritttempo darüberzufahren.

Und dann wären da noch die „wachen", die echten **Polizisten.** Mit sicherem Gespür wurden bis vor noch gar nicht so langer Zeit Ausländer angehalten, aber auch Dominikaner mussten hin und wieder an die Seite fahren. Die können dann aber meist besser mit der Situation umgehen, für die Ausländer ist sie doch etwas fremd. Da werden dann aberwitzige Verkehrsvergehen erfunden, die nur darauf abzielen, dem „Gringo" ein paar Dollar aus der Tasche zu ziehen.

Fairerweise muss aber betont werden, dass diese Machenschaften stark nachgelassen haben. Das wird heute auch noch immer mal wieder vorkommen, soll aber deutlich weniger passieren. Wenn Ausländer angehalten werden, dann wohl am ehesten wegen zu schnellen Fahrens. Die Höchstgeschwindigkeiten liegen nämlich bei 80 km/h auf Landstraßen und bei 35 km/h in Ortschaften; die Polizisten überprüfen dies mit so genannten *speed guns,* Radarpistolen.

Und wie nun reagieren, wenn es doch mal ernst wird? Ein ausgewanderter Landsmann gibt folgenden Ratschlag: Sind die Polizisten motorisiert, anhalten und unwissend stellen, kein Spanisch können. Stehen sie ohne Fahrzeug an der Straße, winken und weiterfahren.

Bekleidung

Grundsätzlich gilt: Nur Kleidung aus **Baumwolle oder Leinen** mitnehmen. In einer Hose mit Kunstfaser schwitzt man nur noch unerträglicher, denn diese Stoffe saugen den Schweiß nicht auf. Leichte, weite Sachen sind wichtig, andernfalls kleben die Kleidungsstücke ständig am Körper.

Zumindest in abgelegeneren Gegenden, aber auch in Santo Domingo sieht man kaum jemanden mit **kurzer Hose** herumlaufen, Frauen praktisch niemals. Lässig in Bezug auf Kleidung geht es eigentlich nur in den Touristenzentren zu.

Unumgänglich sind **Gummilatschen,** nicht nur um in den Hotels bedenkenlos unter die Dusche gehen zu können, sondern auch, um in der Mittagshitze am Strand überhaupt über den Sand laufen zu können.

Eine **Regenjacke** gehört auch ins Gepäck, denn es kann immer mal zu einem Guss kommen, speziell auf Samaná darf man fast ganzjährig mit Regen rechnen.

Diplomatische Vertretungen

Vertretungen der Heimatländer in der Dominikanischen Republik

Deutschland

- **Embajada (Botschaft) de la República Alemania,** Calle Gustavo Mejía Ricart 196, esq. Av. Abraham Lincoln, Edificio Torre Piantini, 16. Stock, Santo Domingo, Tel. 809-542-8949, www.santo-domingo.diplo.de.

Österreich

- **Consulado (Konsulat) Honorario General de Austria,** km 11 Autopista Duarte, gegenüber „Alfarería", Santo Domingo, Tel. 809-947-7888, cdo.austria@codetel.net.do.

Schweiz

- **Embajada (Botschaft) de Suiza,** Av. Jiménez Moya 71 (Churchill esq. Desiderio Arias), Santo Domingo, Tel. 809-533-3781, www.eda.admin.ch/santodomingo.

Vertretungen der Dominikanischen Republik

Deutschland

- **Botschaft:** Dessauer Straße 28–29, 10963 Berlin, Tel. (030) 25757760, Fax (030) 25757761, www.embajadadominicana.net.
- **Generalkonsulat:** Neuer Wall 39, 20354 Hamburg, Tel. (040) 474084, Fax (040) 4605197.

- **Honorarkonsulat:** Waiblinger Straße 11, 70372 Stuttgart, Tel. (0711) 552004, Fax (0711) 5094259.
- **Generalkonsulat:** Stiftstraße 2, 60313 Frankfurt, Tel. (069) 74387781/83, Fax (069) 74382640.

Österreich

- **Botschaft:** Prinz Eugen Straße 18, 1040 Wien, Tel. (01) 5058555.
- **Honorarkonsulat:** Möllwaldplatz 5, 1040 Wien, Tel. (01) 5046437, Fax 5053236, consudom.viena@jip.at.

Schweiz

- **Botschaft:** Weltpoststraße 4, 3015 Bern, Tel. (031) 3511585, Fax (031) 3511589, embaj.rep-dom@freesurf.ch.
- **Generalkonsulat:** Löwenstraße 65, 8001 Zürich, Tel. (043) 8189344, Fax (043) 8189346, infodom@consuldomzh.ch.
- **Generalkonsulat:** Rue Grenus 16, 1211 Genf 1, Tel./Fax (022) 7380018.

Ein- und Ausreisebestimmungen

Für die Einreise werden ein **Reisepass,** der noch drei Monate gültig sein muss, und eine Touristenkarte verlangt.

Die **Touristenkarte** wird normalerweise bei Buchung des Fluges vom Reisebüro ausgegeben. Falls nicht, sofort bei dem zuständigen Reisebüro nachfragen. Die Karte kann allerdings auch direkt am Zielflughafen für 19 US$ erworben werden. Direkt nach dem Aussteigen bieten Mitarbeiter der Immigration diese Karten an. Diese Touristenkarte gilt 30 Tage. Wer länger im Lande bleibt, zahlt bei Ausreise eine Gebühr, die sich nach der Zeit richtet, die man im Lande verbrachte. Noch im Flieger muss jeder zwei identische blaue Formulare ausfüllen. Eines wird bei Einreise vom Beamten eingezogen, das andere bei Ausreise – nicht verlieren also! Ein weiteres, weißes Formular muss für den Zoll ausgefüllt werden, jeweils vor der Ein- wie auch vor der Ausreise. Mit einem gültigen Reisepass und einer Touristenkarte können sich Bürger der Bundesrepublik, aus Österreich und der Schweiz 90 Tage ohne Visum im Land aufhalten.

Bei längerem Aufenthalt muss vor Ort ein **Visum** beantragt werden. Die zuständige Behörde ist das Secretaría de Estado de Relaciones Exteriores – Departamento de Visa, Santo Domingo.

Da sich die **Einreisebestimmungen** natürlich kurzfristig ändern können, raten wir, sich vor der Abreise beim Auswärtigen Amt (www.auswaertiges-amt.de, www.bmaa.gv.at, www.ezv.admin.ch) oder der jeweiligen Botschaft zu informieren.

Bei der Ausreise muss jeder Ausländer eine **Ausreisesteuer** von 20 US$ bezahlen, wobei sich nach dem genauen Buchstaben des Gesetzes die Höhe eigentlich nach der Dauer des Aufenthaltes berechnet. Nach dem Einchecken am Schalter der Fluggesellschaft gehe man mit der Bordkarte zu dem Schalter, an dem die Gebühr bezahlt werden muss. Es werden nur US-Dollar akzeptiert. Die meisten Reiseveranstalter und Fluggesellschaften übernehmen allerdings die Gebühr als Bestandteil des Pauschalpreises. So entstehen dem Fluggast keine Ausreisekosten.

Bei der Rückeinreise in Europa darf man folgende **Freimengen** zollfrei einführen:

- **Tabakwaren** (über 17-Jährige Reisende in EU-Länder und in die Schweiz): 200 Zigaretten oder 100 Zigarillos oder 50 Zigarren oder 250 g Tabak.
- **Alkohol** (über 17-Jährige Reisende in EU-Länder): 1 l über 22 Vol.-% oder 2 l bis 22 Vol.-% und zusätzlich 2 l nichtschäumende Weine; in die Schweiz: 2 l (bis 15 Vol.-%) und 1 l (über 15 Vol.-%).
- **Andere Waren für den persönlichen Gebrauch** (über 15-Jährige Reisende): nach Deutschland 500 g Kaffee, nach Österreich zusätzlich 100 g Tee; ohne Altersbeschränkung: 50 g Parfüm und 0,25 l Eau de Toilette sowie Waren bis zu 430 Euro. In die Schweiz Waren bis zu einem Gesamtwert von 300 SFr. pro Person.

Wird der Warenwert von 430 Euro bzw. 300 SFr. überschritten, sind **Einfuhrabgaben** auf den Gesamtwert der Ware zu zahlen. Die Berechnung erfolgt entweder pauschalisiert oder nach dem Zolltarif jeder einzelnen Ware zzgl. sonstiger Steuern.

Einfuhrbeschränkungen bestehen z.B. für Tiere, Pflanzen, Arzneimittel, Feuerwerkskörper, Lebensmittel, Raubkopien, Waffen und Munition. **Nähere Informationen:**

- **Deutschland:** www.zoll.de oder Tel. (069) 46997600.
- **Österreich:** www.bmf.gv.at oder Tel. (04242) 33233.
- **Schweiz:** www.zoll.admin.ch oder Tel. (061) 2871111.

EINKÄUFE

Aus touristischer Sicht gilt die Dominikanische Republik kaum als Einkaufsparadies. Die **Dinge des täglichen Bedarfs** sind vor allem in den Supermärkten zu bekommen, wer aber etwas Außergewöhnliches sucht, muss schon in die nächste größere Stadt fahren. Dominikaner decken sich meist auf dem Markt ein oder im Colmado, so eine Art Tante-Emma-Laden, der alle möglichen Lebensmittel und Notwendigkeiten des Alltags vorrätig hält, nur eben nicht unbedingt die frischen Waren, denn die gibt's auf den Märkten. Colmados sind Kommunikationsstätten, denn abends trifft man sich hier zum Plausch, irgendwer stellt 'ne Rumbuddel auf den Tisch, Merengue dröhnt, da wird aus dem Geschäft flugs eine kleine Eckkneipe.

Touristen, die etwas Authentisches suchen, werden nicht viel finden. Natürlich, karibischen **Rum** gibt's überall, nicht nur im Colmado, zur Not noch im Duty Free am Flugplatz. Auch dominikanische **Zigarren,** ebenso handgefertigt und von ähnlicher Qualität wie die kubanischen, werden ihre Käufer finden. Selbst Kaffee wäre eine gute Idee. Und dann wären da noch die **Bilder,** die der naiven Malerei aus Haiti nachempfunden sind. An jeder Ecke werden sie angeboten, zumindest in den Touristenorten. Die Motive sind durchaus schick

041dr Foto: sm

und stilvoll, vielleicht trifft ja eines Ihren persönlichen Geschmack.

Bernstein wird ebenfalls überall angeboten. Tatsächlich wird in der Dominikanischen Republik ganz außergewöhnlicher Bernstein gefördert. Kein Wunder, dass es bereits Museen gibt, die sich ihm widmen und die einen Verkaufsraum eingerichtet haben; zu finden sind sie in Puerto Plata und in der Altstadt von Santo Domingo.

ELEKTRIZITÄT

Im ganzen Land gibt es ausnahmslos 110-V-Spannung; außerdem ist das amerikanische Steckdosensystem mit den Flachsteckern verbreitet, weshalb man einen **Adapter** mitnehmen sollte.

Im gesamten Land kommt es aber auch immer wieder zu **Stromausfällen,** nicht nur in abgelegenen Dörfern, sondern selbst in der Hauptstadt oder in den riesigen Hotelanlagen von Punta Ca-

Dominikanische Zigarren machen den kubanischen Konkurrenz

na. Hotelbetriebe, gleich welcher Art, haben sich mittlerweile darauf eingestellt und eigene **Stromgeneratoren** angeschafft. Diese springen dann nach kurzer Zeit an und erzeugen Strom – leider auch einen ziemlichen Krach. Deshalb kann es nicht schaden, beim Einchecken in einem kleineren Hotel auf die *Planta,* den Stromgenerator, zu achten; hoffentlich steht der nicht ausgerechnet unter dem eigenen Fenster.

Essen und Trinken

Speisen

In den Hotelanlagen und besseren **Restaurants** präsentiert sich die dominikanische Küche reichhaltig an Fleisch *(Carne),* Fisch *(Pescado),* Meeresfrüchten *(Mariscos)* und exotischen Früchten, in den einfacheren Restaurants fällt die Auswahl dann doch meist ein wenig bescheidener aus.

Als **Frühstück** werden in vielen Bars und Cafeterias Sandwiches mit Schinken *(Jamón)* oder Käse *(Queso)* gereicht. Allerdings bekommt man auch Toast mit Marmelade *(Tostada con mermelada)* oder Rühreier *(Huevos revueltos)* bzw. Spiegeleier *(Huevos fritos).*

Das **Mittagessen** wird zu durchaus europäischen Zeiten eingenommen und eher selten erst gegen 15 Uhr wie in Spanien. Viele kleine Essensstände, **Comedores,** bieten am Straßenrand einfache Gerichte an, mit denen auch viele Arbeiter ihren Hunger stillen. Ein Comedor wird meist von einer Person geschmissen, es gibt in der Regel nur ein Gericht, vorzugsweise Eintopf oder *Bandera dominicana* („dominikanische Flagge"). Der ursprüngliche Name lautet *Arroz con habichuelas,* Reis mit Bohnen in roter Soße, aber in Anlehnung an die Zutaten spricht man eben auch von der *Bandera dominicana,* die den Farben weiß (Reis), rot (Sauce) und blau (Bohnen) entspricht. Typi-

Platte mit Meeresfrüchten

033dr Foto: sm

sches Essen eines Comedores ist z.B. *Sancocho,* ein Eintopf mit verschiedenen Zutaten wie Kochbananen, Paprika und Zwiebeln. Gerade die Beilagen ändern sich häufig, je nachdem, was gerade auf dem Markt zu bekommen ist, aber ein guter *Sancocho* beinhaltet sieben Wurzelgemüse und mehrere Sorten Fleisch.

Zum täglichen Speiseplan gehört fast schon **„Jonny Cakes"** (Maiskuchen), die hispanisiert auch *Yaniqueques* heißen und überall angeboten werden. Ebenfalls sehr beliebt ist *Mangú,* ein Püree aus Kochbananen. Aus der Epoche der Taínos haben sich *Casabe* (Maniokbrot) und *Catibía* (frittierte Manioktaschen) erhalten.

Plátanos (Kochbananen), *Guineos* (Essbananen), *Batata* (Süßkartoffeln) oder *Yuca* (Maniok) bereichern viele Mahlzeiten, verfeinern auch den *Sancocho. Plátanos* werden auch als frittierte Beilage serviert, als *Plátanos fritos.* Fleischgerichte basieren zumeist auf *Pollo* (Hähnchen), *Carne de res* (Rindfleisch), *Carne de cerdo* (Schweinefleisch) oder *Carne de chivo* (Ziegenfleisch).

Neben den Restaurants bieten auch Cafeterias kleine Gerichte wie Suppen, Kurzgebratenes oder Omelettes an. Darüber hinaus haben viele Cafeterias chinesische Gerichte auf der Speisekarte.

Abends wird etwas später gegessen. Der Hunger **zwischen den Mahlzeiten** kann mit einem Sandwich oder etwas Frittiertem, das an Straßenständen angeboten wird, gestillt werden. In kleinen Portionen werden dort Schweineschwarten, Fleischstücke oder Fisch frittiert angeboten. Als Beilage werden meist noch frittierte Kochbananen gereicht.

An gut besuchten Stränden werden von fliegenden Händlern oft **Meeresfrüchte** direkt angeboten, z.B. große Meeresschnecken *(Lambí),* Austern *(Ostras)* oder gar Langusten *(Langostas).*

Fisch steht in vielen Restaurants auf der Speisekarte, allerdings sollte der Tourist auf den Verzehr in den Monaten April bis September wegen der Gefahr schwerer Vergiftungen ganz verzichten, (siehe „Gesundheit“).

Die Auswahl an **Früchten** ist naturgemäß riesig, kein Platz, kein Busterminal, kaum eine Straßenecke, wo nicht ein Früchtestand zu finden ist, auch wenn es nach Saison und Gebiet variiert. Von Straßenverkäufern werden oft geschälte Apfelsinen *(Naranjas),* Ananas *(Piña)* und *Limoncillo,* eine kleine Frucht mit grüner Schale und hellem Fruchtfleisch, ähnlich der Litschi, angeboten. Auf den Märkten sind Papaya, Bananen *(Guineos)* und Passionsfrüchte *(Chinolas)* erhältlich. Viele der kleineren Früchte werden abgeschält an jeder Ecke verkauft, viele Dominikaner lutschen sie lässig aus, mehr zum Zeitvertreib denn als Durstlöscher.

Getränke

Zum Durstlöschen werden neben den üblichen Getränken überall **Fruchtsäfte** *(Jugos)* angeboten.

Bananenhändler

063dr Foto: hf

Die häufigsten Sorten sind *Piña* (Ananas), *Chinola* (Passionsfrucht), *Limón* (Zitrone), *Naranja* (Orangensaft) und *Tamarindo* (Tamarinde, schmeckt herb). Manchmal werden die Säfte noch mit Zuckerwasser vermischt. Wer an einem mobilen Stand einen *Jugo de* ... verlangt, bekommt den ausgepressten Saft übrigens in einer kleinen Plastiktüte mit Strohhalm überreicht, oder in einem Styroporbecher.

Bier ist äußerst beliebt, es wird eiskalt, teilweise sogar noch gefroren serviert. Die bekanntesten Marken sind *Presidente* und *Brahma,* seltener dagegen schon *Bohemia* und *Quisqueya.* Achtung, in einigen Bars wird nach einer Bestellung von einem Bier gleich eine tiefgefrorene Literflasche „serviert"! Bier kann deshalb auch mit „una fría" (ein Kaltes) bestellt werden.

Mit Karibik assoziiert der Besucher vor allem exotische Mixgetränke auf Rumbasis. Nicht in jeder Bar sind diese jedoch zu erhalten, denn die Dominikaner trinken ihren **Rum** lieber pur. In den Abendstunden und besonders am Wochenende fließt er denn auch reichlich. Überall werden die

Piña colada

Um eine Piña colada kommt niemand herum. Dieser vermutlich bekannteste Drink aus der Karibik wird folgendermaßen gemixt: einen Teil Kokoscreme (gibt es in Delikatessengeschäften, übrigens aus der Dominikanischen Republik importiert), zwei Teile Ananassaft, 1,5 Teile weißen Rum und zerstoßenes Eis gut mixen und in einem schlanken Glas servieren.

kleinen Flaschen von den drei großen Marken mit dem B, *Barceló, Brugal* und *Bermúdez* verkauft. Alle drei Marken werden als heller und dunkler Rum und als veredelte Marke *(Añejo)* angeboten.

Speziell an den Stränden verkaufen Händler ihre **Trink-Kokosnüsse.** Diese ähneln gar nicht so sehr denen, die bei uns in den Geschäften erhältlich sind. Die Trink-Kokosnuss ist noch von der grünlichen Schale umgeben, die den Kern (die bei uns bekannte Kokosnuss) einschließt. Bei den hier angebotenen *Cocos de agua* handelt es sich um noch unreife Früchte, d.h. das Innere der Nuss ist noch vollkommen flüssig. Erst im späteren Reifeprozess verwandelt sich ein Teil des Nährwassers in eine feste Masse (Kokosnussfleisch). Der Verkäufer schlägt die Frucht fachgerecht mit einer Machete auf, und dann kann das frische Kokosnusswasser getrunken werden. Der Geschmack ist allerdings etwas gewöhnungsbedürftig. Das junge, noch sehr weiche Fruchtfleisch wird anschließend mit einem Stück Kokosnussrinde abgekratzt und gegessen.

An einigen Stränden wird die Trink-Kokosnuss auch als *Coco loco* angeboten, die „verrückte Kokosnuss" wird dann halbgefüllt mit Rum serviert.

In den Städten findet sich auch der Frío-frío-Mann. Er verkauft geraspeltes **Eis,** über das Sirup gegossen wird. Das Eis schmilzt, und man bekommt einen kühlen Drink. Aber Vorsicht, wer weiß, welches Wasser zu Eis gefroren wurde?

063dr Foto: hf

Stand vom Frío-frío-Mann

Feste und Feiertage

Die **kirchlichen Feiertage** zu Ehren des Schutzpatrons werden meist mit einer Prozession und anschließender Messe begangen, danach wird dann die ganze Nacht gefeiert.

Während des **Merenguefestivals** wird ein Teil des Malecón in Santo Domingo gesperrt. Dort treffen sich am Abend Tausende, tanzen nach Merengueklängen, und der Rum fließt in Strömen.

Weihnachten wird, wie in allen lateinamerikanischen Ländern, anders als bei uns gefeiert. Der 24. Dezember hat nur eine untergeordnete Bedeutung. Man geht zur Mitternachtsmesse und feiert speziell am 25. Dezember. Die Geschenke werden erst am 6. Januar, zum Tag der Heiligen Drei Könige, überreicht.

030dr Foto: sm

Landesweite Feiertage

(Geschäfte bleiben geschlossen)

- **1. Januar:** Neujahr
- **6. Januar:** Heilige 3 Könige
- **21. Januar:** *Nuestra Señora de la Altagracia*
- **26. Januar:** Feiertag zu Ehren von *Pablo Duarte*
- **27. Februar:** Unabhängigkeitstag
- **Ostern**
- **Donnerstag i. d. 7. Woche nach Ostern:** Corpus Christi
- **1. Mai:** *Día Internacional de Trabajo*
- **16. August:** *Restauración* (Nationalfeiertag)
- **24. September:** *Nuestra Señora de las Mercedes*
- **6. November:** *Día de la Constitución*
- **25. Dezember:** Weihnachten

Lokale Feiertage

- **Februar:** Karneval, speziell in La Vega (jeden Sonntag), Santo Domingo (letzter Sonntag großer Umzug)
- **29. Juni:** Fest des Schutzpatrons *San Pedro,* in San Pedro
- **5. Juli:** Fest zu Ehren von *San Felipe,* in Puerto Plata
- **15. Juli:** *Nuestra Señora del Carmen,* in Jarabacoa
- **25. Juli:** Fest zu Ehren von *San Santiago,* in Santiago
- **3. Woche im Juli:** Merenguefestival, in Santo Domingo (speziell für Touristen geschaffen)

- **4. Oktober:** *Nuestra Señora del Rosario,* u.a. in Barahona
- **12. Oktober:** *Día de la Raza* (Entdeckung Amerikas), wird in ganz Lateinamerika gefeiert
- **23.–24. Oktober:** *Bámbula,* Fest zu Ehren von *San Rafael,* auf Samaná
- **2. Woche im Oktober:** Puerto Plata Festival, Puerto Plata
- **30. November:** *San Andrés,* in Boca Chica
- **4. Dezember:** *Santa Bárbara,* auf Samaná

Film und Foto

Die Karibik bietet eine Fülle von farbenprächtigen Motiven, sei es auf einem Markt oder beim Bummel über den Malecón. Wer ganz ausgewählte Motive fotografieren möchte, sollte am besten die **frühen Morgenstunden** nutzen.

Nicht den **Schatten** unterschätzen! In der gleißenden Sonne wirft jedes Gebäude, jeder Baum, jede Stromleitung Schatten. Diese verlaufen über Gesichter, ziehen unbemerkt ihre Bahnen quer durch den Bildhintergrund oder fallen unmerklich auf ein anvisiertes Motiv. Das Ergebnis zeigt sich immer gleich, die Bilder geraten zu dunkel. Speziell wer Menschen fotografieren will, muss versuchen, diese Fehlerquelle von vornherein auszuschalten. Will man ein Portrait schießen und trägt der Fotografierte eine Mütze, kann man getrost davon ausgehen, dass vom Gesicht nichts zu sehen sein wird. Der Mützenschirm wirft einen Schatten, der das Gesicht auf dem Bild nur noch dunkel erscheinen lässt. Selbst die eigene Nase verdunkelt oft genug einen Teil des Gesichtes.

Nicht vergessen: Dunkle Motive vor einem hellen Hintergrund erfordern eine **Überbelichtung** (dunkelhäutige Menschen am Strand), helle Motive vor dunklem Hintergrund eine **Unterbelichtung** (weißer Tourist vor dunkler Wand).

Prozession am Palmsonntag in Santo Domingo

Nach meinen Erfahrungen lassen sich die **Menschen** gerne fotografieren, man sollte aber unbedingt vorher fragen: *Puedo?* (Darf ich?) oder *Permiso?* (Erlaubnis?). Das kann jeder lernen, ansonsten helfen ein Lächeln und ein fragender Blick.

Ein spezielles Thema sind **Unterwasseraufnahmen.** Gerade beim Schnorcheln über den Korallen möchte man die Unterwasserwelt festhalten. Es gibt spezielle Schutzhüllen, die es erlauben, mit einer normalen Kamera unter Wasser zu fotografieren. Wer es versuchen will, sollte möglichst immer frühmorgens tauchen. Zu dieser Zeit zeigt sich das Wasser meist noch spiegelblank, und die Sicht unter Wasser bleibt klar. Am späten Vormittag kommen andere Reisende zum Baden, das Wasser wird schon dadurch unruhiger. Wenn am Nachmittag der stärkere Wellengang einsetzt, ist das Wasser so aufgewühlt, dass die Sicht und damit die Bilder undeutlicher werden.

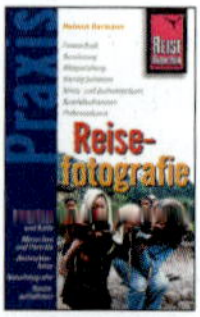

• **Tipp:** Zum Thema Fotografie sind folgende Titel in der Praxisreihe im Reise Know-How Verlag erschienen: „Reisefotografie" und „Reisefotografie digital".

GELDFRAGEN

Die dominikanische Währung heißt **Peso,** ausgezeichnet sind die Preise mit R.D.$, wobei R.D. für República Dominicana steht. Es gibt Scheine zu 10, 20, 50, 100, 500, 1000 und 2000 Pesos und Münzen zu 1, 5, 10 und 25 Pesos. Seit neuestem gibt es auch einen 20-Pesos-Schein, der nicht aus Papier hergestellt wurde, sondern aus Polymer.

Vereinzelt sind auch noch **Centavo-Münzen** zu bekommen, vor allem zu 25 und 50 Centavos.

Wechselkurse

1 Euro =	49,86 R.D.$	1 R.D.$ = 0,02 Euro
1 SFr =	38,73 R.D.$	1 R.D.$ = 0,03 SFr
1 US$ =	37,35 R.D.$	1 R.D.$ = 0,03 US$

Stand: Januar 2011

Dominikanische Währung darf bei der **Einreise** nicht mitgeführt werden. Weiterhin ist es nicht gestattet, mehr als 5000 US$ **auszuführen.**

Bei der Ausreise können bis zu 30 % der bei der Einreise erworbenen Summe gegen Vorlage der Umtauschquittung zurückgetauscht werden. Dies kann z.B. am Flugplatz geschehen, um die Ausreisesteuer zu bezahlen. Ein **Rücktausch von Pesos** ist obendrein an strenge Bestimmungen gekoppelt, man sollte deshalb unbedingt die Umtauschquittungen aufbewahren, ohne Beleg tauscht die Bank keinen Peso in Dollar oder Euro zurück, dies machen nur private Wechselstuben.

Die Bestimmungen der Zentralbank der Dominikanischen Republik sind eindeutig: „Der **Umtausch von Devisen in einheimische Währung** ist nur in den zu diesem Zweck von der Junta Monetaria eingerichteten öffentlichen Banken ... erlaubt." Soweit so gut, und natürlich hält sich der ausländische Besucher daran, wird aber dabei auf eine harte Geduldsprobe gestellt. Bei einer meiner letzten Reisen musste ich beispielsweise in La Vega erst eine Bank finden, die bereit war, Travellerschecks zu wechseln, und dann eine geschlagene Stunde an verschiedenen Schaltern auf mehrere Unterschriften warten. Da mag man sich doch gleich lieber an eine Wechselstube wenden, die es zumindest in den Touristenorten unübersehbar trotz aller staatlichen Reglementierungen (siehe oben) eben doch gibt, oder vielleicht auch das Angebot der Hotelrezeption zum Wechseln annehmen. Es kann nicht schaden, einige kleinere Dollarscheine mitzubringen. Falls das Flugzeug spät landen sollte und die Bank bereits geschlossen ist, kann man zumindest ein Taxi zum Hotel bezahlen.

Neben dem offiziellen Kurs existiert ein schwarzer, der natürlich etwas besser ist. Hier sollen keine Tipps zum **Schwarztauschen** gegeben werden, es ist aber unübersehbar, dass jeder Ausländer ständig angesprochen wird, ob er nicht zu teil-

015dr Foto: sm

weise fantastischen Kursen tauschen will. Davon muss aber dringend abgeraten werden!

Alle harten Währungen können getauscht werden, aber nicht überall. Am besten tauscht sich der **US$,** aber auch **Euros** lassen sich überall eintauschen.

Mit seiner Maestro-(EC-)Karte kann man an allen **Geldautomaten,** die das Maestro-Zeichen tragen, Geld abheben. So muss man nicht vorher seine gesamte Urlaubskasse in US-Dollar umtauschen. Dies ist auch die preiswerteste Art der Geldbeschaffung. Je nach Hausbank wird pro Abhebung eine Gebühr von ca. 1,30–5 € bzw. 5–6 SFr. kassiert. Früher reiste auch der Autor ausschließlich mit Dollar-Reiseschecks, heute verlasse ich mich auf die **Maestro-(EC-)Karte** und habe etwas Bargeld dabei. Die Geldautomaten nutze ich nur während der Öffnungszeiten der Bank, denn ein Automat kann ja auch mal einfach die Karte einziehen, wie ich aus leidvoller Erfahrung weiß. Mancher Supermarkt hat ebenfalls einen Geldautomaten. Residenten berichteten mir allerdings glaubhaft von schlechten Erfahrungen mit manipulierten Automaten.

Von Barabhebungen per **Kreditkarte** ist abzuraten, weil dabei bis zu 5,5 % Gebühr einbehalten werden. Aber für das **bargeldlose Zahlen** berechnet der Kreditkartenaussteller nur eine Gebühr für den Auslandseinsatz in Höhe von ca. 1–2 %.

Mit einer **Kreditkarte** kann man in vielen Institutionen zahlen. Nur in Ausnahmefällen wird sie als Zahlungsmittel abgelehnt.

Es ist wichtig, ständig **kleinere Scheine** mit sich zu führen. Scheine über 100 Pesos und größer können schlecht gewechselt werden. In einer Guagua wird kaum einer entsprechendes Wechselgeld haben. Oft genug hört man dann *No tiene menudo?* (Haben Sie es nicht kleiner?).

Falls die Geldkarte **gestohlen** wurde bzw. verloren ging, siehe „Notfälle".

Wer sich **Geld aus der Heimat schicken** lassen möchte, sollte den Service von *Western Union* nutzen. Dabei müssen der Einzahler zu Hause und der Empfänger sich telefonisch über Zeit und Ort der Abholung abstimmen. Eingezahlt werden kann in Geschäftsstellen der *Reise Bank AG* und *Cash Express GmbH* auf großen Bahnhöfen oder am Flughafen, sowie auch bei vielen Volks- und Raiffeisenbanken oder bei Filialen der Postbank.

Ausgezahlt werden kann der Betrag in Filialen der Western Union. Die Überweisung erfolgt sehr schnell, teilweise ist das Geld schon nach 15 Minuten abrufbar. Der Service kostet eine nicht

Geldwechsler: für eine Handvoll Dollar ...

unerhebliche Gebühr, der Annehmende des Geldes muss sich ausweisen können, gegebenenfalls durch Passersatz, Infos: www.westernunion.com.

Gesundheit

Aktuelle Reisegesundheitsinformationen findet man unter **www.crm.de** und im Anhang dieses Buches.

Allgemeine Verhaltenstipps

Für viele Reisende ist es der erste Aufenthalt in den Tropen. Das ungewohnte Klima, die Zeitumstellung und die nicht immer einwandfreien hygienischen Verhältnisse haben schon so manchen Urlauber umgeworfen. Deshalb hier ein paar Tipps.

Lassen Sie es ruhig angehen! Der Körper muss die **Zeitumstellung** verkraften und sich langsam an das **tropische Klima** gewöhnen. Es herrschen zwar „nur" 25–30 °C, aber durch die hohe Luftfeuchtigkeit schwitzt man ständig. Deshalb ist es wichtig, den Flüssigkeitsverlust auszugleichen, d.h. viel trinken.

Wer einen empfindlichen Magen hat, sollte zumindest anfänglich auf **Eiswürfel** verzichten, da man nie wissen kann, unter welchen Umständen das Wasser gefroren wurde.

Tagsüber möglichst keinen **Alkohol** trinken; das sagt sich leicht, nicht wahr? Speziell, wenn man in einer *All-Inclusive*-Anlage wohnt. Gleichwohl: Durch Alkohol wird die Blutzirkulation angeregt und man schwitzt noch mehr. Außerdem wird z.B. Bier eiskalt serviert, teilweise ist es sogar noch gefroren, man würde seinem Magen nur einen Kälteschock versetzen; die unangenehmen Folgen: Schweißausbruch und eventuell Bauchschmerzen.

Kein **Leitungswasser** trinken, es auch nicht zum Zähneputzen verwenden, zumindest in den kleineren Hotels. In den größeren Hotels stehen meist Behälter mit extra behandeltem Wasser bereit, aus denen unbedenklich getrunken werden kann. An-

131dr Foto: hf

sonsten lieber Mineralwasser kaufen *(Soda),* das es in jedem Laden gibt.

An **Obst** nur frisch geschälte Früchte wie Bananen, Orangen, Ananas essen. Hier gilt die uralte Regel: *Boil it, cook it, peal it or forget it.*

Hände weg auch von **Salaten,** zumindest in einfacheren Restaurants. Man weiß nie, unter welchen Umständen der Salat gewaschen und wie lange er gelagert wurde.

Alle Speisen stark nachsalzen, um den **Salzverlust,** der durch das ständige Schwitzen auftritt, auszugleichen.

Vorsicht auch bei **Fisch!** Speziell in den Garküchen wird der Fisch morgens gebraten, liegt dann den Tag über zum Verkauf bereit und wird mittags noch einmal kurz angewärmt. In der Hitze zersetzt sich das Eiweiß äußerst schnell.

Warnung: In der Zeit von April bis September sollte auf den Verzehr von Fisch verzichtet werden sollte. In dieser Zeit kann es nach dem Verzehr zu schweren **Vergiftungen** mit Krämpfen, Lähmungen, Sehstörungen und Durchfall kommen. Oft-

Garküche? Nicht gleich am ersten Tag!

mals sind auch die Empfindungen für warm und kalt umgedreht. In einigen Fällen kann diese Vergiftung sogar tödlich verlaufen. Hervorgerufen wird die Vergiftung durch einen Stoff namens Ciguatoxin. Man nimmt an, dass die Fische das Toxin durch giftige Algen über die Nahrungsmittelkette aufnehmen. Bei dem Fisch verursacht die Vergiftung keinerlei Veränderung.

Niemals **barfuß duschen** gehen. Gerade in den preiswerten Hotels wird nicht immer gründlich gesäubert, deshalb kann sich Fußpilz schnell ausbreiten.

Äußersten Respekt vor der **tropischen Sonne!** Unverantwortlicher Leichtsinn wäre es, sich gleich am ersten Tag stundenlang an den Strand zu legen. Die Sonne brennt derart vom Himmel, dass man sich bereits im Schatten einen Sonnenbrand holen kann. Unbedingt Sonnencreme mit einem hohen Schutzfaktor benutzen! Vorsicht auch beim Schnorcheln und Surfen, denn dabei setzt man sich oftmals stundenlang der Sonne aus, spürt aber durch das Wasser oder den kühlen Wind nicht die Wirkung. Ein T-Shirt sollte deshalb beim Schnorcheln obligatorisch sein. Eine Kopfbedeckung ist ebenfalls wichtig, wenn man sich längere Zeit der prallen Sonne aussetzt (z.B. Fahrt auf einem offenen Pick-up) sogar dringend notwendig. Eine Sonnenbrille wird wohl jeder mitnehmen, man sollte aber darauf achten, dass die Brille auch die schädlichen UV-Strahlen herausfiltert.

Die mit **Aircondition oder Ventilatoren** ausgestatteten Räume und Busse wirken für den ersten Moment äußerst angenehm, können jedoch, wenn man sich längere Zeit dort aufhält, zu einer Unterkühlung führen. Die Folgen sind die typischen Erkältungssymptome wie Gliederschmerzen, Fieber, Schnupfen etc. Deshalb Vorsicht beim Schlafen in einem Raum mit eingeschalteter Aircondition. Lieber auf niedrigste Stufe stellen, wenn überhaupt. Auf Busfahrten immer eine Jacke oder ein Sweatshirt und Halstuch parat haben, um sich

037dr Foto: sm

vor der Zugluft zu schützen. Dominikaner lieben Aircondition und stellen sie gerne auf Höchststufe.

Malaria

Ganz wichtig kann eine Malariaprophylaxe sein. Zwar gilt nicht die gesamte Insel als **Malariagebiet,** aber wer will zweifelsfrei die Grenze ziehen? Als offizielles Malariagebiet galten bislang die folgenden Provinzen: Barahona, Dajabón, La Estrelleta, Pedernales und Montecristi, also die westlichen Regionen im Grenzgebiet zu Haiti. Hier besteht ein ganzjähriges Risiko in der gefährlichen Form Malaria tropica. Leider zeigte sich vereinzelt in den letzten Jahren, dass das Malaria-Risiko sich doch nicht so regional eingrenzen lässt. So gingen mehrfach Meldungen durch die Presse, nach der Urlauber auch in Punta Cana erkrankten. Das sind sicher Ausnahmen, die möglicherweise im Zusammenhang mit den Überschwemmungen nach den Hurrikanen stehen, aber genau weiß das niemand. Ein Grund mehr, sich vor der Reise von einem kompetenten Arzt beraten zu lassen.

Ein Hut muss sein

Ein zeitweiser Schutz wird durch die Einnahme von **Malariatabletten** erreicht. Durch diese Einnahme wird der Choloroquinspiegel im Blut erhöht. Eventuelle Malaria-Erreger, die in den Körper eingedrungen sind, werden somit abgetötet. Die Erreger werden durch die Anopheles Stechmücke auf den Menschen übertragen.

Der beste Malariaschutz ist immer noch, den Stichen vorzubeugen. Moskitos sind nachtaktiv und stechen besonders gerne in der **Dämmerung,** das heißt, gerade zur Zeit des *Sundowners,* so zwischen 18 und 20 Uhr. Zu dieser Zeit möglichst die Fenster und Türen zum Zimmer geschlossen halten, damit keine Moskitos später den Schlaf stören. Die Klimaanlage sollte in der Dämmerzeit auch während der Abwesenheit angeschaltet bleiben, die erzeugte Kühle hält Mücken fern.

Wer ein **Moskitonetz** hat, sollte es beim ersten Mal auf jeden Fall auf Löcher überprüfen.

Wer sich draußen aufhält, kann sich am besten mit **langer Hose und langärmligem Hemd** vor den angriffslustigen Insekten schützen, auch wenn man am liebsten wegen der Wärme und der Stimmung in kurzer Hose und T-Shirt im Schaukelstuhl sitzen möchte.

Eine weitere Möglichkeit ist, unbedeckte Haut mit **Insekten abwehrenden Mitteln** einzureiben.

Hilfreich sind auch so genannte **Moskitocoils,** meist in guten Ausrüstungsläden oder in den Colmados vor Ort erhältlich. Die kleinen Spiralen glühen nach dem Anzünden mehrere Stunden und vertreiben durch ihren beißenden Geruch die Peiniger. Ähnlich wirken auch spezielle Kerzen, deren Nachteil jedoch ist, dass man sie nicht unbeaufsichtigt über Nacht brennen lassen sollte, was bei den Moskitocoils möglich ist. Auch elektronische Mückenvertreiber, mittlerweile in vielen Haushaltswarenläden zu bekommen, leisten gute Dienste.

Sollte man **nach der Rückkehr** erkranken (selbst, wenn es Monate später geschieht), muss man immer eine seltene Tropenkrankheit in Erwägung ziehen und sollte seinen Arzt unbedingt auf die Reise in die Karibik hinweisen.

Dengue-fieber

Laut dominikanischen Zeitungen kam es zuletzt speziell in der Regenzeit leider auch wieder zu **lokalen Ausbrüchen** des Denguefiebers, deshalb auch hierüber mit einem kompetenten Arzt sprechen.

Information vor der Reise

Eine hervorragende Quelle, sich vor der Reise über die Gesundheitssituation zu informieren, bietet das **Zentrum für Reisemedizin.** Reisende werden hier in Form eines Reise-Gesundheitsbriefes beraten, dieses Schreiben wird jeweils für ein bestimmtes Zielgebiet erstellt und informiert verständlich über mögliche Risiken. Die neuesten Infos über empfohlene Impfungen, über die aktuelle Malariasituation sowie allgemeine Gesundheitstipps werden anschaulich dargeboten. Für diesen umfangreichen Gesundheitsbrief, der sowohl telefonisch als auch schriftlich angefordert werden kann, wird eine Schutzgebühr von 10 Euro berechnet, telefonisch gegen Nennung der Kreditkartendaten.

- **Zentrum für Reisemedizin,** Hansaallee 321, 40549 Düsseldorf, Tel. (0211) 904290, www.crm.de.

Reise-apotheke

Hier eine kleine Liste mit **wichtigen Mitteln,** die in die Reiseapotheke gehören:

- ausreichend Pflaster
- Mittel gegen Erkältungen
- Fieberthermometer
- Fieber senkende Mittel
- Schmerzmittel
- ausreichende Mittel gegen Durchfall, z.B. Kohletabletten
- Mittel gegen Juckreiz bei Insektenstichen etc.
- Mittel zur Wunddesinfektion

Reise-krankenver-sicherung

Die Kosten für eine Behandlung in der Dominikanischen Republik werden von den gesetzlichen Versicherungen in Deutschland und Österreich nicht übernommen, daher ist der Abschluss einer **Auslandskrankenversicherung unverzichtbar.** Bei Abschluss der Versicherung – die es mit bis zu einem Jahr Gültigkeit gibt – sollte auf einige Punkte geachtet werden. Zunächst sollte ein **Vollschutz ohne Summenbeschränkung** bestehen, im Falle einer schweren Krankheit oder eines Unfalls sollte auch der **Rücktransport** übernommen werden. Wichtig ist, dass im Krankheitsfall der **Versicherungsschutz über die vorher festgelegte Zeit hinaus** automatisch verlängert wird, wenn die Rückreise nicht möglich ist.

Schweizer sollten bei ihrer Krankenversicherungsgesellschaft nachfragen, ob die Auslandsdeckung auch für die Dominikanische Republik inbegriffen ist. Sofern man keine Auslandsdeckung hat, kann man sich kostenlos bei Soliswiss (Gutenbergstr. 6, 3011 Bern, Tel. 031-3810494, www.soliswiss.ch) über mögliche Krankenversicherer informieren.

Zur Erstattung der Kosten benötigt man ausführliche **Quittungen** mit Datum, Namen, Art und Umfang, Kosten und Medikamenten.

Der Abschluss einer **Jahresversicherung** ist in der Regel kostengünstiger als mehrere Einzelversicherungen. Günstiger ist meist auch die **Versicherung als Familie** statt als Einzelpersonen. Hierbei sollte man nur die Definition von „Familie" genau prüfen.

Ärzte

Wer das Pech hat und erkrankt, sollte sich an die Reiseleitung wenden, die einen kompetenten Arzt benennen kann. Wer auf eigene Faust reist, kann sich auch telefonisch bei der **Botschaft** (s. „Dipl. Vertretungen") nach der Adresse eines deutsch- oder englischsprachigen Arztes erkundigen.

Notruf

- **Notrufnummer** (Polizei, Feuerwehr, Notarzt): 911.

Hin- und Rückreise

Zielflughafen

Neben der Frage nach dem Flugpreis und dem Abflugort ist es wichtig, den richtigen Zielflughafen auszusuchen. Wer ein Pauschalangebot bucht, dem wird diese Sorge abgenommen, wer dagegen auf eigene Faust loszieht, sollte sich vorher über das Zielgebiet Gedanken machen. Die folgenden Hinweise gelten deshalb auch hauptsächlich **für Individualreisende,** die keine Hotelunterkunft gebucht haben.

Zurzeit existieren acht internationale Flughäfen, aber nicht alle werden von Europa aus angeflogen:

Punta Cana ist für Individualreisende als Zielflughafen am wenigsten geeignet. Der Flugplatz liegt im äußersten Osten der Insel, und bis in die nächste Stadt, Higüey, sind es immerhin 50 km. In der Nähe von Punta Cana liegen zwar ein paar erstklassige Hotelanlagen, die aber in der Regel von Individualreisenden nicht angesteuert werden. Wer trotzdem in Punta Cana aussteigen und kein Taxi nehmen möchte, läuft etwa 300 m bis zur Straße. Dort fahren die Busse, die nach Higüey fahren, vorbei. Wer auf eigene Faust eine Bleibe sucht, sollte bis zum Strandabschnitt Cortecito fahren. Dort bei der weithin bekannten Kneipe *Capitán Cook* liegen das *Cortecito Inn* und eine kleine Pension.

Im Flughafen von Punta Cana gibt es Geldwechselmöglichkeiten.

Puerto Plata wird, genau wie Punta Cana, hauptsächlich von Charterflügen angesteuert. Wer in Puerto Plata landet, hat entschieden mehr Möglichkeiten. Der Flugplatz liegt zwischen Puerto Plata und Sosúa, beide Orte sind nicht mehr als 20 km entfernt. Sosúa bietet sich als brauchbarer Einstieg an, der Ort ist vom Flugplatz mit einem Taxi sehr schnell erreicht, und man kann aus einem breiten Hotelangebot wählen. Es gibt dort einige gute Häuser, und man beginnt seine Reise recht entspannt, muss sich nur mit dem nächt-

202dr Foto: hf

lichen Treiben arrangieren können. Wem der Sinn mehr nach einer sportiven Atmosphäre steht, fährt nur ein paar Kilometer weiter nach Cabarete, dort treffen sich nämlich die Surfer.

Puerto Plata bietet nicht allzu viele Unterkünfte und auch der Ort selbst ist eigentlich wenig geeignet für erbauliche Ferien. Besser wohnt man dagegen in Sosúa und vor allem in Cabarete.

Wer in Puerto Plata bei Tageslicht (!) landet und sich noch fit fühlt, kann auch das Taxigeld sparen. Dazu die etwa 400 Meter bis zur Hauptstraße gehen und auf den nächsten Bus warten. Nach rechts gelangt man nach Puerto Plata, nach links Richtung Sosúa und Cabarete. Wer dorthin will, muss also nur einmal die Straße überqueren und dann den nächsten Bus stoppen.

Wer in **Santo Domingo** landet, hat zwei Optionen: die Großstadt Santo Domingo oder auch Boca Chica. Für Boca Chica spricht grundsätzlich der

Landeanflug auf Puerto Plata

Strand, aber dagegen spricht, dass der Ort einer der Hotspots der Nachtleben-Szene mit Sextourismus ist. Glücklicherweise beschränkt sich diese Szene auf einen kurzen Straßenabschnitt, aber man sollte es schon wissen, bevor man ahnungslos dorthin fährt.

Santo Domingo als Startpunkt kann gewählt werden, wenn man sich ein Hotel in der Zona Colonial nimmt, wobei ich für einen ruhigen karibischen Start immer zu einem guten Hotel raten würde.

Seit der Flugplatz **El Catey** eröffnet wurde, müssen Reisende, die es nach **Samaná** zieht, keine stundenlange Busfahrt von Puerto Plata ertragen. El Catey ist der Flugplatz von Samaná und er liegt etwas außerhalb von Sánchez. Von dort geht es momentan nur per Taxi weiter. Allerdings gab es zuletzt keine Flüge von Deutschland.

Fazit: Punta Cana ist etwas umständlich, Samaná wäre für Individualreisende ein guter Start, Puerto Plata bietet die meisten Möglichkeiten, und bei Santo Domingo als Zielflughafen bietet sich auch Boca Chica als Startpunkt an.

Fluggesellschaften

Direktverbindungen aus dem deutschsprachigen Raum in die Dominikanische Republik bestehen mit *Condor* und *Air Berlin* von mehreren deutschen Flughäfen. Beide fliegen hauptsächlich nach Puerto Plata und Punta Cana. Mit *Edelweiss Air* geht es von Zürich nach Punta Cana und Puerto Plata.

Daneben gibt es **interessante Umsteigeverbindungen** in die Dominikanische Republik mit *Air France* (über Paris), mit *Iberia* (über Madrid), mit *KLM* sowie mit *Continental Airlines* (über New York) und mit *Delta Air Lines* (über Atlanta). Diese können zwar billiger sein als die Nonstop-Flüge, aber man muss hier auch eine längere Flugdauer einkalkulieren. Die Dauer eines Nonstopfluges nach Punta Cana, Puerto Plata, Samaná und Santo Domingo liegt bei **10 Stunden (Hinflug) und 9 Stunden (Rückflug),** mit Zwischenlandung oder Umsteigen in der Regel bei circa zwei oder drei Stunden mehr.

Flugpreise

Je nach Fluggesellschaft, Jahreszeit und Aufenthaltsdauer in der Dominikanischen Republik bekommt man ein Economy-Ticket von Deutschland, Österreich und der Schweiz hin und zurück nach Punta Cana, Puerto Plata, Samana oder Santo Domingo **ab etwa 700 Euro** (inkl. aller Steuern, Gebühren und Entgelte). **Hauptsaison** ist im Winterhalbjahr, in dem die Preise für Flüge rund um Weihnachten und Neujahr besonders hoch sind und über 1000 Euro betragen können. Am niedrigsten sind die Flugpreise von nach Ostern bis Ende Juni.

Preiswertere Flüge sind mit **Jugend- und Studententickets** (je nach Airline alle jungen Leute bis 29 Jahre und Studenten bis 34 Jahre) möglich. Außerhalb der Hauptsaison gibt es einen Hin- und Rückflug von Frankfurt nach Santo Domingo ab etwa 650 Euro.

Gelegentlich offerieren Fluggesellschaften **befristete Sonderangebote.** Dann kann man z.B. mit *KLM* für ca. 600 Euro von vielen Flughäfen in Deutschland, Österreich und der Schweiz über Amsterdam nach Punta Cana oder Santo Domingo und zurück fliegen.

Ob für die gewünschte Reisezeit gerade Sonderangebote für Flüge in die Dominikanische Republik auf dem Markt sind, lässt sich im Internet z.B. auf der Website von Jet-Travel (www.jet-travel.de) unter „Flüge" entnehmen, wo sie als **Schnäppchenflüge** nach Mittel- und Südamerika mit aufgeführt sind.

Preiswert sind oft Tickets mit nur 30 oder 45 Tagen **Gültigkeitsdauer.** Andere Tickets sind günstiger, weil die gebuchten **Reisetermine** nicht mehr geändert werden können.

In Deutschland gibt es von Frankfurt aus die häufigsten und preiswertesten Verbindungen in die Dominikanische Republik. Da kann es sich für

Kleines Flug-Know-how

Check-in

Bei den meisten internationalen Flügen muss man **zwei bis drei Stunden vor Abflug** am Schalter der Airline eingecheckt haben. Viele Airlines neigen zum Überbuchen, und wer zuletzt kommt, hat womöglich das Nachsehen.

Etliche Gesellschaften bieten den **Vorabend-Check-in.** Mit Pass und Reiseunterlagen checkt man am Vorabend ganz regulär ein. Das Gepäck wird abgegeben, man erhält seine Bordkarte und kann am folgenden Morgen direkt zum Wartesaal schlendern.

Das Gepäck

In der Economy-Class darf man in der Regel nur **Gepäck bis zu 20 kg pro Person** einchecken und zusätzlich ein Handgepäck von 7 kg in die Kabine mitnehmen, was die Größe von 55 x 40 x 23 cm nicht überschreiten darf. Man sollte sich über die Bestimmungen der Airline informieren.

Aus Sicherheitsgründen dürfen **Taschenmesser, Nagelfeilen, Nagelscheren,** sonstige Scheren und Ähnliches nicht mehr im Handgepäck untergebracht werden. Diese sollte man im aufzugebenden Gepäck verstauen, sonst werden sie bei der Sicherheitskontrolle einfach weggeworfen. Feuerwerke, entzündliche Gase (in Sprühdosen, Campinggas), entflammbare Stoffe (in Benzinfeuerzeugen, Feuerzeugfüllung) etc. sind verboten.

Flüssigkeiten oder vergleichbare Gegenstände in ähnlicher Konsistenz (z.B. Getränke, Gels, Sprays, Shampoos, Cremes, Zahnpasta, Suppen) dürfen Fluggäste nur noch in der Höchstmenge von 0,1 Liter als Handgepäck mit ins Flugzeug nehmen. Die Flüssigkeiten müssen in einem durchsichtigen, wiederverschließbaren Plastikbeutel transportiert werden, der maximal einen Liter Fassungsvermögen hat.

Rückbestätigung

Bei den meisten Airlines ist die **Bestätigung des Rückfluges** nicht mehr notwendig. Allerdings empfehlen alle Airlines, sich dennoch telefonisch zu erkundigen, ob sich an der Flugzeit nichts geändert hat, denn kurzfristige Änderungen kommen heute immer häufiger vor.

Wenn die Airline allerdings eine Rückbestätigung *(reconfirmation)* **bis 72 oder 48 Stunden vor dem Rückflug** verlangt, sollte man unbedingt anrufen, sonst kann es passieren, dass die Buchung im Computer der Airline gestrichen wird. Das Ticket verfällt aber nicht, es sei denn, die Gültigkeitsdauer wird überschritten.

Deutsche lohnen, mit einem **Rail-and-Fly-Ticket** per Bahn nach Frankfurt zu reisen (entweder bereits im Flugpreis enthalten oder nur 30 bis 60 Euro extra).

Bei manchen Flügen der *Iberia* ist eine Übernachtung in Madrid obligatorisch, dann greift das **Stopover-Programm,** das die Fluggesellschaft anbietet. Allerdings werden viele Flüge mittlerweile mit einem Anschlussflug am selben Tag angeboten. Der Fluggast übernachtet kostenlos in einem guten Hotel und erhält auch ein Frühstück.

Indirekt sparen kann man als Mitglied eines **Vielflieger-Programms** wie www.skyteam.com (Mitglieder u.a. *Air France, Continental Airlines, Delta Air Lines, KLM*) sowie www.oneworld.com (Mitglied u.a. *Iberia*). Die Mitgliedschaft ist kostenlos und mit den gesammelten Meilen von Flügen bei Fluggesellschaften innerhalb eines Verbundes reichen die gesammelten Flugmeilen dann vielleicht schon für einen Freiflug bei einem der Partnergesellschaften beim nächsten Flugurlaub. Bei Einlösung eines Gratisfluges ist langfristige Vorausplanung nötig.

Buchung

Folgende **zuverlässige Reisebüros** haben meist sehr günstige Preise:

- **Jet-Travel,** Buchholzstr. 35, D-53127 Bonn, Tel. (0228) 284315, Fax (0228) 284086, www.jet-travel.de. Auch für Jugend- und Studententickets. Sonderangebote auf der Website unter „Schnäppchenflüge“.
- **Globetrotter Travel Service,** Löwenstraße 61, CH-8023 Zürich, Tel. 01-2286666, www.globetrotter.ch. Weitere Filialen siehe Website.

Last-Minute

Wer sich erst im letzten Augenblick für eine Reise in die Dominikanische Republik entscheidet oder gern pokert, kann Ausschau nach Last-Minute-Flügen halten, die von einigen Airlines mit deutlicher Ermäßigung **ab etwa 14 Tage vor Abflug** angeboten werden, wenn noch Plätze zu füllen sind. In letzter Zeit wurde das Flug-Angebot etwas ausgedünnt. Da die einzelnen Airlines weniger Flüge im Programm haben, gibt es auch weniger Last-Minute-Flüge. Diese Last-Minute-Flüge lassen sich nur bei Spezialisten buchen.

- **L'Tur,** www.ltur.com; D: Tel. 01805-212121; A: Tel. 0820-600800, CH: Tel. 0848-808088, sowie 140 Niederlassungen europaweit.
- **Lastminute.com,** www.de.lastminute.com, D: Tel. 01805-777257.
- **5 vor Flug,** www.5vorflug.de, D: Tel. 01805-105105.
- **www.restplatzboerse.at:** Schnäppchen für Österreicher.

Weiterreise im Land

Der Flug selbst dauert neun bis zehn Stunden, und die Maschine landet am späten Nachmittag dominikanischer Zeit. Allerdings gab es auch zuletzt Flüge, bei der man erst gegen Mitternacht dominikanischer Zeit landete. Wer in Punta Cana sein Hotel gebucht hat, kann sich freuen, denn spätestens zwei Stunden nach der Landung kann der Urlauber schon in karibischen Fluten baden. Da vergisst jeder sofort das frühe Aufstehen und die Strapazen des Fluges. Später macht sich dann doch die Zeitumstellung bemerkbar, die biologische Uhr ist ja fünf bzw. sechs Stunden voraus. Nach zwei Tagen dürfte sich aber jeder akklimatisiert haben.

Masse & Gewichte

In der Dominikanischen Republik gilt das **metrische System,** hier herrscht also kein Unterschied zu den bekannten Maßen aus der Heimat.

Eine nennenswerte Abweichung hiervon ist an den Tankstellen zu finden. Die **Benzinmenge** wird nicht in Litern angegeben, sondern in US-Gallonen. Eine amerikanische Gallone entspricht 3,785 Litern. Die meisten Gewichtsangaben lauten in „Libras", das sind „Pfund", wobei ein Pfund etwa 456 Gramm entspricht.

Aber damit nicht genug, es gibt noch ein paar „umgangssprachliche" Einheiten, die sich eingebürgert haben. So wird man Rum beispielsweise nicht in **Flaschen** zu 0,7 Litern finden, sondern zu 0,756 Litern.

Wegbeschreibungen fallen manchmal auch ein wenig eigenwillig aus. In der Stadt wird beispielsweise gerne gesagt, dass man noch vier *quadras* geradeaus gehen müsste, dann drei *quadras* nach links. Gemeint ist ein Block, oder besser gesagt, eine Häuserzeile zwischen zwei Straßen.

Auf dem Land fällt die Antwort auf die Frage, ob es noch weit sei, immer freundlich aus: „Allí mismo", dort vorne, nicht weit – aber das darf man nicht allzu wörtlich nehmen. Weitere Wegbeschreibungen, die den an Exaktheit gewöhnten Europäern meist nicht viel weiterhelfen, können sein: „poquito lejos" (klitzekleinwenig weit), „cerquita" (sehr nahe) oder „pallá", eine Verschleifung von „por allá" (dort hinten). Bei der Antwort sollte man aber drauf achten, ob der Angesprochene zu Fuß unterwegs ist oder per Pferd, Maulesel, Moped oder gar per Auto. Also lieber gleich fragen, wie lange es bis zu einem Ort zu Fuß dauert.

Mit Kindern unterwegs

„Niklas ist unser Türöffner", so fasste ein österreichisches Ehepaar die Erfahrungen beim Reisen mit einem Kind zusammen. Und in der Tat zeigt sich dies bereits in Kleinigkeiten, beispielsweise beim Tanken an einer Tankstelle. Sobald die Angestellten den kleinen Niklas entdeckten, rückte der in den Mittelpunkt der **kinderlieben Dominikaner,** der kleine „Gringo" war etwas Besonderes. „Cómo te llamas?" „Wie heißt du?", eröffnet immer das Gespräch, das naturgemäß sehr einseitig verläuft. Gleichwohl spüren die Eltern die Herzlichkeit, und der Kleine sowieso.

Zumindest die großen **Hotels** stellen sich auch bereits auf kleine Kinder ein. Ein zusätzliches Bett wird ins Zimmer gestellt, und im Speisesaal sind die Kinder sowieso Könige. Kaum eine Kellnerin, die die Kinder nicht nach Strich und Faden verwöhnt.

In den meisten Hotels zahlen die Eltern für Kinder bis 12 Jahren 30–50 % des **Zimmerpreises,** aber das muss vorher im Reisebüro geklärt werden. Ebenso die Frage, ob ein Hochstuhl oder ein zusätzliches Bett zur Verfügung steht.

Kinder unter zwei Jahren und solche, die keinen eigenen Sitzplatz im **Flugzeug** beanspruchen, fliegen zum Nulltarif oder zu knapp 10 % des Reisepreises. Die zehn Flugstunden wollen erstmal überbrückt werden, unumgänglich sind deshalb genügend Spiele, und natürlich darf auch der Lieblingsteddy nicht vergessen werden. Die Fluggesellschaften bemühen sich aber auch um Familien mit Kindern, bieten ihnen besondere Plätze an, nämlich vorne in der ersten Reihe. Außerdem zaubern sie meist noch eine kleine Überraschungstasche mit Spielzeug oder Malheften hervor.

Vor der Reise ist ein Besuch beim Kinderarzt besonders wichtig, auf die bevorstehende Karibikreise sollte dabei hingewiesen werden. Unterschätzen sollte man auch nicht die möglichen **Umstellungsschwierigkeiten,** denn Hitze, permanenter Sonnenschein und die ungewohnte Umgebung können auch den Kindern zu schaffen machen. Viele Eltern testen deshalb erstmal, ob ihr Kind eine fremde Umgebung überhaupt annimmt, fahren beispielsweise für ein verlängertes Wochenende oder Kurzurlaub an einen nicht ganz so weit entfernten Strand. Wenn das Kind sich in der Fremde unwohl fühlt, dürfte auch für die Eltern sehr schnell die Urlaubsstimmung dahin sein.

Am Zielort angekommen, finden Kinder meist schnell zueinander. Unabdingbar ist aber ein **Sonnenschutz,** die Karibiksonne brennt erbarmungslos. Bei Kindern ist ausreichende **Flüssigkeitszu-**

fuhr besonders wichtig, deshalb beispielsweise eine Fahrradflasche mitnehmen.

Einen **Buggy** kann man am Stand kaum benutzen, in den meisten Städten ebenfalls nicht. Hohe Bordsteinkanten, holprige Straßen und Schlaglöcher machen den Spaziergang zum Hindernislauf. Besser ist hier eine stabile **Rückentrage.**

Als Zielgebiete eignen sich eher ausgedehnte, ruhige Strandzonen als ein Strand in der Nähe eines Ortes. Dort, also in Boca Chica, Sosúa und Cabarete herrscht einfach ein zu quirliges Treiben. Ruhige Strandzonen dagegen finden sich in Punta Cana, Las Terrenas, speziell Playa Bonita, in Maimón, Cofresí, Luperón und Playa Grande.

203dr Foto: hf

Motorradfahren

Sind es Tausende? Oder gar Zehntausende? Das weiß wohl wirklich niemand so genau. Gleichwohl, kein Ort, kein Dorf, kein Weg, auf dem nicht irgendwann einmal ein Moped oder, seltener, ein größeres Motorrad entlangknattert. An allen Kreuzungen stehen sie: junge Burschen mit relativ kleinen Maschinen, die auf Kundschaft warten. **Motoconchos** werden sie genannt, **Moped-Taxis.** Sie bringen jeden Fahrgast über eine mittlere Distanz ans Ziel, egal wohin, jedenfalls beinahe. Wenn's sein muss, steigt auch gleich eine ganze Familie auf den Sozius.

So mancher Dominikaner **fährt auch privat Motorrad,** obwohl japanische Kleinwagen mit einer multi-mega-großen und vor allem multi-mega-lauten Musikanlage viel beliebter sind. Aber ein eigenes Moped ist ja auch schon was, und das Fahren unter karibischer Sonne bringt auch Spaß. Im Jahr 2008 wurde eine etwas schockierende Meldung veröffentlicht, nach der weniger als 1 % aller dominikanischen Motorradfahrer überhaupt einen Führerschein haben. Das kam heraus, als man die Anzahl der ausgegebenen Führerscheine mit der Anzahl der zugelassenen Motorräder verglich ...

In allen touristischen Orten werden **kleine Motorräder vermietet,** viele Touristen nehmen dankend an. Viel mehr als der Führerschein und eine Kreditkarte wird vom Vermieter selten verlangt, alternativ ein hoher Geldbetrag als Sicherheit.

Unter Palmen in Sichtweite zum Meer, vom Fahrtwind gekühlt, der endlich mal die Hitze vergessen lässt, so in etwa das gängige Klischee. Das verlockt zum Fahren ohne Helm, einfach so. Andererseits wird einem nicht viel anderes übrigbleiben, als **ohne spezielle Ausrüstung** zu fahren. Denn eine Lederkombi wird man im ganzen Land nicht bekommen, einen Helm nur mit Glück.

Darüber hinaus darf niemand die veränderte **Verkehrssituation** außen vor lassen. Die Überlandstraßen sind alle in Ordnung, deshalb sind sie auch so stark befahren. Autofahrer und noch stärker Busfahrer werden kaum einen ausreichenden Sicherheitsabstand halten, hier gilt das Recht des Stärkeren. Im Gegenteil, meist wird der Mopedfahrer kurz angehupt und damit aufgefordert, etwas Platz zu machen, quasi zur Seite zu rücken. Motoconchofahrer schaffen das auch locker, legen einen leichten Schlenker hin, auch da, wo eigentlich gar kein Platz mehr nach rechts ist, die Autos brausen vorbei. Daran muss man sich erst gewöhnen. Genauso, dass zumindest in den Dörfern ständig Tiere über die Straße laufen. Erfahrene Biker schwören, dass Ziegen am intelligentesten seien und am ehesten ausweichen.

Gute Strecken führen in die Bergwelt der Cordillera Central nach Jarabacoa und Constanza. Aber Achtung: Nicht von Jarabacoa nach Constanza fahren, diese Straße ist eine einzige Schlaglochpiste! Ebenfalls ein herrliches Gebiet ist die Halbinsel Samaná. Dort gibt es genügend einsame Pisten und Wege, selten führen sie weit vom Meer weg, genügend Stopps zum Baden bieten sich förmlich an.

Sollte es dann doch mal eine **Reifenpanne** geben, hilft der *Gomero,* der Reifenflicker, den es in beinahe jedem Dorf gibt.

Seine Maschine sollte niemand unbeaufsichtigt lassen, es kursieren die abenteuerlichsten Geschichten über durch Zweitschlüssel **verschwundene Bikes** und späteres Abkassieren der hinterlegten Kaution für den „Diebstahl". Mit Sicherheit sind diese Erzählungen weit übertrieben, aber gleichwohl kann ein Blick auf das Moped selbst beim Baden ja nicht schaden.

Nachts sollte schon gar niemand fahren. Ab 19 Uhr ist es stockdunkel, Straßenlampen brennen nur in größeren Städten, so dass Mensch und Tier, unbeleuchtete Fahrzeuge und abgefallene Äste als plötzliches Hindernis überall auftauchen können.

Nachtleben

Die karibische Nacht bricht schnell herein, wie immer in den Tropen. Eben noch schien gleißend die Sonne, dann kurze Dämmerungsphase, und schon regiert stockfinstere Nacht. Spätestens um 19 Uhr ist es dunkel, das Nachtleben kann beginnen.

Grundsätzlich dürfen wohl drei Szenarien unterschieden werden: das Nachtleben in kleineren Orten ohne großen touristischen Einfluss, dann in Orten mit starkem Einfluss (Sosúa beispielsweise) und schließlich in reinen, abgeschotteten Touristenorten wie Punta Cana.

Dominikaner benötigen für ihr Nachtleben insbesondere einen Ghettoblaster oder ein Autoradio, wobei dieses Wort eine schamlose Untertreibung für die High-Tech-Anlagen ist, die sich einige in ihre Autos eingebaut haben. Da wird dann die Heckklappe geöffnet, auf der Ablage stehen fernsehergroße Boxen, und die Jungs fahren im Schritttempo durchs Viertel. Natürlich mit bis zum Anschlag aufgedrehter Merengue-Musik und einer Flasche Rum, ebenso natürlich. Und wenn 20 Meter weiter der nächste Wagen steht, mit ähnlichem Equipment und mit genauso lauter Musik, stört sich niemand daran. Rum gibt es in jedem **Colmado,** und diese Geschäftchen haben lange geöffnet, der Nachschub wird nicht ausgehen. Auch hier spielt Merengue, irgendwer tanzt selbstvergessen, die anderen unterhalten sich über Gott-weiß-was, jemand kauft ein Kilo Reis und bleibt gleich da, der Nachbar schaut nur mal vorbei, und alle nippen am Glas.

Wer etwas Spanisch kann und sich hier zugesellt, wird ruck-zuck integriert. Natürlich muss der Gringo viele Fragen beantworten, aber auch seine Trinkfestigkeit unter Beweis stellen. Vorsicht also! In vielen Orten ist diese „Freiluftkneipe" beinahe die einzige Möglichkeit, einen „Feierabenddrink" einzunehmen; richtige Bars sind zumindest in kleinen Orten selten zu finden und für viele auch

018dr Foto: sm

schlicht zu teuer. Man trifft sich eben im Colmado, am Malecón, der Promenade am Meer, oder an der Plaza Central.

In den **Touristenorten** sieht es natürlich völlig anders aus. In praktisch allen größeren Orten wie Boca Chica, Juan Dolio, Cabarete, Sosúa, Samaná gibt es genügend Lokalitäten. Von der unvermeidlichen Pizzería bis zum Feinschmeckerlokal, von dem winzigen Kiosk mit Tresen bis zur Disco, in den genannten Orten bleibt kein Auge und keine Kehle trocken. Das Nachtleben startet allerdings schon vor Beginn der Dunkelheit, so etwa um 11 Uhr morgens. Dann nämlich finden sich die ersten Durstigen an den Tresen ein. Nicht gerade selten werden diese Etablissements von Ausländern geführt, und die wissen ganz genau, was die jeweilige Klientel so sucht.

Von da war es nur ein kleiner Schritt zur **Prostitution,** die sich in den letzten Jahren tatsächlich immer stärker ausgebreitet hat. Speziell Sosúa und Boca Chica haben hier eine traurige Berühmtheit erlangt, seit dem immer mehr Pärchen der Marke „Café con leche“ durch die Straßen ziehen. *Café* *con leche* (Milchkaffee) deshalb, weil es sich um gemischte Paare handelt, ein (meist) älterer weißer Mann und eine dunkelhäutige, immer junge Dominikanerin. „Putas“, wie Prostituierte genannt werden, gibt es viele. Manche machen „nur“ ihren Job, bringen mit dem Geld ihre Familie durch, andere handeln nebenbei kriminell. Dabei sind auch Diebstähle bereits vorgekommen, wenn eine dieser Damen den Gringo allzu stürmisch auf offener Straße begrüßt und umarmt, obwohl der gar nichts von ihr will.

Es gibt übrigens auch das umgekehrte Phänomen: dominikanische Männer, die europäische oder amerikanische Frauen anmachen. „Sankipanki“ oder kurz „Sankis“ werden diese Jungs genannt, die oftmals in den großen Hotelanlagen arbeiten und somit relativ leicht Kontakte knüpfen können.

In den **abgelegeneren Touristikorten** wie Punta Cana oder Luperón sieht die Situation etwas anders aus. Die Hotels liegen hier ziemlich weit entfernt von der nächsten Stadt und weitestgehend isoliert, man darf auch sagen: abgeschottet. Das heißt, dass eigentlich keine Außenstehenden das Gelände betreten sollen, dass es doch passiert, ist eine andere Frage. Die Urlauber sind in jedem Fall an die jeweiligen Lokalitäten gebunden, die Auswahl ist dabei nicht immer allzu groß. Neben dem obligatorischen Restaurant wird man meist einige Bars oder Freiluftkneipen finden. Mittlerweile sind in vielen Anlagen auch Spielkasinos eingerichtet worden, ohne Krawattenzwang, wie gerne betont wird. Und zum Schluss treffen sich die Unverwüstlichen, die Abendessen, Piña colada und Roulette-Tisch durchlaufen haben, in der hoteleigenen Disco – denn die gibt's natürlich auch noch.

Der Autor auf ein Bier im Colmado

Notfälle

Verlust von Geldkarten

Bei Verlust oder Diebstahl der Kredit- oder Maestro-(EC-)Karte sollte man sie sofort sperren. Für deutsche Karten gibt es die **Sperrnummer 0049-116116,** im Ausland zusätzlich 0049-3040504050. Für Österreicher und Schweizer gilt:

- **Maestro-(EC-)Karte,**
(A)-Tel. 0043-12048800; (CH)-Tel. 0041-442712230, UBS: 0041-800888601, Credit Suisse: 0041-800800488.
- **MasterCard/VISA,**
(A)-Tel. 0043-171701 4500 (MasterCard) bzw. Tel. 0043-171111770 (VISA); (CH)-Tel. 0041-589588383 für alle Banken außer Credit Suisse, Corner Bank Lugano und UBS.
- **American Express,**
(A)-Tel. 0049-6997971000; (CH)-Tel. 0041-446596333.
- **Diners Club,**
(A)-Tel. 0043-15013514; (CH)-Tel. 0041-448354545.

Ausweisverlust / dringender Notfall

Wird Pass oder Ausweis gestohlen, muss man dies bei der örtlichen Polizei melden. Außerdem sollte man sich an seine Auslandsvertretung (s. „Diplomatische Vertretungen“) wenden, damit man einen Ersatzausweis zur Rückkehr ausgestellt bekommt.

Auch in **dringenden Notfällen,** z.B. medizinischer oder rechtlicher Art, Vermisstensuche, Hilfe bei Todesfällen, Häftlingsbetreuung o.Ä. sind die Auslandsvertretungen bemüht zu helfen.

Notruf

- **Notrufnummer** (Polizei, Feuerwehr, Notarzt): 911.

Öffnungszeiten

Generelle Öffnungszeiten gibt es zwar, aber leichte Abweichungen sind immer möglich.

- **Banken:** Mo–Fr 8.30–15 Uhr, manche Banken sogar bis 19 Uhr, Sa 9–13 Uhr.
- **Geschäfte:** Mo–Sa 9–19 bzw. 20 Uhr.
- **Museen:** Di–Sa 9–17 Uhr, die meisten Museen sind montags zu und haben sonntags veränderte Zeiten.
- Die kleinen **Eckläden,** Colmados, sind in der Regel bis 22 Uhr oder gar noch länger geöffnet.

Post

Verbindliche Informationen über das Porto können an dieser Stelle leider nicht gegeben werden, da sich die Preise ständig ändern.

Post benötigt nach Europa ca. 14 Tage. Aber hiervon kann es ganz erhebliche Abweichungen geben. Wer z.B. seine Urlaubspost in Punta Cana im Hotel aufgibt, muss damit rechnen, dass sie 8–10 Wochen benötigt, wenn sie überhaupt ankommt. Ein Selbstversuch des Autors ergab, dass die Postkarte exakt 11½ Wochen unterwegs war.

Sie werden so gut wie nie Briefkästen finden, so dass notgedrungen die Postkarten im **Postamt** *(Correos)* abgegeben werden müssen, oder, falls der Service angeboten wird, im Hotel. Die Postämter sind teilweise recht schwierig zu finden, da sie nicht besonders auffällig beschildert sind. Hilfreiche Frage: *Dónde está el Correo?* (Wo ist die Post?) Nach eigenen Erfahrungen ist es besser, die Karten direkt am Schalter abzugeben. Zweimal warf ich Karten in den Briefkasten neben dem Eingang der Post in Puerto Plata und da liegen sie wohl heute noch.

Preise und Reisekasse

Allgemeines Preisniveau

Alle **Preise im touristischen Sektor** liegen teilweise weit über den landesüblichen. Wer sich nur in einer Hotelanlage aufhält und die dortigen Preise kennen lernt, wird vielleicht zu dem Eindruck gelangen, dass alles ein wenig günstiger ist als zu Hause. Dies trifft schon zu, gleichwohl liegen diese Hotelpreise immer über dem Landesdurchschnitt.

Besonderes Gewicht bekommt vor diesem Hintergrund die Frage der **Entlohnung.** 2008 wurden die Mindestlöhne im Öffentlichen Dienst auf 5000 Pesos (ca. 100 Euro) festgelegt; 2009 stiegen die Mindestlöhne in der Privatwirtschaft um 16 % auf 90–148 Euro, abhängig von der Betriebsgröße.

Bei diesen Einkommen wird schnell klar, dass die **Preise für Dinge des täglichen Bedarfs,** z.B. Lebensmittel auf den Märkten, den Bustransport usw., eigentlich nicht hoch sein können. Was sie aber manchmal doch sind.

Pauschalreise

Für den Reisenden bedeutet dies, dass er möglicherweise relativ günstig seine Reise gestalten kann. Wer allerdings ein Pauschalangebot bucht, der hat sein **Hotel,** den **Flug** und meist auch die **Verpflegung** bereits bezahlt, ein Preisvergleich findet hier also nach heimatlichen preislichen Kategorien statt, die natürlich über den dominikanischen liegen.

Nebenkosten entstehen für die meisten Urlauber kaum noch, da fast alle großen bzw. zu einer Kette gehörenden Hotels das All-Inclusive-System anbieten. Zwar fallen bestimmte Angebote dann doch nicht darunter (Ausflüge, Sport etc.), aber man muss tagsüber nicht jedes Getränk bezahlen.

Individualreise

Der Individualtourist wird eher mit den alltäglichen Preisen konfrontiert werden, wenn es auch manchmal einen Gringo-Zuschlag gibt. Ein einfaches **Hotelzimmer** gibt es für unter 20 US$, bessere liegen bei 40–60 US$. Die Top-Hotels kosten locker 150 US$ und mehr. Da ist es preiswerter, gleich bei einem Reiseveranstalter zu buchen und es gar nicht auf eigene Faust zu versuchen.

Eine **Mahlzeit** in einem Comedor wird etwa 200 R.D.$ kosten, der **Transport** in einer Guagua kaum mehr als 100 R.D.$. Selbst wer die klimatisierten Busse der Gesellschaft *Metro Bus* wählt, kommt mit 300 R.D.$ quer über die Insel.

Bleibt noch die Frage der **Anreise.** Die Konkurrenz auf der Karibikstrecke hält sich in Grenzen und damit leider auch die Preisschwankungen. Ein Individual-Flug sollte ungefähr ab 750 Euro kosten, je nach Saison und Gesellschaft.

Wer individuell das Land bereisen will und auch zeitlich ungebunden ist, der sollte auch einen Blick auf die unterschiedliche **Preisgestaltung der Hotels** werfen. Schön wäre es, wenn die Hotelmanager einen Preis festlegen würden, der das ganze Jahr über gilt. Gut, einige tun das, aber etliche Hotels haben eine sehr abgestufte Preisskala entwickelt, die sich geschmeidig mal den europäischen Ferienterminen und mal den nordamerikanischen Winterflüchtlingen anpasst, das sieht dann beispielsweise so aus:

	Reisezeit	**Zimmer in US$**
Hotel 1	18.12.–05.01.	50
	06.01.–15.04.	45
	16.04.–20.06.	30
	21.06.–08.09.	40
	09.09.–17.12.	25
Hotel 2	21.12.–06.01.	140
	07.01.–31.03.	80
	01.04.–15.04.	120
	16.04.–30.06.	80
	01.07.–02.09.	120
	03.09.–20.12.	60

Die Preise sind ohne Zweifel seit einiger Zeit angestiegen. Das spürt ebenfalls der Individualtourist. Dazu trug auch die Regierung bei, seitdem sie in Hotels und Gastronomiebetrieben 16 % ITBI-Steuern (eine Art Mehrwertsteuer) und 10 % Service-Steuer erheben lässt. Deshalb preist mancher Wirt seine Speisen auch mit dem Zusatz „Impuestos incluidos“ (Steuern inbegriffen) auf der Speisekarte an. Falls das nicht der Fall ist, erhöht sich der Rechnungsbetrag um knapp ein Viertel der Summe. Und das spürt man dann schon, vor allem, wenn ein Hotel nur in US-Dollar seine Tarife angibt. Einige Preisbeispiele für Individualreisende:

- Einen **Flug** sollte man für ca. 750 € bekommen können.
- **Hotels** für ca. 25–50 US$ lassen sich auch immer finden, billiger ist möglich, aber nicht immer leicht zu finden.
- **Transportkosten:** für 50–100 R.D.$ reist man in einer Guagua, für 200–300 R.D.$ in einem Bus auch über weite Strecken.
- **Mittag- oder Abendessen:** je nach Lokal sind Preise von 150–300 R.D.$ möglich.

Preisbeispiele Strandurlaub

Unterstellen wir folgenden Fall: **Zwei Personen** möchten für **zwei Wochen** in die Karibik, um am Strand auszuspannen und ein paar Ausflüge zu unternehmen. Beide sind nicht an die Ferien gebunden, können also die teuren Phasen umgehen. Zunächst ein paar allgemeine Anmerkungen:

Die unterschiedlichen **Saisonzeiten** beeinflussen natürlich den Katalogpreis, speziell die Sommerferien gelten als Hauptsaison, die Preise steigen. Niedrige Preise sind nur auf relativ kurze Zeiträume beschränkt, wohl dem, der dann buchen kann, beispielsweise April/Mai und September bis Anfang Dezember. Die teuerste karibische Zeitspanne liegt immer über Weihnachten und Neujahr. Für das restliche Jahr werden in den europäischen kälteren Monaten Januar bis März etwas höhere Preise berechnet als während der wärmeren Monate im europäischen Sommer.

Hier ein paar Beispiele: Einen generell preiswerten **Anbieter** konnte der Autor nicht erkennen, die Preisspannen überschneiden sich doch mehrheitlich. Es wird immer schwieriger, in den Katalogen ein Hotel zu finden, in dem das All-Inclusive-System nicht gilt. Natürlich sehen viele Gäste diese Variante als Vorteil. Sie zahlen einmal und glauben, alle Kosten seien abgedeckt. Hier gilt es aber auf Feinheiten zu achten, etwa Einschränkungen wie „nur lokale Getränke" oder „All-Inclusive gilt nicht nach 24 Uhr". Doch auch wer sich nicht für diese Angebote entscheidet, sollte die Nebenkosten nicht unterschätzen. Zu verlockend sind die kühlen Drinks am Strand oder die nächtlichen Streifzüge. Also doch lieber All-Inclusive?

Wer auf eigene Faust reist, sucht zumeist günstige Unterkünfte, aber die gibt es nicht überall. Während man in anderen lateinamerikanischen Ländern für 10 Dollar schon eine korrekte Bleibe finden kann, fängt in der Dominikanischen Republik hier das allerunterste Segment gerade an. Runde **20 US-Dollar** sollte man deshalb als Basis für ein einfaches, aber akzeptables Zimmer schon

067dr Foto: hf

rechnen. Je nach Komfort klettert der Preis dann bis in die Gegend von 50 US$ für ein gutes Doppelzimmer, teilweise noch darüber.

Generell sind die Hotels in **Punta Cana** keine Billig-Angebote. Dort stehen überwiegend gute bis sehr gute Häuser, die auch ihren Preis haben und mit ganz wenigen Ausnahmen das All-Inclusive-System anbieten (AI). Für Individualreisende bleiben nur einige wenige kleinere Häuser. Ähnlich die Situation in **Juan Dolio,** während es in **Playa Dorada** an der Nordküste gar keine kleinen Hotels gibt.

Ein kleines, gemütliches Hotel – das Coyamar an der Playa Bonita auf der Halbinsel Samaná

In **Sosúa** und **Boca Chica** vermischt es sich. In beiden Orten finden sich große Hotelketten, aber auch viele kleinere, individuell geführte Häuser. Gerade in diesen beiden Orten fand man noch in den 1990er Jahren unglaublich billige Offerten nach dem Motto: „Karibik zu Kanaren-Preisen". Das hat sich mittlerweile stark geändert, so manches Haus ist mittlerweile geschlossen oder hat angepasste Preise. Gleichwohl wird man hier wenige hochpreisige Unterkünfte finden. Im Gegenteil, speziell die kleinen individuell geführten Häuser sind hier im Vergleich zu anderen Orten noch recht günstig. Das kann man von **Cabarete** nicht sagen. Dort gibt fast keine Pauschalangebote, die Individualisten überwiegen ganz deutlich. Es mag an den Amerikanern liegen, die mit ihren Surfbrettern hier gerne Urlaub machen, die Hotelpreise zählen nicht zu den günstigen. Auch auf **Samaná** dominieren die kleinen Häuser, aber hier gibt es tatsächlich preiswerte Bleiben, jedoch auch relativ hochpreisige Angebote. Der Pauschaltourist reist dort nur in Ausnahmefällen hin. Eine richtige kleine Traveller-Ecke ist noch das Dörflein **Bayahibe.** Dort stehen zwar auch schon die ersten Pauschalhotels, aber im Dorf finden sich mehrere kleine und einfache Unterkünfte zu günstigen Tarifen. Selbst wer es etwas komfortabler wünscht, findet ein Angebot.

Was also tun, um das **günstigste Angebot herauszufinden?** Wer ungebunden ist von Ferien und sonstigen einschränkenden Urlaubsreglementierungen, kann durch geschicktes Verschieben der Reise um wenige Wochen schon ein paar Hundert Euro sparen. Ein genaues Katalogstudium ist deshalb für zeitlich ungebundene Leute unabdingbar, aber eine mühselige Angelegenheit.

Mittlerweile gibt es hier auch **professionelle Hilfe.** Verschiedene Unternehmen durchforsten computerunterstützt für den Urlauber die Kataloge und suchen das günstigste Angebot heraus, beispielsweise die Zeitschriften *Fliegen und Sparen* sowie *Reise und Preise.*

In jedem Fall lohnt ein Blick ins **Internet.** Mitunter bieten die großen Hotelketten erstaunliche Tarife bei einer Online-Buchung. Zum Teil gelang es dem Autor sogar noch, für den folgenden Tag zu buchen, als er bereits im Land unterwegs war.

- **Literaturtipp:** Clever buchen, besser fliegen, erschienen in der Praxis-Reihe des Reise Know-How Verlags.

Radfahren

Einmal nur, ein einziges Mal, sah ich einen Touristen schwerbepackt mit einem Rad sich unter der karibischen Sonne abstrampeln. Leider hockte ich derweil eingezwängt wie eine Ölsardine in einer Guagua, die nach Puerto Plata raste. Gerade noch aus den Augenwinkeln konnte ich den radelnden Gringo wahrnehmen. Viel zu schnell sausten wir vorbei, als dass ich hätte reagieren können. Schade, er hätte bestimmt viel zu erzählen gehabt. Kann man in der Karibik Fahrradtouren unternehmen? Im Prinzip ja, aber ... Für mich überwiegt das „Aber". Warum? Es ist einfach **zu heiß zum Radfahren,** eine Binsenweisheit, natürlich, aber dennoch mehr als richtig. Ich selbst habe nur einige wenige Tagestouren gemacht, das reichte.

Wer es dennoch wagen will, sollte noch bedenken, dass die **Straßen** meist zwar in gutem Zustand, allerdings nur für den Autoverkehr gebaut sind. So wird man weder einen Seitenstreifen noch einen Radweg finden. Jedes Auto wird dafür haarscharf an dem Radler vorbeisausen. Keine böse Absicht, sondern nur höchste Überraschung, denn die Fahrer rechnen mit allem Möglichen, aber bestimmt nicht mit einem relativ langsamen Radfahrer.

Die **Erreichbarkeit der Orte** wäre das nächste Problem, denn diese liegen für Radler-Verhältnisse doch recht weit auseinander. Das bedeutet, dass man seinen Wasservorrat gut einteilen und sich auch frühzeitig um eine Übernachtungsmöglichkeit kümmern muss. Die Nacht bricht schnell und früh herein, um 19 Uhr ist es stockfinster. Spätestens dann hat ein Radfahrer nichts mehr auf der Straße zu suchen.

In Cabarete bietet die englische Agentur *Iguana Mama* **geführte Mountainbike-Touren** in das bergige Hinterland an. Jeder Ausflug wird allerspätestens um 13 Uhr beendet; das zeigt den Respekt, den die Veranstalter vor der Sonne haben. Ähnlich müsste auch der auf eigene Faust radelnde Tourist vorgehen.

Das Radfahren im **Norden der Insel** auf der Strecke von Puerto Plata nach Samaná dürfte noch am angenehmsten sein. Immer verläuft die Straße in der Nähe vom Meer, teilweise sogar in Sichtweite, vielfach auch im Schatten von endlosen Kokospalmen, und eine erfrischende Brise weht beinahe beständig.

Im **Nordwesten** Richtung Monte Cristi wird es deutlich trockener, einsamer, heißer. Hier müssten größere Distanzen zwischen den einzelnen Dörfern überbrückt werden, und damit zwischen den Colmados, wo es Wasser zu kaufen gibt; kein guter Tipp also.

Nicht viel besser sieht es im **Südwesten** aus, hier verläuft eine tadellos asphaltierte Straße bis nach Barahona, aber durch kilometerweite Steppe. Ein Dominikaner, mit dem ich diese Strecke einmal befuhr, meinte ganz richtig, die Landschaft mache depressiv. Erst südlich von Barahona könnte es für einen Radler wieder interessanter werden, da sich die Straße nun entlang der Küste schlängelt. Frische Brise, angenehmes Landschaftsbild, aber schweißtreibende Hügel, die es zu überwinden gilt, und verstreut liegende Orte.

Der **Südosten** zwischen der Hauptstadt und Higüey ist eine einzige Rennpiste, hier dürfte dem Radler schnellstens die Lust vergehen.

Alles in allem: Wer partout in der Dominikanischen Republik Fahrradurlaub machen möchte,

068dr Foto: hf

muss schon ziemlich robust sein, sich auf die tropischen Gegebenheiten einstellen und vor allem mit der Hitze umgehen können; allen anderen möchte ich dringend abraten. Sollte es irgendein mutiger Mensch doch einmal gemacht haben, ist er/sie herzlich eingeladen, uns die Eindrücke zu schildern.

Reisezeit

Die Karibik ist ein **ganzjähriges Reiseziel,** gleichbleibende 25 bis manchmal 30 Grad Celsius locken uns wenig sonnenverwöhnte Mitteleuropäer.

Früher, so etwa um 1980 herum, kamen hauptsächlich Kanadier und US-Amerikaner. Diese flohen vor der winterlichen Kälte, machten einen kurzen Hopser oder bestenfalls mittellangen Flug und konnten sich die Kälte aus den Knochen schwitzen. Etwa so, wie wir im Winter auf die Kanaren flüchten. Aus dieser Zeit stammt noch die grundsätzliche **Zweiteilung der Reisesaison:** Hauptsaison ist in den Wintermonaten, Nebensaison im Sommer.

Radelndes Gewerbe: der Kokosnussmann

Verstärkend kommt noch hinzu, dass in unsere Sommerphase die karibische **Regenzeit** fällt, so etwa von Juni bis Oktober. Zwar bedeutet „Regenzeit" keinesfalls tagelange Schauer bei bedecktem Himmel, aber auf tägliche Regenfälle muss man sich, zumindest an der **Südküste,** schon einstellen. Hingegen beginnt die Regenzeit an der **Nordküste** später, etwa im Oktober, November, sie dauert etwa bis April, Mai. Wenn es dann mal regnet, muss man mit heftigen Schauern rechnen. Dann bleibt nur eins: sich fluchtartig unter das nächste Dach stellen. Es gießt schlicht sintflutartig. Aus schmalen Rinnsalen werden blitzartig reißende Ströme, der Regen trommelt mit einer derartigen Wucht auf die Dächer (vielfach aus Wellblech), dass man kein Wort mehr versteht. Ist es dann vorbei, blitzt die Sonne wieder hervor, das Wasser verdampft, die Menschen wagen sich zögernd wieder heraus. Zum Höhepunkt der Regenzeit wird man dieses Schauspiel täglich erleben können, aber zum Glück treten die Schauer auch öfter einmal nachts auf – allerdings ohne Gewähr.

Wer nun das Pech hat, nur in den **Sommerferien** verreisen zu können, muss sich mit der Regenzeit arrangieren. Glücklicherweise gilt diese Zeit ja als Nebensaison und wird entsprechend billiger – könnte man denken. Die Reiseveranstalter sehen das aber etwas anders, setzen wie immer Ferienzeiten als teure Phase an, als Hauptsaison eben. Somit kommt es nicht zur Deckung zwischen karibischer Nebensaison und europäischer. Dem kann nur derjenige entgehen, der direkt bei einem dominikanischen Hotel bucht.

Zusammengefasst kann gesagt werden, dass es während der europäischen Sommermonate nicht ganz so voll ist auf der Insel, dafür aber an der Südküste mit tropischen Schauern gerechnet werden muss. Während der **Wintermonate,** ganz besonders um Weihnachten herum, dürften alle Hotels nahezu ausgebucht sein, die amerikanischen

132dr Foto: hf

Im europäischen Winter herrscht Hochsaison an den Stränden

Kurzurlauber sind dann da. In dieser Phase schnellen alle Preise nach oben, im Sommer dagegen wird vieles vor Ort billiger, die Katalogangebote dagegen nicht unbedingt wegen der Sommerferien (siehe oben). In den kälteren Monaten (Januar bis April) liegen die Preise der Reiseveranstalter generell etwas höher als während der wärmeren europäischen Monate.

Sicherheit

Nach meinen Erfahrungen ist die Dominikanische Republik kein Land, in dem man ständig Angst um seine Wertsachen haben muss. Natürlich wissen auch dominikanische Diebe, dass Touristen relative Reichtümer besitzen, deshalb gehören **touristische Hochburgen** noch am ehesten zu den Orten, an denen man etwas wachsamer sein muss.

Hierzu zählen vor allem Sosúa und Boca Chica, aber auch der Innenstadtbereich von Santo Domingo. Vorsicht hier vor klauenden Prostituierten, die auch tagsüber dem männlichen Touristen einladend gegenübertreten, ihn stürmisch umarmen, dabei nur ablenken und ihm irgendetwas aus der Tasche ziehen. Auf diese Weise wollte man mir zweimal mein Diktiergerät klauen, glücklicherweise ohne Erfolg. Das hielt ich weithin sichtbar in der Hand, ein Fehler, denn als oberstes Gebot gilt: Niemals zeigen, dass man etwas Wertvolles mit sich trägt.

So wird der Fotoapparat eben nicht lässig vor den Bauch gehängt, sondern in einer möglichst neutralen **Tasche** transportiert. Diese darf aber auch nicht leichtsinnig über die Schulter gehängt werden; der Riemen sollte immer quer über der Brust verlaufen, die Tasche somit vor dem Oberkörper getragen werden. Noch besser wäre es, wenn sich die Tasche zusätzlich mit einem Hüftgurt befestigen ließe. Damit wird das schnelle Herunterreißen verhindert.

Die Wertsachen, wie Flugticket, Pass, Schecks, gehören an den Körper oder in den Hotelsafe. Wer dies alles in einem **Brustbeutel** verstauen möchte, sollte sich einen besorgen, der einen so langen Halsriemen hat, dass man den Beutel zusätzlich noch vorne in die Hose stopfen kann. Gut sind auch breite **Hüftgürtel,** in die alles Wichtige hineinkommt und die unter dem Hemd getragen werden. Sehr gut sind auch die kleinen Taschen, die man von innen an den Gürtel hängt. Wichtig ist in jedem Fall, dass die Tasche oder der Brustbeutel aus Baumwolle oder Leinen besteht, damit der Schweiß aufgesogen wird. Brustbeutel aus Kunststoff oder Leder können bei Hitze unangenehm scheuern.

Ein so genannter **Geldgürtel** bietet zusätzliche Sicherheit. Hier kommen Reservescheine (große Dollarnoten) und die Quittung der Reiseschecks hinein.

Diebstahl beim Busfahren

Folgende Masche habe ich in Santo Domingo ein paar Mal erlebt: Eine Guagua kämpft sich durch die Straßen zur Endstation am Parque Enriquillo, im Bus sitzen zwei Gringos. Die Endstation ist noch nicht erreicht, ständig steigen Leute aus, der Bus leert sich. Plötzlich ist ein Mann im Bus, der den Gringos zuruft: **„Last stop! Última parada!"** Wenn die verunsicherten Gringos jetzt mitsamt Gepäck aussteigen, werden sie, von mehreren Leuten eng bedrängt, in Gespräche über Hotels verwickelt, während ein anderer versucht, die Situation auszunutzen und irgendetwas zu klauen. Da hilft nur eins: im Bus sitzenbleiben, bis der Fahrer sagt, dass die Endstation erreicht ist. Oftmals komplimentieren aber auch schon die Dominikaner den Typen schnell wieder aus dem Bus heraus.

Es gibt 1000 Tricks, wie man **im Hotel** seine Wertsachen verstecken kann, wichtig ist aber vor allem, dass man einem potenziellen Dieb nicht zeigt, dass das Zimmer gerade leer ist. Dazu gehört, dass man beispielsweise im Hotelrestaurant den Schlüssel nicht einfach auf den Tisch legt. So könnte jeder die Zimmernummer ablesen ...

Schmuck, auch Modeschmuck, oder teure Uhren sollte man gar nicht erst mitnehmen. Wenn man doch Wertvolles dabei hat, unbedingt gegen Quittung im **Hotelsafe** deponieren: „Puedo depositar mis cosas de valor aquí?" (Kann ich meine Wertsachen hier hinterlegen?). Besser nachfragen, ob es auf dem Zimmer einen eigenen Safe gibt (La habitación tiene caja fuerte?). Auch wenn dies in der Regel eine Gebühr kostet, rate ich dringend zur Nutzung.

Wer sich auf der Straße auf **Schwarzmarktgeschäfte** einlässt, ist selber schuld. Speziell in der Calle El Conde in Santo Domingo, aber auch an der Hauptmeile von Cabarete werden teilweise erstaunlich hohe Kurse geboten. Niemals darauf eingehen! So gute Kurse gibt es gar nicht! Unter irgendeinem fadenscheinigen Vorwand (Achtung, Polizei!) verschwinden die Burschen schneller, als man gucken kann, mit Geld und Schecks.

069dr Foto: hf

Drogenkonsum und Drogenhandel sind, auch bei geringsten Mengen, strafbar. Es werden immer wieder Fälle bekannt, bei denen Unschuldigen angeblich Drogen untergejubelt worden sein sollten. Deshalb niemals auf Gefälligkeiten einlassen und Päckchen von Fremden entgegennehmen oder diese gar mit nach Europa nehmen.

Bei Verstößen gegen die Drogengesetzgebung werden hohe Strafen verhängt, eine Freilassung gegen Kaution ist ausgeschlossen, darauf weist die Deutsche Botschaft hin.

Sollten Urlauber ernsthafte Probleme bekommen, kann man über die Botschaft die Adressen kompetenter Anwälte erfragen.

Ein Spaziergang unter Palmen

Sport und Erholung

Die karibische Sonne lähmt allzu viele Aktivitäten, wenn doch, dann spielten sie sich meistens im, am, auf oder unter dem Wasser ab. Praktisch an jedem touristisch genutzten **Strand** findet man die gleichen sportiven Angebote, soll heißen: Segeltouren, Wasserjet, Crazy-Banana-Touren, Piratenausflüge (mit viel Rum und noch mehr Bier), Fallschirmschleppen, Glasbodenboot. Hierin unterscheiden sich die dominikanischen Strände in nichts von spanischen oder anderen Playas. Für denjenigen, der trotzdem etwas Besonderes sucht, hier ein paar Tipps.

Rundflüge

Es gibt Rundflüge, die von den Flugplätzen Punta Cana oder Puerto Plata starten. Angeboten werden meist **gemischte Trips,** d.h. man fliegt zu einer lokalen Sehenswürdigkeit, besichtigt diese, fährt ein Stückchen mit einem Bus, eine Mahlzeit schließt sich an, und schließlich geht's wieder zurück mit dem Flieger. So wären verschiedene Ziele angesteuert, die beliebtesten sind Touren zu vorgelagerten Inseln wie Isla Saona, aber auch zur „Bacardi-Insel" Cayo Levantado. In Punta Cana kann man nun auch mit einem Hubschrauber die Küste entlang fliegen. Infos in jedem Hotel.

Windsurfen

Wind- und Kitesurfer treffen sich in **Cabarete.** Nur dort weht beständig am Nachmittag ein starker Wind, der die Könner gar nicht mehr vom Brett steigen lässt. Wer sein eigenes nicht mitgebracht hat, kann sich vor Ort ein **Board ausleihen,** direkt am Stand haben etwa ein halbes Dutzend Anbieter ihre Basis aufgeschlagen.

Der deutsche Reiseveranstalter *Sun and Fun* bietet **spezielle Surfreisen nach Cabarete** an.

- **Sun and Fun,** Franz-Joseph-Str. 43, 80801 München, www.surfreisen.de.

029dr Foto: sm

Radfahren

Mountainbike-Touren werden ebenfalls in Cabarete angeboten, aber dies ist wirklich nur etwas für hartgesottene Radler, denn mit der Hitze ist nicht zu spaßen. Der englische Anbieter *Iguana Mama* startet deshalb auch alle Touren am Morgen, und um spätestens 13 Uhr sollen die Ausflüge beendet sein. Mehrere Touren mit unterschiedlichsten Schwierigkeitsgraden stehen auf dem Programm, es geht ins hügelige Hinterland von Cabarete. Ähnliches organisiert Rancho Baiguate in Jarabacoa.

Schnorcheln kann man ohne Tauchzertifikat ...

... vom Reiten sollte man aber schon Ahnung haben

Tauchen

In den meisten Ferienzentren werden **Tauch-Exkursionen** angeboten. Ausrüstung wird gestellt, und Tauchzertifikate werden vorausgesetzt. Einige Anbieter locken mit **Schnupper-Kursen,** die dann im hoteleigenen Swimmingpool abgehalten werden, wobei so mancher da erst auf den Geschmack kommt. Meist kann anschließend ein **PADI-Tauchkurs** absolviert werden, bis hin zum Erwerb des Tauchzertifikats für offene Gewässer.

Bergsteigen

Bergsteigen bringt man wohl am wenigsten mit der Karibik in Verbindung, dabei erhebt sich auf der Insel immerhin der höchste Berg der gesamten Karibik, der Pico Duarte mit 3087 Metern. Wer den **Aufstieg auf eigene Faust** unternehmen will, was durchaus möglich ist, muss die entsprechende Ausrüstung bereits von zu Hause mitbringen. Details dazu sind unter dem Stichwort „Jarabacoa – Besteigung des Pico Duarte" zu finden. **Organisierte Touren** werden in Jarabacoa vom Unternehmen *Rancho Baiguate* angeboten, oder von lokalen Guides, die dann zwar teurer sind, aber die dann auch die komplette Ausrüstung stellen.

Reiten

Reitausflüge werden vor allem in Samaná (Las Terrenas), Jarabacoa und Punta Cana angeboten.

520dr Foto: hf

SPRACHE

Dominikanisches Spanisch

Mit Englisch kommt man nicht weit, Deutsch spricht außer in den Hotelhochburgen kein Mensch. Landessprache ist Spanisch, aber möglicherweise werden Sie nicht allzu viel verstehen. Die Dominikaner haben eine **ureigene Aussprache** entwickelt, die besonders in abgelegenen Gegenden schwer verständlich ist.

Viele Wörter und Sätze werden **verkürzt und zusammengezogen,** so dass man schon genau hinhören muss.

Ein Beispiel:
Va'n p'quito pa' 'tras.
hochspanisch: *Va un poquito para atrás.*
(Geh noch ein Stückchen weiter nach hinten.)

Dies ist häufig im Guagua zu hören, wenn der Cobrador Platz für neue Fahrgäste schafft.

Und noch eine Beobachtung, speziell an die gerichtet, die vielleicht auch, genau wie der Autor, in Spanien die Sprache erlernt haben. Wahrscheinlich ist denjenigen dann auch das in España so beliebte **Füllwort vale** in Fleisch und Blut übergegangen. Dort wird es ständig gebraucht, steht für „okay", „ist gut", „bist du einverstanden?". Die Dominikaner kennen das Wort natürlich, benutzen es aber längst nicht so häufig. Kommt nun jemand daher, der es an jeden zweiten Satz anhängt, erntet er mitunter einige kichernde Bemerkungen, es scheint für dominikanische Ohren doch etwas seltsam zu klingen, ist aber natürlich nicht abwertend gemeint.

Größte Überraschung dürfte aber sein, dass in den südlichen Regionen und um Santo Domingo das **spanische R durch ein L ersetzt** wird! Diese ungewöhnliche Spracherscheinung erschwert das Verständnis anfangs ganz ungemein, muss man sich doch erst in diese Besonderheit einhören.

010dr Foto: sm

Gängige Beispiele:
Señol für *Señor*
Hato Mayol für *Hato Mayor*
Sul für *Sur*
chofel für *chofer*

In den nördlichen Regionen des Cibao, also dem Gebiet, das wir unter „Cordillera Central" zusammengefasst haben, erscheint anstelle des spanischen R sogar ein I. So wird aus dem Wort *calor* (Hitze) ein **caloi,** aus *beber* (trinken) wird **bebei.**

Weit verbreitet sind **Diminutive** (Verkleinerungsformen), z.B.:
cafesito (Kaffee, wörtlich: Käffchen)
traguito (Schlückchen)
la morenita (die kleine Braune)

Besonders häufig hört man **ahorita,** was einen leichten Bedeutungsunterschied zu *ahora* (jetzt) hat. *Ahora* bezeichnet ein Geschehen, das tatsächlich in diesem Moment passiert. *Ahorita* ist nur eine Umschreibung für einen nahen (?) Zeitpunkt, der auch in der Vergangenheit liegen kann, somit ziemlich unbestimmt ist. So erlebte ich einmal folgende Erklärung durch einen Kellner, als ich eine Rechnung bezahlen wollte und der Kellner fragte: „Ahorita o ahora?" Damit wollte er sagen: Bei *ahora* ist es dringend, er kommt sofort, bei *ahorita* erst in fünf Minuten.

Weitere dominikanische Besonderheiten:

Pareja de tres = 33 (Dreierpaar) statt *Treinta y tres.* Dieser Ausdruck wird oft bei Telefonnummern genannt, wenn zwei gleichlautende Zahlen aufeinanderfolgen. Beispiel: 8755 = *ocho, siete, pareja de cinco*

Cheles sind *centavos,* die Cent-Einheit der dominikanischen Währung.

Guachimán = ist ein Wachmann, abgeleitet vom amerikanischen *Watchman*

Boleto = Eintrittskarte oder Fahrkarte, *Billete* wird auch verstanden

Aguanta! = Halt an! Dieser Ausruf vom *Cobrador* gilt dem Fahrer einer Guagua, wenn das Fahrzeug einmal wieder so überfüllt ist, dass der Fahrer nicht erkennen kann, ob noch jemand aussteigen will oder nicht.

la bomba = Tankstelle

Cuarto = Zimmer, *habitación* ist auch geläufig.

Baño steht für WC und nicht nur für Badezimmer, der spanische Ausdruck *Servicios* ist hier nicht so geläufig.

Un palo ist kein Stock, sondern ein Schluck Rum. Es gab sogar einmal eine Marke mit Namen *Palo Viejo,* das zeigt, wie verbreitet der Begriff ist. Deshalb ist es nicht ungewöhnlich, wenn man in einer Bar folgendermaßen eingeladen wird:

Quieres tomar un palo? (Willst du ein Schlückchen?)

Ceniza = eine noch gefrorene Flasche Bier (eigentlich: Asche)

Una fría = so bestellt man ein kaltes Bier.

Solvete = Strohhalm

China = Orange

Medio pollo = (halbes Hühnchen) ist ein kleiner Kaffee mit wenig Milch.

Guapo heißt nicht nur „hübsch", sondern auch „wütend, sauer".

Sprache der Ureinwohner

Trotz der Tatsache, dass die Ureinwohner, die Tainos, bereits nach wenigen Jahren ausgerottet waren, haben sich einige Begriffe ihrer Sprache in den heutigen Sprachgebrauch gerettet.
Hier ein paar Beispiele:

bohío = Hütte
canoa = Kanu
carey = Seeschildkröte
hamaca = Hängematte
huracán = Hurrikan
iguana = Leguan
lambí = Seeschnecke
maíz = Mais
maní = Erdnuss
tabaco = Tabak
tiburón = Hai
yuca = Maniokwurzel

● **Buchtipps:** Mehr zum Thema im Sprachführer „Spanisch für die Dominikanische Republik – Wort für Wort" (Band 128) aus der Kauderwelsch-Reihe, erschienen im Reise Know-How Verlag. Ein begleitender AusspracheTrainer auf CD ist erhältlich.

Telefonieren

In die Heimat

Wichtige Gespräche sollte man sich entweder von der Hotelrezeption vermitteln lassen, was aber sehr teuer kommt, oder eine der vielen **Telefonzentralen** aufsuchen.

Ein Gebäude der **Codetel** ist in jedem größeren Ort zu finden; es hat meist von 8–20 Uhr geöffnet. Dort hockt man in kleinen Kabinen und bezahlt erst nach Beendigung des Gespräches.

Wer in die Heimat telefonieren will, muss folgende **Auslandsvorwahl** wählen:
01149 nach Deutschland,
01141 in die Schweiz,
01143 nach Österreich,
danach die jeweilige Ortsvorwahl ohne die Null.

014dr Foto: sm

Das Telefonieren aus den Kabinen von *Codetel* ist denkbar einfach, denn man wählt einfach direkt die gewünschte Nummer in der Heimat. Die Verbindung kommt nach allen Erfahrungen schnell zustande und ist sehr gut. Nach Beendigung des Gespräches werden die Gebühren bezahlt.

Codetel sowie auch einige ausländische Telefongesellschaften bieten einen Service an, der das gute alte **R-Gespräch** wieder aufleben lässt, „Deutschland direkt" heißt dieser Service. Und so funktioniert es: Zunächst wählt man folgende Nummer: 18007512101. Nach einer Begrüßungsansage wird man aufgefordert, die Nummer des gewünschten Teilnehmers zu wählen. Man wird nun aufgefordert seinen Namen auf Band zu sprechen. Jetzt wird die Verbindung zum gewünschten Gesprächspartner aufgebaut. Ihm wird mitgeteilt, dass es sich um ein R-Gespräch handelt, wer anruft und wie teuer das Gespräch wird. Stimmt der Angerufene dem zu, wird das Gespräch vermittelt. Ein solches R-Gespräch wird später über die Telefonrechnung abgebucht und kostet 1,47 € pro Minute, sowie einmalig 3,99 € (www.telekom.de/r-gespraech).

Codetel ist die Telefongesellschaft der Dominikanischen Republik

204dr Foto: hf

Schweizer Bürger können diesen Service auch nutzen, hier lautet die Nummer: 18007514841.

Um in die Dominikanische Republik zu telefonieren, wählt man 00, dann die 1 und danach die zehnstellige Anschlussnummer.

Im Land

Das dominikanische Telefonsystem gehört zum North American Numbering Plan (NANP). Das bedeutet, dass es zehnstellige Nummern hat und die gleiche internationale Vorwahl wie andere amerikanische Staaten, die 1. Bei einem Inlandsgespräch ist immer eine **zehnstellige Nummer** zu wählen. Zusätzlich muss noch die **1** davor gewählt werden, wenn man sich nicht in der selben Ortsgesprächszone aufhält. Das ist nicht so einfach, weil die Zonen groß sein können, für Samaná gibt es beispielsweise nur eine einzige Ortsgesprächszone. Man kann deshalb auch „sicherheitshalber" die 1 davor wählen, weil sonst der Hinweis auf eine falsche Nummer kommt. Im Zweifel beide Varianten ausprobieren.

Handy

Mit einem **Triband-Handy** kann man auch in der Dominikanischen Republik telefonieren, die eu-

So geht's auch: direkte Kommunikation

ropäischen Anbieter haben Roaming-Abkommen mit den dominikanischen Anbietern Claro und Orange. Wegen hoher Gebühren sollte man bei seinem Anbieter nachfragen, welcher der Roamingpartner günstig ist und diesen per **manueller Netzauswahl** voreinstellen. Nicht zu vergessen sind die **passiven Kosten,** wenn man von zu Hause angerufen wird (Mailbox abstellen!). Der Anrufer zahlt nur die Gebühr ins heimische Netz, die teure Rufweiterleitung zahlt der Empfänger.

Preiswerter ist es, sich von vornherein auf das **Versenden von SMS** zu beschränken. Der **Empfang von SMS** ist in der Regel kostenfrei.

Falls das Mobiltelefon **SIM-lock-frei** ist (keine Sperrung anderer Provider vorhanden ist) und man viele Telefonate innerhalb der Dominikanischen Republik führen möchte, kann man sich eine örtliche **Prepaid-SIM-Karte** besorgen, z.B. bei www.claro.com.do und www.orange.com.do.

Von einem Handy wählt man nie die 1 vorweg.

Uhrzeit

Es besteht eine **Zeitdifferenz** von minus 6 Stunden während der Sommerzeit, d. h. wenn es bei uns zwölf Uhr mittags ist, zeigt die Uhr in der Dominikanischen Republik sechs Uhr morgens. Während der Winterzeit beträgt die Differenz minus fünf Stunden.

Unterkunft

Hotelbauboom

In den letzten Jahren wurde viel gebaut, es steht zu befürchten, dass ein Ende des Baubooms noch nicht absehbar ist. Vor allem im Osten bei Punta Cana entstehen immer noch neue Hotels, während in anderen Touristen-Orten eher Apartments gebaut werden. Oder es wird im weiteren Umfeld eines touristisch relevanten Ortes gebaut.

Aber insgesamt entstehen doch eher Apartment-Anlagen, die an reiche Dominikaner und vor allem an US-Amerikaner verkauft werden sollen, was mal mehr, mal weniger gut klappt.

Zu finden sind alle möglichen **Kategorien von Hotels,** sogar der pure Luxus (im *Casa de Campo* mit Suiten, die um 700 US$ pro Tag kosten). Das sind aber schon Ausnahmen, wenngleich in den letzten Jahren etliche Häuser gebaut wurden, die erstklassigen Ansprüchen genügen. Glücklicherweise findet man nur in Santo Domingo Hochhausriesen von 15 bis 20 Etagen, an den Küsten wurde darauf verzichtet.

Hotelanlagen an den Küsten

Die Hotelanlagen an den Küsten zeichnen sich generell dadurch aus, dass sie **sehr große Flächen einnehmen.** Vorne an der Straße weist oft ein überdimensional großes Eingangstor auf das Hotel hin, das deutet schon die Größe an. Häuser von mehreren hundert Zimmern sind keine Ausnahme, da sie, wie gesagt, nicht in die Höhe gebaut wurden, ging man zwangsläufig in die Breite. Und so entstanden riesige Anlagen, in nicht wenigen pendeln eigene kleine Busse, die die Gäste zum Strand bringen.

Die allermeisten Hotelanlagen haben im Laufe der Zeit auf das **All-Inclusive-System** umgestellt. Einmal zahlen, immer genießen, die Brieftasche kann zu Hause bleiben. Als Erkennungszeichen dient ein farbiges Armbändchen, am Anreisetag wird es dem Urlauber umgebunden und erst am Abreisetag entfernt. Ohne diese „Hundemarke" bekommt der Gast nicht mal eine Cola an der Bar. Dieses System wird mittlerweile von vielen mitgemacht, aber nicht ganz unkritisch gesehen. Zum einen verlässt jetzt noch nicht mal der gutwilligste Urlauber sein Refugium – warum auch, denn es ist ja alles schon bezahlt? Das führte aber schon zu erheblichen Einbußen von Gastronomiebetrieben in der Umgebung der Hotels. Zum anderen ist tatsächlich nicht immer wirklich alles inklusive,

038dr Foto: sm

wenngleich das Etikett es auch verspricht. Man muss hier wirklich nachfragen und das Kleingedruckte beachten. Denn mal sind nur nationale Getränke inklusive (also Presidente-Bier und Rum, aber kein deutsches oder holländisches Bier und beispielsweise kein Whisky), mal gilt dies nicht mehr nach einer bestimmten Uhrzeit, und wieder ein anderes Mal sind motorisierte Sportveranstaltungen ausgeschlossen.

Hotels in touristischen Orten

Direkt in den touristischen Orten finden sich dann **auch etliche kleinere Hotels,** die Zimmerzahl liegt in der Regel bei deutlich unter hundert Räumen. Von diesen Häusern werden nur einige wenige über Reisekataloge in Europa angeboten. Meist sind es Familienbetriebe, der Service ist entsprechend persönlich.

Einfache Hotels in jedem Ort

Und dann gibt es noch die preiswerten, einfachen Häuser, sie sind beinahe in jedem Ort zu finden. Sie werden so gut wie immer **von Dominikanern geführt,** sind teilweise alteingesessene Familienbetriebe und meist im Ortszentrum zu finden.

Hotels mal so ... (Hotel Riu Palace Macao in Punta Cana)

028dr Foto: sm

Speziell in den einfacheren Unterkünften macht sich der **Stromausfall** mitunter negativ bemerkbar. Entweder haben diese Häuser keinen Generator, oder dieser steht direkt vor dem Fenster, so dass man durch den Lärm kein Auge zumacht. Wer sich also das Zimmer vorher anschaut, sollte auch immer nach dem Generator („la planta") fragen.

Wasserknappheit kommt leider auch immer wieder mal vor, wenngleich dies meist nicht allzu lange andauert.

Cabañas

Manchmal werden auch so genannte Cabañas angeboten. Dies waren ursprünglich einmal einfache Hütten für Hirten oder Schäfer. In der Dominikanischen Republik sind darunter entweder **hervorragend ausgestattete Häuser** oder die ursprünglichen Einfachstbleiben zu verstehen.

Apartments

In einigen touristisch besonders frequentierten Orten können auch Apartments, oft **Condominios** genannt, oder abgekürzt: *Condos,* gemietet werden. Meist sind es hervorragend eingerichtete Wohnungen mit Essecke, Küche, Wohntrakt und

... und mal so (The Secret Garden bei Cabarete)

nicht selten mit mehreren Schlafzimmern. Diese Art von Unterkünften wurde in den letzten Jahren verstärkt gebaut, auch in touristisch wichtigen Orten wie Las Terrenas oder Juan Dolio.

Verteilung der Unterkünfte über das Land

Die Unterkünfte sind höchst unterschiedlich über das Land verteilt; da der Tourismus in den Küstengebieten boomt, wurden immer neue Strandzonen erschlossen.

So sind in den letzten Jahren westlich von **Puerto Plata** neue Hotelanlagen entstanden, in Maimón, Luperón und Cofresí. Auch diese Anlagen sind bestens ausgestattet, liegen aber ziemlich einsam.

Ähnlich zeigt sich die Situation im beliebten **Punta Cana** an der Ostspitze. Dort findet der Urlauber ein wahres Strandparadies, 30 km heller, weicher Sandstrand, beständig von Palmen begrenzt und von vier Dutzend Hotels unterbrochen. Jede dieser Anlagen, sei es *Riu, Bávaro* oder *Iberostar,* ist hervorragend ausgestattet, mit eigener Infrastruktur, in der es an nichts mangelt. Diese Hotelanlagen sind allerdings auch abgeschottet und werden streng bewacht, Außenstehende kommen nicht hinein. Die meisten Urlauber verlassen auch umgekehrt gar nicht erst ihr Gebiet. Immerhin wird ihnen alles Mögliche geboten, und außerdem liegt der nächste erreichbare Ort 50 km entfernt, das bedeutet eine einstündige Busfahrt, denn schneller geht's nicht.

In dem an der Nordküste gelegenen Feriengebiet, das unter dem Namen **Playa Dorada** bekannt ist, sind mittlerweile ein Dutzend Hotelanlagen angesiedelt, die dem Feriengast alle erdenklichen Angebote liefern.

In anderen touristisch frequentierten Orten wie **Sosúa, Cabarete, Boca Chica oder Juan Dolio** sind ebenfalls eine Vielzahl von Unterkünften entstanden. Speziell in diesen Orten sind sowohl große, luxuriöse Hotels als auch kleinere, familiäre Häuser zu finden. Gerade hier konnten die neueren, großzügigen Anlagen nur außerhalb der Orte entstehen, während die kleineren, älteren Häuser im Ortskern stehen.

Wer auf eigene Faust durchs Land reist, wird mit unterschiedlichen Übernachtungssituationen konfrontiert werden. Während es in einem so abgeschiedenen Ort wie Barahona eine erstaunliche Vielzahl von Häusern gibt, fällt die Auswahl in anderen Orten (Monte Cristi) bescheidener aus. Boca Chica, Santo Domingo, Puerto Plata und vor allem Samaná bieten dagegen ein breites Angebot, das von preiswert bis Luxus reicht.

Preise

Das **Preisniveau** ist natürlich auch höchst unterschiedlich. Auffällig ist, dass die Hotels in den weniger besuchten Gegenden, wie z.B. in Barahona, auf einem deutlich niedrigeren Preisniveau liegen. Die Preise der besseren Hotels liegen dagegen oftmals deutlich über 100 US$!

Während der Wintermonate, wenn die Kanadier und Amerikaner kommen, schnellen in vielen Hotels die Preise massiv nach oben. Die **Wintersaison** mit höheren Preisen dauert etwa von November bis April (siehe auch Stichwort „Reisezeit").

Alle Hotels müssen zu dem Grundpreis noch **Steuern** hinzurechnen. So erfährt man in manchen Häusern nur den relativ günstigen Grundpreis, in anderen Hotels bereits den Endpreis. Da die Steuer insgesamt 26 % ausmacht, ist es schon wichtig zu fragen: „Tax incluido?" (Steuern eingeschlossen?). Die Steuer schlüsselt sich wie folgt auf: 10 % Bedienungssteuer und 16 % ITBI, eine Art Mehrwertsteuer.

Preisklassen im Buch

In diesem Buch werden die Unterkünfte in vier Preisklassen eingeteilt:

- bis 25 US$: *
- 25–50 US$: **
- 50–80 US$: ***
- über 80 US$: ****

Die Basis sind immer die **Preise für ein Doppelzimmer.** Allerdings können zu bestimmten Zeiten die Preise steigen, teilweise sogar ganz erheblich. Gerade für Individualreisende lohnt ein Blick ins **Internet,** manche Hotelkette bietet erstaunlich günstige Zimmertarife bei einer Online-Buchung. Das kann auch noch vereinzelt am Vortag aus einem Internet-Café geschehen.

VERHALTENSTIPPS

Sonne

Äußersten Respekt vor der karibischen Sonne. Eigentlich weiß das jeder, aber immer wieder kommt es zu den gleichen Szenen: Weißhäutige Urlauber, die erst zwei Tage im Land sind, legen sich stundenlang in die Sonne. Das Ergebnis ist bekannt: Knallrot wie ein Hummer tauchen sie abends wieder auf. Und das wäre noch das Harmloseste. Nicht wenige übertreiben es derart, dass sich regelrechte Brandblasen auf der Haut bilden oder sie sogar einen Kreislaufkollaps erleiden. Auch wenn viele nicht drauf hören: nur in den Schatten legen, unbedingt eincremen und eine Kopfbedeckung tragen.

Eine Mütze sollte man übrigens ständig tragen, auch beim Stadtbummel. Die Hitze ist für die Urlauber, die aus gemäßigten oder gar kalten Zonen kommen, meist zuviel. Einen Sonnenstich hat man sich schnell eingefangen, besonders, wenn man es eigentlich gar nicht erwartet, wie beispielsweise bei einer Segeltour. Die Brise kühlt ja schön, aber die Sonne brennt unvermindert ...

Kleidung

Am Strand und in der Hotelanlage sind Shorts und Tops angebracht, bei einem Stadtbummel nicht. Dominikaner wird man so gut wie nie derart gekleidet in den Städten sehen, der Tourist sollte sich da entsprechend verhalten. Eine Kirche darf niemals in allzu luftiger Kleidung betreten werden, das verbietet ganz einfach der Respekt, und am

Panteón Nacional in Santo Domingo wird man vom wachhabenden Soldaten garantiert abgewiesen werden.

Fotografieren Die Dominikaner lassen sich sehr gerne fotografieren, aber es ist eine Frage der Höflichkeit und des Respekts, sich vorher die Erlaubnis einzuholen. Ein fragender Blick auf die Kamera oder einfach „Puedo?" (Darf ich?), das kann jeder lernen. Und wenn man danach aufgefordert wird, einen Abzug zu schicken, so ist es auch eine Frage der Höflichkeit, der Bitte nachzukommen.

Fliegende Händler Überall an den Stränden kommen fliegende Händler vorbei, bieten alles Mögliche an, Uhren, Ketten, Drinks, Kokosnüsse, Massagen usw. Wer nichts möchte, muss ablehnen, und zwar deutlich, aber nicht unhöflich. Die Händler wollen natürlich ihr Geschäft machen, verdienen sich auf diese Weise ihr Geld. Sie kommen ja nicht, um die Touristen zu ärgern, zu nerven. Wer hier nur zögerlich abwinkt oder sich gar zunächst lange die Waren anschaut, darf sich nicht wundern, wenn der Händler nachsetzt. Übrigens, an manchen Hotelanlagen ist den Händlern der Zutritt zum Strand verboten, so in Punta Cana, zumindest am Strand vor den Hotels.

Taxi Preise für Überlandfahrten in einem Taxi sind festgelegt und werden auch öffentlich ausgehängt. Trotzdem bleibt meist ein Spielraum zum Handeln, aber nie vergessen, dass auch hier eine Leistung ihren Preis hat. Ein Taxifahrer merkt sehr schnell, ob echtes Interesse besteht oder nicht. Wer handelt, muss seinem Gegenüber die Chance geben, sein Gesicht zu wahren und ihn „begründen" lassen, warum der Preis heute und auch nur für einen selbst und niemanden sonst sinkt ...

Guagua Wer in einer Guagua fährt, muss Kleingeld dabeihaben. Sobald der Wagen voll ist, geht's los, aber manchmal auch schon früher. Dann fahren die Jungs betont langsam. Und irgendwann wird der Kassierer das Fahrgeld einfordern. Dazu spricht er der Reihe nach jeden Fahrgast an. Man reicht einen Schein nach vorne, der wandert durch alle Reihen und landet vorne beim Kassierer. Sitzt ein Gringo dazwischen, muss er natürlich mitmachen. Außerdem dauert es manchmal, bis der Kassierer endlich wechseln kann. Der an Effizienz gewöhnte Ausländer wird dann schnell misstrauisch, glaubt (nach einiger Zeit), dass man ihn wieder mal übers Ohr hauen will. Aber meist kommt das Wechselgeld dann doch zurückgewandert. Und wenn mal nicht? Einfach beim Aussteigen den Kassierer daran erinnern, also die Hand aufhalten, kurz antippen und nur sagen: *el cambio,* das Wechselgeld. Das reicht meist, außerdem kann so niemand sein Gesicht verlieren. Und sollte es doch ein Versuch gewesen sein, ausgerechnet den Ausländer zu beschummeln, dann zeigt der sich souverän.

Verkehrsmittel

Busse

Hauptverkehrsmittel ist der Bus. Nahezu jeder Ort wird wenigstens einmal pro Tag angesteuert, meist sogar mehrfach. Es gibt allerdings einige Unterschiede in den einzelnen Busarten.

Sehr gute Fahrzeuge hat die **Gesellschaft Metro Bus.** Sie sind mit funktionierender Aircondition und teilweise getönten Scheiben ausgestattet, und meist ist sogar ein Steward an Bord. Leider verkehrt die Gesellschaft als Linienbus nur auf wenigen Strecken, hauptsächlich pendelt sie zwischen Santo Domingo und Puerto Plata.

Die **Gesellschaft Caribe Tours** fährt insgesamt 40 Ziele an, erreicht praktisch alle wichtigen Orte und hat ähnlich gute Busse wie Metro. Der einzi-

Sehr bequem geht es mit Caribe Tours durchs Land

ge gravierende Unterschied zu Metro ist, dass man keine Plätze reservieren kann und an Bord keinen Kaffee bekommt.

Nicht immer werden die großen Autobusse eingesetzt, sondern speziell am frühen Morgen nur Kleinbusse. Da in diesen Bussen deutlich weniger Passagiere befördert werden können, muss jeder **rechtzeitig am Terminal sein.** Beide Gesellschaften verkaufen nur so viele Tickets, wie Plätze, inklusive Notsitze, vorhanden sind.

Generell stellen die Busfahrer gerne die Klimaanlage derart hoch ein, dass es richtig kalt wird im Bus. Deshalb unbedingt eine Jacke, ein Sweatshirt und auch eine Mütze mit in den Bus nehmen.

Guaguas

Weiterhin verkehren zu buchstäblich allen Orten so genannte Guaguas der unterschiedlichsten Qualität. Die Bezeichnung „Guagua" steht für Bus, aber in der Dominikanischen Republik ist hier nur ein **Kleinbus** gemeint. Zumeist handelt es sich um mittelgroße japanische Modelle, die früher beliebten VW-Busse sind fast verschwunden. Diese Busse pendeln zwischen bestimmten Orten und sammeln so viele Leute wie möglich ein. Es wird eng in den Bussen; wer mit Gepäck reist, muss manchmal extra zahlen, da der Rucksack ja einen Sitzplatz belegt.

Der ungekrönte König einer Guagua ist der **Cobrador** (Kassierer). Er animiert die Leute, in „seinen" Bus einzusteigen, organisiert das Be- und Entladen, sammelt das Fahrgeld ein und regelt auch Sonderwünsche (Hol' mir mal eben eine Kokosnuss). Er hängt meist lässig außen an der Schiebetür und ruft das Fahrziel aus oder rudert mit einer Hand kreisförmig. Das zeigt an, dass er geradeaus *(derecho)* fährt.

In der Regel sind die Leute auch gegenüber Ausländern ehrlich. Wer unsicher ist, frage seinen Nachbarn oder gebe deutlich sichtbar für die anderen das **Fahrgeld** unaufgefordert nach vorne zum Cobrador, der wird dann kaum dem Gringo zuviel abknöpfen. Wer jedoch als Letzter im Bus sitzt, kann schon erleben, dass zuviel verlangt wird. Deshalb sollte man unbedingt bezahlen, wenn noch mehrere Reisende im Bus sind.

Mit einer Guagua ist **jedes Ziel erreichbar,** allerdings muss man oft mehrfach umsteigen. Das ist normalerweise kein Problem, da die nächste Guagua mit Sicherheit schon wartet oder der Fahrer den Reisenden zum Umsteigeplatz bringen wird.

133dr Foto: hf

Aber auch hier fahren am Sonntag deutlich weniger Busse!

Es gibt erstklassige Guaguas, in denen die Aircondition funktioniert und die im Punkt-zu-Punkt-Verkehr fahren und unterwegs kaum anhalten. Sie sind deshalb etwas teurer. Daneben existieren alle möglichen **Varianten** bis hin zu wahren Schrottkisten, an denen nichts mehr funktioniert und die nur noch der Rost zusammenhält; sie sind aber sehr selten geworden.

Der **beste Platz** in diesen Wagen ist neben dem Fahrer, hat man doch dort die größte Beinfreiheit.

In einigen seltenen Fällen muss das Ticket vor Fahrtantritt gekauft werden.

Wenn auch manche Wagen schon in recht desolatem Zustand sind, eins funktioniert meist: das **Autoradio.** Sobald der Wagen sich in Bewegung setzt, wirft der Fahrer eine Kassette ein, und Merenguemusik ertönt. Die Musik wird voll aufgedreht, der halbe Bus singt die Lieder mit. Nach ein paar Tagen werden auch Besucher die Songs von *La Morenita* kennen. Aber auch hier hat es Veränderungen gegeben, längst nicht jeder Fahrer spielt mehr Musik.

Hier einige gängige **Preisbeispiele für Guaguas:**

Puerto Plata – Sosúa:	30 R.D.$
Puerto Plata – Cabarete:	50 R.D.$
Boca Chica – Sto. Dom.:	60 R.D.$
Sto. Domingo – Higüey:	230 R.D.$
Punta Cana – Higüey:	100 R.D.$
Sto. Domingo – La Romana:	150 R.D.$
Bayahibe – La Romana:	60 R.D.$
Las Terrenas – Samaná Stadt: (mit Umsteigen in El Limón)	120 R.D.$

In diesem Rahmen bewegen sich die Preise. Selbst lange Fahrten kosten nur etwa 5–8 US$, kurze Strecken sogar weniger als 2 US$.

Die Guaguas haben einen Kassierer (Cobrador)

205dr Foto: hf

Motoconchos

In allen größeren Orten verkehren Motoconchos, das sind **kleine Motorräder oder Mofas.** Die Fahrer befördern bis zu vier Personen (!) auf ihrer Maschine. Für kurze Strecken quer durch die Stadt sind die kleinen, wendigen Mofas ideal.

Motoconchos sind **preiswert,** für die kurzen Distanzen zahlt man kaum mehr als 20 R.D.$.

Die Fahrer sind den ganzen Tag auf der Suche nach Kundschaft auf den Straßen unterwegs, **wenn man mitfahren will,** einfach winken. Wer jetzt vorher den Preis aushandeln will, gibt zu verstehen, dass er keine Ahnung vom Preisniveau hat. Einfach aufsteigen, das Ziel nennen und am Ende bezahlen. Nachts verdoppelt sich der Tarif!

Fazit: Für eine kurze Strecke kann man wohl mit dem Concho fahren, wenn man dem Fahrer klarmachen kann, dass er langsam fahren möge *(suave oder lento)*, für längere Stecken sollte ein Taxi vorgezogen werden.

In Samaná-Stadt verkehren Motoconchos, die wie eine Art **Rikscha** gebaut sind. Ein überdachter Anhänger wird hinter das Motorrad gehängt, und bis zu sechs Personen finden dort Platz.

Taxis

Natürlich verkehren in jedem erdenklichen Ort auch Taxis. Sie warten an den großen und mittleren Hotels, vor Sehenswürdigkeiten und an wichtigen Plätzen. Andere pendeln ständig durch die Stadt. Es gibt für die meisten Entfernungen **Festpreise,** aber ein gewisser Spielraum zum Handeln bleibt immer. Aber immer vor Antritt der Fahrt nach dem Preis fragen, kaum ein Taxi hat ein Taxameter!

Speziell in den größeren Städten wie Santo Domingo und Santiago verkehren viele Taxen als **Carros Públicos,** die auf festen Routen pendeln. Näheres zum Benutzen dieses Transportmittels siehe unter „Santo Domingo, Transport innerhalb der Stadt".

Pick-ups

In den abgelegeneren Ecken fahren Pick-ups, das sind **Kleinlaster,** die eine offene Ladefläche haben. Dort wird alles verstaut, Mensch, Tier, Sack und Pack, transportiert wird alles.

Fähren

Regelmäßige Fähren verkehren nur zwischen Samaná und Sabana. Dabei handelt es sich um kleine Holzschiffe, die nur Passagiere, im Ausnahmefall mal ein Motorrad, aber keine Autos befördern.

Schiffe zu vorgelagerten Inseln wie zur Isla Saona (von La Romana) oder zur Isla Cabritos im Lago Enriquillo verkehren sehr unregelmäßig. Derartige Ausflüge müssen vorher abgeklärt werden, am einfachsten arrangiert man einen Trip über ein Reisebüro, in beinahe jedem größeren Hotel werden diese Touren mittlerweile auch angeboten. Speziell zur Insel Isla Saona fahren täglich wohl mehr als ein Dutzend Boote, entsprechend groß ist das Angebot. Wer will, kann diesen Trip auch auf eigene Faust in Bayahibe organisieren, denn von dort starten auch die organisierten Touren. Bei einem Spaziergang durch das Dorf erhält jeder mehrere Angebote.

Passt schon: vier Mann, ein Moped

Mietwagen

Ein Auto zu mieten ist **teuer,** es kostet etwa 30–50 US$ pro Tag. Als Sicherheit muss ein Blankoabzug einer Kreditkarte oder ein hoher Dollarbetrag hinterlegt werden. Der nationale Führerschein wird akzeptiert. **Autovermieter** befinden sich in allen touristisch frequentierten Orten.

Der **Verkehr** ist auf den Überlandstraßen erträglich, in Santo Domingo dagegen chaotisch! Es ist wirklich nicht empfehlenswert, seine ersten karibischen Fahrversuche ausgerechnet in dieser Millionenstadt zu starten.

Ich habe mich bei der deutschen Botschaft in Santo Domingo erkundigt, was einem Ausländer passieren kann, der in einen **Unfall** verwickelt wird. Zusammengefasst hier die wichtigsten Infos:

Es besteht zwar auch in der Dominikanischen Republik eine gesetzlich vorgeschriebene Haftpflichtversicherung, aber aufgrund mangelnder Kontrolle kann davon ausgegangen werden, dass nur etwa die Hälfte aller Wagen versichert ist. Die Höhe der Haftpflichtversicherung liegt bei 5000 R.D.$ pro Schadensfall. Die Vermieter von Wagen haben meist in ihren Verträgen eine Klausel, dass alle diese Summe übersteigenden Kosten vom Mieter gezahlt werden müssen! Da die Autopreise im Land sehr hoch sind (Insellage), kann es sich hierbei um viele Tausend Euro handeln.

Traveller Police

Die Deckungssumme der Haftpflichtversicherung liegt auf sehr niedrigem Niveau. Wer nun mit seinem Mietwagen einen Unfall verursacht, muss damit rechnen, dass Schadenersatz gefordert wird. Um Forderungen, die die gesetzliche Haftpflichtversicherung übersteigen zu decken, kann man z.B. über seinen Automobilclub die so genannte Traveller Police abschließen. Die Versicherungsleistungen (hier aus dem Versicherungsvertrag zitiert): „Die Haftpflicht-Versicherung beinhaltet die Deckung von ca. 500.000 € für Personen-, Sach- und Vermögensschäden. Sie tritt bis zu dieser Höhe ein, wenn anlässlich eines Schadenfalles die

Haftpflichtdeckungssummen für den Mietwagen im Besucherland erschöpft sind. Voraussetzung ist somit, dass für das gemietete Fahrzeug eine örtliche Kraftfahrzeug-Haftpflichtversicherung als Basisdeckung besteht."

Die Polizei wird erfahrungsgemäß nur bei schweren Unfällen mit Personenschäden zum Unfallort kommen. Eine reguläre Schadensabwicklung ist trotzdem äußerst langwierig und schwierig. Ein Ausländer kann sogar von der Polizei bis zur Klärung der Angelegenheit festgehalten werden. Zitat der Botschaft: „In dominikanischen Gefängnissen herrschen in keiner Weise deutsche Haftbedingungen." Zitatende.

Da Unfallwagen von der Polizei beschlagnahmt und erst nach Klärung wieder freigegeben werden, stellen die Vermieter meist schnell einen Anwalt, der sich sehr für den Mieter einsetzt.

Wir wollen hier niemandem abraten, ein Auto zu mieten. Es bleibt aber festzuhalten, dass auf keinen Fall deutsche Maßstäbe an das Verhalten der Autofahrer und Polizisten gestellt werden dürfen. Größte Zurückhaltung und eine absolut defensive Fahrweise sind notwendig, bis man sich an die **Verkehrssituation** gewöhnt hat (s. „Autofahren").

Es existieren die folgenden **Geschwindigkeitsbegrenzungen:**

- auf den Autopistas, den Schnellstraßen: 80 km/h
- in den Vororten: 60 km/h
- in der Stadt: 40 km/h

Natürlich hält sich kein Mensch daran, aber leider haben die Verkehrspolizisten, speziell jene, die um Santo Domingo anzutreffen sind, die unangenehme Eigenschaft, zielsicher die Gringos herauszupicken. Während manche nur etwas plaudern wollen, erfinden andere abenteuerliche Übertretungen. Hier kann kein allgemeingültiger Rat gegeben werden, man muss die Situation abschätzen. Ungeschriebenes Gesetz: Wer zahlt, darf weiterfahren, wer sich weigert, verliert Stunden.

Wer Santo Domingo in Richtung Süden über die Autopista verlässt oder von Norden in die Stadt fährt, muss nach ein paar Kilometern eine Art Maut bezahlen. Das gilt auch für die Zufahrt zum Flugplatz und für die neue Straße nach Samaná.

Nachts Autofahren

Von Nachtfahrten ist **unbedingt abzuraten!** Es gibt so gut wie keine Straßenbeleuchtung, und andere Fahrzeuge sind ebenfalls schlecht beleuchtet.

Straßen

Die Straßen sind durchweg in Ordnung, nur einige abseitige Strecken sind in katastrophalem **Zustand.** Dazu zählen vor allem die Straße von Jarabacoa nach Constanza und die Straße von Sabana nach Miches bzw. von Sabana nach Hato Mayor.

Tanken

Benzin wird nur noch bleifrei angeboten. Der Preis steht nicht für einen Liter, sondern für eine Gallone, was etwa 3,79 Litern entspricht.

Versicherungen

Der Abschluss einer **Auslandskrankenversicherung** wird dringend empfohlen (siehe Kapitel „Gesundheit").

Reiserücktrittskostenversicherung

Eine Reiserücktrittskostenversicherung lohnt sich vor allem, wenn man z.B. eine Pauschalreise oder ein **„preiswertes" Flugticket** mit einer geringen Gültigkeitsdauer oder mit festen Reiseterminen gebucht hat, die nicht mehr geändert werden können. Denn sonst kann der Flugtermin für eine geringe Gebühr innerhalb der Gültigkeitsdauer beliebig oft verschoben werden.

Ob es sich lohnt, die 35–80 € auszugeben, hängt nicht zuletzt von der Höhe der **Stornogebühr** ab, die im Falle des Reiserücktritts fällig würde. Wie hoch die Stornogebühr sein wird und wann sie fällig wird, sollte man bei Buchung der Reise genau klären.

Reisegepäckversicherung

Der Abschluss einer Reisegepäckversicherung kann sich lohnen, aber man sollte sehr aufmerksam die Bedingungen lesen, da die Policen viele Einschränkungen enthalten können: Bei Flugreisen wird verlorenes Gepäck oft nur nach Kilopreis ersetzt. Wurde eine Wertsache im Hotel nicht im Safe aufbewahrt, gibt es bei Diebstahl auch keinen Ersatz. **Kameraausrüstung und Laptop** dürfen beim Flug nicht als Gepäck aufgegeben worden sein.

Überdies deckt häufig auch die **Hausratsversicherung** schon Einbruch, Raub und Beschädigung von Eigentum auch im Ausland.

Wer bestohlen wurde, muss zur Polizei gehen und ein **Protokoll** aufsetzen lassen. „Quiero denunciar un robo", „Ich möchte einen Diebstahl melden". Ohne dieses Protokoll ist es fast unmöglich, seine Ansprüche geltend zu machen.

Sicherungsschein

Jeder, der eine **Pauschalreise** bucht, hat das Recht darauf, sich zu vergewissern, dass sein Reiseveranstalter gegen eine Insolvenz (Pleite) abgesichert ist.

Eine Pauschalreise ist jede Kombination zweier gleichwertiger Reiseleistungen, also beispielsweise bereits die kombinierte Buchung von Flug und Mietwagen.

Spätestens bei der ersten (An-)Zahlung muss der Veranstalter bzw. das Reisebüro dem Kunden deshalb einen **Sicherungsschein** aushändigen. Wenn ein Veranstalter aus welchen Gründen auch immer diesen Sicherungsschein verweigert, kann man davon ausgehen, dass er gegen eine Pleite nicht versichert ist. Das muss kein Grund sein, die Reise nicht zu buchen, es schließt allerdings das Risiko mit ein, bereits bezahlte Reiseleistungen im Pleitefall nicht zu erhalten – beispielsweise den Rückflug ...

dr220 Foto: hf

LAND UND NATUR

GEOGRAFIE

Fläche

Die Dominikanische Republik nimmt knapp zwei Drittel der Insel Hispaniola ein und grenzt an den Nachbarstaat Haiti, sie ist damit die zweitgrößte Insel der Großen Antillen; nur Kuba ist noch größer. Die **Gesamtfläche** beträgt 48.000 km^2.

Die größte Ausdehnung von Ost nach West erreicht mit 595 km die Strecke Punta Cana – Jimaní. Die Strecke Puerto Plata – Barahona ist mit 365 km die längste Nord-Süd-Entfernung.

Gebirgszüge

Drei große Gebirgszüge laufen durch das Land. Die **Cordillera Central,** die in Haiti beginnt und sich durch das zentrale Hochland bis hinunter nach San Cristóbal erstreckt, ist der Gebirgszug mit den höchsten Erhebungen; der höchste Berg der Antillen, der Pico Duarte (3087 Meter), befindet sich hier. Die **Cordillera Septentrional** zieht sich nördlich der Cordillera Central parallel zur Nordküste entlang. Die **Cordillera Oriental** ist der kleinste Bergzug; er erstreckt sich entlang der Atlantikküste zwischen Sabana und Hato Mayor. Die südwestliche Spitze und die Halbinsel Samaná sind mit kleineren Gebirgszügen durchsetzt.

Landschaften

Diese Gebirgszüge sorgen für eine höchst unterschiedliche landschaftliche Ausprägung. An der Luvseite der Gebirge, der Wetterseite, befinden sich ausgedehnte **Regenwälder** und grüne Täler. Auf der windabgewandten Seite erstrecken sich dagegen trockene, teilweise durch Erosion ausgetrocknete, **wüstenähnliche Landstriche.**

Im Norden liegt ein weitgeschwungenes Tal, das **Valle de Cibao,** das sich bis Haiti hinzieht. Ist dies in den östlichen Ausläufern noch sehr fruchtbar, nimmt die Versteppung zum Westen hin immer mehr zu. Der östliche Teil, genannt **Vega Real,** dürfte mit den besten Boden des Landes aufweisen. Die **Halbinsel Samaná** ist von tropischen Wäldern bedeckt und von einer Hügelkette durch-

FÜNF NAMEN FÜR EINE INSEL

Die Insel hat im Laufe ihrer Geschichte bereits fünf Namen getragen. Die Tainos nannten sie ursprünglich **Haiti,** was soviel wie „hügeliges Land" bedeutet. *Kolumbus* taufte sie später **Hispaniola,** was nichts anderes als „kleines Spanien" hieß. Der erste Inselchronist *Pedro Mártir de Angelería* nannte sie schließlich **Quisqueya,** „großes Land". Das Wort soll aus der hebräischen Sprache stammen und würde darauf hindeuten, dass der Chronist jüdischen Glaubens war.

Im 16. Jahrhundert wurde die heutige Hauptstadt Santo Domingo de Guzmán gegründet, und ein Teil dieses Namens, **Santo Domingo,** wurde zunächst für die gesamte Insel übernommen; in Spanien wird sie übrigens heute noch so genannt. 1844 wurde schließlich der heute noch gültige Name **Dominicana** von *Juan Pablo Duarte* gewählt, in Erinnerung an einige Dominikanermönche.

zogen. Die Inselmitte wird vom Gebirgszug Cordillera Central geprägt, erst weit im Osten wird das Land wieder flacher. Den Südwesten durchzieht ein tiefes Tal, die **Valle de Neiba.** In diesem Tal liegt der Lago Enriquillo immerhin 44 Meter unter dem Meeresspiegel.

Schöne **Strandzonen** sind sowohl im Norden (Playa Dorada, Sosúa, Cabarete, Samaná) als auch im Süden (Boca Chica, Juan Dolio, Bayahibe) zu finden. Das weitläufigste Strandgebiet liegt ganz im Osten zwischen Playa Macao und Punta Cana.

KLIMA

Das **tropische Klima** ist durch feuchtwarme Hitze geprägt, die der Nordostpassat an der Nordküste etwas mildert. Große Schwankungen der **Temperatur** sind nicht zu verzeichnen, sie betragen maximal 5 °C, die jährliche Durchschnittstemperatur misst 25 °C. Der August ist der heißeste, der Januar der kühlste Monat, aber selbst in den Orten im Gebirge, wie in Jarabacoa, ist es noch spürbar warm.

Die Jahreszeiten werden durch eine **Trockenzeit** und eine **Regenzeit** geprägt. Die Regenzeit ist besonders stark an der Südküste zwischen Mai und Oktober ausgeprägt, hingegen an der Nordküste erst ab Oktober. Regenzeit bedeutet aber sehr selten tagelange Wolkenbrüche. Meist regnet es kurz und heftig am Nachmittag oder in der Nacht. Dann kühlt der Regen die Hitze ab, die Luft ist sogar in Santo Domingo merklich sauberer, zumindest für kurze Zeit. Im Herbst können teilweise starke Hurrikans auftreten.

An der **Ostküste** ist das Klima generell ein wenig trockener, ein wenig heißer. Während es auch innerhalb der Trockenzeit im gesamten Land vereinzelt regnen kann, bleibt es meist in der Region um Punta Cana heiß und trocken.

Auf **Samaná** muss das ganze Jahr über mit tropischen Schauern gerechnet werden, doch zum Glück gilt auch hier, dass der Regen vorwiegend nachts niedergeht.

„Nasse Straße" in der Regenzeit

Hurrikane

Hurrikane haben ihren **Entstehungspunkt** im Äquatorgürtel, meist an der afrikanischen Westküste. Die Hurrikan-Saison dauert von August bis November. In dieser Zeit wird am häufigsten die magische Wassertemperatur von 26–27 °C erreicht. Stößt bei dieser Temperatur die Warmluftfront auf ein Tiefdruckgebiet, verdunstet das aufgeheizte Wasser stärker als normal. Diese Massen von Wasserdampf strömen nach oben, verdichten sich zu Wolken, dehnen sich immer weiter aus und werden durch die Erdrotation gegen den Uhrzeigersinn in Bewegung gesetzt.

Hurrikane können sich so zu einem Durchmesser von bis zu 500 Kilometern aufbauen. Die Dunstwolken rotieren um das so genannte Auge des Hurrikans, in dem absolute Windstille und strahlender Sonnenschein herrscht. Der Hurrikan dreht sich immer schneller und **wandert meist nach Westen.**

Durch den Aufwärtstrieb der warmen Luft und durch die Rotation entsteht ein Sog, der die Wassermassen des Ozeans zu **meterhohen Wellen** auftürmt. Dies war in früheren Zeiten die einzige Warnung, die die Küstenbewohner vor einem bevorstehenden Hurrikan hatten: Die Wellen stiegen, aber der dazugehörende **Wind** fehlte. Der Wind folgt in einer zweiten Stufe, nachdem sich die Wellen schon an der Küste gebrochen haben, und kann eine Geschwindigkeit von bis zu 400 Stundenkilometern erreichen, und am Schluss regnen sich die Wolken in **starken Güssen** ab. Diese sind genauso gefürchtet wie der Wind. Immerhin stürzen im Durchschnitt um die 150 Liter Wasser auf einen Quadratmeter nieder.

Am 31. August 1979 raste der **Hurrikan „David“** durch die Karibik. Seine Wellen türmten sich bis zu 15 Meter hoch, und „David“ erreichte eine Geschwindigkeit von 150 km/h. Er wütete besonders schlimm in der Dominikanischen Republik und über der weiter östlich gelegenen Insel Dominica. Später drehte er ab nach Norden und raste auf Miami zu. Da die Menschen dort rechtzeitig gewarnt werden konnten, richtete er wesentlich weniger Schaden an. Er raste schließlich nur noch mit 70 km/h entlang der Ostküste der USA, bis er sich in den kälteren Regionen des Atlantiks auflöste. Piloten, die die Dominikanische Republik nach dem Unwetter überflogen, berichteten von schlimmsten Verwüstungen und Überschwemmungen. Insgesamt kamen 3000 Menschen um.

Im Herbst 1998 schlug Hurrikan „George“ zu; er zog eine Spur der Verwüstung quer durch die Insel. Etwa 300 Menschen starben, unzählige Häuser stürzten ein, viele Brücken wurden zerstört. Und auch im Herbst 2004 streifte ein Hurrikan das Land und richtete größere Zerstörungen an, vor allem auf Samaná. Im September verwüstete **Hurrikan „Jeanne“** ganze Teile des Nachbarlandes Haiti.

Im November 2007 schlug **Hurrikan „Noel“** zu, auf der ganzen Insel kamen 125 Menschen ums Leben, und 2010 streifte **Hurrikan „Tomás“** den Westen von Haiti, wobei Wind und Regen aber auch noch deutlich in Santo Domingo spürbar waren.

FLORA

Pflanzenarten

Palmen

Tropische Vegetation, da denkt man sofort an Palmen, und die gibt es reichlich auf der Insel. Schaut man genauer hin, erkennt man schnell, dass es auch unter den Palmen **verschiedene Arten** gibt. Abgesehen von der Größe unterscheiden sie sich auch in den Blattwedeln. Manche sind schmal, andere dagegen sind weit auseinandergefächert.

Am verbreitetsten sind die Königspalme und die Kokospalme. Die **Königspalme** ist endemisch, also nur hier anzutreffen. Ursprünglich wurde sie mal aus Südostasien eingeführt und ist eine Anbaupflanze, eine der zehn von Menschen weltweit meistgenutzten Pflanzen. Beide gehören zu den sehr hochwachsenden Arten, sie erreichen teilweise eine Höhe von bis zu 30 Metern. Da die **Kokospalme** resistenter gegen Salzwasser ist, wird sie an nahezu allen Stränden anzutreffen sein. Im Inland findet man dagegen verstärkt die nur sieben Meter hohe **Wachspalme,** ebenfalls eine endemische Pflanze.

Für die Bewohner sind die Palmen überaus nützlich, denn nicht nur die Früchte werden **verwertet** (der größte Ernteanteil der Kokospalme dient der Kopragewinnung, aus dem später u.a. Bratfett hergestellt wird), die Wedel werden zu Besen verarbeitet oder zum Decken der Hausdächer benutzt. Aus Baumrinde der Stämme der Königspalme werden Möbel und teilweise sogar Geschirr hergestellt. Nicht selten wird es auch als Baumaterial verwendet.

Auffällige Blüten

Auf der Fahrt durch das Land werden dem Besucher sicherlich die roten Blüten des Baumes mit dem bezeichnenden Namen **Feuerbaum** auffallen. Auch die strauchartigen **Beerenmalven** mit ihren roten Blüten sind in jedem Park und auf jeder *Plaza* zu finden. Erstaunen ruft auch die Tatsa-

206dr Foto: hf

che hervor, dass zahlreiche **Liliengewächse,** die man bei uns nur als Topfpflanze kennt, hier aber zu über einen Meter hohen Sträuchern heranwachsen.

Feuerbaum, Beerenmalven und Bananen sind allesamt Zierpflanzen, meist aus Asien eingeführt. Da es in der Karibik etwas weniger regnet als in Asien, mussten sich die Arten darauf einstellen und haben deshalb kleinere Blüten hervorgebracht, um Wasser zu sparen. Deshalb wird man selten Pflanzen mit großen, farbigen Blüten sehen.

Bananen

Bananenanpflanzungen sind fast überall anzutreffen. Auf einer Plantage kann der **Wachstumspro-**

Die Früchte des Bananenbaumes wachsen zum Licht

zess dieser Pflanze gut beobachtet werden. An einigen Pflanzen hängen dunkelrote Blüten; dies sind die schon geschlechtsreifen, einjährigen Stauden. Die männlichen Samen sind an der Spitze der Blüte zu finden, die weiblichen Fruchtknoten, aus denen später die Bananen heranwachsen, befinden sich in der Mitte. Nach der Befruchtung werden die männlichen Blütenteile entfernt, damit die Früchte besser reifen können. Nach vier bis sechs Wochen ist aus dem Fruchtknoten eine Bananenstaude herangewachsen. Nachdem die Staude geerntet wurde, wird der Stamm der Pflanze abgeschlagen. Aus der Wurzelknolle ist jedoch bereits ein neuer Stamm gewachsen. Diese Jungpflanze, Sohn genannt, wächst erst zur vollen Höhe, wenn der alte Stamm, der Vater, entfernt wurde. Der Prozess beginnt nun wieder von vorne. Die Wurzelknolle hat somit eine unendliche Lebensdauer, es können ständig neue Söhne heranwachsen.

Vegetationszonen

Tropischer Regenwald

Die Dominikanische Republik weist unterschiedliche Vegetationszonen auf, ein Ergebnis der Gebirgszüge, die auf der Insel für verschiedene Klimazonen sorgen. In den regenreichen Gebieten, wie z.B. auf Samaná (2400 mm Regen, im Gegensatz zum trockenen Gebiet beim Lago Enriquillo mit 600 mm Regen) sind noch kleine Reste vom tropischen Regenwald anzutreffen.

Dieses Ökosystem kann sich nur dort ausbilden, wo durchschnittliche **Temperaturen** von 24 °C bis 28 °C herrschen. Weiterhin muss die Niederschlagsmenge die Wassermenge übersteigen, die regelmäßig verdunstet. Diese Gebiete sind also durch extrem hohe **Luftfeuchtigkeit** geprägt. Durch das Fehlen der jahreszeitlichen Klimaschwankungen finden die verschiedenen Entwicklungszyklen wie Blütezeit und Laubfall zur selben Zeit statt.

Die klimatischen Bedingungen lassen eine derartige Fülle von verschiedenen Vegetationen entstehen, dass der Bewuchs sich auf **verschiedene Stockwerke des Waldes** verteilt. Dieses hängt mit dem Lichteinfall zusammen, der zum Boden hin immer mehr abnimmt. So hat sich in jeder Höhe ein ganz spezieller Pflanzenwuchs entwickelt. Am Boden des Regenwaldes ist es im Gegensatz zu unseren Wäldern relativ kahl. Da kaum ein Sonnenstrahl das dichte Kronendach durchdringen kann, leben am Boden hauptsächlich Pilze, die nicht auf den photosynthetischen Prozess angewiesen sind. Die nächste Stufe wird von kleinwüch-

Die Kakaopflanze wächst ursprünglich in den unteren Stockwerken des Regenwaldes

sigen Bäumen (z.B. Baumfarnen) und strauchartigen Pflanzen gebildet. Je weiter es in die Höhe geht, desto dichter wird der Bewuchs. Jeder Baum versucht den anderen an Höhe zu übertreffen, um mehr Sonnenstrahlen zu erhaschen.

Damit ist das wahre Leben eines Regenwaldes erst in den oberen Schichten auszumachen. Hier haben sich auf den Ästen der großen Bäume Pflanzen niedergelassen, um mehr Sonnenstrahlen einfangen zu können. Diese **Epiphyten** filtern mit ihren herunterhängenden Luftwurzeln aus der feuchten Luft die Nährstoffe heraus. Andere Epiphyten, die Bromelien, fangen in ihren Blütenkelchen Wasser auf, dem sie nach und nach die Nährstoffe entnehmen. Diese kleinen Wasserlachen locken wiederum Frösche und kleine Säugetiere, die sich von Insekten ernähren, an.

Typische Vertreter des Regenwaldes sind **Lianen.** Diese dünnen Pflanzen verwenden Bäume als Stützen. Sie keimen zwar am Boden, verankern sich dann jedoch mittels Dornen oder Haken an dem Stamm größerer Bäume. So können sie sich dem Sonnenlicht entgegenhangeln, ohne selber einen kräftigen Stamm entwickeln zu müssen.

Regengrüner Wald

In Gebieten, in denen sich klimatechnisch ein Wechsel zwischen Regen- und Trockenzeit bemerkbar macht, herrscht der regengrüne Wald vor. Das Kronendach des regengrünen Waldes ist nicht dicht geschlossen, so dass mehr Sonnenstrahlen die unteren Schichten und den Boden erreichen können. Dadurch kann sich der **Unter- und Bodenbewuchs** stärker entwickeln.

Das Nebeneinander der verschiedenen **Lebenszyklen** ist nicht so stark vertreten wie beim tropischen Regenwald. Die Zyklen orientieren sich mehr an den jahreszeitlichen Schwankungen. So werfen die Bäume der oberen Vegetationsschicht während der Trockenzeit ihr Laub ab, und die Blütezeit fällt zum größten Teil mit dem Beginn der Regenzeit zusammen.

Trockenwald

Je kürzer die Perioden der Regenfälle, desto trockener wird die Zone. Nur noch niedrig wachsende Gehölze bilden dann den so genannten Trockenwald. Auf der dem Wind abgewandten Seite der Gebirgszüge, z.B. bei den im Westen gelegenen Orten wie Monte Cristi und beim Lago Enriquillo, können auf dem trockenen und teilweise durch Erosion ausgelaugten Boden nur noch Kakteen, Agaven und Dornengestrüpp gedeihen.

Mischwald

Im **zentralen Hochland** ist eine ganz andere Vegetationsstufe zu finden. Die grün bewachsenen Hügel und großen Mischwälder würde wohl jeder eher im Alpenvorland erwarten, aber nicht in der Karibik.

FAUNA

Die Tierwelt präsentiert sich sehr unterschiedlich. Einige Tiere sind nur sehr schwer zu beobachten, man muss (meist) sehr früh am richtigen Ort sein, was wohl mit etwas Aufwand machbar sein sollte, andere, besonders die zahlreichen Vögel, erfreuen jeden Besucher. Insgesamt zählt man mehr als 250 **Vogelarten,** von denen etwa zehn Prozent Zugvögel sind und nur in den Wintermonaten in die Karibik kommen. 23 Arten sind endemisch, kommen also nur auf Hispaniola vor. Einige Vogelarten erscheinen auf den ersten Blick überhaupt nicht fremdartig. Da gibt es beispielsweise Tauben, Schwalben, Eulen, Finkenarten, Falken und sogar Spechte. Überall sieht man auch die unseren Staren ähnelnden Antillengrackeln fliegen.

Wasservögel

Vor allem an den Küsten und Lagunen ist der Artenreichtum der Wasservögel gut zu beobachten. So kann man fast überall an den Küsten braune **Pelikane** und verschiedene **Reiherarten** beim Fischfang beobachten. Der **rosa Flamingo** ist vor allem auf der Isla Cabritos anzutreffen.

Papageien

Seltener sind die Papageien zu erspähen, ihr Federkleid hebt sich kaum von dem Grün der Baumkronen ab. Der bekannteste Vertreter dieser Art ist die **Blaukronenamazone** mit dem Namen La Cotorra. Ihr Gefieder ist kräftig grün, die Cotorra wurde schon von den Tainos als Gastgeschenk an die Spanier weitergegeben. Heute ist dieser Vogel leider durch illegalen Handel vom Aussterben bedroht, genau wie der **Haiti-Sittich,** ebenfalls eine endemische Art.

Wer einmal Dutzende von frei fliegenden Papageien sehen möchte, sollte zur Zeit des Sonnenuntergangs zum Hotel Embajador in Santo Domingo fahren. Lohnend!

Palmschmätzer

Als **Nationalvogel** gilt der endemische Palmschmätzer, einziger Vertreter seiner Familie weltweit. Er ist weit verbreitet und kann oft in Palmkronen, in denen er sein Gemeinschaftsnest baut, beobachtet werden. Besonders auffallend ist sein schwarz-weiß gemusterter Bauch.

Honigbaumläufer

In den Hotelanlagen kann öfters der kleine gelbschwarze Honigbaumläufer beobachtet werden.

Kolibris

Auf Hispaniola sind drei Arten von Kolibris beheimatet, der **Mangokolibri,** der sich auch oft in Hotelanlagen aufhält, die **Zwergelfe,** der kleinste Kolibri, und der **Smaragdkolibri,** der eher in Bergregionen zu finden ist. Der offensichtlichste Unterschied zwischen Mango- und Smaragdkolibri ist der Schnabel, der beim Mangokolibri gekrümmt und beim Smaragdkolibri gerade gewachsen ist.

Kolibris sind besonders beim **Nektaraufnehmen** zu beobachten. Diese winzigen Vögel schlagen ihre Flügel bis zu 50 Mal in der Sekunde. Dadurch können sie ruckartig die Flugrichtung ändern und sogar rückwärts fliegen. Sie setzen sich zur Nahrungsaufnahme nicht auf einen Zweig, sondern erledigen das auf der Stelle fliegend.

Schmetterlinge und Fledermäuse

Es gibt sehr viele farbenprächtige Schmetterlinge, und in der Dämmerung kann man vereinzelt Fledermäuse beobachten, immerhin leben auf Hispaniola 18 Fledermausarten.

Seekuh Manatí

Zu den Vertretern der Fauna, die der Besucher nur selten zu sehen bekommt, zählt die Seekuh Manatí. Der massige Körper des Meeressäugers hat die **Form eines Wales,** obwohl der nächste Verwandte der Elefant ist. Ein besonderes Aussehen verleiht der Seekuh die wulstige Oberlippe, die mit borstigen Haaren bestückt ist. Seekühe erreichen eine Länge von bis zu 3,50 Meter und wiegen bis zu 600 Kilogramm. Ebenso wie die Wale können sie nur eine begrenzte Zeit, ca. 25 Minuten, unter Wasser bleiben, dann müssen sie zum Luftholen auftauchen.

Die Manatís ernähren sich ausschließlich von Wasserpflanzen. Daher sind sie auch nur im flachen Wasser an der Küste anzutreffen, denn Wasserpflanzen benötigen ebenso wie ihre Vertreter an Land Licht, das in ausreichendem Maße nur bis zu einer gewissen Wassertiefe vorhanden ist. Da Pflanzen nur wenige Nährstoffe haben, müssen Manatís Unmengen davon verzehren. Um den geringen Nährstoffgehalt optimal auszunutzen, wird ein langer Verdauungsprozess durchlaufen. Bis zu fünf Tage dauert der Stoffwechselvorgang, der Verdauungstrakt ist 40 Meter (!) lang. Im Vergleich zu anderen Säugetieren kommt die Seekuh mit wenig Energie aus. Das bedeutet gleichzeitig, dass sie trotz einer wärmenden Fettschicht sehr kälteempfindlich ist und sich bei einer Wassertemperatur von um 20 °C am wohlsten fühlt.

Atlantik-Buckelwale

Während der Wintermonate Mitte Januar bis Mitte März kommen größere Herden von Atlantik-Buckelwalen in die warmen Gewässer vor der Nordküste. Speziell in der **Gegend von Samaná** halten sich die Tiere auf, die sich in dieser Zeit paaren. In der Hauptsaison, Januar und Februar, tummeln sich mindestens 200 Buckelwale vor allem vor der Banco de la Plata, nördlich von Samaná, aber auch in der Bucht von Samaná.

Die Wale von Grönland und Neufundland wandern jährlich bis zu 6000 Kilometer, um sich in den wärmeren Gewässern zu paaren und ihre Jungen zu gebären. Die Neugeborenen werden dann für die lange Wanderung zurück ins Eismeer hier aufgepäppelt. Pro Tag nehmen die Jungen bis zu 50 Kilogramm zu. Damit ihr Körper diese enorme Leistung vollbringen kann, benötigen sie 200 Liter der äußerst fetthaltigen Muttermilch (50 % Fett, im Vergleich: Sahne hat 38 %). Die erwachsenen Tiere fressen während ihres Aufenthaltes in der Karibik dagegen nichts, sie leben von ihrer Fettschicht.

Nach ihrer Rückkehr fressen sie dafür umso mehr, bis zu einer Tonne Fisch am Tag. Die Wale ernähren sich hauptsächlich von Krill, krabbenartigen Schalentieren, und von kleinen Fischen, und sie haben eine ganz eigentümliche **Methode entwickelt, Fische zu fangen.** Entdecken Wale einen Schwarm Fische, umschwimmen sie diesen im Kreis und lassen Atemluft hochperlen. Erstaunlicherweise schaffen es die Fische nicht, diesen Rundkäfig aus Luftblasen zu durchbrechen. So kann der Wal mit aufgesperrtem Maul in den Schwarm hineinschwimmen. Die Fische saugen sie nun mit dem Wasser ein und filtern sie mit den Barten (bartähnliche Hautanhänge im Walmaul) heraus, während das Wasser aus dem Maul herausgepresst wird.

Da sich in der karibischen See im Frühling die balzfreudigen Männchen aufhalten sowie Muttertiere, deren Jungen sich noch nicht so lange unter Wasser aufhalten können, ist die Chance groß, eines dieser 15 Meter langen und vier Tonnen schweren Tiere auf einer organisierten Tour zu sichten. Von Samaná-Stadt können organisierte Ausflüge zum **Whale Watching** unternommen werden (siehe auch „Samaná-Stadt/Aktivitäten"). Mit etwas Glück macht ein Wal gerade einen

02dr Foto: sm

Sprung aus dem Wasser, bei dem man sehr schön den massigen Kopf, die Schwertfinne, die sich etwa in der Mitte des Rückens befindet, und die Fluke, das Schwanzende, identifizieren kann. Oft sieht man die Tiere auch mit den Flippern, sozusagen den Armen, rudern.

Reptilien

Auf der ganzen Insel existieren viele Reptilienarten. Während man die kleinen Arten häufig in der Sonne sich wärmen sieht oder im Haus beim Insektenfang beobachten kann, wird man die endemischen Nashornleguane und Wirtelschwänze, die im gesamten Südwesten des Landes leben, nur schwer zu Gesicht bekommen.

Meist sieht man den Leguan nur im Zoo

Der **Nashornleguan** trägt als besonderes Kennzeichen auf der Schnauzenspitze drei Hornhöcker, die beim Weibchen viel unscheinbarer sind. Der Schwanz ist meist länger als der ganze Körper (70 cm gegenüber 50 cm). Er lebt in sehr trockenem Gelände, u.a. bei Monte Cristi, Puerto Plata und im Parque del Este, und ist in seinem Bestand recht dezimiert.

Ähnlich schwer bedroht ist der **Wirtelschwanzleguan.** Auf seinem zusammengedrückten Rumpf sitzt ein Rückenkamm, und sein Hinterkopf ist stark verbreitert (nur bei den Männchen). Er hat eine graue oder olivgrüne Färbung mit deutlichen Querstreifen.

Giftige **Schlangen** existieren übrigens auf der Insel nicht.

Die auf der Insel Cabritos im Lago Enriquillo vorkommenden **Spitzkrokodile** kann man dagegen mit etwas Glück auf einer organisierten Tour erspähen. Sie werden bis zu sieben Meter groß und haben als besonderes Merkmal eine beulenförmige Aufwölbung vor den Augen. Sie leben meist in ufernahen Gewässern und können stundenlang unbeweglich und gut getarnt, nach Beute Ausschau haltend, ausharren.

Schlitzrüssler

Der Schlitzrüssler ist ein ganz **seltenes Tier,** das nur auf zwei Inseln in der Karibik, der Dominikanischen Republik (und natürlich im Nachbarstaat Haiti) und auf Kuba, vorkommt. Die dominikanische Art *(Solenodon paradoxus)* ist hier endemisch, genau wie die kubanische *(Solenodon cubenis)* auf der Nachbarinsel.

Er ist einem **Ameisenbär** nicht unähnlich und besitzt eine rüsselartige Nase. Das Fell ist schwarzbraun, er lebt ausschließlich auf Kalkböden und ist nachtaktiv.

Die Schlitzrüssler sind die einzig bekannten Insektenfresser, deren Speichel giftig ist. Bei einem Biss kommt es selbst bei Menschen zu starken Entzündungen.

001dr Foto: fh

Hutia Nicht ganz so selten ist der Hutia, ein **endemisches Nagetier.** Es gehört zur Familie der Stachelschweine *(Capromyidae)*, die auch auf anderen karibischen Inseln vorkommen. Es sieht aus wie eine große Ratte, ist mit ihr aber nicht verwandt. Die bis zu 50 cm großen Pflanzenfresser haben ein dichtes graues Fell. Die Exemplare auf Hispaniola sind die **Zagutis.**

Riesennager: der Hutia

NATIONALPARKS

(Text: Jürgen Hoppe)

Die Dominikanische Republik präsentiert, trotz relativ kleinem Territorium, beachtliche **klimatische und topografische Unterschiede.** Immerhin befinden sich hier der höchste Berg und die niedrigste Senkung der Antillen. Diese Höhenunterschiede erlauben eine Anzahl variierender Lebenszonen, von subtropischen Trocken- und Regenwäldern bis zu großflächigen Kiefernwäldern in den Bergregionen. Der Pflanzenreichtum mit 5600 bisher registrierten Arten, von denen 36 Prozent nur auf Hispaniola zu finden sind, sowie eine hohe Anzahl einheimischer Tierarten zeichnet die Dominikanische Republik als **artenreichstes Land der Antillen** aus.

Zur Bewahrung dieser ökologischen Vielfalt wurden 70 geschützte Gebiete mit einer Gesamtfläche von 20 Prozent des nationalen Territoriums deklariert.

Nicht alle **Nationalparks** sind für den Touristen gut erreichbar, außerdem mangelt es bei einigen auch an der nötigen Infrastruktur. Hier sind deshalb die **wichtigsten** Parks kurz zusammenfassend vorgestellt und bei den interessantesten die Besuchsmöglichkeiten erwähnt. Nähere Infos sind dann nochmals unter den jeweiligen Ortsbeschreibungen zu finden.

Parque Nacional del Este

- **Fläche:** 430 km²
- **Zugang:** Boca de Yuma und Bayahibe

Dieser Park umfasst eine trapezförmige Halbinsel im äußersten Südosten des Landes und die Insel Saona. Sandstrände, Steilküsten und Mangrovensümpfe bestimmen die **Küstenlandschaft.**

Im Parkinneren befinden sich ausgedehnte **Trocken- und Feuchtwälder** mit Mahagoni-, Mesquit-, Weißgummi-, wilden Oliven- und Pockholzbäumen. Besonders interessant ist die Zapfenpalme, die von den Ureinwohnern zur Herstellung von Brot genutzt wurde. Außerdem erwähnenswert ist die Saona-Kirschpalme, eine einzigartige Pflanze, die nur hier vorkommt.

Bisher wurden 112 **Vogelarten** identifiziert, von denen acht nur auf Hispaniola und weitere elf nur in der Karibik heimisch sind. Dazu zählen die Blaukronenamazone, die Palmkrähe und der Große Todus. Beide einheimischen **Landsäugetiere,** der Schlitzrüssler und Hutia, sowie der Nashornleguan sind hier im Park zu beobachten.

Beeindruckend sind weiterhin Steinzeichnungen und **Wandmalereien der Tainos** in ausgedehnten Höhlensystemen.

Dieser Park ist der meistbesuchte des Landes, von Bayahibe werden täglich **Touren per Boot** zur Isla Saona durchgeführt, verkauft werden diese Touren in allen Hotels. **Individualreisende** können in Bayahibe ein Boot chartern, müssen aber mit Kosten von bis zu 100 US$ rechnen (allerdings für neun Personen). Auf Saona gibt es ein Touristenrestaurant und kleine Colmados.

Wer sich die Fahrt zur Isla Saona sparen will, kann am Strand entlang laufen, am Hotel Dominicus vorbei bis zum Haus der Parkranger. Dort wird der Obolus (100 R.D.$) entrichtet, und dort sind die Höhlen von Guaragua zu finden, wo Wandmalereien der Tainos besichtigt werden können.

Parque Nacional Armando Bermúdez und Parque Nacional José del Carmen Ramírez

- **Fläche:** je 765 km^2
- **Zugang:** La Ciénaga, San José de las Matas und Mata Grande

Der Nationalpark Armando Bermúdez erstreckt sich auf der Nordseite des Zentralgebirges, der José del Carmen Ramírez auf der Südseite. Hier liegt mit dem Pico Duarte (3087 m) der höchste Berg der gesamten Karibik (zur Besteigung des Pico Duarte siehe Jarabacoa). Mit dem Río Yaque del Sur und dem Río Yaque del Norte entspringen hier die längsten und wichtigsten Flüsse der Insel.

Die **Vegetation** wird von ausgedehnten Kiefernwäldern und Bergregenwäldern bestimmt. Dominant sind die westindische Zeder, Walnussbaum, Myrte, Kirschlorbeer, wilde Tamarinde, Baumfarne, Lederholz und einheimische Wacholder.

Endemische **Vogelarten** im Park sind Haiti Sittich, Rosentrogon, Hispaniola-Specht und Palmschmätzer, der zugleich der Nationalvogel ist.

Parque Nacional Los Haïtises

- **Fläche:** 1375 km^2
- **Zugang:** Sabana de la Mar oder Sánchez

Der Park erstreckt sich im Nordosten des Landes, südlich der Bucht von Samaná. Dieses **Karstgebiet,** bestehend aus einer Reihung von 30 bis 40 Meter hohen Hügeln, ist einmalig in seiner Formation auf Hispaniola.

Häufige Regenfälle, ständige Bewölkung und hohe Luftfeuchtigkeit bewirken eine **reichhaltige Vegetation** mit über 700 Arten breitblättriger Bäume wie der Kapokbaum, die Silberpalme, Farne, Lianen und Bromelien. In diesem Park finden sich die größten Mangrovenwälder der karibischen Inseln.

Außer den beiden einheimischen **Säugetieren** Schlitzrüssler und Hutia leben hier noch 22 **Reptilienarten** und 110 verschiedene **Vögel,** darunter eine Anzahl von Meeresvögeln: Braunpelikan, Gelbstirn-Jassana, Fregattvogel, Seeschwalbe und Blaureiher.

Einige Höhlensysteme bewahren noch Wandmalereien und **Steinzeichnungen der Tainos.**

Der Park ist ausschließlich per Boot erreichbar, in sehr vielen Hotels wird eine **organisierte Tour** angeboten. Die Besucher der Nordküste beginnen die Reise in Samaná mit einer einstündigen Überfahrt durch die Bucht von Samaná, die Urlauber der Süd- und Ostküste starten in Sabana de la Mar und reisen 30 Minuten westwärts in den Park.

Individualreisende können am leichtesten in Samaná eine derartige Tour buchen, in Sabana gibt es einen lokalen Veranstalter.

Parque Nacional Sierra de Bahoruco

- **Fläche:** 800 km^2
- **Zugang:** Duvergé – Puesto Escondido

Die Sierra de Bahoruco befindet sich mit einer Maximalhöhe von 2367 m im Südwesten des Landes und grenzt an haitianisches Gebiet. Diese Gegend ist nur schwer zugänglich, dadurch sind auch heute noch **ausgedehnte Misch- und Kiefernwälder** vorhanden.

Der Park beinhaltet eine hohe Anzahl **endemischer Pflanzen- und Tierarten,** beispielsweise Reptilien und Vögel wie die La-Selle-Drossel, Weißflügelweber und Weißkopfkrähe.

Der Park hat außerdem eine **historische Bedeutung.** Hier proklamierte der Kazikenhäuptling *Guarocuya,* der später als *Enriquillo* berühmt werden sollte, in seinem Kampf gegen die spanischen Eroberer 1532 die erste freie Republik Amerikas.

Parque Nacional Monte Cristi

- **Fläche:** 550 km²
- **Zugang:** Monte Cristi

Dieser Nationalpark liegt im äußersten Nordwesten des Landes und grenzt teilweise an das Territorium von Haiti. Außer großen Meeresgebieten und Küstenlagunen stechen hier vor allem die Inselchen Los Siete Hermanos hervor. Am Wochenende kann man **kleine Bootstouren** vom Jachthafen zu einer der sieben Inseln unternehmen; diese Tour wird auch in den Hotels der Nordküste angeboten. Nach 1½ Stunden Fahrt wird die Insel erreicht, die sehr feine Sandstrände aufweist und ein einmaliges Schnorchelrevier ist. Auf dem Rückweg geht's noch auf die Isla Cabra, wo gespeist wird.

Hohe Temperaturen und spärliche Regenfälle bewirken **Trockenwaldvegetation** mit Monte-Cristi-Salbei, westindischem Schachtelholz, Guajakholz, dorniger Akazie und Mesquitbaum.

An **Tierarten** wurden drei Amphibien-, 107 Weichtier- und 163 Vogelarten, die teilweise im Winter aus dem Norden hierher kommen, registriert. Darunter so seltene Tiere wie der Cayenne-Nachtreiher, Rotfußtölpel, Silberreiher und die Kanincheneule. In den Meeresgebieten ist außer einer Anzahl von Krustentieren (Meeresgarnelen) und Fischen besonders der Nagelmanatí häufig zu beobachten.

Das Wahrzeichen des Parks ist ein kleines, 300 Meter hohes **Vorgebirge,** der Morro.

Parque N. Submarino La Caleta

- **Fläche:** 10 km²
- **Zugang:** 2 km vom Flughafen Santo Domingo entfernt

Die unregelmäßige Topografie des Gebietes wird von drei terrassenförmig abgestuften **Felsenriffs** bestimmt, die parallel zur Küstenlinie verlaufen. Die Tiefen der Riffs variieren zwischen zehn und 50 Metern und erreichen eine Maximaltiefe von 180 Metern. Große Korallenformationen dienen Fischen und Schildkröten als Refugium.

Parque Nacional Isla Cabritos

- **Fläche:** 24 km²
- **Zugang:** La Descubierta

Die Insel Cabritos liegt mitten in einem See, dem **Lago Enriquillo** im Südwesten des Landes. Dieser See ist Überbleibsel eines langgestreckten Meereskanals, der den Südwesten von der Insel abtrennte, und bildet mit 44 Metern unter dem Meeresspiegel die **niedrigste Senkung der Antillen.** Der Boden in dieser Zone ist fast ausschließlich mit Korallen und Meeresmuscheln bedeckt. Bei nur seltenen Regenfällen kann die Temperatur auf der Insel auf über 60 °C steigen.

Die **Vegetation** besteht aus Trockenwald mit 106 registrierten Arten, z.B. endemische Kakteen, Hispaniola-Christusdorn oder Guajakholz.

Die **Fauna** ist größtenteils durch Reptilien, beispielsweise endemische Leguane und einer größeren Kolonie des Spitzkrokodils und 162 Vogelarten vertreten. Hier fallen besonders der rote Flamingo, Rosalöffler, Braunsichler und die westindische Nachtschwalbe auf.

Der Besuch der Insel im Lago Enriquillo wird ebenfalls von vielen Hotels angeboten. Als **Individualreisender** muss man bis La Azufrada fahren, einem Punkt, etwa zwei Kilometer vor La Descubierta. Dort können Boote der Nationalparkverwaltung gechartert werden (etwa 35 US$ pro Person). Es existieren nur zwei Boote, deshalb ist eine Reservierung über die Nationalparkverwaltung in Santo Domingo ratsam. Auf der Insel angelangt, kann man nach einem 30-minütigen Fußmarsch auf der Südseite Krokodile beobachten.

Parque Nacional Jaragua

- **Fläche:** 1400 km²
- **Zugang:** Oviedo

Dieser Park befindet sich im Südwesten des Landes und ist mit einem 700 km² großen Meeresgebiet und den Inseln Alto Velo und Beata eines der größten geschützten Gebiete des Landes. Das Fehlen jeglicher oberirdischer Flüsse, die niedrigen Regenfälle und hohen Temperaturen bewirken eine **Vegetation aus Trocken- und Dornenwald** mit einer hohen Anzahl Kakteen und langsam wachsenden Bäumen, wie Feigenkaktus, Haarsäulenkaktus, Aloe vera, Zürgelbaum und Sennesblätterpflanze.

Die **Fauna** ist durch den Schlitzrüssler und Hutia, Nashorn- und Ricordleguan und 130 Vogelarten vertreten. Dazu zählen die Rußseeschwalbe, Mangrovenreiher, Amerika-Zwergdommel und die größte Flamingokolonie des Landes. Die Strände des Parks werden jährlich von vier Meeresschildkröten zur Eiablage besucht. Der Kazikenstamm Xaragua hinterließ auch in diesem Gebiet eine Reihe von Wandmalereien.

Zu erreichen ist dieser Park nach einer einstündigen Autofahrt von Barahona bis Oviedo. Drei

075dr Foto: hf

Kilometer vor Oviedo liegt die Rangerstation, die Informationsmaterial bereithält und die Eintrittsgebühr kassiert.

Parque Nacional Valle Nuevo

- **Fläche:** 657 km²
- **Zugang:** Constanza, San José de Ocoa

Das Nuevo-Tal (Valle Nuevo) ist eine **alpine Hochebene** von durchschnittlich 2200 Metern inmitten des Zentralgebirges und bildet das geografische Zentrum der Dominikanischen Republik. Zwei der vier wichtigsten Flüsse des Landes (Río Yuna und Río Nizao) entspringen hier. Mit einer Durchschnittstemperatur von 9 °C ist dieses Tal das kälteste Gebiet des Landes.

Die **Vegetation** umfasst 249 Arten, von denen 97 nur auf Hispaniola vorkommen. Dominierend ist die einheimische Kiefer, Danthonia-Gras, Teebeerenstrauch und Lepechinia-Strauch.

64 **Vogelarten** wurden gezählt, darunter der Hispaniola-Stieglitz, die Streifenkopftangare, der Kiefernweber, Braunscheitelorganist und die Braunnackenammer.

Parque Nacional Redonda y Limón

- **Fläche:** 40 km²
- **Zugang:** Miches

Dieses Naturreservat besteht aus **zwei Lagunen,** die sich im Nordosten befinden. Mit einer Durchschnittstiefe von nur 1,50 m sind sie für eine Anzahl **Wasservögel** von Bedeutung, wie dem Fischadler, Bindentaucher, Teichralle, Spießente und Nachtreiher.

Land und Natur

Parque Nacional Isabel de Torres

- **Fläche:** 15 km²
- **Zugang:** Puerto Plata

Dieses **Vorgebirge** liegt südlich von Puerto Plata. Hier entspringen 15 kleine und größere Flüsse.

Auf dem Berggipfel ist ein **botanischer Garten** eingerichtet worden. Hier sind auch einige heimische Arten zu finden, wie Bergpalme, Sternapfel, Trompetenbaum und Mahagonibaum.

Aus der Welt der **Vögel** sind Hispaniola-Sammelspecht, Palmschmätzer, Rotschwanzbussard und Honigbaumläufer hier heimisch.

Obendrein genießt man von oben einen **atemberaubenden Blick** auf Puerto Plata und die Nordküste.

Reserva Científica Ebano Verde

- **Fläche:** 23,1 km²
- **Zugang:** La Palma, Straße Bonao – Constanza
- **Besuchserlaubnis:** Fundación Progressio, Av. Máximo Gómez, Ecke Av. 27 de Febrero, 3. Stock, Santo Domingo, Tel. 685-9562

Dieses Gebiet, das von einer Stiftung verwaltet wird, liegt **im Zentralgebirge** zwischen Constanza und Jarabacoa und erreicht eine Maximalhöhe von 1550 m.

Hier existieren drei verschiedene **Vegetationstypen,** nämlich der Magnolienwald (Magnolie = *Ebano Verde*), der Nebel- und der Bergpalmwald. Die endemische Magnolie ist ein Edelholz. Über 600 Pflanzenarten wurden bisher registriert, von denen 30 % nur auf Hispaniola wachsen.

Über 60 **Vogelarten,** u.a. Hispaniola-Stieglitz, Blaukronenamazone, Palmkrähe und Haiti-Sittich, wurden gezählt.

In dem Reservat entspringt eine Anzahl von **Flüssen,** welche für das fruchtbare Cibao-Tal die Bewässerung garantieren.

Reserva Científica Loma Quita Espuela

- **Fläche:** 72 km^2
- **Zugang:** San Francisco de Macorís – Los Bracitos
- **Besuchserlaubnis:** Fundación Loma Quita Espuela, Avenida Libertad 44, Apartado Postal 236 (Postfachadresse), San Francisco de Macorís, Tel. 588-4156, Fax 588-6008

Dieses Gebiet liegt nördlich von San Francisco de Macorís und wird von einer Stiftung verwaltet. Hohe Regenfälle, bis zu 300 Tage im Jahr, bewirken hier einen **artenreichen Regenwald** mit einer enormen Diversität. Die Maximalhöhe des Gebietes erreicht 985 m. Die Vegetation birgt so kostbare Schätze wie 500 bis 1000 Jahre alte Bäume endemischer Edel- und Harthölzer und ausgedehnte Bergpalmwälder.

Vogelarten sind Blaukronenamazone, Rosentrogon, Palmschmätzer und Hispaniola-Sammelspecht.

Parque Nacional Laguna Rincón

- **Fläche:** 240 km^2
- **Zugang:** Barahona – Cabral

Diese Lagune, im Südwesten gelegen, ist der größte **Süßwassersee** des Landes.

An **Pflanzen** gibt es hier die Amerikanische Lotusblume, das Hornblatt und Seerosen.

Die Lagune ist ein ideales Habitat für die endemische **Süßwasserschildkröte** sowie eine Anzahl heimischer und immigrierender **Wasservögel** wie z.B. Blauflügelente, Carolinenralle, Dreifarbenreiher und Schwarzkopfruderente. Außerdem dient das Gebiet als Trinkwasserreservoir für die umliegenden Orte.

139dr Foto: hf

Staat und Gesellschaft

STAATSSYMBOLE

Die **Staatsflagge** trägt die Farben rot und blau, ein weißes Kreuz steht im Zentrum. Das weiße Kreuz symbolisiert den Glauben der Bevölkerung, Rot steht für das vergossene Blut im Freiheitskampf, Blau für die Freiheit.

Im Zentrum des Kreuzes befindet sich das **Staatswappen.** Dieses zeigt abermals die rot-blaue Farbe und ein weißes Kreuz, weiterhin liegt in der Mitte eine aufgeschlagene Bibel. Rechts des Schildes befindet sich ein Palmenzweig, links davon ein Lorbeerzweig. Die beiden Zweige sind unterhalb des Schildes mit einem roten Band zusammengebunden, auf dem der offizielle Staatsname steht. Im Hintergrund weisen je drei Standarten seitlich nach oben, an ihren Spitzen hängen dann wieder stilisiert die Flaggen. „Dios – Patria – Libertad" (Gott – Heimat – Freiheit) als übergeordnete Wahrheit krönt das Wappen.

Die **Nationalhymne** wird jeden Tag um Punkt 12 Uhr mittags gespielt, auf fast allen Radiostationen des ganzen Landes. Stolz singen dann Taxifahrer und Gäste aus voller Kehle mit, kennen jede Zeile der nun wahrlich nicht kurzen Hymne. Geschrieben wurde sie von *Emilio Prud' homme* (1856–1932), und sie spiegelt die Bestrebungen

062dr Foto: hf

der Dominikaner um ihre Unabhängigkeit wider, welche sie 1844 erstritten.

„Quisqueyanos valientes alcemos
nuestro canto con viva emoción
y del mundo a la faz ostentemos
nuestro invicto glorioso pendón.
Salve el pueblo que intrepido y fuerte
a la guerra a morir se lanzó
cuando en belico reto de muerte
sus cadenas de esclavo rompió ...

... Nuestros campos de gloria repiten:
Libertad, libertad, libertad"

„Mutige Quisqueyanos, erheben wir
unseren Gesang mit lebendiger Emotion,
und vor aller Welt tragen wir
unser siegreiches, ruhmreiches Banner.
Heil dir Volk, das unverzagt und stark
zu sterben in den Krieg sich stürzte
als in kriegerischen Todesdrohungen
seine Ketten als Sklaven sprengte ...

... Unsere Ruhmesfelder wiederholen:
Freiheit, Freiheit, Freiheit"

GESCHICHTE

Die Tainos

Besiedlung

Die Besiedlung der karibischen Inseln erfolgte in mehreren Wellen vom südamerikanischen Festland aus. Dort lebten die **Arawaks,** die beständig auf der Suche nach fischreichen Gewässern waren. Zuerst steuerten sie nur die südlichen, dem Kontinent vorgelagerten Inseln an, um den dortigen Fischreichtum auszunutzen. Später entdeckten sie die guten Möglichkeiten zum landwirtschaftlichen Anbau und emigrierten schließlich auf die Inseln, auch zu den weiter entfernt liegenden. Schließlich gelangten sie sogar nach Hispaniola. Dort und auch auf der Nachbarinsel Puerto Rico siedelten hauptsächlich die **Tainos,** die zu den Arawaks zählen.

Kultur

Sie entwickelten im Laufe der Zeit, bedingt durch die Insellage, eine eigenständige Kultur. So hatten sie zur Zeit der Entdeckung durch die Spanier 1492 eine bemerkenswerte Entwicklungsstufe erreicht. Sie lebten in Gemeinschaften, die nach festgelegten Normen organisiert waren, und glaubten an Naturgötter. Angeführt wurden die Dorfgemeinschaften von einem Kaziken. Der Begriff soll von dem Arawakwort *Kassiquam* stammen, was soviel wie „Dorfchef" heißt.

Sie hatten eine große **künstlerische Fertigkeit** erlangt, besonders in der Bearbeitung und Verzierung von Tongegenständen. Diese Entwicklung wurde noch dadurch gefördert, dass die Kaziken sich mit besonderen Preziosen zur Untermalung ihrer Stellung schmückten. Sie behängten sich unter anderem mit vergoldeten Armreifen und Ketten, die später die Goldgier der Spanier anstachelten. Weiterhin besaßen die Kaziken wertvolle Utensilien, die zur Ausübung religiöser Zeremonien benötigt wurden. Diese Gegenstände wurden von Künstlern hergestellt, die sich auf diese Arbeit spezialisiert hatten und nicht zur allgemeinen Feldarbeit herangezogen wurden, die Arbeit für die Kaziken gab ihnen somit eine Sonderstellung.

Soziale Gliederung

Im Laufe der Zeit verfestigte sich die **Macht der Kaziken.** Das Amt war bald nur noch wenigen Gruppen zugänglich, später sogar nur noch vererbbar. Dadurch entwickelte sich bald eine eigene Kaste, die eine herausragende Stellung einnahm, deren Entscheidungen von allen getragen wurden, Widerspruch war nicht üblich.

Die Bevölkerung war grundsätzlich in zwei Gruppen geteilt, der Kazike und seine Sippschaft und der große Rest. Zur Zeit der Entdeckung war diese soziale Aufteilung relativ festgefügt. Die Kaziken hatten zwar eine herausragende Stellung, aber diese wurde von niemandem in Frage gestellt. Umgekehrt bereicherten sich die Kaziken auch nicht durch ihr Amt. Sie organisierten das Zusammenleben, die Verteilung der Ernte und die religiösen Zeremonien. Zur Betonung ihrer besonderen Position verwahrten sie die bereits erwähnten wertvollen Kunstgegenstände.

Soziale Einheiten

Die soziale Einheit bestand aus **größeren Gruppen,** die in Häusern lebten, die *Canay* genannt wurden. Diese Hütten wurden in runder oder eckiger Form gebaut, der Begriff ist heute noch im Sprachgebrauch: *Bohío.* Geschlafen wurde in Hängematten. Die Gruppen setzten sich aus fünf bis sieben Familien zusammen, eine Gruppe bestand aus ca. 30 Personen. Die Familien waren meist direkt untereinander verwandt, aber eine Verbindung innerhalb der Gruppe war strikt verboten, dort herrschte eine strenge Exogamie.

Die einzelnen Gruppen lebten in **Dorfgemeinschaften,** so genannten *Aldeas,* zusammen. Die größeren *Aldeas* hatten ihren eigenen Kaziken, kleinere lebten in der Regel unweit einer größeren und unterwarfen sich dann diesem Kaziken. Die *Aldeas* lebten völlig unabhängig voneinander. In gewissen Fällen schlossen sich verschiedene *Aldeas* zusammen, um z.B. eine kriegerische Auseinandersetzung zu führen. Der mutmaßlich mächtigste Kazike wurde dann zum allgemeinen Oberhaupt gewählt. Nach Beendigung der Aktion trennten sie sich wieder.

Glaube an Naturgötter

Der Glaube der Tainos basierte auf den Gegebenheiten der Natur. Die einzelnen Stämme der Tainos verehrten unterschiedliche Götter, die aus ihrer jeweiligen Tradition stammten, so dass sie keinen alles beherrschenden Gott kannten. So war der Hauptgott *Cemí* meist zugleich der **Gott der Yucawurzel,** *Yocatu Vagua Maorocoti.* Die Yucawurzel war das Hauptnahrungsmittel, deshalb gehörte diesem Gott der größte Respekt. Es gab weitere Götter, die alle auf Naturphänomenen basierten. Hier soll nur *Guabancex* erwähnt sein, die **Göttin der Hurrikane,** die als göttliche Strafe angesehen wurde. Eine weitere wichtige Gottheit war *Yocahu,* die **Göttin der Fruchtbarkeit.**

Religiöse Riten

Die Tainos glaubten an verschiedene Götter, von denen einige stärker waren als andere. Die Kaziken, die mit den stärkeren Göttern kommunizierten, standen in einem höheren Ansehen. Diese **Kommunikation mit den Göttern** fand in einer Zeremonie statt, die *Rito de la Cohoba* (Ritus der Cohoba) genannt wurde. Sie basierte auf der Einnahme einer **halluzinogenen Droge.** Dies war die wichtigste religiöse Zeremonie der Tainos. Der Kazike versetzte sich durch Inhalieren der Droge in einen Trancezustand, erst dann konnte er mit den Göttern in Kontakt treten.

Bevor die Tainos, die dieser Zeremonie beiwohnen wollten, den Tempel betreten durften, mussten sie sich von innen reinigen. Sie führten dazu künstlich durch einen Spatel den Brechreiz herbei und übergaben sich, erst danach durften sie die Hütte betreten.

Rolle der Behiques

Die religiösen Zeremonien nahmen einen breiten Raum im Leben der Tainos ein. Es gab eine Reihe von Leuten, die ausschließlich für die Ausübung und Hilfestellung bei den Riten ausgebildet war. Diese so genannten *Behiques* fungierten auch als eine Art Heiler oder Medizinmann. Die *Behiques* trugen einen speziellen Schmuck, der sie von den anderen unterschied. Sie konnten ebenfalls mit den Göttern kommunizieren, jedoch hatten die Kaziken in dieser Frage die größere Autorität. Weiterhin fungierten sie als **Ratgeber der Kaziken** und unterrichteten auch deren Kinder.

Kanus

Die Tainos hatten fundierte Kenntnisse über den Bau von großen Kanus. Mit diesen Kanus fuhren sie sogar zu Nachbarinseln, um Handel zu treiben. So fuhren sie beispielsweise nach Kuba (75 km), und nach Puerto Rico soll es sogar beinahe täglich eine Verbindung gegeben haben. Sie befuhren sogar weite Strecken wie nach Florida (1200 km) oder gar nach Yucatán (1500 km), in Mexiko gelegen.

Sie erreichten eine enorme Geschwindigkeit, es ruderten teilweise 35 Mann. *Bartolomé de las Casas* berichtet, er habe auch Kanus gesehen, die Platz für 80 (!) Mann hatten.

Die Kanus wurden **aus einem Baum hergestellt.** Die Tainos brannten einen Teil aus und verfeinerten dann die Wände mit Steinäxten und kalfaterten die verbliebenen Zwischenräume.

Zeremonielle Tänze

Zu verschiedenen Gelegenheiten fanden zeremonielle Tänze statt. Normalerweise wurden die Tänze von einem **Vorsinger** begleitet, der so genannte *Areitos* vortrug. Der Kazike setzte aus einem bestimmten Anlass ein Fest an und lud die Dorfgemeinschaft dazu ein. Es ist überliefert, dass es Feste zur Begrüßung von Fremden gab, aber auch um einen Sieg nach einer Schlacht zu feiern. Der Kazike tanzte niemals mit. Er schlug den Takt auf einer Trommel und trug die *Areitos* vor. Diese wurden mündlich weitergegeben, der Kazike lehrte sie seinem Sohn.

Die **Tänzer** bildeten meist einen Kreis, Männer tanzten getrennt von Frauen. Jeder legte den Arm um die Hüfte des Nachbarn, und alle bewegten sich im Rhythmus der vorgetragenen *Areitos.* Die Gesänge dauerten nicht selten über drei Stunden, so dass mancher Tänzer vor Erschöpfung zusammenbrach.

Ballspiel Batey

Die Tainos spielten häufig zum Zeitvertreib ein Ballspiel, *Batey,* das einem Federballspiel ähnelte. Gespielt wurde auf einem Platz vor der Hütte des Kaziken. Die Anzahl der **Spieler** war groß, ca. 20 bis 30 Männer auf jeder Seite. Der Ball konnte nur mit Ellenbogen, Schulter, Kopf oder Hüfte gespielt werden, sprang er über die Begrenzung oder blieb er auf dem Boden liegen, wurde er als tot gezählt. Der **Ball** wurde aus Gras hergestellt, das mithilfe einer Paste rund geformt wurde.

Wahrscheinlich ist das Ballspiel von den **Mayas** aus Mexiko übernommen worden, allerdings ohne deren religiösen Hintergrund. Beim Ballspiel der Mayas musste der Ball durch einen sehr engen Ring gestoßen werden, auch darauf verzichteten die Tainos.

Ausrottung der Tainos

Die **spanischen Eroberer** schafften es, in wenigen Jahrzehnten die Tainos komplett auszurotten. Eingeschleppte Krankheiten, knochenharte Schufterei in den Minen und auf den Feldern, kollektive Selbsttötung, aber auch pure Barbarei waren die Ursachen. So ist die Geschichte überliefert, dass ein spanischer Pflanzer jeden Tag zu Ehren der 12 Apostel ein Dutzend Tainos wahllos tötete!! Es dauerte kein ganzes Jahrhundert, und die Tainos waren restlos verschwunden.

Chapetones & Criollos

Nach der Entdeckung der Gold- und Silberschätze auf dem amerikanischen Kontinent sank die Zahl der Siedler auf der Insel rapide. Auch die Bedrohung der Städte durch die Piraten tat ihr Übriges. Erst im Zuge der Domestizierung der *Boucanniers* (siehe „Die Zeit der Piraten" im Kapitel „Nordküste") im 17. Jh. kamen wieder viele, hauptsächlich französische Farmer nach Hispaniola, die sich auf der **Nordwestseite der Insel** (heutiges Haiti) ansiedelten. Sie erschlossen diesen Inselteil und gründeten Zuckerrohrplantagen. Der französische Teil prosperierte, der spanische dagegen stagnierte; wie kam das?

Die spanische Krone zog im **spanischen Teil der Insel** sämtliche Reichtümer ab, und die katholische Kirche etablierte sich als gewichtiger Machtfaktor. Somit wurde auch in der Kolonie die Inquisition eingeführt. Folglich waren auch kaum Spanier jüdischer oder arabischer Abstammung vertreten, die in Spanien traditionell das Handwerk und den Handel beherrschten.

Weiterhin war die **Sozialstruktur** in den beiden Inselteilen unterschiedlich. Es gab die reinen Spanier, *Chapetones* genannt, die die größten Machtbefugnisse besaßen. Unter ihnen standen die *Criollos,* weiße Spanier, die in der Fremde geboren waren. Beiden war aus der Heimat ein Sozialkodex bekannt, der besagte, dass ein Edelmann nicht arbeiten dürfe, sonst würde er seine Adelsprivilegien verlieren. Die waren zwar in der Neuen Welt völlig bescheiden, aber gleichwohl pflanzte sich dieses Gedankengut fort. Ein *Hidalgo,* also ein Ritter oder Edelmann, ging keinem Broterwerb nach, er suchte bestenfalls Abenteuer.

Richtig schuften mussten die anderen, die *Mulatos,* die aus einer Verbindung zwischen einem Weißen und einer Schwarzen stammten, *Mestizos,* aus einer Verbindung zwischen einem Weißen und einer Indianerin, aber vor allem die an unterster Stufe stehenden schwarzen Sklaven. Sie alle befanden sich in einer sozialen Hierarchie, die darauf hinauslief, dass nur wenige aktiv an der wirtschaftlichen Entwicklung Interesse zeigten. Der größte Teil der spanischen Oberschicht wollte nur die Reichtümer herausziehen.

Im französischen Teil gab es dagegen nur drei Klassen. Die Weißen, die dunkelhäutigen Freien und die Sklaven. Dabei waren die französischen Weißen in der Mehrzahl wirtschaftlich aktiver als die spanischen Weißen. Hier wurde gezielter besiedelt und das Land urbar gemacht.

Chronologische Darstellung ab Kolumbus

- **1492:** *Kolumbus* (*Colón* auf Spanisch) stößt bei seiner Suche nach einem westlichen Seeweg nach Indien zufällig auf eine Insel, die er Hispaniola nennt. Dieses Datum gilt seitdem als Entdeckung Amerikas.
- **1493:** *Kolumbus* reist zurück nach Spanien, lässt einen Teil der Mannschaft auf Hispaniola. Glanzvoller Empfang durch die spanischen Könige, die umgehend eine neue Flotte ausschicken.

  Kolumbus reist erneut nach Hispaniola, die zurückgelassenen Männer findet er tot vor, das errichtete Fort zerstört.

  Gründung einer neuen Siedlung weiter östlich, La Isabela wird gebaut.
- **1496:** Ein mit Gouverneur *Diego Colón* in Streit geratener und geflüchteter Seemann erreicht die südliche Küste. Indianer berichten von Goldfunden, daraufhin kehrt er zurück und benachrichtigt *Colón*. Der lässt dann am genannten Ort eine Siedlung bauen, Santo Domingo wird gegründet.
- **1519:** erobert der spanische Abenteurer *Hernán Cortés* das Aztekenreich in Mexiko.
- **1535:** *Pizarro* unterwirft das Inkareich in Peru.

  Beide Ereignisse führen dazu, dass den Spaniern sagenhafte Gold- und Silberschätze in die Hände fallen, die Jagd nach immer neuen Goldschätzen wird eröffnet.
- **16. Jh.:** Santo Domingo verfällt in einen Dornröschenschlaf, niemand mag sich mühsam unter karibischer Sonne auf den Feldern als Farmer plagen, wenn im nahen Amerika vermeintlich Reichtümer locken. Einige versuchen es trotzdem, denken aber gar nicht daran, selbst Hand anzulegen. Sie benötigen Sklaven, nehmen zunächst die Tainos. Diese werden so durch brutale Behandlung und körperliche Schindereien drastisch dezimiert, von gut 1 Million (1492) auf 14.000 (1517). Ersatz fehlt, und der kommt schließlich in Gestalt schwarzer Sklaven aus Afrika.
- **17. Jh.:** Immer noch suchen spanische Glücksritter nach Reichtümern in Lateinamerika, Santo Domingo bleibt eine vernachlässigte Stadt. Im Westen der Insel siedeln französische Farmer mit größerem Erfolg.
- **1697:** Nach diversen Streitereien zwischen Franzosen und Spaniern wird im Friedensvertrag von Rijswijk festgelegt, dass der Westteil der Insel (später Haiti) endgültig an Frankreich fällt.
- **1777:** Trotz dieser Regelung folgen weitere Zankereien, deshalb erneutes Abkommen, diesmal im spanischen Aranjuez mit endgültiger Grenzziehung.

207dr Foto: hf

- **1790:** 500.000 schwarze Sklaven, 100.000 Mulatten und etwa 50.000 Weiße leben im französischen Teil; das führt zu Unruhen. Als Konsequenz wird zunächst den Mulatten das Stimmrecht in der Abgeordnetenkammer gewährt.
- **1791:** Landesweiter Sklavenaufstand, Plantagen werden geplündert
- **1794:** Verkündung der Abschaffung der Sklaverei im französischen Teil
- **1804:** Unabhängigkeitserklärung von Haiti, dem ehemaligen französischen Teil der Insel
- **1821:** Am 4.11. erklärt *Núñez de Cáceres* die Unabhängigkeit des spanischen Inselteils von Spanien und den Beitritt zur Konföderation von *Simón Bolívar.*
- **1822:** Haitis Präsident *Boyer* nutzt die Unruhen und besetzt Santo Domingo.
- **1844:** Nach 22 Jahren werden die Haitianer vertrieben, *Francisco Sánchez, Pablo Duarte* und *Ramón Mella* erklären am 27.2. die Unabhängigkeit der República Dominicana.
- **1861:** Die politische Lage bleibt instabil, Präsident *Santana* bittet Spanien um Hilfe.
- **1865:** Am 11.7. gibt Spanien nach blutigen Kämpfen endgültig seine ehemalige Kolonie auf.
- **1903:** Das Land kommt nicht zur Ruhe, die USA intervenieren.
- **1905:** Die USA übernimmt die Zollverwaltung, später die gesamte Finanzkontrolle.

- **1916:** US-Truppen marschieren ein und besetzen das Land.
- **1924:** Die Amerikaner verlassen die Insel.
- **1930:** General *Rafael Trujillo* gelangt durch Wahlen an die Macht und regiert diktatorisch bis zu seiner Ermordung im Mai 1961.
- **1960:** Im August wird *Joaquín Balaguer* offiziell zum Staatspräsidenten ernannt.
- **1961:** Ermordung von *Trujillo*
- **1962:** *Balaguer* tritt freiwillig zurück, Neuwahlen finden statt, *Juan Bosch* wird zum Staatspräsidenten gewählt.
- **1963:** *Bosch* wird durch das Militär gestürzt, ein Triumvirat übernimmt die Staatsgewalt.
- **1965:** Nach Unruhen intervenieren die USA erneut, beenden einen bürgerkriegsähnlichen Zustand.
- **1966:** *Balaguer* wird zum Präsidenten gewählt.
- **1970:** Wiederwahl von *Balaguer*
- **1974:** *Balaguer* wird zum dritten Mal gewählt.
- **1975:** Ein Putschversuch gegen *Balaguer* durch Guerillatruppen scheitert.
- **1978:** *Antonio Guzmán* gewinnt die Wahlen.
- **1982:** *Salvador Jorge Blanco,* von derselben Partei, gewinnt diesmal die Präsidentschaftswahl.
- **1984:** Nach drastischem Sparkurs brechen Unruhen aus, 50 Menschen werden getötet.
- **1986:** Nach teilweise blutigem Wahlkampf gewinnt erneut *Balaguer.*
- **1988:** Verschärfung der wirtschaftlichen Lage, nach Erhöhung der Lebensmittelpreise kommt es zu Unruhen.
- **1989:** Die Preise steigen weiter, gewalttätige Proteste folgen und ein 48-stündiger Generalstreik.
- **1990:** *Balaguer* gewinnt noch einmal, jedoch mit hauchdünnem Vorsprung; es wird seine fünfte Präsidentschaft.
- **1994:** *Balaguer,* mittlerweile 87-jährig und erblindet, siegt mit denkbar knappem Vorsprung vor *Peña Gómez,* die Opposition akzeptiert den Wahlausgang nicht. Schließlich einigt man sich auf einen Kompromiss. *Balaguer* darf noch einmal für zwei Jahre regieren, dann finden Neuwahlen statt, bei denen er nicht wieder antreten soll.
- **1996:** wird *Leonel Fernández* in einer Stichwahl vor *Peña Gómez* zum neuen Präsidenten gewählt.
- **2000:** Der hemdsärmelige *Hipólito Mejía* von der PRD wird zum Präsidenten gewählt, bereits ein Jahr später sind viele Dominikaner mit ihrer Wahl unzufrieden, weil sich die wirtschaftliche Lage verschlechtert. Der Peso verlor gegenüber dem Dollar in 12 Monaten fast 30 % seines Wertes.
- **2002:** Am 14. Juli stirbt *Balaguer* im Alter von 94 Jahren.
- **2004:** *Leonel Fernández* (PLD) wird mit 57,11 % der Stimmen erneut gewählt, *Mejía* erzielt nur 33,65 %.

Kolumbusdenkmal in Santo Domingo

078dr Foto: hf

- **2008:** In Santo Domingo wird die erste U-Bahn-Strecke eröffnet. Zudem wird eine neue Schnellstraße von der Hauptstadt nach Samaná nach 27 Monaten Bauzeit fertig gestellt. Die Fahrtzeit halbiert sich nun auf etwa zwei Stunden. *Leonel Fernández* (PLD) wird mit 53,8 % der Stimmen zum dritten Mal zum Präsidenten gewählt.
- **2010:** In Haiti kommt es zu einem fürchterlichen Erdbeben, die UNO spricht von bis zu 300.000 Toten, einer gleich großen Zahl an Verletzten und 1,2 Mio. Obdachlosen. Es wird als das schwerste Erdbeben auf dem amerikanischen Kontinent angesehen. Die Aufräumarbeiten gehen schleppend voran, Ende des Jahres bricht die Cholera aus und fordert Hunderte von Toten. Die Krankheit schwappt in Einzelfällen schließlich über die Grenze.

Staat und Verwaltung

Politische Gliederung

Die Dominikanische Republik ist politisch in 31 **Provinzen** und einen **Nationaldistrikt** (*Distrito nacional,* das Gebiet der Hauptstadt) aufgeteilt.

Ein Gouverneur leitet die Provinz, während der *Distrito nacional* vom Bürgermeister der Hauptstadt regiert wird. Die Gouverneure werden vom Präsidenten ernannt.

Staatspräsident

Der Staatspräsident wird alle vier Jahre direkt gewählt, immer am 16.5. Der neue Staatschef tritt dann traditionell am 16.8. sein Amt an. Neben der **Staatsführung** obliegt ihm die das Amt des Oberbefehlshabers der Armee und der Polizei, er ernennt Minister und verkündet neue Gesetze. Eine nicht unbeträchtliche Machtfülle also, die allerdings eine ungewöhnliche Note aufweist, denn ohne die Erlaubnis des Parlamentes darf er das Land nicht länger als 15 Tage verlassen.

Seit 1996 muss bei **Präsidentschaftswahlen** der Sieger eine absolute Mehrheit erzielen, gelingt dies nicht, erfolgt eine Stichwahl, bei der die einfache Mehrheit genügt. Wer Präsident werden will, muss von Geburt Dominikaner und mindestens 30 Jahre alt sein. Weiterhin darf er in den letzten vier Jahren nicht dem aktiven Polizei- oder Militärdienst angehört haben. Es besteht übrigens Wahlpflicht für alle Personen über 18; wer jünger, aber bereits verheiratet ist, muss auch zu den Urnen.

Nationalkongress

Zwei Jahre später als der Präsident wird der Nationalkongress gewählt, der *Congreso Nacional.* Er besteht aus dem **Abgeordnetenhaus** *(Cámera de Diputados)* mit 150 Abgeordneten und dem **Senat** *(Senado)* mit 32 Mitgliedern (für jede Provinz ein Senator). Jeder der 150 Mitglieder des Abgeordnetenhauses steht für 50.000 Einwohner, mindestens sind jedoch zwei je Provinz vertreten. Bei der Wahl zum Abgeordnetenhaus und zum Senat gilt eine Fünf-Prozent-Klausel.

Grundsätzliche Entscheidungen können nur durch Zweidrittel-Mehrheiten gebilligt werden, die man dem Präsidenten spielend verwehren könnte. Dass der Präsident dennoch unangefochten regieren kann, zeigt seine **präsidiale Macht-**

079dr Foto: hf

fülle. Entscheidungen werden aber auch auf dem informellen Weg vorbereitet, denn niemand will es sich ernsthaft mit dem Staatspräsidenten verscherzen. Außerdem könnte er dem durch ein präsidiales Dekret entgehen.

Militär

Früher galt das Militär als Machtfaktor, aber das ist vorbei. Die Demokratie ist gefestigt und die Generäle halten sich politisch zurück. Nicht ganz selbstverständlich, viel zu lange galt das Militär als stabilisierender Faktor, ohne den nicht viel lief.

Etwa 32.000 Militärangehörige gibt es, davon knapp 20.000 im Heer. Man schätzt, dass ein nicht geringer Teil dieser Soldaten für außermilitärische Dienst eingeteilt wird, wie Bewachung von staatlichen oder privaten Gebäuden, Gefängnissen und Zahlstellen an Autobahnen.

Eine Wehrpflicht existiert nicht (der freiwillige Militärdienst dauert vier Jahre). Gleichwohl gilt ein **Posten beim Militär** als erstrebenswert, stellt er

Der amtierende Staatspräsident Leonel Fernández

doch für viele den einzigen Weg aus der Arbeitslosigkeit dar. Und die Chance zu Nebeneinkünften, denn, auch das weiß jedermann, sowohl Militär als auch Polizei haben gute Möglichkeiten, die Hand aufzuhalten. Seitdem die Generäle aber in den letzten Jahren gute Gehälter und Autos bekommen, müssen sie sich um illegale Einkünfte weniger Sorgen machen.

Aktuelle Politik

Ära Balaguer

Über 30 Jahre bestimmte *Balaguer* direkt oder indirekt die Politik; zum Schluss sehnten sich aber genügend Dominikaner nach einem Wechsel, nur sagen mochte es ihm niemand. *Balaguer,* inzwischen stolze 87 Jahre und mittlerweile erblindet, aber immer noch in dem Glauben, die physische Kondition für ein Präsidentenamt zu haben, stellte sich 1994 **zum siebten Mal zur Präsidentschaftswahl.** So kam es im Frühjahr 1994 zum Wahlkampf der Greise: *Balaguer* gegen seinen uralten Herausforderer *Bosch,* 85-jährig. Als dritter Kandidat bewarb sich *Peña Gómez* von der PRD. „Mientras respira, aspira" („Solange er atmet, tritt er an"): so der achselzuckende, alltägliche Kommentar zur möglichen siebten Präsidentschaft. *Balaguer* regierte zuletzt wie ein Fürst, entschied einsam, machte vieles zur Chefsache und, erstaunlich genug, bereicherte sich nicht persönlich. Selbst seine Feinde unterstellen ihm keine Korruption.

Balaguer und seine Partei PRSC warfen noch einmal die ganz große Maschinerie des Wahlkampfes an. *Balaguer* war in aller Munde, Presse und TV berichteten nahezu täglich, und unzählige Anhänger jubelten (gegen Bezahlung). Extra für den greisen Mann geschaffen wurde das *Balaguermóvil,* in Anlehnung an das *Papamóvil,* den Wagen, mit dem der Papst unterwegs ist. *Balaguer* besuchte jede Provinz und ließ sich feiern. „Balaguer trabaja para tí" („*Balaguer* arbeitet für Dich") war auf allen

Transparenten zu lesen, und mit dem Bau neuer Straßen wurde überzeugend geworben. Kein Wunder, dass bei dieser massiven Wahlpropaganda eine Wiederwahl nicht auszuschließen war.

Und tatsächlich lag *Balaguer* bei Beginn der Auszählung leicht in Führung vor *Peña Gómez*. Doch die Auszählung wurde gestoppt. Es sollen etwa 200.000 Wahlberechtigte gar nicht erst in den Wählerlisten aufgetaucht sein, alles Anhänger von *Peña Gómez*. *Balaguer* erklärte sich mit Neuwahlen einverstanden, sofern eindeutige Beweise des Betruges vorgelegt werden könnten.

Die endgültige Auszählung verzögerte sich, die Diskussionen um einen Wahlbetrug rissen nicht ab. Schließlich wurde als offizielles Ergebnis ein Vorsprung von etwa 20.000 Stimmen für *Balaguer* bekanntgegeben. Da daraufhin die Proteste nicht abrissen, wurde die siebente Amtszeit *Balaguers* auf zwei Jahre begrenzt. 1996 lief die **befristete Amtszeit** ab, *Balaguer* konnte das Gesicht bewahren und in Ehren abtreten. Das Rentnerdasein bekam ihm wohl nicht. 1999 stellte er sich seiner Partei „als möglicher Präsidentschaftskandidat" für die Wahl 2000 zur Verfügung – im zarten Alter von 92 Jahren! Im Jahr 2002 verstarb *Joaquín Balaguer;* eine Ära ging zu Ende.

Neuer Staatspräsident

Eine **neue Zeitrechnung** konnte bereits 1996 beginnen, denn der Uraltrivale *Juan Bosch* trat auch nicht mehr an. Erstmals seit *Trujillos* Ermordung konnte zwischen Kandidaten gewählt werden, zu denen weder *Bosch* noch *Balaguer* gehörten. Im ersten Wahlgang schaffte dann auch keiner der drei Kandidaten die absolute Mehrheit, und so kam es zu einer Stichwahl der beiden Bestplatzierten, *Peña Gómez* und *Leonel Fernández*.

Der in den USA ausgebildete **Fernández** (von der PLD-Partei) gewann schließlich knapp und wurde neuer Staatspräsident. Vier Jahre später gewann *Rafael Hipólito Mejía* von der PRD mit 49,87 % der gültigen Stimmen die Wahl. Nach seiner Vereidigung entließ *Mejía* als erstes etwa 300 Spitzenbeamte, darunter alle Provinzgouverneure.

Mejía war nicht unumstritten. Seine burschikose Art gefiel längst nicht jedem, außerdem konnte er drängende wirtschaftliche Probleme nicht lösen. Die Auslandsverschuldung verdoppelte sich, die Arbeitslosigkeit und die Inflation stiegen deutlich an. Bei der Wahl 2004 erinnerten sich viele Dominikaner an *Fernández,* der dann auch einen klaren Sieg einfuhr. Sein Hauptversprechen: die Staatsausgaben kürzen und die Inflation bekämpfen. Was ihm auch mit Erfolg gelang und die Dominikaner dankten es ihm. 2008 wurde *Leonel Fernández* mit 53,8 % der abgegebenen Stimmen wiedergewählt, sein Gegenkandidat kam auf knapp 40 %. Allerdings musste der Präsident eingestehen, dass es Lohnlisten gab für Sympathisanten seiner Partei. Im Klartext: Lohn gegen „richtiges" Wählen. Aber auch das überstand *Fernández,* denn diese Praktiken waren der Bevölkerung sowieso allgemein bekannt. 2010 gewann die PLD sowohl bei den Regional- als auch bei den Kongresswahlen die deutliche Mehrheit.

Politische Parteien

Die **PRSC** *(Partido Reformista Social Cristiano)* entstand 1964 aus der Fusion zweier anderer Parteien. Ihr Vorsitzender war viele Jahre *Joaquín Balaguer.* Sie ist konservativ ausgerichtet und hat eine große Anhängerschaft in der Wirtschaft und beim Militär.

Die **PRD** *(Partido Revolucionario Dominicano)* wurde 1939 von *Juan Bosch* im Exil gegründet. Sie hat sich als Ziele vor allem soziale Gerechtigkeit, Freiheit und Demokratie gesetzt, keine alltäglichen Forderungen in einem Land, das 30 Jahre diktatorisch regiert wurde. Sie findet damit besonders bei den besitzlosen Bauern und den kritischen Städtern Anhänger.

Die **PLD** *(Partido de la Liberación Dominicana)* wurde 1973 von *Juan Bosch* gegründet, der sich von der PRD absetzte. Die Partei ist stark links

208dr Foto: hf

orientiert und arbeitet auf eine sozialdemokratische Veränderung hin. Zunächst unterstützten sie nur viele enttäuschte Wähler.

Staat und Gesellschaft

MEDIEN

Tageszeitungen

Es existieren zehn Tageszeitungen, die meisten erscheinen in Santo Domingo. Grundsätzlich kann von relativer Pressefreiheit gesprochen werden, was zu einem durchaus **breiten Spektrum von Presseerzeugnissen** geführt hat. So erscheinen sowohl links- als auch rechtsorientierte Periodika.

Listín Diario ist nicht nur die älteste Zeitung – sie wurde bereits 1889 gegründet – sie hat auch die größte Auflage.

Weitere große Blätter sind *El Caribe, El Nacional* und *Hoy*. Die Gesamtauflage beträgt fast 200.000, was für ein so kleines Land ganz erheblich ist. Außerdem gibt es das Wochenmagazin *Rumbo*.

Auswahl an dominikanischen Zeitungen

Fernsehen Neben den staatlichen Fernsehsendern gibt es noch eine Reihe privater, landesweit zu empfangender Sender sowie eine Vielzahl kleinerer Kabel- und Lokalsender; daneben aber auch etliche US-Sender.

Radio Auf dem Radiomarkt betreibt die **staatliche Radio Televisión Dominicana** drei Stationen, daneben können noch über 80 weitere Sender empfangen werden.

WIRTSCHAFT

Wirtschaftslage Das Land erlebte etliche Jahre ein kontinuierliches Wirtschaftswachstum von zuletzt 7–9 %, teilweise sogar 10 %, und war damit führend in Lateinamerika. Neben Zucker- und Kaffeeexporten waren der Tourismus, Überweisungen von Auslandsdominikanern und Freihandelszonen die wichtigsten Devisenbringer. Aber überall lässt es spürbar nach. Ex-Präsident *Mejía* erließ daraufhin einige unpopuläre Maßnahmen; so erhöhte er die Mehrwertsteuer von 8 auf 12 % und erließ Steuern auf Bier (23 %) und Rum (30 %), was aber nach Protesten zurückgenommen wurde. Präsident *Fernández* will zunächst die Staatsausgaben senken und die Inflation bekämpfen, die zuletzt 10 % betrug, die aber einige Jahre bei rund 5 % lag. Ein fester Arbeitsplatz ist angesichts der **Arbeitslosenquote** (offiziell: 17 %) fast ein Luxusgut. Darüber hinaus ist die Grenze zwischen Gelegenheitsarbeit und Arbeitslosigkeit schwer zu ziehen, die Statistiker sprechen von 25–35 % Arbeitslosen. Noch heute arbeiten die meisten Menschen in der Landwirtschaft, danach folgt der Dienstleistungssektor, und dann kommt erst das produzierende Gewerbe.

Direktvermarktung landwirtschaftlicher Produkte

080dr Foto: hf

Landwirtschaft

Grundlage der dominikanischen Landwirtschaft ist der **Zuckerrohranbau.** Dabei muss berücksichtigt werden, dass ein Großteil der in der Landwirtschaft tätigen Bevölkerung gerade das **Notwendigste** erwirtschaftet, 80 % aller Betriebe und Bauern verfügen über eine Fläche von weniger als fünf Hektar. Auch dies ist ein Grund für die massive Landflucht und das enorme Anwachsen der Hauptstadt. Die wenigen Großbetriebe besitzen gut 50 Prozent der landwirtschaftlichen Nutzfläche und bearbeiten diese, um die Produkte größtenteils zu exportieren.

Lohnniveau

Das Lohnniveau ist allgemein niedrig. Der gesetzliche **Mindestlohn** wurde mehrmals neu festgelegt, er liegt bei 5000 Pesos für Staatsangestellte.

In der freien Wirtschaft liegt er, abhängig von der Größe der Firma, zumeist knapp darüber und schwankt zwischen 4500 und 7400 Pesos. Die **Handelsbilanz** ist seit Jahren negativ, 2008 betrug das Defizit 9,25 Milliarden US-Dollar. Da der Staat relativ schlecht bezahlt, versuchen sich viele als mobile Straßenhändler, erklärte uns einmal ein Taxifahrer.

Außenhandel

Neben dem Zuckerrohr werden vor allem Kaffee, Kakao und Tabak **exportiert,** während der Reisanbau hauptsächlich der eigenen Versorgung dient. Der Außenhandel ist chronisch defizitär, da das Land alle hochwertigen Güter und vor allem Öl und andere Brennstoffe einführen muss. Die USA sind der größte Handelspartner, dadurch begab sich das Land gleichzeitig in eine Abhängigkeit, die z.B. mit dem Absenken der Zuckerquote für den Export in die USA spürbare Verluste zur Folge hatte. Neben den USA sind die Niederlande und Südkorea wichtige Handelspartner im Exportgeschäft, ebenso Taiwan.

Die **Importe** stammen u.a. aus folgenden Ländern: USA und Venezuela, gefolgt von Kolumbien, Mexiko und Brasilien.

Freihandelszonen

Aus diesem Grund versucht die Regierung seit Jahren, die einseitige Abhängigkeit vom Zuckerexport aufzulösen. Allerdings begab sie sich nur in eine andere Abhängigkeit, denn es wurden einige Freihandelszonen *(Zona franca)* geschaffen, innerhalb derer vorzugsweise **US-amerikanische und koreanische Firmen** investiert haben. Besonders zwischen La Romana und San Pedro sind diese Zonen angesiedelt worden, wo die Beschäftigten von weither mit firmeneigenen Bussen zum Arbeitsplatz gebracht werden. Hier werden Textilien, Elektrogeräte, Schmuck und Tabak hergestellt, zuletzt im Wert von knapp unter 4 Mrd. US-Dollar.

Diesen Firmen wurden nicht nur steuerliche **Anreize** geboten, damit sie riesige Produktions-

016dr Foto: sm

stätten errichteten. Es lockten niedrige Stundenlöhne, keinerlei gewerkschaftliche Einmischung, so gut wie keine Zollgebühren und ein Quadratmeterpreis von einem halben Dollar. Auch asiatische Firmen haben investiert, um die niedrigen Löhne und die steuerlichen Vorteile auszunutzen. Hauptsächlich wird Bekleidung produziert.

Transferzahlungen

Insgesamt belaufen sich die Transferzahlungen von im Ausland lebenden Dominikanern alljährlich auf etwa 3,04 Milliarden US-Dollar, das sind 6,5% des Bruttoinlandprodukts.

Devisen durch Tourismus

Durch den wieder angestiegenen Tourismus hofft man nun, dass weitere Devisen in das Land fließen. In den 1990er Jahren war der Tourismussektor erheblich ausgebaut worden, bis es im Jahr 2002 einen starken Einbruch der Besucherzahlen gab. Die Gründe? Allgemeine konjunkturelle Lage, der 11. September 2001 und eine generell spürbare Konsumzurückhaltung. Aber bereits 2003 war die Flaute wieder zu Ende. 2010 kamen insgesamt 3,2 Mio. **Auslandsgäste,** davon der Großteil aus den USA, gefolgt mit weitem Abstand von Kanadiern.

Der Tourismus bringt fast die Hälfte aller Deviseneinnahmen, ist also äußerst wichtig. Etwa 20 % der Beschäftigten arbeiten in diesem Sektor.

Tourismus

Heute konzentriert sich der Tourismus auf **vier Gebiete:** den Norden rund um Puerto Plata, die Ostspitze bei Punta Cana, die Halbinsel Samaná und die Strände östlich von Santo Domingo.

Speziell in Punta Cana wird noch weiterhin gebaut. Glücklicherweise wurden keine Hotelbunker in die Landschaft gesetzt, sondern nett gestaltete, einzeln stehende Häuser. Qualitätstourismus soll hier entstehen, nachdem die Orte Sosúa und Boca Chica schon leicht in Verruf geraten sind. In beiden Orten wird es immer unruhiger, Prostitution breitet sich aus.

Neben Kuba zählt die Dominikanische Republik zum preiswertesten Karibikziel überhaupt. Dazu beigetragen hat das sehr verbreitete All-Inclusive-System, das die Preise gedrückt hat. Kein Wunder,

034dr Foto: sm

602dr Foto: hf

dass 1999 etwa 460.000 deutsche Urlauber hinflogen. Im Jahr 2002 erfolgte aber ein kräftiger Einbruch auf ca. 250.000 Gäste. Das hatte Folgen, im Lande schlitterten etliche Hoteliers in die Pleite. Zwar erholten sich die Touristenzahlen insgesamt, aber der Anteil der deutschen Urlauber ist seit Jahren rückläufig. Im Jahr 2006 wurden 223.000 gezählt, 2009 waren es noch 180.000 und 2010 (bis einschl. November) sogar nur noch etwa 163.000. Aufgefangen wird dieser Rückgang durch einen deutlichen Anstieg von russischen Gästen.

Warten auf die Touristen

209dr Foto: hf

Menschen und Kultur

BEVÖLKERUNG

Bevölkerungsstruktur

Es leben etwa 10 Millionen Menschen in der Dominikanischen Republik, gut 2,7 Millionen allein in der Hauptstadt. Sie ist somit zur zweitgrößten Stadt der Karibik nach Havanna auf Kuba angewachsen. Das Land zählt zu den bevölkerungsreichsten Ländern des karibischen Raumes.

Die jährliche **Wachstumsrate** liegt bei 1,5–1,6 % (Bei einem Index von 2,5 % verdoppelt sich die Bevölkerung in 20 Jahren). Die Altersstruktur weist einen breiten Unterbau auf, d. h. fast 35 % der Bevölkerung ist noch unter 15 Jahre.

Die **Bevölkerungsdichte** ist regional sehr unterschiedlich. In den Städten wohnen mittlerweile 60 % der Einwohner, und die noch anhaltende Landflucht lässt die Städte weiter kontinuierlich anwachsen. Die am dichtesten besiedelten Provinzen sind Santiago, San Cristóbal, La Vega und Santo Domingo mit dem Nationaldistrikt. Hier leben fast 54 % der Dominikaner auf einem Gebiet von gerade mal einem Viertel der Gesamtfläche des Landes.

Neben der mit etwa 73 % größten **Bevölkerungsgruppe** der Mestizen gibt es etwa 16 % Weiße und 11 % schwarze Bevölkerung.

Kulturelle Einflüsse

Die Kultur und deren verschiedene Ausprägung muss im Zusammenhang mit der Kolonialzeit gesehen werden. Der Einfluss der **spanischen Kultur** ist naturgemäß am stärksten, sei es in der Sprache, in der Bauweise und auch ein wenig im persönlichen Auftreten, obwohl so mancher Dominikaner sich gerade in diesem Punkt unterscheiden möchte. Auch die katholische Glaubensrichtung ist ein Überbleibsel der spanischen Zeit. In den ländlichen Regionen mischt sich auch noch heute der Glaube an Naturgottheiten dazu. So wird nicht selten versucht, einen Kranken zunächst mit Mixturen und Zeremonien zu heilen. Diese Kräuter und die Amulette werden auf jedem Markt feilgeboten.

013dr Foto: sm

Der Einfluss der als Sklaven ins Land gekommenen Afrikaner brachte zwar keinen vergleichbar starken Kult wie den Voodoo-Kult im benachbarten Haiti hervor, aber Ansätze sind dennoch erkennbar. Von der **afrikanischen Kultur** sind auf den ersten Blick viele kleine Dinge in das tägliche Leben eingeflossen, wie z.B. das Tragen von Lasten auf dem Kopf oder das Kochen auf kleinen Holzkohleöfen, gehen aber darüber hinaus, wie die Behandlung von Krankheiten mit Heilkräutern. Unübersehbar ist eine despektierliche Einstellung der weißen Dominikaner gegenüber den Schwarzen.

Elemente der **Kultur der Urbevölkerung,** die innerhalb weniger Jahrzehnte ausgerottet wurde, zeigen sich heute noch am deutlichsten in der Bauweise der Hütten, deren Name, *bohío,* ebenfalls von den Tainos stammt. Feste Bestandteile wurden auch bestimmte Ausdrücke wie schon der erwähnte Begriff *bohío* oder auch *batey* (Dorf-

Mestizen machen in der Bevölkerung den größten Anteil aus

ansammlung). Auch einige alte Ortsnamen wie Jarabacoa sind erhalten geblieben.

Weitere kulturelle Einflüsse stammen von den Bewohnern der Kanarischen Inseln (siehe auch Nordküste/Puerto Plata), den europäischen Juden, aber auch von Asiaten, Kubanern, Italienern, Amerikanern. Und seitdem der Tourismusboom Jahr für Jahr zu neuen Rekordzahlen geführt hat, mischen immer mehr deutsche Landsleute mit. Es sollen nunmehr 10.000–15.000 *alemanes* (Deutsche) auf der Insel leben.

Haitianer

Früher kamen Haitianer nur über die Grenze, um in der **Zuckerrohrernte,** der *Zafra,* zu arbeiten. Nicht immer freiwillig, denn, es hatte sich auch in Haiti herumgesprochen, dass die Arbeitsbedingungen hart und der Lohn miserabel war.

Vor der Ernte zogen regelmäßig **Anwerber** herum, um Haitianer mit den tollsten Versprechen zu locken. Reichten solche Versprechen nicht aus, wurde auch mal zu härteren Mitteln gegriffen. Haitianer wurden mit Gewalt regelrecht über die Grenze gebracht. Das ist vorbei, niemand wird in Haiti mehr extra angeworben. Sie kommen von al-

Behausungen von Haitianern im Zuckerrohrfeld

ERFOLGREICHER SKLAVENAUFSTAND

Seit 1788, damit kurz vor Ausbruch der **Französischen Revolution,** arbeitete in Paris eine Gesellschaft der Freunde der Schwarzen. Diese Gruppe trat bereits frühzeitig gegen den Sklavenhandel ein. Im Oktober 1789 erreichte die Nachricht vom Ausbruch der Revolution und Ausrufung der Bürgerrechte endlich Haiti. In jener Zeit lebten knapp über 500.000 schwarze Sklaven im französischen Teil Hispaniolas, die hauptsächlich auf den Zuckerrohrfeldern schufteten. Dieser großen Anzahl standen gerade 50.000 Weiße gegenüber und eine doppelt so große Zahl Mulatten.

Abgesandte aus Haiti trafen sich daraufhin in Paris mit Vertretern der erwähnten Gesellschaft, um für eine gesetzliche **Gleichbehandlung zwischen Weißen und Mulatten** zu kämpfen, von den Schwarzen war vorerst keine Rede. Die Franzosen auf Haiti wollten natürlich keine Veränderungen, aber 1790 wurde den Mulatten tatsächlich das Stimmrecht in der Abgeordnetenversammlung auf Haiti gewährt. Ein Jahr später wurden dann den freigelassenen **schwarzen Sklaven** die gleichen Rechte wie den Franzosen eingeräumt.

Die Franzosen auf Haiti weigerten sich natürlich, diesen Beschluss zu akzeptieren. Am 22. August 1791 kam es zu einem **landesweiten Aufstand.** Die Schwarzen stürmten die Wohnhäuser der Plantagenbesitzer und zündeten sie an. Nach den ersten spontanen Racheakten organisierten sie sich schließlich zu großen Einheiten, die sogar die französischen Garnisonen angriffen und sie schließlich verjagten. Die überlebenden Pflanzer flüchteten nach Nordamerika oder nach Jamaika.

Nach erfolglosen Versuchen, den Aufstand noch einmal niederzuschlagen, wurde 1794 die **Abschaffung der Sklaverei verkündet.** Nachdem *Napoleon* in Frankreich an die Macht kam, wollte er noch einmal das Rad der Geschichte zurückdrehen. Er schickte ein riesiges Expeditionsheer nach Haiti, aber die Soldaten starben reihenweise an Epidemien und im Kampf. 1803 kapitulierte Frankreich endgültig. Die Ex-Sklaven hatten ihre Peiniger besiegt und verjagt, jetzt wollten sie frei sein. Es dauerte noch bis zum 1. Januar 1804, bis die **Unabhängigkeit Haitis** erklärt werden konnte. Es war die erste erfolgreiche Revolution in Lateinamerika und der einzige Sklavenaufstand, der einen solchen Erfolg verzeichnen konnte.

Im **spanischen Teil Hispaniolas** gab es deutlich weniger Sklaven, die auch beim Aufstand nicht so erfolgreich waren.

lein und verdienen ein paar Dollar am Tag, es wird nach dem Gewicht des geernteten Zuckerrohrs bezahlt. Weiterhin schuften viele auf dem Bau und vor allem im Straßenbau.

Die **Arbeitsbedingungen** sind jedenfalls hart. Die Ernte dauert etwa ein halbes Jahr, in dieser Zeit wird 12 Stunden lang geschuftet. Abends werden die Arbeiter zurück in ihre Baracken gebracht, *Bateys* genannt. Das sind meist fensterlose Behausungen, in denen sie ohne Strom, Wasser und Kanalisation hausen.

Emigration in die USA

Exakte Zahlen existieren nicht, aber man schätzt, dass wenigstens eine Million Dominikaner in den USA leben, die Hälfte davon, wahrscheinlich aber noch viel mehr, in **New York City.** Im nördlichen Teil von Manhattan leben fast ausschließlich Dominikaner, hier herrscht die spanische Sprache vor. Clevere Dominikaner haben ihre eigenen Geschäfte und Dienstleistungsbetriebe etabliert und lassen Landsleute, vorzugsweise Illegale, für einen Hungerlohn schuften. Nach Santo Domingo zählt damit New York zur zweitgrößten dominikanischen Stadt.

Sehr viele Dominikaner kommen **illegal,** denn ein offizielles Visum wird kaum einem erteilt. Trotzdem harren jeden Tag Hunderte von Ausreisewilligen vor der US-Botschaft in Santo Domingo aus. Wer legal nicht einreisen darf, versucht es eben auf illegalem Weg, meist von Miches aus. Dieser kleine Ort an der Nordostküste ist Ausgangspunkt für eine 130 km lange Passage in einem „Seelenverkäufer" (altes, marodes, kleines Schiff) mit Kurs auf Puerto Rico. Von dort, immerhin schon amerikanisches Hoheitsgebiet, geht es schon irgendwie weiter, meist mit gefälschten Papieren. Die Adressen, wo man diese erhält, werden teuer gehandelt.

Geschätzte 20.000 Dominikaner verlassen jedes Jahr ihr Land. Für diejenigen, die es auf illegale Art und Weise versuchen, geht es nicht immer gut aus, denn so mancher marode Kahn kentert.

Für viele Dominikaner bleibt selbst dieser illegale Weg ein Traum, denn die **Überfahrt kostet** einige Tausend Dollar, normalerweise unmöglich aufzubringen. Da wird dann das Geld zu halsbrecherischen Zinsen geliehen, Haus und Hof verpfändet. Nicht immer ist das Geld auf ehrliche Weise zusammengekommen. Es ist ein offenes Geheimnis, dass viele Dominikaner ihre schnellen Dollars im Drogengeschäft gemacht haben.

Diejenigen, **die es bis in die USA geschafft haben,** stehen jedenfalls unter unerhörtem Druck. Sie müssen Geld machen, egal wie. Die Familie zu Hause erwartet und benötigt es. Über 2 Milliarden US$, so schätzt man, werden jedes Jahr von Emigranten in die Heimat geschickt.

082dr Foto: hf

Wie viele Haitianer in der Dominikanischen Republik leben, weiß niemand, Schätzungen sprechen von etwa 800.000. Unverkennbar gibt es aber unter Dominikanern ziemliche Ressentiments ihnen gegenüber.

Religion

Fast die gesamte Bevölkerung des Landes hängt dem **römisch-katholischen Glauben** an, entsprechend groß war die Begeisterung beim letzten Papstbesuch 1992. Santo Domingo und Santiago haben den Rang eines Erzbischofssitzes.

Viele Haitianer schuften auf dem Bau

Darüber hinaus zählt die Statistik etwa 4 % Anhänger **protestantischen** und weniger als 2 % **jüdischen Glaubens.** Obwohl in keiner Statistik erfasst, leben auch noch etliche Chinesen, die dem buddhistischen Glauben angehören, im Land.

Mit den schwarzafrikanischen Sklaven kamen einst auch deren religiöse Vorstellungen ins Land, daraus entwickelte sich dann eine Art **Volksreligion, Vudú** (englisch: Voodoo) genannt. Im Nachbarland Haiti ist dies weitaus stärker ausgeprägt, aber auch in der Dominikanischen Republik bleibt der Vudú-Glaube präsent, wenn auch verhaltener. Der *Vudú dominicano* beschränkt sich eher auf Beschwörungsmuster oder einfache Bräuche. Die schwarzen Sklaven vermischten ihre Religion mit katholischen Elementen, wie z.B. den Gebeten und dem Symbol des Kreuzes, weiterhin legten sie bestimmte Termine für ihre Zeremonien auf christliche Feiertage (Weihnachten). Dass Voodoo praktiziert wird, ist jedem bekannt, aber niemand gibt es zu.

Wer aber mit offenen Augen durch die Straßen geht, kann vielleicht Hinweise entdecken. In einigen Geschäften könnte man das Bildnis eines Gelähmten mit Krücken sehen, zu dessen Füßen ein Schwein liegt. Diese Figur stellt *Legba* dar, der dafür sorgen soll, dass möglichst viele Kunden in den Laden kommen. Um sich seiner Gunst sicher sein zu können, muss ihm ein Schwein geopfert werden.

Hahnenkampf

Dieser Sport (?) ist in der Dominikanischen Republik weit verbreitet. Jeden Sonntag finden in den *Galleras* und den *Clubs Gallísticos* (kleine **Arenen** für den Hahnenkampf) die Kämpfe statt, bei de-

Ein Prachtexemplar

083dr Foto: hf

nen die Zuschauer enthusiastisch mitgehen und kleine Vermögen verwetten. Solche Arenen sind in allen halbwegs größeren Ortschaften zu finden, jeder Taxifahrer kennt den richtigen Weg.

Die Hähne sind zwischen ein und zwei Jahren alt, und sie erfahren eine ganz spezielle Vorbereitung. Jeder Hahn durchläuft ein reguläres Trainingsprogramm, bevor er in die Arena gelassen wird. Dabei werden besonders die Muskeln trainiert, und der Hahn erhält eine speziell zusammengestellte Nahrung, die u.a. aus Körnern, Eiern und rohem Fleisch besteht. Manche Hähne werden obendrein noch mit einer Mischung aus Alkohol und Kräutern eingerieben. Bevor sie in einen richtigen Kampf geschickt werden, dürfen sie Trainingskämpfe absolvieren. Dabei sind allerdings der Schnabel und die Krallen geschützt, damit sich die Jungtiere nicht zu früh verletzen.

An einem Kampftag wetten die Zuschauer auf den mutmaßlichen Sieger. Früher endete der **Kampf** erst mit dem Tod des Gegners, heute wird ein ernsthaft verletzter Hahn meist aus der Arena genommen, oder es gibt eine vorher genau festgelegte Kampfzeit, und der Sieger wird nach Punkten ermittelt.

Der Reiz liegt natürlich in den **Wetten.** Die Zuschauer sind schier aus dem Häuschen und erhöhen nicht selten während des Kampfes die Einsätze. Ist der Kampf schließlich beendet, wird erstmal ausgiebig diskutiert, und jeder verteidigt seine Wettentscheidung, besonders wenn es die falsche war.

ALLTAGSLEBEN

Beispiel Carlos

Zielstrebig kam er auf mich zu, klappte seinen **Schmuckkoffer** auf und sah mich fragend an. Ich zögerte eine Sekunde zu lange, blitzschnell erkannte er seine Chance. Genau beobachtend, welche seiner Waren ich begutachtete und welche ich keines Blickes würdigte, begleitete er meine Wahl mit lobenden Worten. Keine Frage, ich saß in der Falle. Wie sollte ich ihm klarmachen, dass ich gar nichts kaufen wolle? Für ein einfaches „No, gracias" war es jedenfalls zu spät. „Hör mal, ich brauche keine Uhr und auch keine Kette und schon gar keinen Ring. Aber ich würde mich gerne mal mit dir unterhalten." Entrüstet knallte er den Koffer zu. Unterhalten? Nein, das ginge nun gar nicht, er war immerhin am Arbeiten und nicht, wie der Gringo, zum Vergnügen hier am Strand. Das sah ich ein, fragte deshalb, ob ich ihn nicht zum Mittagessen einladen könne. Das sei etwas anderes, also verabredeten wir uns vor einem Comedor.

Und da saß er mir nun gegenüber, wunderte sich, was der Gringo so alles wissen wollte. Nein, sonderlich viel Spaß mache ihm der **Job** nicht, aber besser als in einer Fabrik in einer *Zona franca* sei er allemal. Dort arbeite eine Schwägerin, und die müsste acht bis zehn Stunden nähen. Sie würden zwar mit einem Bus hingefahren und bekämen auch regelmäßig Gehalt, aber er würde die Freiheit hier als *Vendedor ambulante,* als ambulanter Händler, doch vorziehen. *Carlos,* so sein Name, läuft deshalb auch jeden Tag am Strand von Boca Chica auf und ab und bietet seinen Schmuck an.

Sei die **Konkurrenz** nicht zu groß? Klar doch, aber man muss eben überzeugend auftreten. Gehört ihm der Schmuck? Keinesfalls, er muss sogar eine Gebühr dafür bezahlen, genau wie die meisten anderen Händler auch. Also verdient der Boss im Hintergrund am besten? Nicht unbedingt, denn er könne ja den Preis festsetzen, und Gringos zahlen sowieso zuviel.

Der **Durchschnittslohn** liegt bei 5000–7000 Pesos, ein guter Job bringt 8000 Pesos. Erreicht *Carlos* diese Summe? Manchmal. *Hombre,* ich will nicht klagen, die Familie meiner Frau wohnt in der *Cordillera* (in den Bergen), hat ein wenig Land. Die haben dadurch zwar ihre Früchte und Gemüse, aber kaum Geld. Aber im *campo* (auf dem Land) möchte ich nicht mehr leben.

Was bleibt denn übrig? *Hombre,* sehr unterschiedlich! Immerhin muss er täglich von Santo Domingo nach Boca Chica fahren, muss seine Frau und die drei Kinder ernähren, eine Wohnung bezahlen, und **krank werden** dürfe er schon gar nicht. Kaum jemand erhält nämlich eine Krankenversicherung oder gar Rentenversicherung. Das bekämen vielleicht Staatsangestellte, aber er nicht.

Ein Bruder versucht sich als Händler am Parque Enriquillo in Santo Domingo, aber dort sei es noch viel schwieriger, denn dort feilscht er mit Dominikanern, und die kennen ganz genau jeden Preis. Nein, dann doch lieber **mit Touristen handeln,** die hätten eh keine Ahnung vom Preisniveau.

Woher stammst du, *Carlos?* Ursprünglich aus Hato Mayor, aber da gibt's **keine Arbeit,** also ging er als junger Mann in die Hauptstadt. Ein Nachbar aus dem Ort war schon dort, arbeitete in einer Fabrik, und da konnte er zunächst auch anfangen.

Ein Bruder hatte noch mehr Glück, er arbeitet jetzt als Kellner in einem **Hotel** in Punta Cana. Früher war da gar nichts, außer ein paar Sammlern von Kokosnüssen fuhr kein Mensch dorthin in die Einsamkeit. Jetzt stehen da Hotels, die Touristen kommen, und wir kriegen Arbeit. Dort möchte auch seine jüngste Schwester mal arbeiten, momentan ist sie noch Hausangestellte bei irgendwelchen *ricos* (Reichen). Wird sie gut behandelt? Sie hat zu essen, ein Bett, bekommt etwas Geld, hat aber sehr selten frei, aber was will man machen?

Was sind deine Pläne? Vielleicht gehe ich mal nach New York. Auf meine staunende Gegenfrage antwortete er: „In einer *yola* (kleines Boot), vom Norden aus nach Puerto Rico rüber und dann weiter." Da gebe es Wege und Möglichkeiten, und in New York leben Tausende von Dominikanern, dort sei schon ein ganzer Stadtteil fest in dominikanischer Hand. Aber leider koste diese Reise viel Geld, die ganze Familie müsse zusammenlegen. Und illegal ist es sowieso.

Was wünscht sich *Carlos* für die **Zukunft?** Dass es der Familie gut gehe und er mal ein kleines Geschäft betreiben könne, aber bis dahin müsse er noch einiges an Schmuck verkaufen. Sprach's und machte sich mit seinem Koffer wieder auf den Weg zum Strand.

Die Frau in der Gesellschaft

(Text von *Peter Wegmüller,* Hotelier in Palenque, seit Jahren mit einer dominikanischen Ärztin verheiratet)

Beim Hafen von Santo Domingo befindet sich das sehr hohe Denkmal vom Sklavenbefreier *Montesino.* Sollte hier jemals für die Frauen ein Denkmal errichtet werden, dürfte es doppelt so hoch werden. Die soziale und gesellschaftliche Bedeutung

027dr Foto: hf

der Dominikanerin hat speziell während der letzten zehn Jahre sehr große **Fortschritte** gemacht. In einem Land der Machos ist ein solcher bedeutungsvoller Aufstieg nicht leicht, die Tüchtigsten setzen sich gleichwohl durch.

Die **Universitäten** werden zur Hälfte von weiblichen Studierenden besucht, das deutet an, dass Frauen in Zukunft noch verstärkt wichtige Positionen besetzen werden. Das wäre auch demoskopisch zu rechtfertigen, beträgt der Frauenüberschuss im ganzen Land doch zwei Prozent.

Frauen integrieren sich auch immer mehr in der **Politik** und sind im Senat sowie in der großen Kammer schon ansehnlich vertreten. Die Parteien sehen für die Abgeordneten-Wahlen vor, dass 25 % der Sitze von Frauen besetzt werden sollen. Auch Ministerposten und von 2000 bis 2004 sogar das Amt der Vizepräsidentin werden von Frauen besetzt. Und auch das ist gar nicht so selbstverständlich: Es gibt ein eigenes Frauenministerium – natürlich unter Leitung einer Frau *(Alejandrina Germán)*.

Die Frauen sind selbstbewusst

Weiterhin besetzen Frauen Top-Positionen in der **Privatwirtschaft,** leiten Unternehmen, fungieren als **Anwälte und Richterinnen.** Das Gesundheitswesen beschäftigt mindestens so viele Frauen wie Männer.

Was auf mich den größten Eindruck hinterlässt, sind die unzähligen **ledigen Mütter,** die auf irgendeine Weise ihre Kinder aufziehen. Eine wenigstens bis jetzt unzulängliche Justiz begünstigt mit wenigen Ausnahmen die Männer, ihre Frauen sitzen zu lassen. Verschwinden die Männer und weigern sich, für den Lebensunterhalt der Frau und Kinder aufzukommen, bleibt dieses Problem der Frau überlassen. Die Kinder sind dann meist in der Obhut der Großmutter oder einer Tante, die Mutter übernimmt irgendeine Arbeit in der *Zona franca* (zollfreie Industriebetriebe), als Hausmädchen oder, im schlimmsten Fall, Prostituierte. Und das alles nur, um ihre Kinder ernähren zu können.

Der Wunschtraum vieler lediger Frauen bleibt, einen Europäer kennen zu lernen, auch in der Annahme, dass die soziale Zukunft dann gesichert sei. Leider enden viele dieser **Verbindungen mit Europäern** nicht wunschgemäß, das europäische Klima, die Mentalität, Konfrontation mit nie gesehenem technischem Fortschritt, fehlende finanzielle Unterstützung für die zurückgebliebene und zumeist große Familie und vor allem Heimweh lassen viele Dominikanerinnen wieder in die Heimat zurückkehren. Hier im Lande verheiratet zu leben, ist etwas anderes: Was mich betrifft, kann ich sagen, dass ich die beste Ehefrau gefunden habe.

Musik

Merengue

Der Jumbo ist soeben gelandet, die Touristen steigen die Gangway herab und eilen dem Ausgang zu, da geht es schon los. Kaum **auf dominikani-**

schem Boden angekommen, wird man eingestimmt, mit Merengue. Irgendwo hat sich eine Band aufgebaut, spielt fröhlich auf und lächelt die eben noch gestressten Urlauber an, die zehn Stunden Flug in den Knochen haben. Das steckt an, die Ersten beginnen schon, leicht mitzuwippen.

Merengue steckt an, und das geht den Dominikanern überhaupt nicht anders, angeblich können sie eher Merengue tanzen als laufen. Merengue läuft ständig im Radio, in jedem Bus mag alles Mögliche defekt sein, Blinker, Hupe, Licht, aber der Kassettenrekorder funktioniert immer.

Ganz eindeutig ist der Merengue heute der **populärste Tanz und Gesang,** niemand kann sich ihm entziehen. Ob im Bus, im Wartesaal oder im Restaurant, überall hallt der durchdringende Rhythmus, überall werden die einschlägigen Refrains mitgesungen.

Der Merengue-Tanz wirkt auf uns sehr erotisch, vor ein paar Jahren war er der Sommerhit auf jeder Party. Den linken Fuß vor, den rechten im Halbkreis nachziehen, und vor allem der Hüftschwung muss kommen. Bei diesem Tanz kommt man in Körperkontakt, unweigerlich. Beide **Tanzpartner** stehen sehr nahe aneinander, durch die rhythmischen Bewegungen kommen sie sich näher und entziehen sich kurz darauf wieder. Und immer rutschen sie, einen Schritt links vor, den rechten nachziehen, Hüftschwung, ein wenig weiter voran. Bei uns sieht's meist etwas steif aus, die Dominikaner haben damit keine Probleme, sie tanzen auch alleine.

1854 wurde von der Zeitung *El Oasis* der **Tanz erstmalig beschrieben.** Schon vorher war er bekannt, aber als unmoralisch verpönt. Im Nachbarstaat Puerto Rico war der Merengue-Tanz sogar bei Strafe verboten: 50 Pesos für die Zuschauer (!), zehn Tage Gefängnis für die Tänzer.

Eine typische **Merengue-Band** besteht meist aus drei bis vier Musikern. Der Rhythmus wird hauptsächlich durch den *Guayo* erzeugt, einer zum Zylinder geformten Metallplatte mit geriffelter Oberfläche. Mit einem Metallkamm wird über die Oberfläche geschabt, wobei der durchdringende Rhythmus erzeugt wird. Selten wird noch der Vorläufer verwendet, der *Güiro,* der, da er aus einer getrockneten Kalebasse hergestellt wird, einen sanfteren Ton erzeugt. Der so erzeugte **Grundrhythmus** wird noch unterstützt durch *Maracas* (Rasseln) und/oder *Cimbeles* (ähnlich den Kastagnetten). Die Melodie wird ostinat (ständig gleichförmig wiederholend) untermalt durch ein Akkordeon oder eine Gitarre oder durch eine Marimba. Sie besteht in der heutigen Form aus einer Holzkiste. Über dem seitlichen Schallloch sind verschieden lange Metallplättchen befestigt, die zur Erzeugung des Tones gezupft werden.

Einer der bekanntesten Musiker ist mittlerweile *Juan Luís Guerra* mit seiner Gruppe *440.* Seine letzten großen Hits „Bachata rosa" oder das bekannte „Ojalá que llueva café" sind mittlerweile auch in Deutschland erhältlich.

Der **Name der Musikgruppe** leitet sich von dem Begriff *perico ripao* ab. Eine alte, umgangssprachliche Bezeichnung für einen Ort, wo sich Leute versammelten, Musik hörten und andere Dinge taten, nämlich *a ripiar el perico.* Diese Phrase ist schwer zu übersetzen, wörtlich heißt es etwa „den Papagei zerstückeln". Freier übersetzt kann man wohl sagen, „es sich in einer Kaschemme/einem Bordell gut gehen lassen".

Mittlerweile hat Merengue einen festen Platz in der Musikkultur erobert. Natürlich ganz besonders dort, wo Dominikaner leben, zum Beispiel in **New York.**

Das ist natürlich alles zu akademisch, man muss sie schon hören, diese Musik, dann versteht man, warum sie die Dominikaner fast zwanghaft zum Tanzen anregt. Aber Stillstand ist Rückschritt, und so gibt es auch hier Neuerungen.

Es kommen neue **Einflüsse von jüngeren Interpreten,** die vor allem auch die jungen Dominikaner ansprechen. Kein Wunder, sind die bisherigen Lichtgestalten, allen voran *Juan Luis Guerra* oder *Jonny Ventura,* doch alle jenseits der 50 Jahre. Die jüngeren Musiker wie *Tierra CK, Miguel Ángel* und vor allem *Las Chicas del Can* gehen nun neue Wege. Neben Merengue als Basis verfremden und bereichern sie die Musik mit Hiphop oder Pop. Und die jungen Zuhörer sind begeistert.

Die Texte

Die **Texte** erzählen von verschmähter Liebe, von Sehnsüchten und manchmal auch von Politik. Oder sogar von Unsinnigem, wie das Lied von der „Pollita" (Hühnchen). Das ging im Stil eines Techno-Merengues so: „Dame la pollita, dame la pollita (mehrmaliges Wiederholen), aunque sea pequeñita ..." (Gib mir das Hühnchen, gib mir das Hühnchen, und sei es auch winzig klein ...). In diesem Stil geht's beinahe endlos weiter, Techno eben. Auch nicht schlecht, was ich bei der letzten Reise in einem Bus hörte, nämlich ein Lied, das nur aus einem einzigen Satz bestand: „Al final, la vida sigue igual." (etwa: Am Ende bleibt das Leben immer gleich). Etwa 50 Mal wiederholt und mit schmissigen Rhythmen unterlegt, fertig ist ein Merengue. Aber ein „richtiger" Merengue hat eine ganz andere Ausrichtung, lautet übersetzt etwa so: „Ich schenke dir meine Hände, meine gefallenen Augenlider, den tiefsten Kuss, der sich in einem Seufzer ertränkt." Ein toller Schmachtfetzen! Dazu Sonnenuntergang, *Piña Colada* und Liegestuhl am Strand, so kitschig schön, man hält es kaum aus.

Und am **Abflugtag** trifft der Urlauber sie dann wieder. Die Merengueband spielt noch schöner als am Ankunftstag, verabschiedet lächelnd jeden persönlich, und der Tourist geht tatsächlich beschwingter zum Flieger.

Bachata

Neben Merengue hört man ebenfalls an jeder Ecke Bachata. Wenn man die Wurzeln des Merengue im städtischen Umfeld ansiedeln kann, kommt Bachata eindeutig **vom Lande.** Es war Musik der ärmeren Bevölkerung, die sich am Samstagabend irgendwo traf und mit Gitarre, Bongo oder ähnlich einfachen Instrumenten Musik machte. Musikalische Anklänge sollen im spanischen Bolero liegen, nur etwas karibisch-flotter gespielt und vor allem mit viel Rum unterlegt. Die **Texte** reflektieren die Armut, die Bitternisse des Lebens, erzählen von unerfüllter Liebe in melancholischer Form, mit vielen Anspielungen. Die Musik ist insgesamt nicht ganz so flott wie Merengue, aber immer sehr gefühlvoll.

Kunsthandwerk

Malerei

Wohl am auffälligsten dürften die Bilder sein, die der **naiven haitianischen Malerei** nachempfunden sind. Kein Strand, an dem sie nicht dutzendweise angeboten werden, die farbenfrohen, stilistisch einfachen, im positiven Sinne „naiven" Bilder. Auch wenn man an einem Strand nicht nur Originale finden dürfte, sehen doch selbst die Drucke sehr hübsch aus.

Holzschnitzereien

Nicht ganz so häufig, aber gleichwohl präsent sind Holzschnitzereien. Diese bunt bemalten Figuren stellen meist Tiere oder Masken dar und werden vorzugsweise aus **Mahagoni** hergestellt.

Keramik

Keramikfiguren werden ebenfalls gerne angeboten, sei es als Karnevalsmasken oder als buntbemalte Frauenfiguren.

Bernstein

Und dann wäre da noch der Bernstein. Immerhin zwei eigene Museen widmen sich diesem Material, das zeigt schon die Bedeutung. Bernstein wird an verschiedenen Stellen des Landes geschürft, angeboten wird er überall.

036dr Foto: sm

Tatsächlich zählt der dominikanische Bernstein zu denjenigen mit einer außergewöhnlich hohen Anzahl von **Einschlüssen,** vornehmlich Insekten.

Aber auch die **Farbenpracht** sucht ihresgleichen. Neben dem beinahe klassischen gelben Bernstein sind auch Funde in weiß, rot, grün, violett, blau und sogar in schwarz dokumentiert. Dabei handelt es sich allerdings doch manchmal nur um optische Täuschungen, denn die schwarzen Steine sind eigentlich auch gelb, aber durch dichte Ablagerungen entstand der schwarze Eindruck.

Musiker auf einer Wandmalerei

All diese Einzelheiten erfährt der Besucher in beiden Museen, wo kenntnisreich berichtet wird, auch über die mühevollen **Abbaumethoden.** Die muten noch archaisch an, wird doch im Wortsinn eine Grube gebuddelt und der Sand teilweise über mehrere Meter nach oben gereicht. Da lernt man dann erst den Wert der Steine so richtig schätzen. Bernstein wird überall angeboten, sowohl in beiden Museen als auch durch fliegende Händler am Strand.

Bei einer derartigen Fülle bleiben **Fälschungen** nicht aus. Worauf muss der Laie achten, um nicht reinzufallen? Zwei Möglichkeiten der **schnellen Prüfung** hat auch der Tourist. Bei der so genannten Zahnprobe klopft man leicht mit dem Bernstein gegen die Zähne, es soll sich ein dumpfer, weicher Klang ergeben, bei einer Fälschung aus Stein klingt es heller und härter. Gegen diese Probe wird sich kaum ein Händler verwehren können, bei den folgenden Beispielen schon eher, sie sind dafür aber auch eindeutiger. Wer ein Feuerzeug bei sich hat, kann auch die Feuerprobe versuchen. Der Bernstein wird mit einer ruhigen Flamme brennen und ein angenehmes Aroma verbreiten, während Kunststoffe bei unruhiger Flamme beißend riechen. Die dritte Möglichkeit wird auch im Museum vorgeführt. Wird der Bernstein in einen Topf mit gesättigter Salzwasserlösung geworfen, schwimmt er an der Oberfläche, Steine und die meisten Kunststoffe versinken.

LITERATUR

Auf dem deutschsprachigen Markt gibt es nur sehr wenig dominikanische Literatur.

Das zeigt schon die Tendenz, dass **Übersetzungen ins Deutsche** zu den ganz großen Ausnahmen gehören. Eine davon ist der Roman „Die Zeit des Schmetterlings“ von *Julia Álvarez.* Erzählt wird hier die Geschichte vor dem realen Hintergrund eines politischen Mordes aus den letzten Tagen der Trujillo-Zeit. Der Diktator ließ 1960 die drei Schwestern *Mirabal* töten, die sich gegen ihn stellten. Diese stammten aus einer politisch aktiven und wirtschaftlich gut situierten Familie, die sich allerdings in Opposition zu *Trujillo* begab. Die drei Schwestern gelten heute als Märtyrer, die Familie *Mirabal* bleibt hoch angesehen. Der letzte Vizepräsident des Landes, *Jaime Fernández Mirabal*, stammt aus dieser Dynastie (siehe auch bei den Ortsbeschreibungen unter: Salcedo).

Ein sehr eindringliches Buch über die Trujillo-Zeit schrieb der peruanische Autor *Mario Vargas Llosa*. In „Das Fest des Ziegenbocks" schildert er, wie Urania Cabral, Tochter eines ehemals hochrangigen Trujillo-Getreuen, nach 35 Jahren aus New York nach Santo Domingo zurückkehrt. Sie will ihren todkranken Vater besuchen und ihn zur Rede stellen. In spannungsreichen Rückblenden beschreibt der Autor die letzten Stunden vor dem tödlichen Attentat auf den Diktator, erzählt von dessen grausamem Auftreten und dem Alltag der Familie Cabral. Nicht zuletzt zeigt *Vargas Llosa* auf, wie Angst und Unterdrückung die Menschen beherrschen, ja deformieren. Urania Cabral lernt als junges Mädchen beim „Fest des Ziegenbocks" noch *Trujillo* kennen und ist seitdem traumatisiert (siehe auch „Literaturhinweise" im Anhang).

- *„Der andere Buchladen"* in Köln gibt regelmäßig ein umfangreiches Verzeichnis von Büchern zu Lateinamerika heraus. Lohnend! Infos: www.der-andere-Buchladen-koeln.de.

Architektur

Santo Domingo

Ein großer Unterschied besteht in architektonischen Fragen zwischen Städten und kleineren Dörfern, wobei Santo Domingo noch eine Sonderstellung einnimmt. Aus kleinsten Anfängen vor gut 500 Jahren mauserte sich die Kapitale heute zu einer Megametropole. Der alte Kern blieb glücklicherweise erhalten, wurde anlässlich der 500-Jahres-Feier (Entdeckung Amerikas 1492) mit viel Liebe zum Detail restauriert. Heute spaziert der Besucher durch eine Altstadt, die vielfach tatsächlich noch spanische **Kolonialarchitektur** auszeichnet. Wuchtige Häuser mit Gittern vor den Fenstern, ganz so, wie es die Spanier aus ihrer Heimat kannten. Die Häuser der Herrschenden wurden um einen luftigen Innenhof *(Patio)* herum gebaut, wie sie heute noch in der Altstadt zu finden sind.

Als sich Santo Domingo in späteren Jahren ausdehnte, weil immer mehr Menschen ihr Glück in der Stadt suchten, wurde anders, billiger gebaut. Flache Häuser, bestenfalls zwei, drei Etagen hoch, entstanden. Der Besucher tritt von der Straße direkt in die gute Stube, einen *Patio* gab es längst nicht mehr in jedem Haus. Das flache Dach wurde als Abstellraum und Platz zum Wäschetrocknen genutzt. Versank die Sonne endlich, öffneten die Bewohner ihre tagsüber fest verschlossenen Fenster und stellten die Stühle einfach vor die Tür. So sieht man heute noch die Dominikaner selbstvergessen vor ihren Häusern auf dem Bürgersteig hocken, obwohl die Autos nur zwei Meter entfernt vorbeisausen.

Später genügte auch das nicht mehr, **mehrstöckige Häuser** mussten her. Diese wurden aber eher selten gebaut, und wenn, dann in den Großstädten, in kleineren Orten sind sie fast nirgends zu finden. In richtigen Hochhäusern verbergen sich auch heute noch überwiegend Büros.

Kleinere Städte

In kleineren Städten gruppieren sich die wichtigsten örtlichen Einrichtungen um den **zentralen Platz.** Hiervon ausgehend wurden die ersten Häuser gebaut, weitere schlossen sich in den abzweigenden Straßen an. Meist handelte es sich um kleinere **Steinbauten,** in den weiter entfernten Be-

084dr Foto: hf

zirken entstanden auch schon mal kleine **Holzhäuschen,** die dann ihre eigenen Bezirke bildeten.

Dörfer

In den Dörfern sieht man kaum etwas anderes, die Menschen leben auf relativ kleinen Ländereien und errichten dort winzige **Holzhäuser.** Meist bestehen diese aus einem oder bestenfalls zwei Räumen, ganz so, wie früher die Tainos ihre *Bohíos* errichteten, ihre mit Palmenblättern gedeckten Hütten.

Denkmäler

Zumindest zwei dominikanische Staatslenker versuchten, sich architektonische Denkmäler zu setzten, die beide etwas Monströses haben. Diktator **Trujillo** ließ sich ein Monumental-Denkmal in Santiago errichten, zur Erinnerung an eine wichtige Schlacht, und **Balaguer** setzte den Bau des Kolumbus-Leuchtturms (Faro a Colón, bei Santo Domingo) gegen alle Widerstände durch.

Koloniale Holzarchitektur in Puerto Plata

085dr Foto: hf

Hotel bauten

Die Tourismusindustrie hat glücklicherweise „spanische" Bausünden nicht wiederholt. So findet man keines dieser abschreckenden **Hochhaus-Hotels,** mit denen so mancher spanische Mittelmeerort zugepflastert wurde. Große, in die Höhe geschossene Hotels sind hauptsächlich in Santo Domingo zu finden, und da fallen sie kaum auf.

An den dominikanischen Stränden wählten die Bauherren einen anderen Weg. Sie gingen in die Einsamkeit, kauften große Ländereien auf und **bauten in die Breite.** So findet man heute beispielsweise in Punta Cana wohl mehrere Tausend Hotelzimmer, aber kein einziges, das die Palmen überragt.

BILDUNGSWESEN

Es existiert offiziell eine **Schulpflicht** für alle Kinder zwischen sieben und vierzehn Jahren, der Besuch einer öffentlichen Schule ist kostenlos.

In das Bildungswesen wurde in den letzten Jahren erheblich investiert. Die **Einschulungsrate** ist

Einfache Häuser am Strand

sehr hoch, aber mehr als die Hälfte der Kinder verlässt die Grundschule vorzeitig, auf dem Lande sogar rund 90 %. Trotzdem liegt die **Analphabetenquote** bei Erwachsenen im niedrigen Bereich von etwa 16 %. Außerdem verdienen Lehrer jetzt besser, so dass von einer erheblichen Verbesserung des Bildungswesens gesprochen werden kann.

Das **Schulsystem** ist wie folgt aufgebaut: Zuerst durchläuft der Schüler eine achtjährige Grundschule, danach für vier Jahre eine Sekundarstufe. Zum Abschluss wird eine zweijährige Ausbildung angeboten, die praktische Kenntnisse vermittelt. Im Bereich der Hochschulen besitzt das Land eine der ältesten Universitäten des amerikanischen Kontinents, die 1538 gegründete *Universidad Autónoma de Santo Domingo*. Insgesamt existieren 35 Universitäten und fünf Technische Hochschulen mit knapp 200.000 Studenten.

Neben den öffentlichen gibt es noch **private Schulen,** die von 20 % der Schulpflichtigen besucht werden.

Interessant ist, dass Pädagogikstudenten mittlerweile einen obligatorischen Kurs in Alphabetisierung belegen müssen und dann mindestens zehn Erwachsenen Lesen und Schreiben beibringen müssen, dies ist sogar eine Zulassungsvoraussetzung für das Examen.

GESUNDHEITSWESEN

(Text von *Peter Wegmüller*)

Das ganze Land ist mit einem relativ guten Gesundheitssystem abgedeckt, das sich in drei Sparten untergliedert: *Salud pública* (öffentliches staatliches Gesundheitswesen), *Seguro social* (Gesundheitswesen sämtlicher Arbeitnehmer) und das private Gesundheitswesen.

Seguro social

Für jeden Angestellten hat der Arbeitgeber einen Anteil vom Lohn an **Sozialversicherung** zu zahlen. Größere Orte, Industriezentren und Städte sind je nach Wichtigkeit mit *Consultorios* und Spitälern bestückt, die jeden Arbeitnehmer nach Vorweisen der Versicherungskarte **gratis zu behandeln** haben. Dies umfasst das gesamte Spektrum wie Krankheiten, Unfälle, Chirurgie, Spital und Medikamente. Ferner ist eine Altersversorgung eingeschlossen.

Leider zeigt die Praxis, dass diese Leistungen aufgrund fehlenden Kapitals doch sehr **schlecht funktionieren.** Die eingezahlten Summen versickerten durch übergroßen Personalbestand, verschwanden in den Taschen von Parteifreunden, wurden für politische Zwecke zweckentfremdet. Das Ergebnis war, dass die Institution heute mit riesengroßen Verlusten dasteht und ihren ursprünglichen Zweck praktisch nicht mehr erfüllen kann.

Salud pública

Diese Institution deckt die medizinische Versorgung der meisten Menschen des Landes ab. Überall bestehen *Consultorios,* lokale Spitäler, Regionalspitäler sowie Spezialkliniken in den Städten. Die **zentrale staatliche Verwaltung** unternimmt alle **Anstrengungen,** dass diese Einrichtungen gut geführt werden. Für modernste Apparaturen und zeitgemäße Einrichtungen wird gesorgt, monatlich werden sämtliche Medikamente gratis abgegeben, so dass die Bevölkerung kostenlos versorgt werden kann. In Zahlen: Knapp 1100 ambulante Einrichtungen, etwa 125 Einrichtungen zur Sekundärbehandlung (Spitäler) und immerhin 42 Spezialkliniken existieren.

Laufend werden Symposien abgehalten, um Ärzte und Pflegepersonal weiterzubilden. Ebenfalls wird das ganze Personal wesentlich besser bezahlt, doch wird strengstens verlangt, dass alle Patienten gleichbehandelt werden.

Schwerpunkt der Tätigkeit sind Betreuung von Schwangerschaften, Geburten und anschließende

134dr Foto: hf

Impfungen der Kinder. Um Krankheiten vorzubeugen, werden ebenfalls große Anstrengungen unternommen. Übrigens: Auch Touristen werden bei der *Salud pública* **kostenlos behandelt,** wo findet man dies in Europa, ohne Krankenkassenprämien zu bezahlen?

Privates Gesundheitswesen

Privat geführte *Consultorios* sind meistens in medizinischen Zentren, Privatspitälern oder privaten Universitätskliniken eingegliedert. Diese recht teuren Kliniken bieten den letzten **medizinischen Stand,** vielfach mit Ärzten besetzt, die schon hohe Posten in US-amerikanischen Spitälern besetzt hatten.

Diese Spitäler akzeptieren auch eine **Krankenversicherung,** wenn Privatbehandlung eingeschlossen ist, wobei allerdings die deutschen gesetzlichen Krankenkassen die verauslagten Kosten nicht erstatten!

Apotheke in Puerto Plata

135dr Foto: hf

Santo Domingo

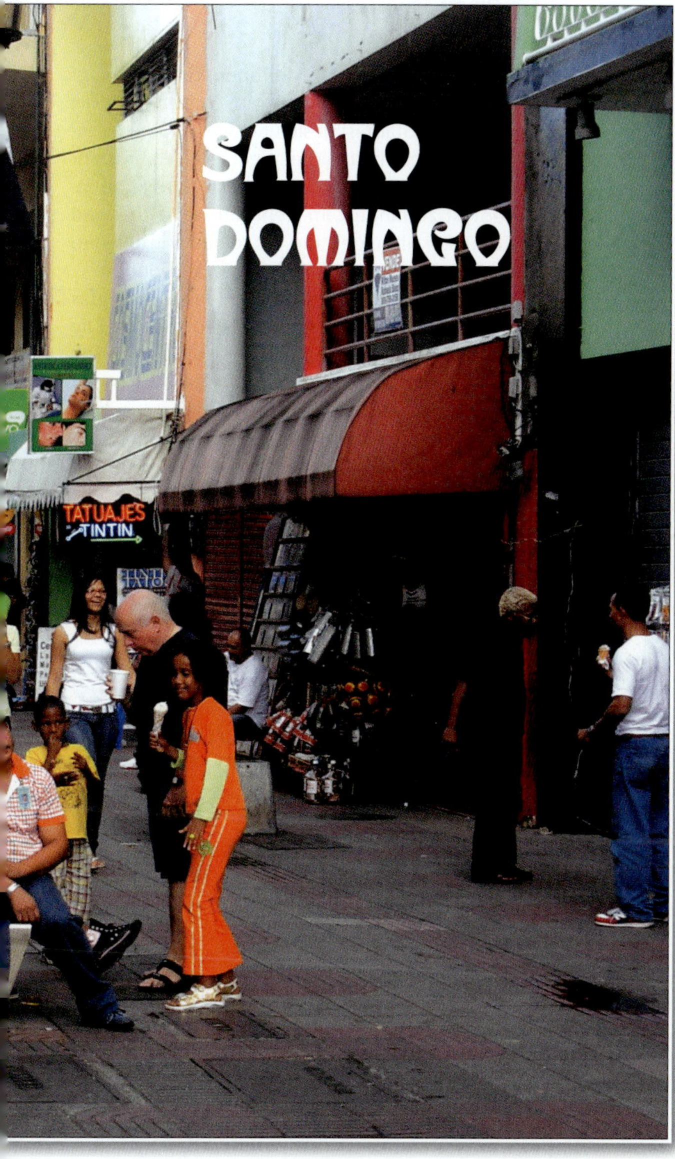

Überblick

Santo Domingo ist eine **Millionenstadt,** das sagt schon viel aus über die Atmosphäre, die dort herrscht. Die Stadt ist riesig und alles andere als eine Karibikschönheit. Sie erstreckt sich über mehr als zehn Kilometer entlang der Küste. Das Straßensystem ist zumindest im Zentrum weitestgehend quadratisch angelegt, die einzelnen Viertel sind durch kilometerlange Einfallstraßen verbunden.

An die 2,7 Millionen Menschen leben hier, das ist ca. ein Viertel der Gesamtbevölkerung. Die Stadt ist erfüllt von ständiger Hektik, von Lärm, Verkehrschaos und Unruhe.

Einen Kontrast hierzu bildet das kleine, ruhige **historische Zentrum,** die „Zona Colonial". Es liegt am Fluss **Río Ozama,** hier lässt es sich entspannt herumspazieren. Eine zentrale Achse bildet die lebhafte Fußgängerzone El Conde, an der etliche Geschäfte liegen. Links und rechts davon wird es sofort ruhiger, die historischen Gebäude liegen meist in Flussnähe.

Weitere Sehenswürdigkeiten liegen etwas außerhalb (Tres Ojos, Paseo de los Indios, Faro a Colón)

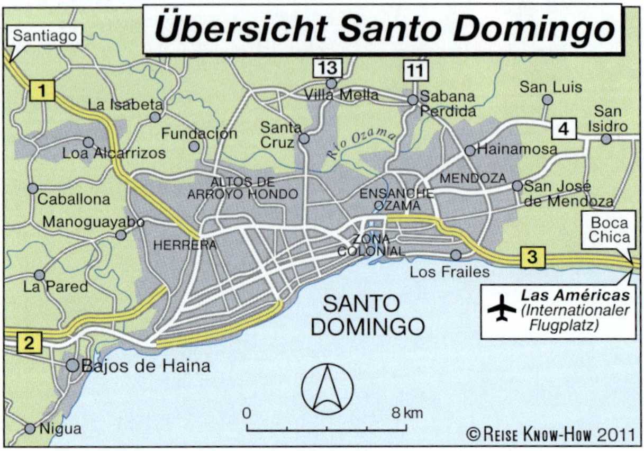

oder gebündelter an der etwas vom Zentrum entfernten Plaza de la Cultura, sind aber schnell mit Bussen oder Taxi erreichbar.

Geschichte

Santo Domingo nimmt für sich den Titel der ältesten noch bestehenden Ortschaft in der Neuen Welt in Anspruch. Die **Gründung** am Ufer des Río Ozama erfolgte aufgrund eines Gerüchtes, dass dort Gold zu finden sei. Als die Spanier sich auf Hispaniola niederließen, gründeten sie 1493 zuerst die Siedlung Isabela an der Nordküste. *Miguel Diaz,* einer der Gründer, bekam Streit mit *Bartolomé Colón* und flüchtete in die Wälder. Er schlug sich bis zur Südküste durch und erreichte die Ufer des Río Ozama. Dort wurde er von den Einheimischen freundlich aufgenommen. *Diaz* nahm sich eine Häuptlingstochter zur Frau, und diese erzählte ihm, dass beim nahen Fluss Haina Gold zu finden sei. *Diaz* ging sofort zurück, um mit dieser Nachricht mit *Colón* wieder Frieden zu schließen. Dieser ordnete den sofortigen Umzug an die Südküste an. Am Ufer des Río Ozama wurde am 4. August 1494 die neue Stadt gegründet.

Zuerst gab man der Stadt den Namen **Nueva Isabela,** später aber **Santo Domingo,** da sie an einem Sonntag (spanisch: *Domingo*) gegründet worden sein soll.

1502 verlegte man die Stadt auf die rechte Seite des Flusses, nachdem ein Wirbelsturm die erste Siedlung zerstört hatte, und so wurde ihre endgültige **Lage** festgelegt.

Santo Domingo avancierte schnell zu einer wichtigen Stadt und erreichte einen gewissen Wohlstand. Die Stadt war eine obligatorische Anlaufstation für die Spanier, die, vom Mutterland kommend, nach Mexiko wollten. Die **Bedeutung der Stadt** sank allerdings, als die riesigen Gold- und Silberfunde in Südamerika bekannt wurden. Von da an gewann der Hafen von Havanna auf Kuba an Bedeutung, lag er doch günstiger für die Schiffe, die von Cartagena (Kolumbien) und von Veracruz (Mexiko) schwer beladen nach Spanien fuhren. Trotz allem zog Santo Domingo immer noch Piraten an. So plünderte 1586 *Francis Drake* die Stadt, danach fiel sie in einen Dornröschenschlaf.

1930 wurden weite Teile der Stadt durch einen verheerenden **Hurrikan** zerstört. Der Diktator *Trujillo* ließ die Stadt wieder aufbauen und änderte gleichzeitig ihren Namen in **Ciudad Trujillo** (Stadt Trujillo) um. Diese Bezeichnung wurde nach seiner Ermordung 1961 sofort wieder zurückgenommen.

Heute ist Santo Domingo nach Havanna die zweitgrößte Stadt im karibischen Raum.

HISTORISCHE REKORDE

Kolumbus betrat 1492 die Insel, ihm folgten ungezählte Europäer. Da die heutige Dominikanische Republik nach Kuba die zweite Insel war, die in größerem Stil kolonisiert wurde, sind viele Premieren mit ihrem Namen verbunden. Die Insel spielte in den **Anfängen der spanischen Überseegeschichte** eine wichtige Rolle, bis sich das allgemeine Interesse aus bekannten Gründen mehr nach Mexiko und Peru richtete. Dort waren die wahren Reichtümer zu holen. Folgerichtig endet die Chronik der historischen Überseeneuerungen auch in den 30er Jahren des 16. Jahrhunderts, keine 20 Jahre nach der Eroberung des Aztekenreiches und der Entdeckung der Goldschätze durch *Hernán Cortés.*

Die Liste mit den historischen Daten beginnt mit einem Spanier namens *Rodrigo de Xeres.* Wenn wir seinen Nachnamen richtig deuten, stammte er aus Jerez, einem Ort in Südspanien, der seit Jahrhunderten eine erste Adresse für Sherry (spanisch: *Jerez*) ist. Der Mann wusste wohl um weltliche Genüsse, denn er ist in die Geschichte eingegangen als der **erste Europäer, der eine Zigarre aus Tabak geraucht hat!** Vor *Kolumbus* war dieses Laster in Europa unbekannt, man stelle sich das einmal vor! Allerdings bekam *Rodrigo* nach seiner Rückkehr nach Spanien mächtig viel Ärger. Die heilige Inquisition verurteilte den Mann zu mehreren Jahren Kerker. Ein Mann, der Rauch aus Mund und Nase blies, klarer Fall damals, der konnte nur mit dem Teufel im Bunde sein.

Die Liste mit den Attributen **Erste/r ... der Neuen Welt,** das heißt im neu entdeckten amerikanischen Kontinent, ist unendlich lang. Hier eine Auswahl von Ereignissen, die sich fast alle in Santo Domingo zugetragen haben.

- 1493 wurde die erste halbwegs brauchbare **Landkarte** (der Neuen Welt) gezeichnet.
- 1493 wurde die erste **Siedlung** gegründet (La Isabela).
- 1494 kamen die ersten **Franziskanermönche.** Am 6.1.1494 fand die erste **heilige Messe** auf amerikanischem Boden statt.
- 1498 wurde mit Santo Domingo die erste **größere Stadt** gegründet. Im selben Jahr wurde die erste **Straße,** die auch diesen Namen verdient, gebaut: La Fortaleza, sie gibt es noch heute unter dem Namen Calle de Las Damas.
- 1502 wurde das erste **Kloster** und 1503 das erste **Hospital** gegründet.
- 1505 wurde die erste **eigenständige Münze** geprägt.
- 1510 wurde der Alcázar als erster **Herrschaftssitz** gebaut.
- 1523 wurde mit dem Bau der ersten **Kathedrale** begonnen. Im selben Jahr wurde auch die erste **Bananenernte** eingefahren.
- 1520 wurde das erste **Buch** in Amerika gedruckt.
- 1538 wurde die erste **Universität** gegründet.

Kathedrale und Kolumbus-Denkmal am Parque de Colón

SEHENSWERTES

Das koloniale Viertel („Zona Colonial")

Santo Domingo ist eine Stadt der Gegensätze. Einerseits hektisches Großstadtleben, andererseits die Beschaulichkeit im kolonialen Teil. Historische Bauten aus den Anfangsjahren des 16. Jahrhunderts sind komplett in einem Viertel unweit des Hafens zu besichtigen.

Parque de Colón

Ein idealer Startpunkt ist der Parque de Colón, am Ende der Fußgängerstraße Calle El Conde. Der Park ist nicht, wie der Name vermuten lässt, eine weitläufige Anlage, sondern ein relativ kleiner gepflasterter Platz. In der Mitte dieses Platzes erhebt sich ein **Denkmal zu Ehren von Kolumbus** (spanisch: *Colón*), zu seinen Füßen liegt übrigens *Anacaona,* eine Taino-Herrscherin.

Museo de Ámber, ein Bernsteinladen direkt am Parque gelegen, genau gegenüber der Kathedrale. *Kolumbus'* Arm weist fast die Richtung.

140dr Foto: hf

Kathedrale Am Park befindet sich auch die Kathedrale Santa María la Menor. 1523 wurde mit dem Bau begonnen, um 1540 wurde er fertiggestellt. 1546 erklärte sie *Papst Paul III.* zur ersten Kathedrale der Neuen Welt. Sie gilt heute als **eines der ältesten noch bestehenden Gotteshäuser in Amerika.** Die Kathedrale wirkt relativ schlicht, gemessen an ihrer Bedeutung. Selbst im Inneren stechen nur vereinzelt besonders schöne Altäre und Glasmalereien hervor, vielleicht auch das ein Ergebnis der Piratenplünderungen. Hier befand sich auch das **Grab von Kolumbus,** schwer bewacht von Soldaten. Mittlerweile wurde die Urne mit *Kolumbus'* vermeintlichen Überresten umgebettet in den Faro a Colón.

Plazoleta de las Curas Direkt hinter der Kathedrale liegt die Plazoleta de las Curas, ein mittelgroßer Platz, wo sich eine **Statue von Arzobispo Meriño** (Staatspräsident Ende des 19. Jh.) erhebt. Der Platz wurde durch einen Gitterzaun von der vorbeiführenden Straße abgetrennt, ist aber begehbar. Ein Hinweisschild an der gegenüberliegenden Hauswand klärt darüber auf, dass dort im 16. Jh. hoch gestellte Regierungsmitglieder wohnten. Die vergitterten Fenster öffneten sich morgens zur Straße, und vereinzelt wurden Vorbeikommenden Erfrischungen gereicht.

Calle de las Damas Die El Conde mündet schließlich in die Straße Calle de las Damas. Hier liegen **Gebäude aus der Kolonialzeit,** und somit wird sie auch zu den ältesten noch existierenden Straßen Amerikas gezählt. Hier kann man noch mit ein wenig Fantasie den kolonialen Atem spüren. Alle Häuser sind schick restauriert, bestehen aus wuchtigen, innen kühlenden Mauern. Draußen erheben sich verschnörkelte Gaslaternen, und zur Zeit des Sonnenunterganges öffnen sich die vorher fest verschlossenen Fenster. Dann erst schauten einst die jungen Damen schüchtern hinaus, gegen Versuchungen von außen durch schmiedeeiserne Gitter geschützt.

WO IST DAS GRAB DES KOLUMBUS?

Kolumbus hatte kein Glück! Vier Reisen unternahm er in die Neue Welt und fand doch nicht, was er suchte. Tragischerweise setzte sich diese Ruhelosigkeit über seinen Tod hinaus fort. Am 20. Mai 1506 starb er in Valladolid (Spanien). Seinem letzten Wunsch, in Santo Domingo begraben zu werden, entsprach man erst 1544. Bis dahin wurde seine Urne in der Kathedrale von Sevilla (Spanien) untergebracht. Nachdem man schließlich den wahren Wert seiner Entdeckungen erkannt hatte, wurde der Bitte von *María del Toledo,* einer Schwiegertochter des Admirals, entsprochen und seine **Urne nach Santo Domingo** überführt. In der dortigen Kathedrale wurde er feierlich neben *Diego* und seinem Enkel *Luís* beerdigt.

1795 wurde im Vertrag von Basel festgelegt, dass Spanien die Insel an Frankreich abzutreten habe. Dies hielt zwar nur kurze Zeit stand, aber *Kolumbus* sollte in spanischer Erde ruhen. So überführte man ihn **nach Kuba,** damals noch spanische Kolonie. Die Urne wurde in der Kathedrale von Havanna deponiert.

1877 wurden in der Kathedrale von Santo Domingo Reparaturen durchgeführt. Dabei fand der Priester *Billini* an der ehemaligen Grabstelle eine Urne. Man öffnete sie in einem feierlichen Akt und entschied, dass seinerzeit die **falsche Urne** nach Kuba geschickt worden war, nämlich die von *Diego.*

Die Sache wurde aber noch komplizierter. Nachdem 1898 Spanien die letzten Kolonien verloren hatte, damit auch Kuba, sollte *Kolumbus* **endgültig nach Spanien** zurückkehren. Die Urne wurde abermals über den Atlantik geschickt und in die Kathedrale von Sevilla gebracht. So findet man heute in der dortigen Kathedrale, die immerhin als drittgrößte Kathedrale der Welt gilt, eine imposante Grabstätte von *Kolumbus.*

Aber trotz aller Wirrungen wurde **in Santo Domingo** eine nicht minder eindrucksvolle Grabstätte in der dortigen Kathedrale über Jahre betreut und von Marinesoldaten schwer bewacht. Gerüchte wurden später laut, die besagten, dass nur ein Teil der Asche von Kuba nach Spanien geschickt worden war. Später wurde die restliche Asche angeblich an *Kolumbus'* Heimatstadt Genua übergeben, aber auch dies bestätigt offiziell niemand. Die Frage bleibt: Wo ist das Grab des *Kolumbus?*

Ein letztes Mal (?) wurde *Kolumbus* **1992 umgebettet.** Zur 500-Jahr-Feier der Entdeckung Amerikas wurde ihm eine würdevolle Grabstelle im Museum Faro a Colón hergerichtet.

Um das Rätsel endgültig zu lösen, werden derzeit **DNA-Analysen** der sterblichen Überreste durchgeführt. Ein erstes Zwischenergebnis liegt vor, denn die Gebeine aus Sevilla ergaben, dass dort nur **15 % des Skeletts von Kolumbus** ruhen. Bei dem ganzen Hin und Her war wohl einiges durcheinander geraten.

Jetzt fehlt nur noch eine abschließende Untersuchung der Grabeinlagen in Santo Domingo, die aber bislang von den dominikanischen Behörden verweigert wurde.

089dr Foto: hf

Gleich biegt ein Edelmann hoch zu Ross um die Ecke ... So in etwa spielte sich das Leben vor einigen Jahrhunderten ab; mit viel Geschick wurde versucht, diese Atmosphäre nachzuempfinden.

Fortaleza Ozama

Wer nach rechts geht, stößt alsbald auf die Fortaleza Ozama. Diese **Festungsanlage** wurde schon zu Beginn des 16. Jahrhunderts hier an einer strategisch günstigen Lage an der Flussmündung angelegt. Den Festungsturm, **Torre del Homenaje,** mit seinen zwei Meter dicken Wänden, den steilen Aufgängen und den alten Kanonen, mussten alle Schiffe passieren und Ehrenbezeigungen abgeben.

Heute erstreckt sich hier ein **weitläufiger Garten,** der ein Ruhepol im ansonsten recht hektischen Santo Domingo ist. Reste der alten Stadtmauer sind hinter dem Turm noch erkennbar, und vom dortigen **Aussichtspunkt** schaut man auf den träge vorbeifließenden Río Ozama. In einiger

In der Kathedrale

090dr Foto: hf

Entfernung wird das heutige, quirlige Santo Domingo deutlich, endlose Autoschlangen quälen sich über zwei Brücken, und wer genau hinschaut, erkennt auch an den Hängen die ersten Slums.

Der Turm und die Festungsanlage wurden bereits 1502 erbaut, lange Zeit fungierten sie als Gefängnis, auch *Trujillo* hat sie dazu benutzt. Die gesamte Anlage gilt heute als das **älteste militärische Gebäude von Amerika.** Eine Statue im Innenhof erinnert an einen der ersten Gouverneure, *Nicolas de Ovando.* Viel mehr kann nicht besichtigt werden, außer einer bunten Mischung von militärischem Gerät wie Panzer, Hubschrauber und Geschützen. Warum die nun gerade hier stehen, konnte auch niemand so recht erklären.

- Geöffnet: täglich 9–17 Uhr, Eintritt: 40 R.D.$.
- Hinweis: Am Eingang bieten einige **Guides** ziemlich selbstverständlich ihre Dienste an, die aber nicht im Preis eingeschlossen sind. Ist eigentlich auch überflüssig, da es nicht übermäßig viel zu sehen und zu erklären gibt.

Casa de Bastidas

Weiterhin befindet sich direkt neben der Fortaleza auch das Haus von *Rodrigo de Bastidas,* die Casa de Bastidas. **Bastidas** war einer der Eroberer und späterer Gouverneur von Kolumbien. Das Haus ist stilvoll um einen großen Innenhof angelegt, heute finden hier wechselnde Kunstausstellungen statt.

Casa Cortés

Gegenüber ein weiteres historisches Gebäude, die Casa Cortés, das ehemalige Haus vom Mexiko-Eroberer *Hernán Cortés,* heute beherbergt es ein **französisches Kulturinstitut.**

Hostal Nicolás de Ovando

Ein paar Schritte auf der Calle de las Damas weiter, passiert man auf der rechten Seite das eindrucksvolle Hostal Nicolás de Ovando. Es besteht aus zwei Gebäuden, dem ehemaligen Sitz von Gouverneur *Ovando* und dem Haus der Familie *Davila.* Beide Gebäude sind nach der Restauration miteinander verbunden, so dass ein sehr **stilvoller Hotelkomplex** entstand.

Panteón Nacional

Einige Schritte weiter liegt links der Panteón Nacional, heute ein Museum. Das Staatswappen und die Nationalflagge deuten den Stellenwert an, eine Ehrenwache unterstreicht dies noch.

Ursprünglich als Jesuitenkloster gegründet, wurde 1714 mit dem Bau begonnen. Im Laufe der Jahrhunderte wurde es u. a. als Tabaklager und als Theater zweckentfremdet. **Diktator Trujillo** wollte hier einen Ehrenfriedhof für dominikanische Nationalhelden errichten, ließ deshalb das Gebäude gründlich restaurieren. So bekam er von seinem Kollegen, dem spanischen Diktator *Franco,* den riesigen Kupferkandelaber, der von der Kuppel hängt, geschenkt. In der oberen Etage sind zwei Gitter angebracht, die aus Nazideutschland stammen sollen. Wer genau hinschaut, erkennt auch das Hakenkreuz im Ornament. Eigentlich wollte *Trujillo* hier auch zur letzten Ruhe gebettet werden, aber dazu kam es dann nicht mehr.

- Geöffnet: täglich 8–21 Uhr, Eintritt gratis.

Museo de las Casas Reales

Ein Haus weiter befindet sich das Museo de las Casas Reales, das **Museum der königlichen Häuser** aus dem Jahr 1505. Während der Kolonialzeit residierten hier alle Entscheidungsträger, das königliche Gericht und sogar die Münzanstalt. Ausgestellt sind unter anderem Gegenstände der Tainos, Nachbildungen der Schiffe des *Kolumbus* nebst genauer Routenbeschreibungen seiner Reisen. Außerdem sieht man eine der ältesten Apotheken der Stadt, königliche Räume und eine private Waffensammlung von *Trujillo*. Man kann an Führungen teilnehmen, bei denen alle Details erklärt werden.

● Geöffnet: Di–So 9–17 Uhr, Eintritt: 50 R.D.$, Kinder 20 R.D.$.

Gegenüber von diesem Gebäude steht noch eine **alte Sonnenuhr** aus dem Jahre 1753. Es heißt, dass sie an dieser Stelle errichtet wurde, damit die hohen Herren im königlichen Gebäude immer die genaue Uhrzeit vor Augen hatten. Wenn man genau hinschaut, kann man auch heute noch die exakte Uhrzeit ablesen, es sei denn, der Himmel ist wolkenverhangen.

Alcázar de Colón

Am Ende der Calle de las Damas stößt man auf einen weitläufigen Platz, die Plaza de la Hispanidad, an dem der Alcázar de Colón liegt. Erbaut wurde er von *Diego Colón* in den Jahren 1509 bis 1514 aus Korallengestein. Ursprünglich war es der Sitz des Vizekönigs. Über Jahrzehnte gehörte dieses Haus der **Kolumbusfamilie.** Diverse Möbel, Gebrauchsgegenstände und persönliche Dinge, Gemälde, Rüstungen, Wandteppiche und Dokumente aus jener Epoche sind zu besichtigen. Erstaunlich auch dies: Das gesamte Gebäude wurde erbaut, ohne einen einzigen Nagel zu verwenden; noch heute drehen sich die Türen auf alten Beschlägen.

● Geöffnet: Di–Sa 9–17, So 9–16 Uhr; Eintritt: 60 R.D.$.

091dr Foto: hf

Calle la Atarazana

Hier verläuft auch die kleine Straße Calle la Atarazana, an der einige **restaurierte Häuser aus der Kolonialzeit** stehen. Dort waren früher hauptsächlich Warenlager untergebracht, aufgrund der Nähe zum Hafen. Ebenfalls wird gemunkelt, dass sich die erste Kneipe der Neuen Welt in einem dieser Häuser befunden haben soll. Die Atarazana passt sich harmonisch an das restaurierte Gesamtbild des kolonialen Viertels an. Zur Zeit des Sonnenuntergangs kann man hier ganz entspannt in einer der Terrassenbars unter freiem Himmel sitzen, einen Drink einnehmen, ein paar Palmen rauschen derweil sacht im Wind.

Die Straße Atarazana verläuft hinter dem Hauptplatz abschüssig zu den Resten der ehemaligen Stadtmauer aus dem 17. Jh., sie ist noch ein Stückchen begehbar. Früher befand sich dahinter nur der Fluss, heute führt eine Schnellstraße vorbei. Dort liegt auch das **Museo Atarazanes,** wo heute hauptsächlich nautische Sammlungen zu finden sind, die teilweise aus Schiffswracks geborgen wurden.

- Das Museum ist jedoch zurzeit geschlossen.

210dr Foto: hf

Casa del Cordón

Zurück in Richtung Fußgängerzone Calle El Conde passieren Spaziergänger entlang der Calle Isabel la Católica das Gebäude Casa del Cordón, ein weiteres Kolonialgebäude, das durch eine auffällige steinerne Kordel (spanisch: *Cordón*) am Eingangstor geschmückt ist. Es gilt als das **älteste Steingebäude aus Santo Domingo,** da es für den späteren Gouverneur von Jamaica, *Francisco de Garay,* im Jahre 1503 erbaut wurde.

Der **Pirat Francis Drake** ließ 1586 die reichen Damen der Stadt hier antreten, um sie um ihren Schmuck zu erleichtern, als Lösegeld für die gefangenen Ehemänner. Ein wenig passt diese Episode zur aktuellen Nutzung, denn momentan ist eine Bank, die *Banco Popular,* hier untergebracht.

Casa y Museo de Duarte

Eine gut gemachte Ausstellung zum Leben und Wirken des dominikanischen Nationalhelden ist in

Alcázar de Colón vor der Plaza de la Hispanidad

Cafetería El Conde am Parque de Colón

seinem Geburtshaus in der Calle Isabel la Católica 308 zu sehen.

● Geöffnet: Mo–Sa 9–17.30, So 9–16 Uhr, Eintritt: 10 R.D.$.

Bernsteinmuseum

Das Bernsteinmuseum Museo del Mundo Ámber befindet sich in der Calle Meriño 452. Dieses Museum widmet sich ausschließlich dem Bernstein. In den oberen, klimatisierten (!) Räumen werden dem Besucher die verschiedenen **Gesteinsarten** dargelegt, man erhält einen Einblick in die **Abbaumethoden,** und schließlich erfährt man alles über die unterschiedlichsten **Einschlüsse.**

Ein kurzer Exkurs klärt auf über die **Unterschiede zwischen echtem und nachgemachtem Bernstein.** Nicht ganz unwichtig zu wissen, werden doch überall von fliegenden Händlern zu sagenhaften Preisen „echte" Bernsteinketten angeboten. Dem kann man aber aus dem Weg gehen, denn im unteren Stockwerk wird garantiert echter Bernsteinschmuck angeboten.

● Geöffnet: täglich 8.30–18, So 9–13 Uhr.

Kirche Santa Barbara

Drei Blocks weiter nördlich wird die Kirche der heiligen Barbara erreicht, auffällig vor allem wegen der unterschiedlich hohen Türme. Von hier genießt man einen **schönen Blick auf das koloniale Viertel.**

Monasterio de San Francisco

Am Ende der steilen Straße Calle Emiliano Tejera liegt das Monasterio de San Francisco, leider nur noch als **Ruine.** Das Kloster datiert vom Jahr 1508 und gilt als das älteste der Neuen Welt.

Viele **historische Legenden** ranken sich um das Gebäude. So soll hier der bekannteste Häuptling *Enriquillo* (siehe auch Westseite/Lago Enriquillo) unterrichtet worden sein, *Bartolomé Colón* liegt hier begraben, und viele der Eroberer des amerikanischen Kontinents erbaten sich göttlichen Beistand. Es soll sogar eine unterirdische Verbindung zum Alcázar geben. Leider wurde es bislang versäumt, diese Anlage zu restaurieren.

Calle Hostos

Von diesem Punkt geht es zurück in die Innenstadt über die abschüssige Calle Hostos. Hier verändert sich der **Charakter der Häuser** schon leicht, nicht mehr die wuchtigen Kolonialbauten dominieren, sondern einfache Steinhäuser aus späteren Zeiten. Gleichwohl sind diese ganz gut gepflegt, im Gegensatz zum **Hospital de San Nicolás de Barí.** Einst war es das erste Hospital der Neuen Welt, errichtet bereits 1503. Piratenüberfälle, Erdbeben und allgemeiner Verfall beschleunigten den Niedergang. Anfang dieses Jahrhunderts mussten Teile des Gebäudes abgerissen werden, und das Hospital zeigt sich nur noch als Ruine.

Calle El Conde

Die Straße Calle El Conde ist so etwas wie die Verbindung zwischen dem kolonialen Viertel und der

Sir Francis Drake, Pirat der Königin

Viele Piraten tummelten sich in der Karibik, einige agierten sogar im staatlichen Auftrag. Immer ging es darum, die Reichtümer der Spanier zu erbeuten. Die bemerkenswerteste seeräuberische Leistung vollbrachte der später geadelte *Francis Drake.* 1567 wagte er es, einen **Maultiertransport im Dschungel bei Panama** anzugreifen. Im zweiten Anlauf, der erste scheiterte kläglich, erbeutete er soviel Silber, dass er es nicht wegschaffen konnte und einen Teil verstecken musste.

1579 gelang *Drake* ein noch dreisteres Stück. Er segelte mit fünf Schiffen los, um als erster Nichtspanier **Feuerland zu umrunden** und die Spanier im Rücken anzugreifen. Die Durchfahrt durch die Magellanstraße kannten nur die Spanier, sie galt als Staatsgeheimnis! Nach diversen Schwierigkeiten, er verlor insgesamt vier Schiffe, schaffte er es tatsächlich, durch die Magellanstraße zu segeln. Nun konnte er die **spanischen Schiffe mit Leichtigkeit plündern.** Die Spanier fühlten sich auf dem Pazifik derart sicher, dass es praktisch keine Bewachung auf den Schiffen gab. Er plünderte mehrere Schiffe, unter anderem die *Cacafuego,* die die Beute eines Jahres nach Panama bringen sollte. Unvorstellbare Reichtümer fielen *Drake* in die Hände.

Auf seinem **Rückweg nach England** wählte er, da der Weg durch die Magellanstraße zu gefährlich war, eine andere Route. Er segelte über den Pazifik, kam nach Indonesien, umrundete die Südspitze Afrikas und traf schließlich 1580 in England ein, drei Jahre nach seinem Auslaufen.

Diese Tat führte zu einer Staatskrise zwischen Spanien und England. *Drake* brach 1586 noch einmal in die Karibik auf und plünderte u.a. dabei auch Santo Domingo. Einen Monat hielt er die Stadt besetzt und erpresste alle Reichtümer, die die Bewohner besaßen.

211dr Foto: hf

modernen Stadt. Deswegen wurde sie auch zur **Fußgängerzone** umfunktioniert. Am späten Nachmittag flaniert hier alle Welt entlang, nach Einbruch der Dunkelheit wirkt sie jedoch alsbald relativ ausgestorben. Die Conde ist etwas über einen Kilometer lang und fällt fast ein wenig aus dem Rahmen des historischen Viertels. Sie ist eine klassische **Einkaufs- und Flaniermeile.** Hier liegen Geschäfte (Schuhe, Bekleidung, CDs, Supermarkt, Souvenirs), aber auch einige Lokale. Leider dominieren hier auch immer mehr die amerikanischen Ketten, und die werden von der dominikanischen Jugend regelrecht gestürmt. Aber es gibt auch Ausnahmen, an beiden Endpunkten liegen zwei Klassiker-Lokale, die seit Jahrzehnten sehr beliebt sind. Und ziemlich in der Mitte befindet sich ebenfalls seit Jahrzehnten ein schlauchförmiges Lokal namens „Cafetera". Insgesamt ist die Conde die einzige Fußgängerzone weit und breit und man kann hier halbwegs entspannt herumschlendern.

Fußgängerzone El Conde

137dr Foto: hf

Parque de la Independencia

Am Ende dieser Straße liegt der Parque de la Independencia. Den Eingang markiert ein altes Stadttor, die **Puerta del Conde.** Hier befand sich in der Frühzeit der Kolonisation die Westgrenze von Santo Domingo. Am Eingang des Parks ist im Pflaster der Kilometerstein Null eingelassen. Von diesem Punkt werden alle Distanzen zu sämtlichen Orten der Insel gemessen.

Im Park liegt der **Altar de la Patria,** in dem die drei großen nationalen Helden *Duarte, Sánchez* und *Mella* ruhen. Den Altar darf allerdings nur besichtigen, wer züchtig angezogen ist, d.h. beispielsweise in Shorts wird man von den Wachsoldaten abgewiesen! Außerdem wird jeder, der eine Mütze trägt, gebeten, diese in die Hand zu nehmen: „La gorra, en la mano" lautet der etwas barsche Befehl. Punkt 18 Uhr wird in einer feierlichen Zeremonie die Nationalflagge eingeholt.

Calle Padre Billini

Ein weiterer Spaziergang entlang der Calle Padre Billini führt durch die westliche Altstadt, vorbei an

Puerta del Conde

schicken alten Häusern und einigen Bauten aus der Kolonialzeit. Ausgangspunkt bleibt wieder der Parque de Colón, von dem man an der Festungsanlage Ozama vorbeigeht, bis die Calle Padre Billini erreicht wird. Speziell am Sonntag herrscht hier eine ungeahnte Ruhe, beste Gelegenheit also, auf Details zu achten.

Kirche Santa Clara

Zunächst wird die Kirche Santa Clara passiert, als Gotteshaus von außen kaum zu erkennen. Ein relativ schlichtes, aber **großes Gebäude** mit zwei gewaltigen Eingangstoren aus Holz, das Mitte des 16. Jh. erbaut wurde.

Casa de Tostado

Einen Straßenblock weiter liegt das Haus des ehemaligen Stadtschreibers *Franscisco de Tostado,* erbaut 1516. Heute ist in dem großen hellen Gebäude das **Museo Familia Dominicana** untergebracht, das das Wohnhaus einer reichen dominikanischen Familie zeigt. Diese orientierte sich erkennbar am europäischen Stil, und so ist das Haus eben auch eingerichtet, es zeigt wenig typisch Dominikanisches.

- Geöffnet: Mo–Sa 9–16 Uhr, Eintritt: 40 R.D.$

Statue von Padre Billini

Gegenüber auf einem kleinen, hübschen Platz erhebt sich die Statue zu Ehren von **Don Francisco Billini,** der die sterblichen Überreste von *Kolumbus* einst in der Kathedrale entdeckte. Padre *Billini* hält wohlmeinend schauend eine Hand über einen Jungen, der ihn entrückt anschaut. *Billini* kümmerte sich in seinen späten Jahren engagiert um die Kranken der Stadt.

Plaza Fray de Las Casas

Abermals nur einen Block weiter öffnet sich ein kleiner Platz zu Ehren von **Bartolomé de las Casas,** Plaza Fray de las Casas. Er war einer der ersten, der die Gräueltaten an den Ureinwohnern durch die Spanier öffentlich verurteilte. Mitten auf dem Platz blickt ein nachdenklicher *Las Casas* gen

Himmel, ringsherum laden ein paar Bänke zum Verschnaufen ein.

Convento de los Dominicanos

Es schließt sich das Convento de los Dominicanos an, das 1538 erbaut wurde. Ein **prachtvoll verziertes Gebäude,** in dem sich verschiedene Baustile mischen. Besonders auffällig sind die Deckengewölbe im Inneren, eine Darstellung von vier antiken Göttern, die rings um die Sonne gruppiert sind. Diese symbolisieren die vier Jahreszeiten, die ihrerseits von zwölf Tierkreiszeichen begrenzt werden.

Hier existierte übrigens auch die **erste Universität der Neuen Welt,** durch *Papst Paul III.* erhielt das Kloster 1538 den Status Universidad Tomás de Aquino.

Gleich nebenan steht die kleine Kapelle **Capilla de la Tercera Orden,** die von den Dominikanern im 18. Jh. erbaut wurde und wo erstmals Lehrer ausgebildet wurden.

Plaza Duarte

Gegenüber erhebt sich in einem kleinen Park, der Plaza Duarte, die **Statue von Staatsgründer Juan Pablo Duarte.** Er, in staatsmännischer Pose, umringt von einer Frau, die einen Siegeskranz hält, und einem Schwertträger.

Kirche Regina Angelorum

Als letztes Sakralgebäude dieser Straße wird die Kirche Regina Angelorum erreicht, 1537 an der Ecke zur Calle José Reyes erbaut. Ein hellgraues Steingebäude, das relativ klein ausfällt, aber ein eindrucksvolles **Eingangstor** besitzt. Darüber wurde eine **Madonnenfigur** in die Wand eingelassen, ein Hinweisschild erklärt, dass diese Madonna zu Ehren von *Padre Billini* errichtet wurde, der hier bestattet wurde.

Puerta de la Misericordia

Wer jetzt noch vier Blocks der Calle Padre Billini folgt, erreicht die Calle Hincado. Nach rechts wird in wenigen Minuten wieder das lebhafte Zentrum um den Parque de la Independencia erreicht. Wer

SKLAVENHANDEL

Sogar ein Kirchenmann, **Fray Bartolomé de las Casas,** sprach sich zunächst für den Sklavenhandel mit den Schwarzen aus. Seine Intention war, die restlichen, nicht von den Spaniern umgebrachten Indianer zu schonen und aus ihnen gute Christen zu machen. Er schlug deshalb vor, dass als Ersatz die körperlich kräftigeren Schwarzen dienen sollten, denen sowieso keine christliche Rettung mehr zuteil werden konnte. Er hat zwar in späteren Jahren seine Haltung korrigiert, aber zunächst unterstützte er diese zynische Idee.

Zuerst hielt sich der Sklavenhandel von Afrika nach Amerika noch in bescheidenem Rahmen. Die **Portugiesen** waren die Ersten, die von ihren Stützpunkten an der westafrikanischen Küste Dörfer überfielen und auf Menschenraub gingen. Die Sklaven wurden zunächst nur zur Iberischen Halbinsel gebracht und dort verkauft.

Nach der **Entdeckung Amerikas** änderte sich aber die Situation. Riesige Ländereien wurden von den Spaniern und Portugiesen in Besitz genommen, es fehlte überall an Arbeitskräften.

An eine Bezahlung dachte niemand, also wurden **zunächst die Indianer** zur Arbeit gezwungen. Sie waren jedoch die harte Schufterei in den Silberminen und auf den Plantagen nicht gewohnt und starben deshalb massenhaft. Auf Hispaniola nahm die Ausrottung der Ureinwohner dramatische Ausmaße an. Zählten sie 1492 bei der Entdeckung noch gut 1 Mio. Menschen, so waren es 1508 nur noch 60.000 und 1517 gar nur noch 14.000. 1508 begannen die Pflanzer, Indianer von benachbarten Inseln teilweise mit Gewalt oder auch mit falschen Versprechen nach Hispaniola zu locken. Dies brachte aber nicht den gewünschten Erfolg.

Bei der Suche nach neuen Arbeitskräften kam man auf die **Schwarzen aus Westafrika,** die bis dahin nur auf der Iberischen Halbinsel verkauft wurden. Da die „Nachfrage" rapide anstieg, reichte der Nachschub aus Spanien bald nicht mehr. Deshalb zogen autorisierte Sklavenhändler jetzt direkt nach Westafrika, um die Schwarzen zu rauben. Bald verbündeten sich die Händler des Öfteren mit einem Stamm, der dann zur Sklavenjagd gegen einen feindlichen Stamm gewonnen werden konnte.

Die Sklavenjäger verfrachteten so viele Menschen, wie es eben noch ging, auf ihre Schiffe. Der **Transport über den Atlantik** erfolgte unter völlig unmenschlichen Bedingungen, daher starb ca. ein Fünftel der Schwarzen auf hoher See. Die Prämisse der Händler lautete, soviel Sklaven wie möglich bei möglichst geringen Kosten über den Atlantik zu bringen. Deshalb wurde der Laderaum maximal ausgenutzt. Die Händler gingen von vornherein von einer hohen Verlustquote aus. Die Sklaven lagen

sich aber nach links wendet, gelangt nach kurzem Weg zu den **Überresten eines alten Stadttores,** der Puerta de la Misericordia, die so genannt wurde, weil die Stadtbevölkerung sich hier früher Gottes Beistand erbat. Nur noch ein zwanzig Meter langes Mauerrestchen verblieb von dem einst

dicht gedrängt zusammen, teilweise waren die Laderäume so niedrig, dass niemand stehen konnte. Die Folgen waren klar: verbrauchte Luft und hohe Temperaturen unter Deck. Es gab sogar Schiffe, auf denen sie so dicht beieinander saßen, dass sie sich nicht einmal zum Schlafen hinlegen konnten. Sie waren entweder paarweise aneinander gekettet oder mittels einer langen Kette an den Füßen verbunden. Die Sklaven lagen in ihrem eigenen Kot, kamen vor Durst fast um und mussten einen unglaublichen Gestank ertragen. Sollten sie einmal an Deck geholt werden, damit sie wenigstens Luft schnappen konnten, sprangen sie oft genug über Bord, den Tod vorziehend.

Den Sklaven wurde nur eine Mindestration an Lebensmitteln und Wasser gegeben. Die Hygiene bestand darin, dass allen der Kopf kahl geschoren wurde, um eventuelles Ungeziefer zu vernichten. Am Ende der Reise wurden sie dann mit Salzwasser (!) gewaschen. Süßwasser war den Händlern dafür zu schade. Für die Notdurft reichten die paar Kübel nicht aus, so dass oft genug die Ruhr ausbrach. Dann lagen Tote und Kranke zusammen.

Die Sklaven kamen somit natürlich in denkbar schlechtem Zustand am Ziel an. Das störte die Pflanzer aber nicht weiter, da sie einen ständigen Bedarf an Nachschub hatten. Der neue Eigentümer brannte den Sklaven sein Zeichen in die Haut, damit waren die Besitzverhältnisse geklärt. Sollte ein Sklave später weiter verkauft werden, erhielt er ein neues Zeichen!

Sklaven waren natürlich **völlig rechtlos,** konnten verkauft, bestraft und bis zur körperlichen Erschöpfung geschunden werden. Sie durften keine Ehe schließen und hatten keine Rechte an ihren Kindern. Die Lebensdauer war durch die Schufterei, das schlechte Essen und die drakonischen Strafen selbst für nichtige Vergehen sehr niedrig. Die Besitzer hatten zwar ein Interesse, dass ihre Ware nicht zu früh verstarb, wollten sie aber auch nicht bis ins hohe Alter behalten und durchfüttern (eine reine Kostenfrage). Diese einfache, aber menschenverachtende Rechnung erforderte immer neuen Nachschub. Immer wieder versuchten Sklaven diesem Elend durch Flucht zu entgehen. Meist wurden sie wieder eingefangen und brutal bestraft. Einige Pflanzer richteten sogar Bluthunde gezielt auf flüchtige Sklaven ab.

Sklavenaufstände gab es immer wieder, aber mit Hilfe des Militärs und der besseren Waffen wurden die meisten niedergeschlagen. Es gab nur einen einzigen Sklavenaufstand, der letztendlich zur Befreiung und Abschaffung der Sklaverei führte, den Aufstand von Haiti.

stolzen Bauwerk, zu sehen sind noch ein paar Schießscharten und eine Satue zu Ehren von *Fray Francisco del Rosario Sánchez*. Noch einen Block weiter Richtung Meer erreicht man den lebhaften Malecón.

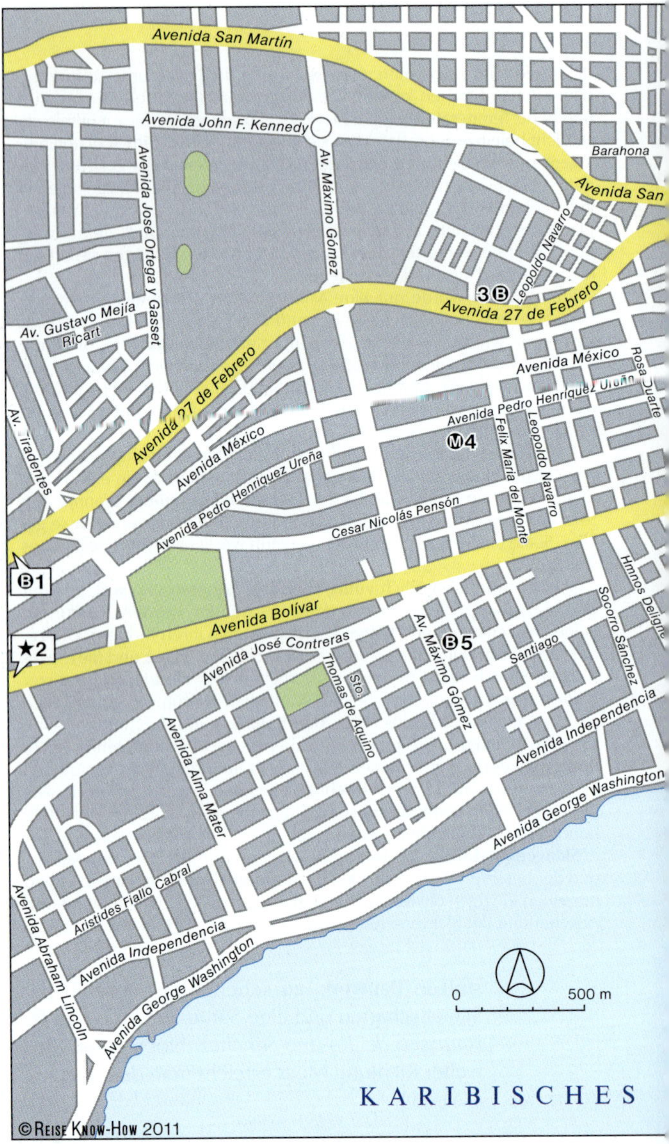

Avenida San Martín
Avenida John F. Kennedy
Barahona
Avenida San
Av. Máximo Gómez
Avenida José Ortega y Gasset
Leopoldo Navarro
3 B
Avenida 27 de Febrero
Av. Gustavo Mejía Ricart
Avenida México
Rosa Duarte
Avenida Pedro Henriquez Ureña
Avenida 27 de Febrero
Av. Tiradentes
Avenida México
Felix Maria del Monte
Leopoldo Navarro
M4
Avenida Pedro Henriquez Ureña
Cesar Nicolás Pensón
B1
Hmnos Deligne
Socorro Sánchez
Avenida Bolívar
★2
Av. Máximo Gómez
B5
Avenida José Contreras
Santiago
Thomas de Aquino
Sto.
Avenida Independencia
Avenida Alma Mater
Avenida George Washington
Aristides Fiallo Cabral
Avenida Independencia
Avenida Abraham Lincoln
Avenida George Washington
0
500 m
KARIBISCHES
©Reise Know-How 2011

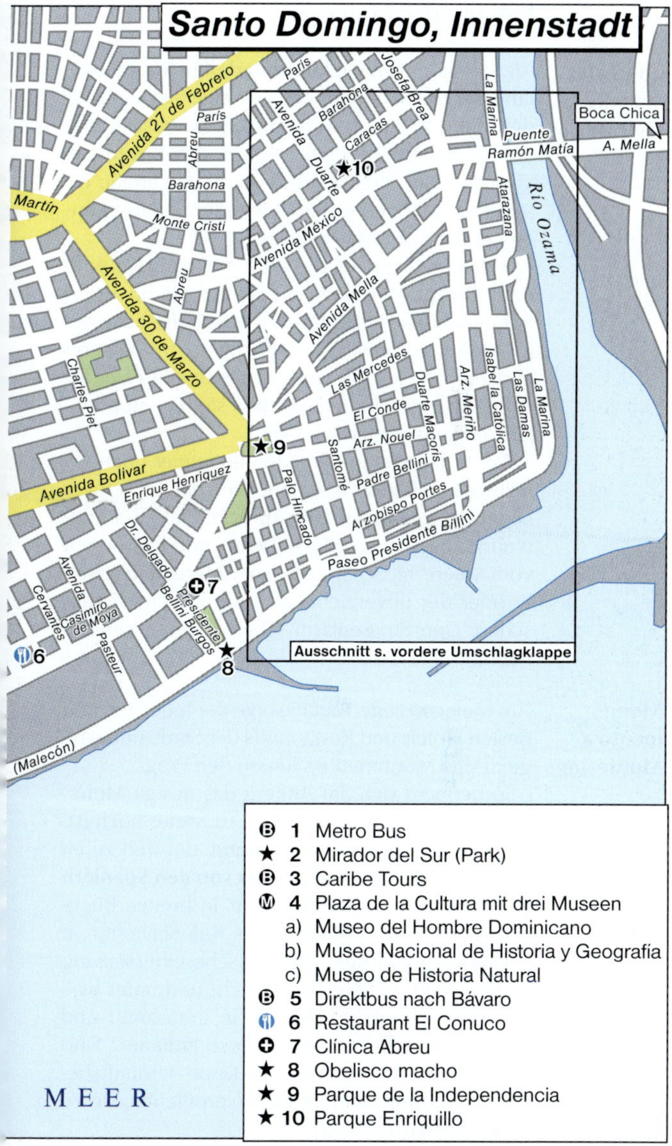
Santo Domingo, Innenstadt
Avenida 27 de Febrero
París
Paris
Abreu
Barahona
Martín
Monte Cristi
Avenida 30 de Marzo
Abreu
Charles Piet
Avenida Bolívar
Enrique Henriquez
Dr. Delgado
Avenida
Cervantes
Casimiro de Moya
Pasteur
Presidente
Bellini Burgos
(Malecón)
Avenida Duarte
Barahona
Caracas
Josefa Brea
La Marina
Puente Ramón Matía
A. Mella
Boca Chica
Atarazana
Río Ozama
Avenida México
Avenida Mella
Las Mercedes
El Conde
Arz. Nouel
Duarte Macoris
Arz. Meriño
Isabel la Católica
Las Damas
La Marina
Santomé
Palo Hincado
Padre Bellini
Arzobispo Portes
Paseo Presidente Billini
Ausschnitt s. vordere Umschlagklappe
1 Metro Bus
2 Mirador del Sur (Park)
3 Caribe Tours
4 Plaza de la Cultura mit drei Museen
a) Museo del Hombre Dominicano
b) Museo Nacional de Historia y Geografía
c) Museo de Historia Natural
5 Direktbus nach Bávaro
6 Restaurant El Conuco
7 Clínica Abreu
8 Obelisco macho
9 Parque de la Independencia
10 Parque Enriquillo
MEER

Entlang des Malecón

Charakter des Malecón

Als Malecón wird die **kilometerlange Straße entlang der Küste** bezeichnet. Der eigentliche Name des Malecón lautet Avenida George Washington, und in seinem Ausläufer unweit des kolonialen Viertels Paseo Presidente Billini. Diese Straße erstreckt sich über mehrere Kilometer und führt immer entlang der Meeresküste.

Trotz der Tatsache, dass die mehrspurige Avenida George Washington eine der am höchsten frequentierten Einfallstraßen der Stadt ist, flanieren jeden Abend unzählige Menschen am Malecón entlang. Glücklicherweise ist genügend Platz für Fußgänger geschaffen, so dass sie hier stundenlang entlangspazieren können.

Wer will, findet in den Nischen immer noch ein halbwegs ruhiges Plätzchen. Hier ziehen sich vor allem die Liebespärchen zurück. Viele Stadtbewohner treffen sich dort abends und lassen sich vom Meeresrauschen, von einer Merenguekassette oder der unverzichtbaren Rumflasche berauschen. Den Straßenlärm scheint keiner wahrzunehmen.

Monumento a Montesinos

Am Malecón liegen auch einige der teuersten und besten Hotels und Restaurants der Stadt, und einige riesige Monumente säumen den Weg.

So befindet sich am Anfang das riesige Monumento a Montesinos, das gut 30 Meter hoch ist. *Montesinos* war ein Kirchenmann, der früh zu einem der ersten **Verteidiger der von den Spaniern geknechteten Indianer** wurde. In breiten Buchstaben ist seine Anklage an die Kolonialherren in Altspanisch zu lesen, die deutsche Übersetzung lautet: „Sagt, mit welchem Recht und unter welcher Gerechtigkeit haltet ihr in grausamer und schrecklicher Knechtschaft diese Indianer? Sind sie keine Menschen? Sind sie keine vernunftsbegabten Wesen? Seid ihr nicht verpflichtet, sie zu lieben wie euch selbst?“

Obelisco hembra und macho

Wenn man den Malecón weiter entlangspaziert, passiert man zwei Obelisken. Der kleinere sieht aus wie eine Stimmgabel und erinnert an die Abgeltung der dominikanischen Auslandsschulden durch den Trujillo-Hull-Vertrag 1942 und die Wiedergewinnung der Souveränität, die eine Zeitlang in amerikanischen Händen war. 1961 wurde er nach dem Fall des Trujillo-Regimes teilweise zerstört, dann aber wieder aufgebaut. Heute ist er allgemein unter dem Begriff **Obelisco hembra,** weiblicher Obelisk, bekannt.

Der zweite Obelisk ist wegen seiner Phallusgestalt auch unter dem Namen **Obelisco macho,** männlicher Obelisk, bekannt. Er wurde errichtet, um an die Umbenennung von Santo Domingo in Ciudad Trujillo im Jahre 1936 zu erinnern. Vor einigen Jahren wurde er bunt bemalt, u.a. findet sich dort nun ein Porträt der drei ermordeten Schwestern *Mirabal* (siehe Ortsbeschreibung Salcedo).

Etwa vier bis sechs Kilometer außerhalb des Zentrums wird schließlich die Stelle passiert, an der **Diktator Trujillo ermordet** wurde. Dort, wo der Malecón in die Autopista 30 de Mayo mündet, befindet sich ein kleines Denkmal.

Beim Parque Enriquillo

Avenida Duarte

Etwa acht bis zehn Blocks entfernt vom kolonialen Viertel bietet sich ein völlig anderes Bild der Stadt, nämlich laut, quirlig, geschäftig. Entlang der Straße Avenida Duarte liegen einige Kaufhäuser und diverse Geschäfte. Es sind zu Fuß vielleicht zehn Minuten von der Altstadt, die führen aber in eine andere Welt. Ausgehend von der Fußgängerzone El Conde einfach der Calle Duarte Macorís bis zur breiten Avenida Mella folgen. Zunächst läuft man noch durch das Altstadtviertel mit teils restaurierten, aber auch weniger gut erhaltenen Häusern. So nach und nach ändert sich dann das Bild, die historischen Gebäude weichen neueren Häusern.

Dann wird die breite Querstraße Avenida México erreicht, und nun ändert sich alles schlagartig, man befindet sich im karibischen **Verkehrschaos** des 21. Jahrhunderts. Wohnblocks recken sich in den Himmel, und der Verkehr quält sich hupend vorbei, Fußgängern kaum eine Chance lassend, auf die andere Straßenseite zu gelangen.

Dort befindet sich eine Art Geschäftszentrum. Es gibt mehrere **große Kaufhäuser,** aus riesigen Lautsprechern scheppern deren Angebote in unglaublicher Lautstärke hinaus. Viele kleinere Geschäfte ergänzen die Palette, hier findet man wirklich alles.

Knapp unterhalb dieser Zone erstreckt sich das überschaubare **chinesische Viertel,** unverkennbar an den beiden riesigen Torbögen.

Das Tollste aber ist, dass diese Zone eine Metamorphose durchgemacht hat, eine Art Wiedergeburt erlebte. Jahrzehntelang herrschte hier ein heilloses Durcheinander. Vor den oben erwähnten Geschäften machten sich Hunderte von kleinen und kleinsten Händlern mitten auf dem eh schon engen Fußweg breit; an ein Durchkommen war kaum zu denken. Vorbei und vergessen! Alle fliegenden Händler sind verschwunden. Zurückgedrängt in weiter hinten liegende Ecken, aber diese Zone um den Parque Enriquillo ist verglichen mit früher regelrecht ruhig zu nennen. Zwei Straßen sind sogar komplett gesperrt, dort verkaufen Händler aus festen Kiosken nun ihre Waren, auch dies verglichen mit früher sehr gesittet.

Parque Enriquillo

Ein richtiger Ruhepol ist diese überschaubare Grünanlage noch immer nicht, aber selbst Touristen können hier mal eine Runde verschnaufen und auf einer Bank sitzend das Treiben betrachten. Ein paar Bäume spenden Schatten, Schuhputzer suchen Kundschaft, dies und das wird angeboten, aber generell gibt es auch hier so gut wie keine

Einkaufen beim Parque Enriquillo

138dr Foto: hf

fliegenden Händler mehr. Trotzdem geht es nicht übermäßig ruhig zu, denn rings um diesen Park liegen die Abfahrtsstellen der Guaguas in den östlichen Inselteil.

Mercado Modelo

Unweit von hier befindet sich auch die **Markthalle** Mercado Modelo, Av. Mella, Ecke Calle Altagracia, in der an unzähligen Ständen überwiegend Kunsthandwerk verkauft wird. Einige Stände bieten jedoch auch noch die traditionellen Heilkräuter an. Beim Mercado Modelo liegt auch das so genannte **Klein-Haiti.** Dies ist ein Freiluftmarkt, wo in unzähligen kleinen Verkaufsbuden alles Mögliche gehandelt wird, was es in Haiti gerade nicht gibt. Die Händler kaufen unglaubliche Mengen, beladen ihre bunt bemalten Wagen bis zum Geht-Nicht-Mehr und bringen dann alles über die Grenze. Eine raue, aber auch sehr ärmliche Ecke.

An der Plaza de la Cultura

Die Plaza de la Cultura ist ein **echter Ruhepunkt** in dieser quirligen Stadt. Der Platz liegt an der Av.

Die Trujillo-Ära

1930 kam General **Rafael Trujillo an die Macht,** zwar demokratisch gewählt, aber auch nicht ganz sauber, denn die Gegenkandidaten zogen es vor, lieber rechtzeitig aufzugeben. Hier deutete *Trujillo* erstmals an, wie er zu regieren dachte.

Dann half ihm ein „glücklicher" Umstand. Am 3. September verwüstete ein Hurrikan weite Teile von Santo Domingo, zahllose Holzhäuser stürzten ein, nur die Kolonialbauten der Spanier überlebten aufgrund ihrer meterdicken Wände; es wurden über 2000 Tote gezählt. Großangelegte Hilfe kam vor allem aus den USA, somit konnte der Diktator sein **Image** durch die rasche Beseitigung der Sturmschäden heben. Das brachte ihm anfänglich sogar Sympathien bei der Bevölkerung, seine Macht wuchs derweil. Er wurde Oberbefehlshaber der Streitkräfte und kontrollierte darüber hinaus den Waffenhandel, den Ankauf der Uniformen und sogar die Verpflegung der Soldaten.

Später **beherrschte er weite Teile der Geschäftswelt,** so die Zuckerrohrmühlen und die Versicherungsbranche. Der Trujillo-Clan hatte das Monopol auf Rum und Salz, außerdem gehörten ihm die besten Kaffee- und Reisplantagen. Weiterhin kontrollierten die Mitglieder mehrere Firmen und sogar einige Nachtclubs aus dem Rotlichtbezirk der Hauptstadt. Vier Brüder wurden in hohe Ämter gehievt und einem Schwager die Staatslotterie zugeschanzt.

Die erwachsene Bevölkerung musste zwangsweise Mitglied in der Staatspartei werden, damit gab es **keine legale Opposition.** Zur Kontrolle seiner Macht hielt *Trujillo* sich ein riesiges Spitzelheer, man spricht von 20.000 bezahlten Zuträgern. Kein Mensch wagte, Kritik zu äußern oder gar eine oppositionelle Haltung einzunehmen. Etwaige Verdächtige landeten im Gefängnis oder verschwanden ganz einfach. Allein 1959, also kurz vor dem Ende der Diktatur, wurden 2000 Menschen verhaftet und verschwanden hinter Gefängnismauern. *Trujillo* schien unangreifbar fest im Sattel. Auf diese Weise wurde er immer reicher und mächtiger. *Trujillo* war mittlerweile in einer Position, in der er sich nahezu alles erlauben konnte. Er schlug sich sogar 1936 selbst für den Friedensnobelpreis vor.

Durch die europäischen Kriegsereignisse profitierte das Land, denn die Nachfrage nach Zucker stieg. 1947 war das Land schuldenfrei, und der Trujillo-Clan zählte **zu den reichsten Familien der Welt.** Er fuhr in den folgenden Jahren einen strammen antikommunistischen Kurs, was von den **USA** aufgrund der Ereignisse um Kuba nur unterstützt wurde.

Trujillo war allgegenwärtig. Nicht nur, dass der höchste Berg seinen Namen trug, auch die Hauptstadt wurde umgetauft und das Portrait des Diktators hing überall, auf Plätzen, in Amtsstuben, in Hotelfoyers.

Obwohl er 31 Jahre herrschte, bekleidete er das Präsidentenamt offiziell nur von 1930 bis 1938 und von 1942 bis 1952. 1952 übernahm sein Bruder *Hector Trujillo* das Amt, doch dies war mehr offizieller Natur. *Trujillo* kontrollierte mittlerweile etwa 60 Prozent der Zuckerproduktion, er besaß mehrere Raffinerien, Farmen und Hotels. Was ihm nicht gehörte, wurde von anderen Familienmitgliedern kontrolliert, ein Staat war zum Familienbetrieb geworden.

Trujillos Söhne genossen Narrenfreiheit, besonders sein Lieblingssohn *Ramfis.* In über 30 Jahren häufte der Clan ein riesiges Vermögen an, man schätzt es auf 700 Mio. US-Dollar. In den letzten Jahren seiner Macht begann *Trujillo* sein Vermögen ins Ausland zu transferieren, und nach und nach setzte sich seine Familie ab. *Ramfis* war einer der Ersten, die ins Ausland geschickt wurden. Er sollte in den USA eine militärische Ausbildung absolvieren, aber er trieb sich lieber in Hollywood im Kreise der Filmstars herum. Mehrfach ging durch die Presse, dass er angebeteten Filmdiven großzügige Geschenke machte. So soll *Zsa Zsa Gabor* einen Mercedes 190 SL erhalten haben und *Kim Novak* mit Brillanten und Nerzen beschenkt worden sein. Insgesamt soll *Ramfis* eine Million Dollar verschenkt haben. Da die USA im gleichen Zeitraum die Dominikanische Republik mit 1,3 Millionen Dollar unterstützte, wurde in Washington gespottet, ob es nicht einfacher sei, dieses Geld gleich nach Hollywood zu überweisen. *Ramfis* wurde schließlich von der Akademie verwiesen.

Im Mai 1961 wurde **Trujillo Senior ermordet.** Eine Verschwörergruppe stoppte den Wagen des Diktators auf der Avenida George Washington und eröffnete das Feuer. *Trujillo* starb im Fond des Wagens, von 27 Kugeln getroffen. Den Leibwächtern gelang es, einen der Attentäter noch auf der Straße zu erschießen, die anderen flüchteten.

Sofort begann der Clan mit einer **Racheaktion gegen die Attentäter.** Fünf Täter wurden schnell gefasst und erschossen. Sechs wurden später im Gefängnis ermordet, einer starb unter dubiosen Umständen in den USA. Auf den letzten Überlebenden der Verschwörer, *Antonio Imbert,* wurde noch 1967 ein Attentat ausgeübt, das er jedoch überlebte. Zu der Zeit stand ein Kopfgeld von einer Million Dollar aus, das *Ramfis* auf *Imberts* Kopf ausgesetzt hatte, doch *Antonio Imbert* überlebte diese Hetzaktion und gilt heute als Nationalheld. Anlässlich des 30. Jahrestages des Attentates 1991 war er einer der Hauptredner. Er ließ keinen Zweifel daran, dass er eine solche Tat wiederholen würde, um der Tyrannei ein Ende zu bereiten.

Ramfis wurde zwar am 30.5.1961 zum Oberbefehlshaber der Streitkräfte ernannt, trat jedoch kurz darauf wieder zurück und ging ins Exil. In seiner kurzen Amtszeit versuchte er alles, um das Land endgültig auszuplündern und Devisen außer Landes zu schaffen. So kaufte er beispielsweise den gesamten Dollarvorrat des Landes mit wertlosen dominikanischen Pesos auf und überwies die Dollar nach Kanada. Nach und nach hatten alle Familienmitglieder das Land verlassen, als letzter ging *Ramfis.* Er nahm nicht nur die letzten Reichtümer des Clans mit, sondern wollte nicht einmal die Leiche des ermordeten Vaters zurücklassen.

Zunächst hielt sich der Clan in Paris auf, aber schon bald reisten sie weiter nach Madrid, wo Diktator *Franco* ihnen Unterschlupf gewährte. Später stellte der neu gewählte Präsident *Juan Bosch* fest, dass umgerechnet etwa eine Milliarde Mark in der Staatskasse fehlte.

Das Land versuchte sich mühsam aus dem Klammergriff der Diktatur und seiner Helfershelfer zu befreien. Einen Versuch stellte der **Prozess gegen Ramfis** dar. Er wurde 1965 in Abwesenheit von einem dominikanischen Gericht zu 30 Jahren Zwangsarbeit verurteilt. *Ramfis* genoss jedoch weiterhin das Leben in der Großstadt Madrid. Dort verursachte er am 17.12.69 einen schweren Verkehrsunfall: Sein Ferrari raste gegen den Jaguar der Herzogin von Albuquerque. Zwölf Tage später verstarb *Ramfis* an den Folgen des Unfalls. Mindestens 250 Millionen Euro lagen derweil auf verschiedenen Konten in der Schweiz, gut verwaltet von gekauften Treuhändern. Die Trujillo-Familie spaltete sich später in drei Gruppen, die sich noch jahrelang erbittert um das Geld stritten.

32dr Foto: sm

Máximo Gómez und ist mit einem **Sammeltaxi oder Bus** zu erreichen, der die Avenida Bolívar befährt. Abfahrt: z.B. vom Parque de la Independencia. In dieser weitläufigen Parkanlage liegen einige interessante Museen, die den Besuch lohnen.

Museo de Historia Natural

Das Museo de Historia Natural informiert über **einheimische Flora und Fauna.** Eine bunte Mischung aus ausgestopften Tieren, Skelettfunden, endemischen Vögeln und plastischen Nachbildungen der verschiedenen Landschaftszonen, die auf der Insel zu finden sind.

- Geöffnet: Di–So 10–17 Uhr, Eintritt: 100 R.D.$.

Museo del Hombre Dominicano

Das Museo del Hombre Dominicano (Museum der Dominikaner) ist ein komplexes Museum. Es zeigt Gegenstände und Lebensweise der Tainos, erklärt ihre Kunst und ihre Steinritzungen, geht weiter auf die **Geschichte** der Sklavenverschleppung und der ersten Siedlungen auf der Insel ein und informiert auch über das aktuelle Leben. So sind u.a. Informationstafeln zum **Karneval** ausgestellt, und der Besucher erfährt Wissenswertes über die Herstellung der farbenfrohen Masken.

- Geöffnet: Di–So 10–17 Uhr, Eintritt: 75 R.D.$.

Museo Nacional de Historia y Geografía

Das Museo Nacional de Historia y Geografía (Museum der Geschichte und Geografie) zeigt Ausstellungsstücke von der Zeit der Unabhängigkeitserklärung bis zur Gegenwart, dominierend sind die Geschichte um den Freiheitskampf und die nicht immer unproblematische Beziehung zum Nachbarstaat Haiti. Weiterhin sind Gegenstände der Trujillo-Ära gesammelt.

- Das Museum war zuletzt geschlossen.

Weitere Kultureinrichtungen

In diesem weitläufigen Park liegen außerdem die Nationalbibliothek **Biblioteca Nacional,** das Nationaltheater **Teatro Nacional** und die Galerie der Modernen Künste **Galería de Arte Moderno.**

Außerhalb des Zentrums

Parque Mirador del Sur

Einige Parkanlagen, die einen Besuch lohnen, liegen weit außerhalb des Zentrums. Das Hinkommen ist nicht immer so ganz einfach, jedenfalls wenn man mit Sammeltaxen oder Bussen fahren will. Der Parque Mirador del Sur ist ein gut sieben Kilometer langer Grünstreifen, in dem man wirklich einmal Ruhe findet. Hier sind ein kleiner **See,** eine verwinkelte **Höhle** und ein **Aussichtspunkt,** Mirador del Sur, zu finden. Dort liegt auch eines der bekanntesten Lokale der Stadt, das Mesón de la Cava, das in eine Tropfsteinhöhle gebaut wurde.

Da hier morgens und abends Hunderte von Joggern entlangtraben, wird die Straße tgl. von 6 bis 9 und von 16 bis 20 Uhr von der Polizei gesperrt.

- Anfahrt: am besten über die Avenida Independencia oder über die Avenida Bolívar bis zur Avenida Núñez de Cáceres. Von dort zu Fuß oder per *Motoconcho* weiter.

Jardín Botánico

Der **botanische Garten,** Jardín Botánico, liegt weit außerhalb im Norden der Stadt, an der Av. República de Colombia, ist dennoch ein lohnendes Ziel. Auf dem weitläufigen Gelände (180 ha) sind die einheimische Flora, exotische Pflanzen und vor allem eine Vielfalt an Orchideen zu bewundern. Besonders eindrucksvoll sind der japanische Garten und die kunstvolle Blumenuhr im Eingangsbereich.

Eine **Bimmelbahn** tuckert über das riesige Gelände, niemand muss durch das Areal laufen.

- Geöffnet: tägl. 9–17 Uhr, Eintritt: 175 R.D.$.
- Anfahrt: zuerst auf der Avenida 27 de Febrero bis zum Fernsehsender „Teleantillas" (gut sichtbar), dann zu Fuß oder per Motoconcho weiter.

Parque Zoológico Nacional

Unweit des botanischen Gartens liegt der **nationale Zoo,** Parque Zoológico Nacional. Neben der karibischen Tierwelt sind auch Exemplare aus Afrika nebst Flamingos und Krokodilen zu sehen, auch tuckert eine kleine Bahn durch's Gelände.

- Geöffnet: tägl. 9–17 Uhr, Eintritt: 175 R.D.$.
- Anfahrt: Die Avenida 27 de Febrero bis zur Kreuzung mit der Avenida Tiradente, diese führt direkt zum Zoo.

Ausflüge in die Umgebung

Faro a Colón

Das große Datum, der **500. Jahrestag der Entdeckung Amerikas** 1992, näherte sich unaufhaltsam, und der Präsident *Balaguer* wollte ein Zeichen setzen, wohl auch und vor allem sich selbst.

So wurde unweit des historischen Zentrums und des Hafens das größte Bauvorhaben des Landes geplant: ein Leuchtturm (Spanisch: *faro*) in Form eines christlichen Kreuzes. Die Maße waren alles andere als bescheiden: 240 Meter lang, 34 Meter breit und 46 Meter hoch. Auf einem weitläufigen Platz wurde dieses riesige Kreuz errichtet. Über et-

031dr Foto: sm

liche Stufen erreicht der Besucher den Eingang, nachdem er das Gebäude schon aus der Ferne auf sich wirken lassen musste.

Innen entstand ein **Museum zu Ehren von Kolumbus,** und alle Staaten des amerikanischen Kontinents wurden eingeladen, Exponate auszustellen, bislang fehlt aber noch so einiges. Von 156 Scheinwerfern wird jeden Abend ein gebündelter Lichtstrahl in Form eines Kreuzes an den nächtlichen Himmel projiziert. Theoretisch, praktisch klappt es dann doch nicht so oft, und schon gar nicht ist der Lichtstrahl im gesamten karibischen Raum zu sehen, wie versprochen. Schon von Boca Chica aus musste ich jedenfalls passen ...

Für diese Gigantonomie mussten ein paar Tausend Hütten und deren Bewohner weichen. Für den umliegenden Park wurde das Land plattgewalzt, von Entschädigung für die 5000 betroffenen Familien war erst gar nicht die Rede.

Und über die **Kosten** wird geschwiegen. Waren es 15 Millionen Dollar? Oder doch das Doppelte, oder gar mehr? Manche munkeln, dass das Prestigeobjekt 150 Mio. Euro gekostet haben muss.

Mit viel Mühe wurde der Bau sechs Tage vor der offiziellen 500-Jahres-Feier fertig. *Christoph Ko-*

lumbus konnte nun umgebettet werden und hat hier endgültig (?) seine letzte Ruhestätte gefunden. Im Inneren befindet sich zunächst direkt hinter dem Eingang der prunkvolle Sarkophag von *Kolumbus*, wie immer schwer bewacht. Links und rechts verlaufen zwei Korridore, die eine Vielzahl von Räumen verbinden. Hier kann man die Kultur vieler (nicht aller, wie es geplant war) amerikanischer Länder bewundern. Weiterhin finden sich dort Informationen aus Japan, China und Spanien zu *Kolumbus'* Reisen. Auch nicht uninteressant ist die chronologische Darstellung, wie sich Santo Domingo über die Jahrhunderte verändert hat.

- Geöffnet: Di–So 9–17 Uhr, Eintritt: 100 R.D.$.
- Anfahrt: nach der Brücke Puente Mella rechts in die Avenida España, vorbei am Monumento a la Caña (Zuckerrohr-Monument), der Ausschilderung zum Faro folgen.

Acuario

Unweit des Faro an der Avenida España 77 (ausgeschildert) liegt auch das Acuario Nacional, in dem in verschiedenen Aquarien karibische Meerestiere wie farbenfrohe **Fische,** aber auch **Meeresschildkröten** gehalten werden. Gibt einen Einblick in die Vielfalt der tropischen Fische, die man sonst beim Schnorcheln nie zu sehen bekommt.

Der Clou der Anlage ist das **Haibecken,** durch das ein gläserner Tunnel führt, der Besucher steht somit Aug in Aug mit Haien und kleinen Fischen.

- Geöffnet: Di–So 9.30–17.30 Uhr, Eintritt: 50 R.D.$.

Museo Panteón La Caleta

Dieses kleine Museum liegt auf der Halbinsel an der Zufahrt zum internationalen Flugplatz. Hier sind **Grabstellen der Tainos** gefunden worden, die mit viel Mühe freigelegt worden sind. Ein Führer erklärt die Fundstellen und gibt bereitwillig Auskunft über die historischen Hintergründe. Die Gräber wurden an ihrer Lage belassen, sodass sogar das ehemalige Dorf weichen musste.

- Geöffnet: Mo–Fr 9–17 Uhr.

● Anfahrt: vom Parque Enriquillo einen Bus in Richtung Boca Chica oder San Pedro nehmen und an der Zufahrt zum Flugplatz aussteigen. Direkt bei der Abzweigung in der Grünanlage liegt das Museum.

Parque de Los Tres Ojos

Die drei Augen *(tres ojos)* bestehen aus einer **riesigen Höhle,** in der **drei kleine Lagunen** unterirdisch mit Wasser gespeist werden. Die kleinen Seen sind von exotischer Vegetation umgeben, steile, verwinkelte Treppen führen in die Höhle.

Der letzte See ist nur unterirdisch mit einem kleinen Boot zu erreichen für 20 R.D.$. Dazu in die Höhle bis zum hinteren Rand gehen und dort umsteigen in einen kleinen Kahn. Gegen eine kleine Gebühr zieht ein Junge das Boot an einer Leine durch eine dunkle Verbindungshöhle. Auf der anderen Seite klettert man über bizarre Felsformationen zum letzten See. Unzählige Stalagmiten und Stalagtiten runden das eindrucksvolle Naturschauspiel ab.

● Geöffnet: täglich 8–17.30 Uhr, Eintritt: 50 R.D.$.

PRAKTISCHE REISETIPPS

Ankunft

Per Flugzeug

Der Aeropuerto Internacional Las Américas liegt etwa 20 km östlich der Hauptstadt auf einer kleinen Halbinsel. Wer hier ankommt und nach Santo Domingo will, hat keine große Auswahl an Transportmöglichkeiten. Es ist zwar möglich, **per Bus in die Stadt** zu fahren, aber dies gerät ziemlich umständlich. Man muss entweder per Motoconcho oder per Taxi die ca. drei Kilometer bis zur großen Schnellstraße zurücklegen. Dort überquert man die Straße und hält den nächsten Bus an. Diese sind aber meist schon rappelvoll, so dass mit schwerem Gepäck ernsthafte Probleme auftauchen könnten. Schließlich enden die meisten Busse an der Plaza Enriquillo, von wo es noch mindestens 15 Minuten Fußweg bis zum Zentrum sind. Alles in allem: trotz des niedrigen Preises nicht zu empfehlen!

Eine **Taxifahrt** zum Festpreis direkt bis vor die Hoteltür ist da schon angenehmer, vor allem nach einem zehnstündigen Flug. Preis: ca. 15 US$.

Per Bus

Metro-Bus hat ihren Terminal an der Avenida Winston Churchill, sehr weit vom Zentrum entfernt. Entweder man fährt per Taxi direkt zum Hotel (8–10 US$) oder per Guagua zum Parque Enriquillo. Dazu den Terminal verlassen und zwei Blocks nach links bis zur Avenida 27 de Febrero gehen. Dort die Straße überqueren und den nächsten Bus stoppen. Die meisten Busse fahren bis zur Avenida Duarte in der Nähe des Parque Enriquillo.

Caribe Tours hat ihren Terminal an der Avenida 27 de Febrero, Ecke Avenida Leopoldo Navarro. Auch von hier kann man per Guagua zum Parque Enriquillo gelangen. Hierzu die breite Avenida 27 de Febrero überqueren und auf der anderen Seite einen Bus stoppen. Bequemer ist es auch hier, sich per Taxi direkt zum Hotel fahren zu lassen, der Festpreis ins koloniale Viertel beträgt 200 R.D.$.

Per Guagua

Wer **aus dem Ostteil der Insel** kommt, landet meist am wuseligen Parque Enriquillo. Von hier ist es gar nicht so weit bis ins Zentrum, aber oft wird ein zögerlich schauender Gringo von vielen Seiten beschwatzt werden, sodass man schließlich doch in ein Taxi steigt. Es gibt aber ein unübersehbares Monument, an dem Sie sich orientieren können. Ein großer Torbogen mit chinesischen Schriftzeichen überspannt die Calle Duarte, ein zweiter steht etwa 300 m weiter. Diese beiden Bögen markieren das sogenannte **„chinesische Viertel"**. Was vielleicht übertrieben ist, aber unbestritten liegen dort etliche chinesische Geschäfte.

Hier entlang geht es Richtung Zentrum. Man folge der leicht abschüssigen Straße Av. Duarte, nach gut 15 Minuten sollte die Fußgängerzone El Conde erreicht sein.

Wer aus dem Westteil kommt, landet am Parque de la Independencia und befindet sich damit mitten im Zentrum, genau gegenüber der Fußgängerzone El Conde.

Transport innerhalb der Stadt

Taxi

Santo Domingo ist riesig groß, alle Sehenswürdigkeiten, die außerhalb des kolonialen Viertels liegen, wären nur in Gewaltmärschen zu erreichen. Die verbieten sich aber wegen der Hitze, dem Lärm und des recht guten Transportsystems von selbst. Dieses durchschaut der Außenstehende aber erst nach einiger Zeit, kann es dann aber mit umso größerem Gewinn und Unterhaltung nutzen. Hier soll jetzt eine Art Leitfaden gegeben werden für erfolgreiche Fahrten kreuz und quer durch diese Mega-Metropole.

Die Fahrer zaubern eine Tariftabelle (Taxameter hat fast kein Wagen) heraus, auf der **Festpreise** genannt sind, zum Verhandeln bleibt manchmal jedoch auch noch Spielraum, das muss ein Gringo aber erst mal wieder lernen. Es gibt Festpreise zu allen möglichen Punkten der Stadt und zu

212dr Foto: hf

Zielen auf der gesamten Insel. Es empfiehlt sich, vorher den Hotelportier nach dem ungefähren Preis zu fragen, damit man wenigstens einen Anhaltspunkt hat. Und immer vor dem Einsteigen nach dem Preis fragen, dann fällt das Neinsagen nämlich leichter.

Ein wenig sparen kann man schon, wenn man sein Taxi auf der Straße stoppt. Tausende fahren durch die Stadt auf der Suche nach Kundschaft.

Sammeltaxis

Neben den regulären Taxis kursieren aber noch weitere durch die Stadt, Sammeltaxen, *Carros públicos* genannt, vornehmlich auf den Hauptstraßen. Dummerweise unterscheiden die sich kaum von „normalen" Taxis, sie haben meist ein grünes oder gelbes Dach bzw. Zeichen auf dem Dach. Man hält sie durch **Handzeichen** an und steigt einfach ein. Sitzen schon ein paar Personen im Fahrzeug, handelt es sich ganz sicher um einen *Público,* falls nicht, unbedingt vorher fragen: „Derecho?", was soviel heißt wie: „Fahren Sie geradeaus?". Wird dies bejaht, funktioniert ein Sammeltaxi genau **wie ein Kleinbus,** ist nur etwas teurer. Man nennt also kein Ziel, fährt nur ein Stückchen geradeaus mit und steigt dann wieder aus. Aber auch das muss „sicher" wirken, der Gringo den Eindruck vermitteln, dass er sich bombensicher auskennt. Also, an einer markanten Kreuzung kurz „Parada" sagen (Anhalten), einen kleinen

Zwei vorne, vier hinten, dieses Sammeltaxi ist noch nicht ganz voll

Schein kommentarlos nach vorne geben, aber niemals nach dem Preis fragen! Auf diese Weise werden bis zu acht Personen transportiert, doch, doch, das geht, fünf sitzen hinten, drei vorne, neben dem Fahrer wohlgemerkt!

Ist der *Público* aber leer, der Gringo also der Erste, der einsteigt, aufpassen! Viele Taxifahrer versuchen dann oftmals, dem Ausländer eine **„Carrera"** anzudrehen. Eine *Carrera* bedeutet, dass der Fahrgast das Taxi für sich allein hat und keine anderen Gäste zusteigen können. Dadurch schnellt der Preis natürlich in die Höhe.

Guaguas

Auf den gleichen Routen wie die Sammeltaxen fahren nämlich auch noch Busse und vor allem Guaguas. Letztere sind Kleinbusse, manchmal noch VW-Busse, meist aber kleine japanische Modelle, die auf mehr oder weniger **festen Routen durch die Stadt zirkulieren.** Es gibt Tausende, ja, wahrscheinlich sogar Zehntausende.

Die Guaguas zirkulieren ebenfalls auf den großen Straßen und halten auch auf Handzeichen. Der Fahrer deutet immer an, was Sache ist. Lässt er lässig seine linke Hand aus dem geöffneten Fenster kreisen, bedeutet es, dass er geradeaus fährt - das machen praktisch alle. Gleichzeitig deutet er mit den Fingern an, wie viele freie Plätze er noch hat, es sind immer drei. Hier werden immer so viele Leute hineingequetscht, wie es gerade noch geht. Ist der Bus randvoll, hängen sich weitere Fahrgäste an die Öffnung der Schiebetür, so kommen schnell 25–30 Fahrgäste in einem VW-Bus zusammen! Der wichtigste Mann einer Guagua aber ist der Cobrador, mit Kassierer wäre seine Funktion nur unzureichend übersetzt. Er hängt immer lässig aus dem Bus gelehnt, schreit das Fahrziel heraus, das ein Gringo sowieso nicht kennt, animiert Zögerliche, ausgerechnet in „seinen" Bus einzusteigen, platziert und, falls nötig, gruppiert Fahrgäste um. Alle folgen brav seinen Anweisungen. Er gibt dem Fahrer, der bei einem vollen Bus natürlich nichts sehen kann, die notwendigen Befehle: „Weiterfahren" oder „Parada" („Halt an") oder auch „Aguanta" („Warte noch ein wenig"). Kurzes Klopfen aufs Dach, und ab geht's. Wer einmal eingestiegen ist, bekommt irgendwann per Fingerzeig die Aufforderung, seinen Obolus nach vorne durchzureichen. Also, kommentarlos seinen Schein nach vorne geben und aufs Wechselgeld warten, das kommt irgendwann zurückgewandert. Nur bei Zielen außerhalb der Stadt muss der Ort genannt werden, denn da greifen unterschiedliche Tarife. Eine Guagua zu benutzen setzt nur voraus, sich schon etwas im Straßensystem auszukennen. Da die Kleinbusse ihre festen Routen haben, benutzt man sie am besten so, dass man sich bis zu einer großen Kreuzung fahren lässt, und dort steigt man dann um. So gelangt man meist schon in die Nähe seines Zieles (Preis: etwa 25 R.D.$).

Linienbusse

Dann wären da noch die grünen Linienbusse, die befahren in der Regel die großen Hauptstraßen. Wer hier mitfahren will, halte den Bus durch Handzeichen an, frage den Fahrer am besten, ob er an einem markanten Punkt, beispielsweise einer großen Straßenkreuzung vorbeifährt („Pasa por ...?" – „Fahren Sie am ... vorbei?") Wird dies bejaht, fährt man für oft nicht mehr als zehn Pesos bis in die unmittelbare Nähe seines Zieles. Das kommt natürlich etwas bequemer, als wie eine Ölsardine in einer Guagua eingequetscht zu sein, allerdings fahren die Busse auch nicht ganz so häufig. Seit einiger Zeit fahren nun auch Linienbusse, die nur an bestimmten **Haltestellen** stoppen. Was für uns selbstverständlich ist, war für die Dominikaner neu. Aber sie gewöhnen sich auch daran, denn diese Busse sind letztlich schneller.

Metro

Ganz neu ist die **U-Bahn,** genannt „Metro". Im Februar 2009 wurde die erste Linie eröffnet und alle waren begeistert. Zwar gab es auch hier zunächst Anlaufschwierigkeiten mit dem Erwerb der Tickets, aber die Dominikaner lernten rasch die Vorteile schätzen, denn die Menschen erreichen nun sehr viel schneller und viel bequemer ihr Ziel. Bislang gibt es nur eine 14,5 km lange Strecke, die aus touristischer Sicht nicht interessant ist. Neue Strecken sind in Arbeit, allerdings fuhr die Metro im ersten Jahr ein grandioses Defizit ein, trotz starker Nutzung.

Motoconchos

In den Randzonen fahren auch Motoconchos. Das sind „Mopedtaxis", gesteuert von meist jungen Burschen, die auf der Suche nach Kundschaft überall herumknattern. Einfach winken, und schon kommt einer angebraust. Sie befördern den Fahrgast über eine mittlere Distanz zu jedem gewünschten Ziel. Bis zu drei Personen sitzen hinter dem Fahrer auf dem Mofa oder dem Motorrad. Der Preis ist nie sonderlich hoch. Wer ihn vorher aushandeln will, gibt zu erkennen, dass er keine Ahnung vom Preisniveau hat. Normalerweise kostet eine Fahrt etwa 20–50 Pesos, die man am Zielort dem Fahrer in die Hand drückt, werden zwei Personen befördert, kann es teurer werden, ebenso nachts.

Allzu sicher ist die Sache natürlich nicht, niemand trägt einen Helm und wie verantwortungsvoll die Fahrer sind, weiß man auch erst hinterher.

Unterkunft

Entlang des Malecón erheben sich etliche große und zumeist nicht eben günstige Häuser. In den letzten Jahren wurden aber immer mehr Hotels im kolonialen Viertel eröffnet. Dort ist heute auch die Auswahl recht gut, es gibt sowohl reine Budget-Unterkünfte, als auch ziemlich hochpreisige Angebote.

Historisches Zentrum

• **Hotel Nicolás de Ovando****,** Calle Las Damas, Tel. 809-685-9955, Fax 686-6590, www.accorhotels.com. Wunderschönes Kolonialgebäude, bestehend aus drei Häusern, komplett renoviert und mit modernster Ausstattung versehen. Schöner Garten, sehr gutes und gemütliches Restaurant, Pool.

• **Hotel Palacio****,** Calle Duarte 106, Ecke Salome Ureña, Tel. 809-682-4730, Fax 687-5535, www.hotel-palacio.com. Insgesamt 35 Räume. Ein Eckhaus, das noch aus spanischer Zeit stammen könnte. Die kleinen Balkone, die schicken Holzfenster und der Patio runden das Bild harmonisch ab.

• **Gran Hotel Aida**,** Calle Espaillat, Ecke Calle El Conde, Tel. 809-687-2880, www.granhotelaida.com. Das einfache Haus hat keine sonderlich gemütlichen Zimmer zu bieten, liegt aber unschlagbar zentral und wurde gerade umfassend renoviert. Aber Achtung: Es gibt auch Räume ohne Fenster!

• **Hotel Conde de Peñalba***,** Calle El Conde, Ecke Arzobispo Meriño, Tel. 809-688-7121, Fax 809-688-7375, www.conde penalba.com. Zentral gelegenes Eckhaus, gegenüber der Kathedrale mit Zimmern, die, auf drei Etagen verteilt, funktional eingerichtet sind und ein wenig den Kolonialcharakter betonen. Unten befindet sich eine beliebte Cafetería mit WiFi.

• **Mercure Hotel Comercial***,** c/ El Conde, Ecke c/ Hostos, Tel. 809-688-5500, Fax 809-688-5522, www.accor-ho tels.com. Das Haus mit 96 klimatisierten Zimmern wurde komplett renoviert und zeigt sich modern, funktional und sehr zentral gelegen. Unten befindet sich eine Cafetería. Wer übers Internet bucht, kann deutlich bessere Tarife erzielen.

• **Hodelpa Caribe Colonial***,** c/ Isabel la Católica 159, Tel. 809-688-7799, Fax 809-685-8128, www.hodelpa.com. Modernes Hotel, das in einem ehemaligen Kolonialgebäude eingerichtet wurde. Insgesamt 54 Zimmer, darunter auch zwei Suiten mit eigenem Jacuzzi und privater Terrasse. Aber auch die Standard-Räume sind gut und funktional eingerichtet. Unten befindet sich ein kleines Restaurant, bis zum zentralen Parque Colón ist es gerade eine Minute Fußweg.

• **Europa Hotel Boutique***,** c/ Arzbispo Meriño, Ecke Emiliano Tejera, Tel. 809-285-0005, Fax 809-685-1633, www.europahotelboutique.com. Toll renoviertes Kolonialgebäude mit 52 modernen Zimmern.

• **Hotel Frances****,** Calle de las Mercedes Ecke c/ Arzobispo Meriño, Tel. 809-685-9331, Fax 809-685-1289, www.accorhotels.com. Dieses schöne Hotel versteckt sich fast ein wenig, nur ein kleines Holzschild über dem Eingang verrät, dass in dem Kolonialgebäude ein ausgezeichnetes Hotel zu finden ist. Mit erstklassiger Einrichtung in 19 großzügigen Räumen, perfektem Service und einem guten und gemütlichen Restaurant im ruhigen Innenhof.

- **Hotel Freeman**,** c/ Isabel la Católica 155, Tel. 809-780-9321. Auch schnell zu übersehen ist dieses winzige Haus, es liegt direkt rechts neben dem Caribe Colonial. Insgesamt sechs einfache Räume, die man erst nach dem Passieren einer etwas düsteren Treppe erreicht, aber auf dem Gemeinschaftsbalkon hockt man abends recht nett.
- **Hostal Nómadas*,** c/ Hostos 299, Tel. 809-689-0057. Knapp am Rande der Altstadt gelegenes, rosafarbenes Haus mit guten, aber einfachen Zimmern. Unten befindet sich ein Zigarrengeschäft. Der Clou ist die Dachterrasse, außerdem gibt's WiFi und die Betreiber gelten als ausgesprochen freundlich.
- **Casa Doña Elvira***-****,** c/ Padre Billini 209, Tel. 809-221-7415, www.dona-elvira.com. Sehr ruhig neben dem belgischen Konsulat gelegen, mit einem hübschen Garten und Pool. Insgesamt 15 gut eingerichtete Räume in einem Kolonialgebäude, die mit Liebe zum Detail dekoriert wurden und Internetzugang haben.
- **Hotel Atarazana***,** c/ Vicente Celestino Duarte 19, Tel. 809-688-3693, www.hotel-atarazana.com. Eine Deutsche betreibt dieses kleine, schmucke Haus mit sechs Zimmern. Untergebracht in einem schönen Kolonialgebäude in einer ruhigen Straße, ganz in der Nähe der Plaza España. Gute Einrichtung mit Blick fürs Detail, außerdem gibt es eine kleine Terrasse. Das Haus war bei meinem letzten Besuch geschlossen.

Gastronomie

- An der Ecke El Conde mit Calle Palo Hincado liegt die **Cafetería Paco,** die 24 Stunden geöffnet ist. Bei Sonnenaufgang treffen sich hier die Frühaufsteher und Nachtschwärmer.
- **La Cafetera,** El Conde 253. Ein Klassiker seit 1929! Eigentlich nur ein schmaler, aber recht tiefer Schlauch mit einem langen Tresen, wo es neben Kaffee auch kleine Gerichte oder Bier gibt.
- Am Parque Colón, am anderen Ende der El Conde, liegt die **Cafetería El Conde,** ein Treff, wo man nett draußen sitzen kann.
- Direkt vor dem Platz am Alcázar de Colón liegen ein paar nette Lokalitäten, wie **Rita's Café** und das **Museo del Jamón,** wo stilecht dicke Schinken von der Decke baumeln. Oder auch die seit ewigen Zeiten bewährte Lokalität **Pat's Palo,** von der gesagt wird, dass hier im Gebäude Amerikas ältestes Lokal untergebracht ist. Schon Anfang des 16. Jahrhunderts soll es hier eine Taverne gegeben haben, heute wird französische Küche serviert. Man kann

ganz nett zur Sonnenuntergangszeit draußen sitzen, ansonsten dürfte ein Platz drinnen vorzuziehen sein.

- **La Bricciola,** c/ Arzobispo Meriño 152, Ecke Padre Billini, Tel. 809-688-5055. Ein italienisches Lokal mit schönem Innenhof, schick auf alten Stil gemacht.
- **Pizzeria Pasatiempo,** c/ Isabel la Católica 204, Tel. 689-4823. Hier werden gute Pizza und Pasta serviert.
- **Mesón d'Bari,** c/ Hostos, Ecke c/ Salomé Ureña, Tel. 809-687-4091. Ein gemütliches Lokal mit langem Holztresen, angenehmem Ambiente und guter Hausmacherküche. An den Wänden hängen so viele Gemälde, dass man sich in einer Galerie wähnt. Am Wochenende verändert sich das Lokal zu einem Musikschuppen. Dann wird voll aufgedreht und es kommen die *rich and beauty* Dominikaner mit ihren dicken Wagen.
- **Mesón de Luis,** c/ Hostos gegenüber vom Hotel Comercial. Ein kleines Lokal mit nur wenigen Tischen und einem kleinen Holztresen. Dort gibt es dominikanische Gerichte, zwar in überschaubarer Auswahl, aber guter Qualität.
- **El Conuco,** c/ Casimiro de Moya, Ecke Hmnos. Deligne, Tel. 809-686-0129. Ein uriges Restaurant mit ausschließlich dominikanischen Speisen. Gerichte, Speisekarte und Ambiente sind gezielt dominikanisch-ländlich gehalten, die Kellner tragen entsprechende Trachten, sprechen teilweise auch mit ländlichem Akzent.
- **Los 3 Mosqueteros,** c/ Conde 56. Eines von mehreren Lokalen am oberen Ende der Fußgängerzone El Conde, wo man auf einer ruhigen Terrasse ganz nett speisen kann. Die Karte bietet ein gemischtes Programm mit einer Tendenz zu französischen Gerichten.
- Am Parque Mirador del Sur befindet sich eine spektakuläre Höhlen-Disko. Das **Guácara Taína** liegt auf mehreren Ebenen in einer Naturhöhle und ist Treff der Schicken und Angesagten.

092dr Foto: hf

Adressen

Banken

- **Scotiabank:** c/ Isabel la Católica, Ecke c/ Las Mercedes, (Visa, Master).
- **Bankautomat:** in der Calle El Conde genau gegenüber der Cafetería El Conde (mit Maestro) und beim Supermarkt Jumbo, c/ El Conde, Ecke c/ Duarte.

Telefonieren

- **Codetel,** Calle Conde 202.

Fluggesellschaften

- **Air France,** Tel. 809-686-8432, www.airfrance.com.
- **Condor,** Tel. 809-549-0724, www.condor.com.
- **IBERIA,** Tel. 809-262-3400, www.iberia.com.

Ärztliche Betreuung

- **Clínica Abreu,** c/ Beller 42, Ecke Av. Independencia, Tel. 809-688-4411. Gilt als eine der besten Adressen im ganzen Land, wo auch Botschaftsangehörige sich behandeln lassen.

Botschaften

- **Embajada (Botschaft) de la República Alemania,** Calle Gustavo Mejía Ricart 196, Ecke Av. Abraham Lincoln, Edificio Torre Piantini, 16. Stock, Tel. 809-542-8949, Fax 809-542-8955, www.santo-domingo.diplo.de.
- **Embajada (Botschaft) de Suiza,** Av. Jiménez Moya 71, Tel. 809-533-3781, Fax 809-532-3781, www.eda.admin.ch/santodomingo.
- **Consulado (Konsulat) Honorario General de Austria,** km 11 Autopista Duarte, gegenüber „Alfarería", Tel. 809-947-7888, Fax 809-532-5603, cdo.austria@codetel.net.do.

Shopping

- In der Calle El Conde liegen einige **CD-Shops,** beispielsweise Karen's CD-Store, c/ El Conde, fast Ecke c/ Duarte oder Musicalia, Calle El Conde, Ecke c/ Espaillat. Für denjenigen, der sich seine Merengue-CDs mit nach Hause nehmen möchte.
- **Supermarkt Jumbo:** c/ El Conde, Ecke c/ Duarte. Einer der besser bestückten Lebensmittelläden im Zentrum.
- Ebenfalls in der El Conde, aber auch beim Parque Colón liegen **Souvenirläden.**
- **Zigarren:** zwei Geschäfte mit guter Auswahl an handgedrehten dominikanischen Zigarren: *Boutique del Fumador,* c/ El Conde 109; *Museo del Tabaco,* c/ El Conde 101.
- **Post:** am Parque de Colón, fast Ecke Verlängerung der Conde. Kann schnell übersehen werden, ist ein sehr kleines, unscheinbares Haus mit einem recht kleinen Schild „Imposdom". Geöffnet: Mo–Fr 9–17 Uhr.

Weiterreise

Per Metro-Bus

- Der Terminal liegt an der Av. Winston Churchill, Ecke Francisco Prats Ramírez, Tel. 809-227-0101, www.metroserviciosturisticos.com.

- nach Santiago: zwischen 7 und 20 Uhr stündlich
- nach Puerto Plata: 6, 7, 9, 11, 14, 15, 16, 18.30 Uhr

Per Caribe Tours

- Der zentrale Busterminal liegt an der Av. 27 de Febrero, Ecke c/ Leopoldo Navarro. Info: Tel. 809-221-4422, www.caribetours.com.do.

- nach Azua (120 km): 6.15, 6.30, 9.45, 10.15, 13.45, 14, 15, 17.15, 17.30 Uhr
- nach Barahona (200 km): 6.15, 9.45, 13.45, 17.15 Uhr, Fahrzeit: knapp 3 Std.
- nach Dajabón (295 km): 6.30, 8, 9.30, 13, 14, 15.45 Uhr
- nach Jarabacoa (155 km): 7, 10, 13.30, 16.30 Uhr, Fahrzeit: 2½ Std.
- nach La Vega (125 km): zwischen 6 und 18 Uhr fast halbstündig
- nach Monte Cristi (270 km): 6.30, 8, 9.30, 13, 14, 15.45 Uhr
- nach Puerto Plata (215 km): zwischen 6 und 19 Uhr stündlich, Fahrzeit: 3–3½ Std
- nach Río San Juan (150 km): 7.30, 9, 13, 14, 15.30 Uhr
- nach Samaná (ca. 170 km): 7, 8.30, 10, 13.30, 14.30, 16 Uhr, Fahrzeit: knapp 2½ Std.
- nach Sánchez (ca. 130 km): s. Samaná, Fahrzeit: 2 Std.
- nach Santiago (155 km): zwischen 6 und 18 Uhr halbstündlich, Fahrzeit 2 Std.
- nach Sosúa (240 km): zwischen 6 und 19 Uhr stündlich, Fahrzeit 3½–4Std.
- nach Haiti (395 km u.a. bis Port-au-Prince und Cap Haïtian): 11 Uhr

- **Hinweis:** Die Busse werden generell auf Kühlschrank-Niveau durch die Aircondition heruntergekühlt. Ich empfehle deshalb dringend ein Sweatshirt, eine Jacke und auch eine Mütze mit in den Bus zu nehmen.

Per Expressbus

Es gibt einen Expressbus **nach Bávaro** (300 km), der mit nur einem Pausenstopp in gut 4 Std. durchfährt. Abfahrt: 7, 10, 14, 16 Uhr von der Estación Juan Ramírez Sánchez 31, nahe Av. Máximo Gómez, Tel. 809-682-9670.

Per Guagua

Vom Parque Enriquillo fahren unzählige Kleinbusse **in den Ostteil der Insel.** Sie steuern Ziele bis zu so entfernten Orten wie Miches (180 km) oder Higüey (145 km) an.

Es stehen immer etliche Busse abfahrbereit, der Cobrador schreit lautstark seine Fahrtroute. An manchen Bussen, be-

141dr Foto: hf

sonders den klimatisierten, sind sogar Hinweisschilder angebracht. Man gehe einfach zu den parkenden Bussen hin und nenne sein Ziel. Im Zweifel einmal mehr nachfragen *(Va directo?)*, ob er auch direkt bis zu dem jeweiligen Bestimmungsort fährt. Express-Busse haben Aircondition und fahren direkt zum Ziel. Unterwegs kann man aussteigen und vereinzelt auch einsteigen, aber diese Busse halten nicht ständig an. Lokale Busse dagegen halten immer, sobald jemand an der Straße winkt, deshalb sind sie etwas billiger.

Diese Busse fahren ständig in Richtung Boca Chica (31 km), Juan Dolio (45 km), La Romana (110 km), aber auch nach Hato Mayor (110 km), Miches (180 km) und Higüey (145 km).

Zum Flugplatz per Guagua fahren zu wollen, halte ich für nicht empfehlenswert. Zuerst müssen Urlauber bis zum Parque Enriquillo laufen oder fahren, dann eine Guagua in Richtung Boca Chica nehmen und in La Caleta aussteigen. Die Guaguas fahren nämlich nicht direkt zum Flugplatz. Von La Caleta bis zum Flugplatz sind es aber noch gut drei Kilometer. Es stehen zwar meist Motoconchofahrer parat, aber diese Variante kann schnell zum gewagten Balanceakt werden, wenn Passagiere sich mit einer Hand an der Schulter des Fahrers festklammern und mit der anderen versuchen, ihr Gepäck festzuhalten ...

Guaguas in den **Westteil** fahren vom Parque de la Independencia nach San Cristóbal (46 km) ab, nach Palenque (30 km) vom Parque Enriquillo. Es gibt aber auch noch die guten Verbindungen mit Caribe Tours zur Westseite.

Bus-Terminal von Caribe Tours

120dr Foto: hf

OSTSEITE
Playa Rincón

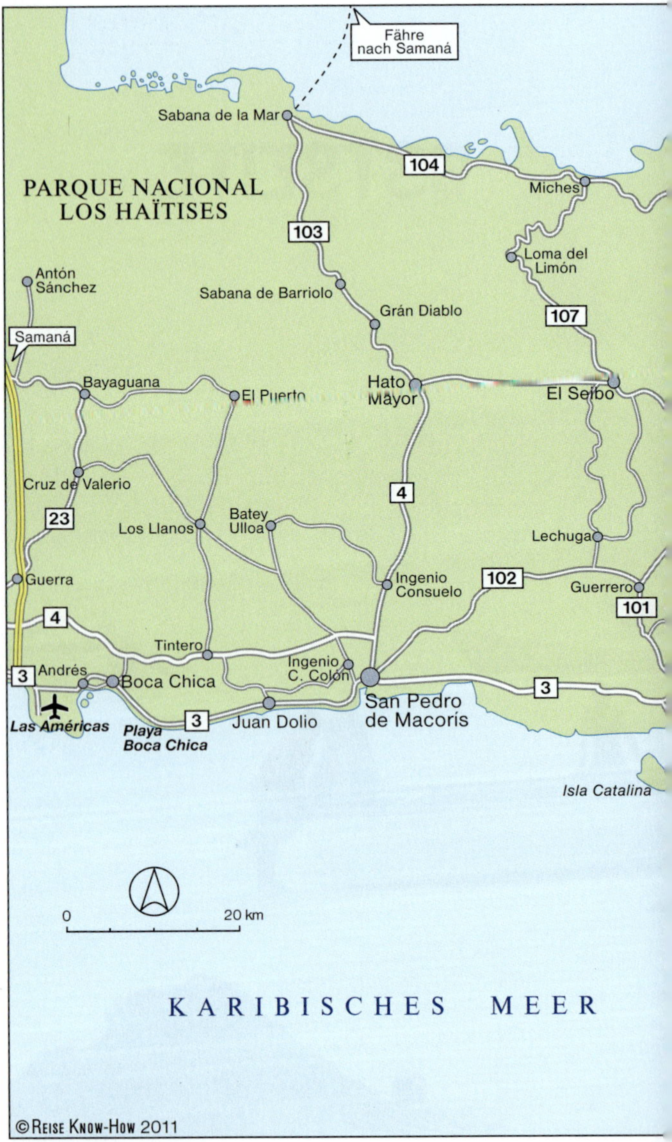
Fähre nach Samaná
Sabana de la Mar
104
PARQUE NACIONAL LOS HAÏTISES
Miches
103
Loma del Limón
Antón Sánchez
Sabana de Barriolo
Grán Diablo
107
Samaná
Bayaguana
El Puerto
Hato Mayor
El Seibo
Cruz de Valerio
4
23
Batey Ulloa
Los Llanos
Lechuga
Guerra
Ingenio Consuelo
102
Guerrero
101
4
Tintero
Ingenio C. Colón
3
Andrés
Boca Chica
San Pedro de Macorís
3
Las Américas
Playa Boca Chica
3
Juan Dolio
Isla Catalina
0
20 km
KARIBISCHES MEER
©Reise Know-How 2011

Übersicht Osten

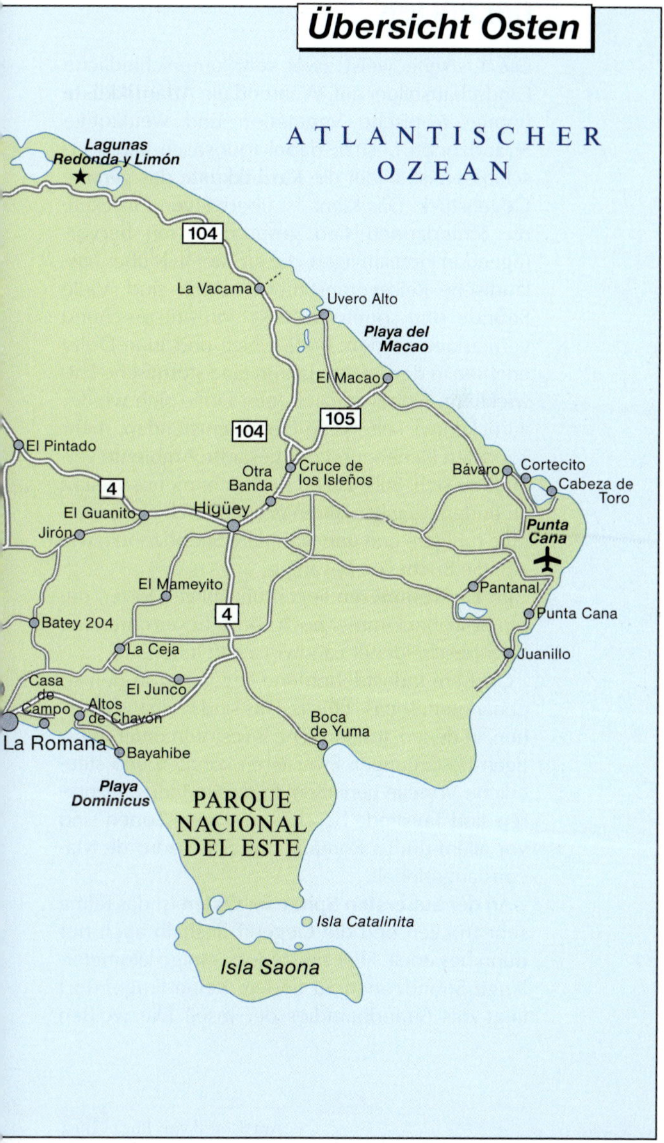

ÜBERBLICK

Die Ostseite weist zwei sehr unterschiedliche Landschaftsbilder auf. Während die **Atlantikküste** üppige tropische Vegetation und weitläufige Strandzonen besitzt, dabei touristisch kaum erschlossen ist, bildet die **Karibikküste** das genaue Gegenstück: Das Klima ist überwiegend trocken, die Strandzonen sind gesprenkelt mit hervorragenden Hotelanlagen, die größtenteils über ausländische Reiseveranstalter buchbar sind. Viele Strände sind somit entdeckt und entsprechend vermarktet worden. Boca Chica und Juan Dolio erlebten in den letzten Jahren eine stürmische Entwicklung, wobei speziell Juan Dolio sich wieder zurückentwickelt. Neue Hotels entstanden, mehr Touristen kamen, und das gesamte Ambiente veränderte sich. Stille Ecken sind nicht mehr so leicht zu finden. Es gibt allerdings auch noch einige wenige ruhigere und unbekanntere Strandzonen, wie z.B. die Bucht von Bayahibe.

Im **Landesinneren** liegen unzählige Dörfer, deren Bewohner immer noch vom Zuckerrohranbau oder bescheidener Landwirtschaft leben.

Größere Industriebetriebe liegen nur in den so genannten *Zonas Francas*. Das sind Freihandelszonen, in denen ausländische Investoren unter günstigen Bedingungen investieren konnten und steuerliche Vorteile genießen. In diesen Industriezentren sind Tausende beschäftigt. Diese **Zonen** sind vor allem um La Romana und San Pedro de Macorís angesiedelt.

An der **äußersten Spitze im Osten** ist das Klima sehr trocken und die Gegend deshalb auch nur dünn besiedelt. Hier sind jedoch einige kilometerlange Strandzonen zu finden. Keine Frage, dort liegt das Strandparadies der Insel! Die weißen

Am Strand von Boca Chica

Strände sind von Palmen gesäumt, Strandläufer können immer wieder neue einsame Ecken entdecken. Zudem haben sich erstklassige Hotelanlagen angesiedelt. Obendrein ist das Klima hier noch etwas heißer und trockener als im übrigen Teil der Insel, sonnige Tage sind also (fast) das ganze Jahr über garantiert.

Die **Straßenverhältnisse** sind unterschiedlich. Die Hauptstraße, die Carretera Mella, die von Santo Domingo bis Higüey führt, ist in gutem Zustand, an einer weiteren Verbesserung wird gearbeitet. Fernziel ist eine Schnellstraße direkt nach Punta Cana, und ein Teilstück ist auch bereits fertiggestellt.

Boca Chica

Boca Chica liegt gut 30 km östlich der Hauptstadt und hat einen ca. drei Kilometer langen **Strand.**

Man kann nicht drum herum reden: Boca Chica ist kein Ort für einen Familienurlaub. Hier treffen sich Urlauber, die feiern wollen und hierher

213dr Foto: hf

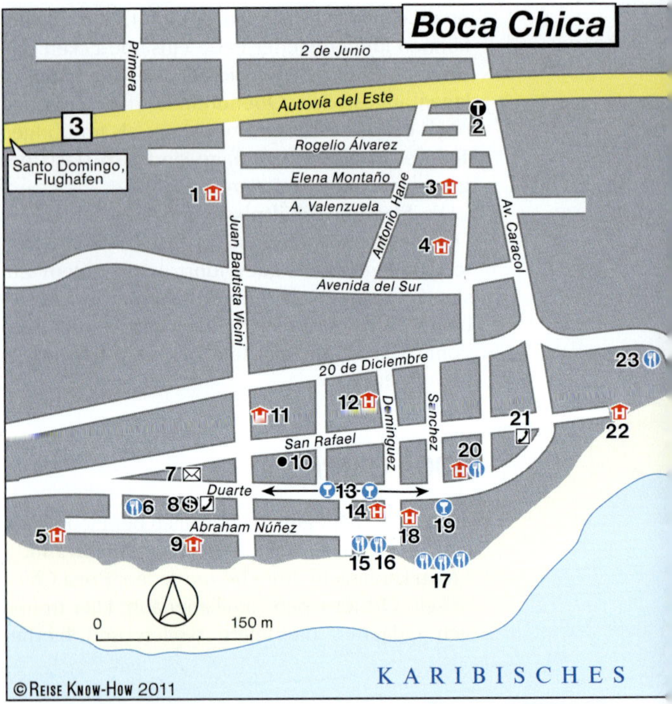

kommt auch der Sextourist, das muss so klar gesagt werden dürfen. Die Lokale liegen so gut wie alle in einer Straße (Calle Duarte), die abends gesperrt und damit zur **Fußgängerzone** wird. Dort liegen Kneipen, Musikbars, Discos, also das ganze Feierprogramm. Und sie dehnt sich immer noch weiter aus, was bedeutet, dass ehemals gute und ruhige Hotels nun mittendrin liegen. Das Flair von Boca Chica wird ziemlich deutlich von dieser Zone geprägt, richtig ruhige Ecken sind zumindest am Strand nicht zu finden.

Der Strand ist prinzipiell durchaus reizvoll, wurde aber in den letzten Jahren mit dem verstärkten Aufkommen des Tourismus auch **entsprechend**

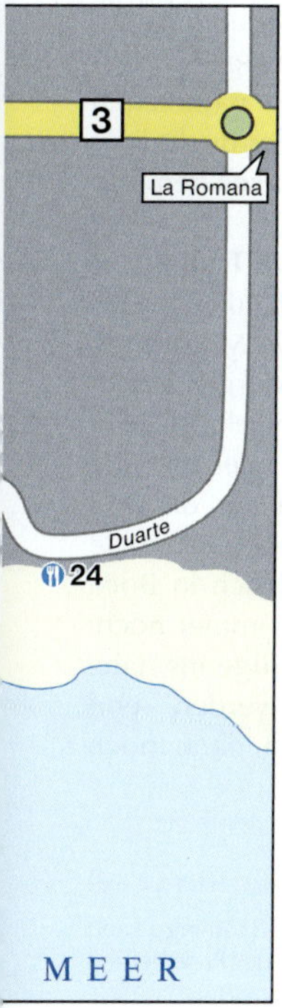

H	1	Villas Sans Soucy
T	2	Shell-Tankstelle
H	3	Hotel Mango
H	4	Hotel Magic Tropical
H	5	Hotel Zapata
Rest.	6	Rest. Buxeda II
Post	7	Post
$ / Tel.	8	Western Union, Banco Popular, Tricom
H	9	Don Juan Beach Resort
•	10	Guaguas nach Santo Domingo
H	11	Villa Marianna
H	12	Hotel Casa Coco
Bar	13	mehrere Kneipen
H	14	Hotel Europa
Rest.	15	Rest. Puerco Rosado
Rest.	16	Pizzeria La Terraza
Rest.	17	mehrere Restaurants, u.a. Caribe Beach
H	18	Hotel Madejra
Bar	19	Plaza Isla Bonita (viele Bars)
H / Rest.	20	Casa Cachela und Pizzeria Italy & Italy
Tel.	21	Codetel
H	22	Belive Hamaca
Rest.	23	Rest. Neptuno's
Rest.	24	Rest. Boca Marina

frequentiert. Zunächst liegt ein relativ breiter Streifen am Ende der Zufahrtsstraße. Dieser wird rasch ziemlich schmal, da eine Reihe von Lokalen folgt, die ihre Tische teilweise bis ans Wasser gestellt haben. Einerseits sitzt man dort recht nett im Sand, andererseits kann man kaum vernünftig vorbeispazieren. Nach dem Passieren dieser Lokal-Meile folgt nun ein breiterer Strand, wo es auch wieder ruhiger wird. Ein optisch klarer Nachteil ist, dass nach rechts auf ziemlich unschöne Industrieanlagen geschaut wird.

Der Clou von Boca Chica ist ein ca. 500 Meter im Meer liegendes **Riff,** das die ganze Bucht abschirmt, sodass ein riesiges Naturschwimmbecken entstanden ist. Das Wasser ist dadurch kaum mannshoch und absolut ruhig. Deswegen spricht man auch gern von dem größten natürlichen Schwimmbad der Welt. Am Ende der Bucht liegt ein kleines mit Palmen gesäumtes **Inselchen,** das man problemlos erreichen kann.

Boca Chica ist etwas für Leute, die **Trubel** mögen. Am Strand kommen ständig Händler vorbei, es knattern fast die ganze Nacht die Motorräder und die Generatoren, und gegen Morgen verabschieden sich die letzten Diskoheimkehrer. Eventueller Ausweg: Ein etwas teureres Hotel am Ende des Strandes oder besser noch, ein Haus, das weiter abseits liegt, suchen. Wer dagegen Beachlife mit Remmidemmi sucht, der wird sich in Boca Chica wohl fühlen. Einziger Vorteil immer noch: Von hier können problemlos **Ausflüge** ins nahe Santo Domingo unternommen werden, und abends nach Rückkehr kann man dann noch schnell eine Runde baden.

Praktische Reisetipps

Anreise

- Vom internationalen **Flughafen** bei Santo Domingo kann man mit dem Taxi nach Boca Chica fahren, der Preis beträgt ca. 25 US$.
- **Von Santo Domingo** kann Boca Chica problemlos per **Guagua** erreicht werden. Die Direktbusse fahren bis zum zentralen Platz, wer dagegen einen Bus erwischt, der noch zu einem weiter östlich gelegenen Ort fährt, muss an der Hauptstraße aussteigen. Diese Busse fahren meist nicht direkt in den Ort hinein, sondern halten bei der Shell-Tankstelle an der Hauptstraße, allgemein bekannt als „la bomba". Von dort kann man die letzten 500 Meter entweder zu Fuß Richtung Strand laufen oder per *Motoconcho* zurücklegen. Die Abfahrtsstelle in Santo Domingo liegt am Parque Enriquillo.
- Wer aus einem **Ort im Osten** kommt (z.B. Juan Dolio, La Romana oder Hato Mayor), steigt ebenfalls gegenüber der Tankstelle aus. Die Busse fahren alle in die Hauptstadt und keiner fährt bis in den Ortskern hinein.

Unterkunft

In Boca Chica gibt es eine **große Bandbreite,** von absolut billig bis erstklassig teuer. Schon vor zwei Jahrzehnten gab es ein paar einfache Unterkünfte in der Calle Duarte, die immer noch existieren (Hotel Cheverón, Pequña Suiza).

142dr Foto: hf

Diese Häuser liegen im Epizentrum der **Kneipen-Meile,** und man kann wirklich nicht von einer ruhigen Lage sprechen. Andererseits zählen sie zu den preiswertesten Häusern. Leider hat sich die Kneipen-Meile ausgedehnt und erreicht nun auch ehemals ruhige Häuser. Da hilft nur noch auf ein weiter vom Zentrum gelegenes Haus auszuweichen.

- **Casa Coco****, Calle Domínguez 8, Tel. 809-523-4409, www.casacoconet.tc. Liegt weit genug von der Kneipenmeile entfernt, aber doch nicht einmal fünf Gehminuten vom Strand. Ein insgesamt relativ kleines (8 Zimmer), aber absolut korrektes Haus mit Pool und Bar, ein Frühstück wird auch serviert. Französische Betreiber.
- **Casa Cachela***, Calle Duarte 21, Tel. 809-523-5454. Kleines Haus im Zentrum, mit korrekten Zimmern im ersten Stock. Trotz der Lage in der lauten Calle Duarte waren Leser durchaus zufrieden.
- **Hotel Europa****, Calle Duarte, Ecke Calle Domínguez, Tel. 809-523-5721. Das Haus besitzt 30 nett eingerichtete Zimmer, aber die Kneipen-Meile hat sich bis hier ausgedehnt. Jahrelang war dieses Haus ein guter Tipp, aber seit die nächtliche Piste in Hörweite geriet, scheint dieses Hotel auch etwas nachgelassen zu haben.
- **Hotel Madejra****, Calle Abraham Núñez 1, Tel. 809-523-4434. Das Haus, das genau gegenüber vom *Hotel Europa* liegt, ist zweckmäßig und hell eingerichtet. Leider liegen in der Nähe nun eine Disco und auch weitere Lokale.

Gaudi für Touristen

● **Don Juan Beach Resort****,** Calle Framboyán (direkt am Strand), Tel. 809-523-4511. Ein großes, modernes Gebäude mit 225 Zimmern, alle sind hervorragend ausgestattet, teilweise mit Kühlschrank und Balkon. Eine bewachte und abgeschirmte Anlage unweit des Zentrums.

● **Hotel Zapata**-***,** Calle Abraham Núñez 27, Tel. 809-523-4777, Fax 523-5534, www.hotelzapata.com. Ein korrekt eingerichtetes Haus, nicht allzu groß, aber mit direktem Zugang zum Strand und abseits des Trubels.

● **Hotel Mango**,** Calle A. Valenzuela 2, Tel. 809-523-6477, www.hotelmango.com. Die 23 Zimmer und neun Apartments sind einfach, aber korrekt. Es gibt eine Bar, Kleinigkeiten zu essen und Internetzugang. Liegt in einer sehr ruhigen Seitenstraße, mit Pool und gemütlichem Garten.

● **Hotel Magic Tropical*,** Tel. 809-523-4254, liegt genau gegenüber dem *Hotel Mango,* hat einen großen Garten mit Pool, einen umlaufenden Balkon und 20 Zimmer ohne prätentiöse Einrichtung.

● **Villas Sans Soucy**,** c/ Juan Bautista Vicini 48, Tel. 809-523-4461, ein mittelgroßer Bau, die 20 Zimmer führen teilweise auf die große Terrasse.

● **Villa Marianna*-**,** c/ Juan Bautista Vicini 11, Tel. 809-523-4679, villamarianna@bocachicaplaya.com. Das Steinhaus liegt im ruhigen Bereich des Ortes, es ist nicht groß, hat einen kleinen Pool, eine Bar und 16 korrekte Zimmer sowie acht Apartments.

Gastronomie

Direkt am Strand liegen etliche Restaurants, hier kann man teilweise am Meer sitzend speisen. Eines der besseren ist das **Caribe Beach.** Es gibt hauptsächlich internationale Küche, man kann schön in gemütlichen Sitzen abhängen und den Meerblick genießen.

● In der **Calle Duarte** liegen etliche Bars, in denen es nur tagsüber ruhig ist, abends und nachts wird hier schwer aufgedreht und abgefeiert.

● Am Strandzugang liegt **The Boat House,** mit einem Bootskörper als Tresen.

● **Pizzeria La Terraza,** hat – wie der Name verspricht – eine sehr große Strand-Terrasse.

● Neben der Pension *Pequeña Suiza* entstand die **Plaza Isla Bonita** mit mehreren Lokalen.

● Im **Neptuno's,** Tel. 809-523-4703, neben dem *Belive Hamaca,* gibt es leckere Fischgerichte.

● **Pizzeria Italy & Italy,** Tel. 809-523-4001, liegt in der Calle Duarte, mitten im Zentrum, ist aber nicht die Einzige.

Am Strand von Boca Chica ist immer was los

103dr Foto: hf

- **Puerco Rosado.** Ein nett gestaltetes Restaurant mit großer Terrasse und breiter Auswahl, das am Ende der Kneipen-Meile am Strand liegt.
- **Buxeda II,** c/ Duarte. Kleines, einfaches Lokal, in dem dominikanische Küche gepflegt wird, es ist eines der ganz wenigen am Ort.
- **Boca Marina,** c/ Duarte 12 A, Tel. 809-688-6810. Ein für den Ort fast schon elegantes Lokal mit Empfangsdame im Eingangsbereich. Erstklassige Fischgerichte, die auf der netten Terrasse mit Meerblick noch mal so gut schmecken.

Aktivitäten

Das Angebot an Wassersportarten ist noch relativ gering.

- Zum **Schnorcheln** eignet sich das Gebiet nur bedingt. Auf der dem Strand zugewandten Korallenseite sind nur wenige Fische zu beobachten, auf der anderen Korallenseite ist das Wasser wiederum zu aufgewühlt. Die besten Schnorchelgebiete liegen bei der vorgelagerten Insel.
- Für **Taucher:** Den PADI-Schein können Interessierte erwerben bei *Treasure Diversim* im Don Juan Beach Resort. Hier kann auch Tauchausrüstung gemietet werden.
- Von Lesern hoch gelobt wird die deutsche Tauchschule **Caribbean Divers,** Calle Duarte 28, Tel. 809-854-3483, www.caribbeandivers.de.
- Boca Chica ist vor allem als Standquartier geeignet, um selbstorganisierte **Ausflüge** nach Santo Domingo oder in den Ostteil der Insel zu unternehmen. Organisierte Touren bieten einige Hotels an.

Adressen

- **Banken:** *Banco Popular,* Calle Duarte; *Banregión,* Calle Duarte, *Western Union,* Calle Duarte.
- **Telefonieren:** *Codetel,* Avenida San Rafael, gleich am Beginn der Duarte, etwas versteckt.
- **Post:** Calle Duarte, schnell zu übersehen, liegt hinter der Plaza.
- **Internet:** Beim Lokal *The Boat House.*

Weiterreise

- Ständig fahren Guaguas nach **Santo Domingo,** die Fahrgäste am zentralen Platz einsammeln. Meist dauert es nicht lange und eine Guagua wird vorbeikommen, diese Strecke wird hochfrequentiert. Irgendwann wird ein Bus kommen, der entweder direkt bis Santo Domingo fährt, oder zu einem zentralen Punkt fährt, von dem andere Busse abfahren. Hier muss dann umgestiegen und auch jetzt erst der Preis entrichtet werden.
- Zu den Orten, weiter im Osten, wie **Juan Dolio, Higüey, La Romana** oder **Hato Mayor,** fahren ebenfalls ständig Guaguas. Sie passieren aber nicht den Ort selbst, sondern halten nur kurz an der Hauptstraße auf Handzeichen. Ständig fahren Busse aus Santo Domingo kommend vorbei.

JUAN DOLIO

Als Juan Dolio wird ein Ort bezeichnet, der als solcher gar nicht existiert. Er besteht nur aus einer kleinen Ansammlung von Hotels und Kneipen nebst wenigen Wohnhäusern. Eine Art Mittelpunkt stellt die **Plaza Ramada** dar, ein zweiter, etwa einen Kilometer entfernt, die **Plaza Chocolate.** Allzuviel darf man in beiden Zentren nicht erwarten, viel mehr als eine Handvoll Geschäfte und der eine oder andere Tresen sind nicht zu finden.

In den Anfängen des Tourismusbooms in den frühen 1980er Jahren war Juan Dolio durchaus ein attraktives Ziel. Damals existierten die großen Zentren von Punta Cana oder Playa Dorada noch nicht. Einige Jahre ging es touristisch in Juan Dolio gar nicht schlecht. Etliche große Hotelanlagen entstanden, im Zuge dessen auch einige kleinere,

Der Strand von Juan Dolio ist jetzt recht breit

143dr Foto: hf

und so manches Lokal eröffnete ebenfalls. Es war für alle Platz und vor ein paar Jahren wurde sogar der Strand verschönert, also insgesamt keine schlechten Grundvoraussetzungen. Und dennoch verschlechtert sich die Situation in Juan Dolio seit Jahren. So steht beispielsweise ein großes Hotel seit mindestens 6 Jahren leer und verfällt natürlich immer mehr. In den letzten Jahren kamen immer weniger Gäste, was dazu führte, dass es momentan nur noch ein einziges kleines Hotel gibt und zwei große. Alle anderen sind geschlossen, selbst zwei riesige Anlagen. An sehr vielen Häusern (auch von Privatpersonen) hängt ein Schild: „zu verkaufen“. Allerdings entstehen weiterhin neue Apartment-Komplexe und auch die Regierung möchte hier den Tourismus wieder gezielt fördern durch Investitionen. Kann gut sein, dass sich der Tourismus mehr in diese Richtung entwickelt, das muss für den Moment abgewartet werden.

Die **Entfernungen** in Juan Dolio sind groß; wer vom Ortsschild bis zum Endpunkt der Straße am Meer läuft, legt gut vier Kilometer zurück. So verteilen sich die **wenigen touristischen Zentren** auf

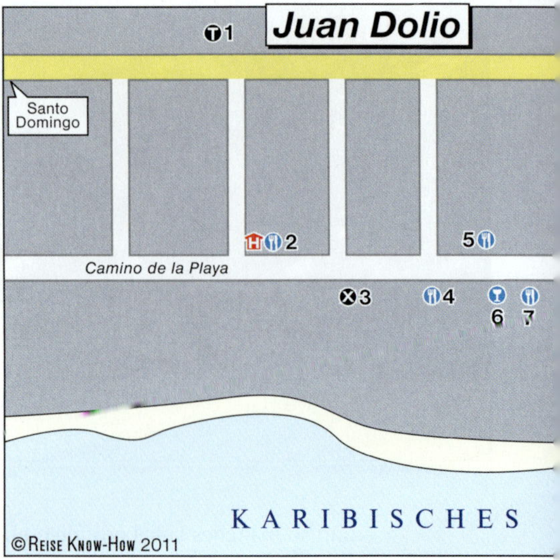

1 Shell-Tankstelle
2 Hotel u. Restaurant Fior de Loto
3 Taxistand
4 Rest. Popeye el Marinero
5 El Bambú
6 Mehrere Bars
7 Rest. Luca's
8 Rest. El Sueño
9 Hotel Coral Costa Caribe
★10 Plaza de la Luna

vereinzelte Anballungen rund um einige wenige kommerzielle Zentren von überschaubarer Größe. Der eben beschriebene Weg endet vor einer jetzt geschlossenen riesigen Hotelanlage.

Wer diesen Bereich umrundet hat, erreicht einen breiten, zweispurigen **Malecón** mit Grünstreifen in der Mitte. Hier liegen vor allem etliche große Apartmenthäuser.

Ungefähr 100 Meter weiter im Inland verläuft die alte **Hauptstraße Santo Domingo – San Pedro.** Viel los ist hier nicht, wer Ruhe sucht, dürfte auf seine Kosten kommen.

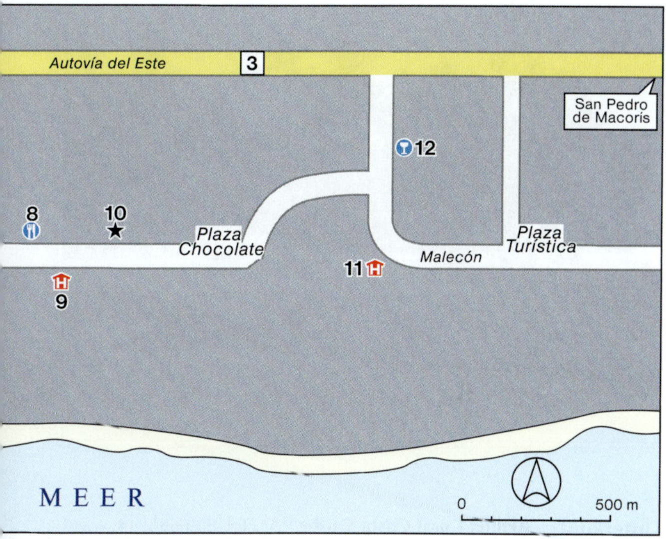

11 Hotel Barceló Capella
12 Bar de Tapas

Praktische Reisetipps

Anreise

• Vom **Flugplatz** bei Santo Domingo kann man mit dem Taxi nach Juan Dolio fahren, Preis offiziell 70 US$, aber auch mit dem Bus. Dazu bis zur Schnellstraße gehen/fahren und dort nach rechts orientieren, d.h. nicht die Straße überqueren und einfach den nächsten Bus anhalten.

• Von **Santo Domingo** (Parque Enriquillo) gelangt man per Guagua nach Juan Dolio. Es gibt keine klar erkennbare Haltestelle, der Cobrador wird meist fragen, wo man aussteigen wünscht. Ein Service, den man angesichts der Weitläufigkeit dankbar nutzen sollte. Wer an der Straße das Hinweisschild „Playa Juan Dolio" entdeckt, befindet sich etwa auf Höhe des Hotels *Fior di Loto.*

104dr Foto: hf

Am Strand von Juan Dolio

Unterkunft

• **Hotel Coral Costa Caribe****,** Tel. 809-686244, www.coralhotels.com. Große Anlage, etwa in der Mitte der Strandstraße gelegen, insgesamt 422 sehr gut eingerichtete Zimmer. Es gibt außerdem ein Casino, eine Disko, mehrere Restaurants, sechs Bars, darunter auch eine Pool-Bar.

• **Hotel Fior de Loto*-**,** Tel. 809-526-1146, Fax 809-526-3332, www.fiordilotohotel.com. So etwas wie der Klassiker von Juan Dolio. Ein buntgestaltetes Haus, in dem auch Yoga, Dance, Massage angeboten werden. Insgesamt sehr auffällig gestaltet, einfache Zimmer, teilweise mit Kühlschrank und mit kleinen Balkonen.

• **Hotel Barceló Capella****,** Tel. 809-227-2356, www.barcelo.com; Topanlage mit diversen Gebäuden, einer Showbühne, einem Pool in Strandnähe nebst Bar und vor allem einem direkten Strandzugang.

Gastronomie

• **Restaurant El Sueño,** Tel. 809-526-3903, Lokal mit mittelgroßer Terrasse und Meerblick, allerdings erst über die Straße.

• **Plaza Chocolate,** dort befinden sich u.a. eine Bar, ein Supermarkt, eine Schweizer Bäckerei und es gibt einen Internetzugang.

- **Popeye el Marinero,** schick eingerichtetes Lokal mit angenehmer Meerblick-Terrasse.
- **El Bambú,** liegt schräg gegenüber. Bisschen auf rustikal gestricktes Lokal, gut zum Abhängen bei einem Feierabend-Bier.
- **Luca's,** ein italienisches Restaurant, liegt direkt am Malecón mit einer sehr schönen Terrasse.
- **Bar de Tapas,** ein sehr kleiner, aber modern aufgemachter Laden an der Hauptzufahrtsstraße.

Adressen

- **Telefonieren:** *Codetel,* Plaza Quisqueya.
- **Geldwechseln:** ist in allen größeren Hotels und in mehreren Wechselstuben möglich.
- **Plaza Turística,** am Malecón. Dort befinden sich u.a. eine Bank sowie eine ärztliche Betreuung.
- **Plaza Luna,** hier gibt es einen Minimarket, einen Andenkenshop, Internetzugang und ein Telefoncenter.
- Sowohl an der Plaza Luna als auch an der Plaza Chocolate gibt es ein **Internetcafé.**

Aktivitäten

- **Ausflüge:** Die großen **Hotels** bieten Ausflüge an, z.B. nach Santo Domingo oder Reitausflüge in die nähere Umgebung.

Weiterreise

Egal ob es nach **Santo Domingo** oder **weiter in den Osten** der Insel gehen soll, man muss an der Hauptstraße einen vorbeifahrenden Bus stoppen und darauf hoffen, dass noch ein Platz frei ist.

SAN PEDRO

Die Stadt heißt mit vollem Namen San Pedro de Macorís und ist für die meisten nichts weiter als eine **Umsteigestation auf dem Weg nach La Romana oder Sabana de la Mar.** Auf den ersten Blick erscheint die Stadt auch nicht sonderlich anziehend. Sie wirkt hektisch, viele Busse und Taxen parken an den zentralen Kreuzungen, und die Fahrer bieten lautstark ihre Dienste an. Herausragende Sehenswürdigkeiten sind nicht zu entdecken.

Dabei hatte San Pedro einst eine einzigartige Bedeutung. Ende des 19. Jahrhunderts wurde die Stadt von Kubaflüchtlingen, die wegen des Unabhängigkeitskrieges geflohen waren, gegründet.

Schon bald hatten sie den **Zuckerrohranbau** eingeführt, und durch die weltweite Zuckerkrise, die der Erste Weltkrieg auslöste, kam Wohlstand in die Stadt. Noch heute wird in der Umgebung von San Pedro intensiv Zuckerrohr angebaut.

Heute ist San Pedro bekannter für seine **Baseball-Spiele.** Viele Spieler haben es geschafft, in den US-amerikanischen Profiligen zu Ruhm zu gelangen. Mittlerweile spielen in den USA mehr Dominikaner als aus jedem anderen lateinamerikanischen Land. Mitten auf dem ersten Kreisverkehr nach dem Überqueren des Flusses zeigt ein Kunst-

BASEBALL IN SAN PEDRO

Wieso kommen gerade so viele Spieler aus San Pedro? Man sagt, dass dies mit der Zuckerrohrproduktion vergangener Tage zusammenhängt. Die Väter der heutigen Profispieler schufteten noch in den **Zuckerrohrmühlen,** währenddessen spielten die Kinder auf den Feldern Baseball.

Später, als junge Männer, mussten sie notgedrungen auch in den Mühlen arbeiten, spielten aber nebenbei natürlich noch Baseball. Durch die Möglichkeit, das ganze Jahr über trainieren zu können, entwickelten sie viel **körperliche Kraft.** Zusammen mit dem unbezwingbaren **Willen, der Malocherei in den Mühlen zu entkommen,** ergab das eine erfolgversprechende Mischung. Die Alternativen waren deutlich vorgezeichnet: entweder auf ewig in den Zuckerrohrfeldern arbeiten oder als Profi in den USA spielen.

Mittlerweile gehen die **Talentspäher der US-Profiteams** einen anderen Weg, sie suchen direkt auf der Insel. Viele Jugendliche sehen Baseball als ihre einzige Chance, zeigen sich richtig hungrig. 28 der 30 großen US-Profiteams unterhalten mittlerweile eine **so genannte Akademie** in der Dominikanischen Republik. Dort werden talentierte Jugendliche zusammengefasst und bekommen eine Art Grundgehalt von 500–900 US-Dollar. Ein Vermögen, verglichen mit dem Mindestlohn von 150 US-Dollar, der in vielen Branchen gezahlt wird. So werden sie schnell zu den Haupternährern der Familie. In den Akademien erhalten sie eine Rundum-Betreuung. Natürlich sollen sie im Baseball perfektioniert werden, gleichzeitig werden sie aber auch unterrichtet und erhalten eine Art Schulbildung. Schon der Sprung in eine dieser Akademien gilt als Erfolg.

Aber natürlich wollen alle mehr, **träumen von einer Profikarriere.** Regelmäßig spielen etwa 70 Dominikaner in der ersten Profiliga und gut

werk die beiden wichtigsten Säulen des Ortes: Baseball und Zuckerrohr.

Neben dem Sport und dem Zuckerrohr ist der Ort bekannt für seine **Universität,** der *Universidad Central del Este.*

Praktische Reisetipps

Anreise

- Von **Santo Domingo** (Plaza Enriquillo) fahren ständig *Guaguas* nach San Pedro.
- Von **Sabana** bzw. **Hato Mayor** gibt es ebenfalls permanente Verbindungen, teilweise auch per Sammeltaxi. Aus **La Romana** kommen Busse, die meist weiter nach Santo

500 in den unteren Klassen in den USA. Jedes Team darf aber nur 24 Ausländer verpflichten, mehr Visa gibt es nicht. Da sind die Plätze schnell vergeben, doch die Lateinamerikaner erfüllen noch einen Zweck, sie locken auch wieder mehr Zuschauer an, aus den großen hispanischen Gemeinden in New York, Florida, Texas und Kalifornien.

Kritiker weisen darauf hin, dass dieses System nur funktioniert, weil die Latinos zu viel zu günstigen Konditionen unterschreiben. Außerdem sprechen sie von einer erneuten Ausbeutung, denn trotz allem würden sie schlecht bezahlt und zur Unterwürfigkeit erzogen. Es gibt Beispiele, die diese Behauptung stützen. Ein Nachwuchsspieler darf erst einen Vertrag unterschreiben, wenn er 17 Jahre alt ist. 1996 wurde der Fall eines **talentierten Jungen** bekannt, der bei einem Team in Florida unter Vertrag genommen wurde, für 30.000 US$. Irgendwie kam heraus, dass er aber tatsächlich erst 16 Jahre alt war. Die Ligakommission annullierte den Kontrakt. In der Nacht vor seinem siebzehnten Geburtstag gaben sich die Manager die Türklinke in die Hand, legten immer neue Angebote auf den Tisch. Im Morgengrauen unterschrieb er bei den *Toronto Blue Jay,* für 1,1 Millionen US$!

Unerreicht und damit auch **riesiges Vorbild** bleibt immer noch ein anderer Junge aus San Pedro, *Sammy Sosa.* Er unterschrieb in Chicago einen Dreijahresvertrag für 16,5 Millionen US$! Unglaublich, aber wahr, *Sosa* war ursprünglich Schuhputzer. Er vergaß seine Vergangenheit nicht. In San Pedro ließ er in einem von ihm gebauten Einkaufszentrum einen Brunnen errichten. Dort steht nun unter dem Denkmal der eigenen Person der Hinweis, dass jede Spende, die dort in den Brunnen geworfen wird, den Schuhputzern von San Pedro zugute kommt. *Sammy Sosa* gelang im Sommer 2007 obendrein ein denkwürdiger Rekord. Als fünfter Spieler überhaupt in der Geschichte der höchsten US-Liga schaffte er den sechshundertsten Homerun.

020dr Foto: sm

Domingo fahren. Sie alle treffen sich am zentralen Umsteigeplatz vor dem Baseballstadion.

Unterkunft

● **Howard Johnson Hotel Macorix****,** c/ Gaston Fernando Deligne, Tel. 809-339-2100, www.hotelmacorix.com. Das große Haus (170 Zimmer) liegt bei der Universität und ist nur durch eine Promenade vom Meer getrennt. Großer Garten, Pool, WLAN, zwei Restaurants, zwei Bars. Weit von der Durchgangsstraße entfernt. Wer dort übernachten will, sollte sich, je nach Gepäck, ein Taxi oder ein Motoconcho gönnen.

La Romana

Dieses **Städtchen** wirkt bei weitem nicht so hektisch wie andere Orte vergleichbarer Größe. La Romana wird von Straßen durchzogen, die im Schachbrettmuster angelegt sind, dadurch fällt die **Orientierung** recht leicht.

Baseball in San Pedro

Sehenswertes

Wenn man heute durch die Straßen schlendert, mag man es kaum glauben, aber tatsächlich zählt La Romana **zu den ältesten Ortschaften der Neuen Welt.** Immerhin trieb sich ein spanischer Glücksritter hier schon im Jahre 1502 herum, natürlich auf der Suche nach Gold. Und da er am Fluss ein Lager errichtete, gilt dies heute als Stadtgründungsdatum. Wenn *Juan de Esquivel,* so der Name jenes Spaniers, wüsste, dass sein damaliges armseliges Lager heute eine historische Bedeutung hat!

Irgendwann verschwand *Esquivel* wieder, und lange Zeit passierte nicht viel. Aber dann schwappte durch den **Zuckerboom** auch nach La

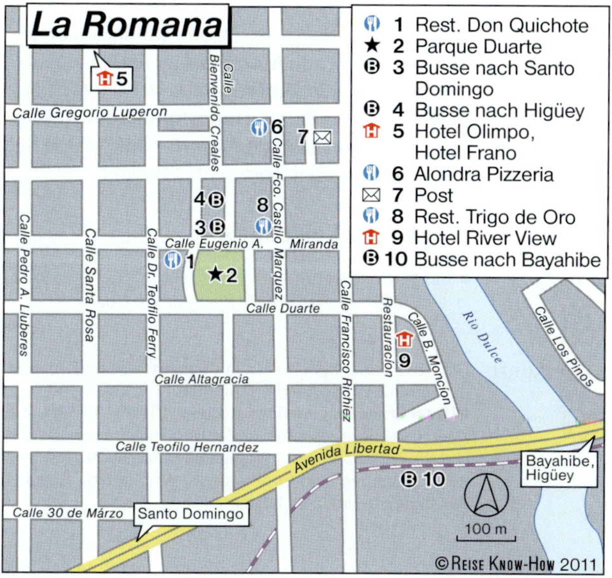

Romana etwas Geld, die Stadt prosperierte – aber wohlgeordnet –, und das sieht man heute noch im **Stadtbild.**

Sehenswert ist natürlich eben dieses Stadtbild rund um die Plaza Duarte. So finden sich hier viele **buntbemalte Holzhäuser,** jedes in seiner ureigenen Farbe. Sie strahlen einen speziellen Charme aus, der nicht darüber hinwegtäuschen darf, dass heute keine begüterten Menschen hier wohnen. Trotzdem pflegen sie ihre Häuser mit viel Engagement. Die Holzhäuser sind speziell in den Straßen zwischen dem Park und der Avenida Libertad, der Straße, die parallel zur Küste verläuft, zu finden.

Der zentrale Platz, der **Parque Duarte,** eignet sich gut als Ausgangspunkt, er strahlt eine gemütliche Ruhe aus, ein paar Restaurants und wenige fliegende Händler sind zu finden. Geschmückt ist der Platz mit einigen lebensgroßen Kunstwerken, die alle Ochsen darstellen.

Direkt am Park liegt auch die **Kirche** Santa Rosa de Lima, der Stadtpatronin, und wiederum dahinter ist der **Mercado Municipal** zu finden.

Abgesehen von dem sehenswerten Stadtbild ist La Romana vor allem **Ausgangspunkt für Ausflüge** zu dem Künstlerdorf Altos de Chavón, Isla Saona und zur vorgelagerten Isla Catalina.

Praktische Reisetipps

Anreise

- Von **Santo Domingo** per Guagua vom Parque Enriquillo. Endstation ist der zentrale Platz Parque Duarte.

Unterkunft

Die Auswahl an Hotels in La Romana ist bescheiden, sieht man einmal vom Casa de Campo ab.

- **Hotel Frano**,** Calle Padre Abreu 9, Tel. 809-550-4744. Das Hotel liegt etwa zehn Blocks nördlich vom Parque Duarte, leider an einer unruhigen Straße; die Ausstattung der 40 Zimmer ist in Ordnung. Mit Aircondition und TV. Unten gibt es auch ein Restaurant.

Die Kirche Santa Rosa de Lima

107dr Foto: hf

●Hotel Olimpo*,** Av. Padre Abreu, Ecke c/ Pedro A. Lluberes, Tel. 809-550-7646. Recht modernes Haus mit 57 Zimmern in leicht rötlicher Farbe, nicht weit vom Hotel Frano entfernt, daher aber schon ein gutes Stückchen außerhalb des Zentrums gelegen. Ein Restaurant und ein eigener Parkplatz sind auch vorhanden.

●Hotel River View,** c/ Restauración 17, Tel. 809-556-1181. Liegt ziemlich zentral nur zwei Blocks vom Parque Duarte entfernt. Der versprochene Blick zum Fluss wird wohl nicht von allen Zimmern möglich sein. Insgesamt relativ schlicht gehalten, dafür aber einigermaßen ruhig.

Gastronomie

●Eine Auswahl an Restaurants liegt rings um den Parque Duarte, beispielsweise **Oriental China.**

●Cafetería Trigo de Oro, am Parque Duarte, mit der Möglichkeit, draußen zu sitzen. Kleine Gerichte in ruhiger At-

144dr Foto: hf

mosphäre, aber vor allem französisch geprägtes Backwerk, Wein und andere Delikatessen.

- **Restaurante Don Quichote,** liegt direkt am Parque Duarte und gilt als eines der besten Lokale der Stadt.
- **Alondra Pizzeria,** liegt zwei Blocks nördlich des Parque an der Calle Francisco del Castillo Márquez 88, Tel. 809-550-4115. Man sitzt nett draußen unter Bäumen.

Adressen

- **Banken:** *Banco del Comercio Dominicano,* am Parque Duarte; *Scotiabank,* Parque Duarte mit Geldautomaten.
- **Telefonieren:** *Codetel,* Calle Duarte 28, unweit des zentralen Park;. *Cybercafé,* neben dem chinesischen Restaurant beim Parque Duarte.
- **Post:** Calle Reales, zwei Blocks nördlich vom Parque Duarte.

Weiterreise

- Abfahrt der Busse nach **Higüey:** Calle Ramón Berges.
- Abfahrt der Busse nach **Santo Domingo:** Calle Eugenio Miranda.

Marktszene in La Romana beim Parque Duarte

- Beide Straßen liegen am Parque Duarte. Der **zentrale Busterminal** ist allerdings weit außerhalb angesiedelt, an der Avenida Padre Abreu. Zumeist bringen einen die Busse vom Parque Duarte dorthin, damit man umsteigen kann.
- Busse nach **Bayahibe** fahren von der Av. Libertad ab, drei Blocks südlich vom zentralen Platz.

Umgebung von La Romana

Altos de Chavón

Dieser Ort liegt ungefähr acht Kilometer von La Romana entfernt an einem Hang, hoch oben über dem **Río Chavón.** Daher stammt auch der Name, der soviel wie Anhöhe des Chavón bedeutet.

In den 1970er Jahren war ein US-Amerikaner namens *Charles Bluhdorn* der Chef der mächtigen *Gulf & Western Company.* Warum auch immer, *Bluhdorn* ließ 1974 ein Künstlerdorf errichten, das heute zu einem gut besuchten **Freiluftmuseum** geworden ist.

In einer weitläufigen Parkanlage wurde ein **künstliches Dorf** mit Gebäuden, die einer italienischen Stadt aus vergangenen Jahrhunderten nachempfunden sein sollen, gebaut. Dominikanische Künstler und Studenten arbeiten hier und verbessern ständig die Anlage. Zu sehen gibt es hübsch gestaltete Häuser, eine **Kunstausstellung** und ein **Museum** mit Erklärungen zum Leben und der Kunst der *Tainos.* Dies ist übrigens eines der wenigen Museen, das zweisprachige Tafeln aufweist (Spanisch/Englisch). Weiterhin sind ein paar Restaurants, Geschäfte und ein 5000 Zuschauer fassendes **Amphitheater** geschaffen worden. Hervorzuheben ist noch der spektakuläre Ausblick auf den Fluss und die urwüchsige Vegetation. Trotz der durchdachten Gestaltung der Anlage lässt sich der Eindruck von Künstlichkeit nicht unterdrücken.

- **Anfahrt:** Es gibt keinen öffentlichen Busverkehr, so muss notgedrungen ein **Taxi** genommen werden. Man vereinbare gleich einen Termin für die Rückfahrt, an der Anlage warten nicht immer Taxis auf Fahrgäste, Motoconchos dürfen dort nicht mehr hinfahren.
- Geöffnet: täglich, das Museum von 9 bis 21 Uhr, Infos unter: www.altosdechavon.com.

Casa de Campo

Auf dem Weg zu den Altos de Chavón wird die **exklusivste Ferienanlage der ganzen Insel** passiert, die einen wahrlich bescheidenen Namen trägt, die Casa de Campo (Landhaus). Hier wurde tatsächlich ein Zentrum geschaffen, das keine Wünsche offen lässt. Die Anlage umfasst ein Dutzend Pools, fast 1000 Zimmer, zwei Dutzend Tennisplätze, zwei Golfplätze, ein Fitness-Center und sogar eine eigene Landepiste für Kleinflugzeuge. Es ist die teuerste Hotelanlage der Insel mit Preisen von ca. 125 bis 700 US$ pro Tag, je nachdem, für welche Unterbringung man sich entscheidet, ob einfaches Haus, Villa oder Villas Excel mit drei Zimmern. Den Gästen stehen eigene Elektroautos zur Verfügung, mit denen sie auf dem riesigen Gelände herumfahren können.

- Für **Infos:** www.casadecampo.com.do.

BAYAHIBE

Bayahibe war einmal einer dieser Orte Marke Geheimtipp, wo sich nur eine Hand voll Individualreisender trafen. Es gab einen sehr schönen Palmenstrand, ruhiges Dorfleben, einfache Unterkünfte, und man blieb unter sich.

Das ist vorbei. Zunächst dezimierte Hurrikan George den schönen Palmenbestand. Dann kamen immer mehr Punta-Cana-Tagesgäste, die einen Bootsausflug zur Isla Catalina unternahmen. Die Konsequenz: Ein riesiger Parkplatz wurde asphaltiert für all die Zubringerbusse, und wer immer im Dorf konnte, schaffte sich ein Motorboot an. Mehrere Dutzend Boote dümpeln nun ständig in der Bucht. Schließlich errichteten Investoren die ersten All-Inclusive-Hotels, eines davon okkupierte kurzerhand den halben Strand. Schön bewacht von bewaffneten Posten. Viel Platz am Strand bleibt nun nicht mehr für die Individualisten, zumal es auch noch einen Militärposten und eine

Reihe von Schnickschnack-Buden dort gibt. Die ehemalige Strandidylle ist verschwunden, nur im Dorf selbst geht das Leben so träge über die Bühne wie eh und je. Und die einfachen Unterkünfte sind auch geblieben. Und selbst dort im alten Dorf wird nun schon spürbar gebaut, mehrstöckige Apartment-Anlagen entstehen.

Bayahibe bleibt trotzdem ein Ziel für Leute, die ruhiges Strandleben mit Einblicken in das Alltagsleben der Dorfbewohner bevorzugen. Dazu kommen allerdings jeden Tag Hunderte von Urlaubern, die einen Tagesausflug auf die **Isla Catalina** oder **Isla Saona** von Bayahibe aus unternehmen, aber die sind am Abend wieder weg. Man muss abwarten, ob die neuen Apartment-Anlagen auch stärkere Veränderungen bedeuten.

Und dann gibt es noch den Strandabschnitt **Playa Dominicus.** Er liegt etwa drei Kilometer von Bayahibe entfernt. Die Straße von La Romana nach Bayahibe gabelt sich 1–2 km vor dem Ort. Links geht es zur Playa Dominicus, rechts nach Bayahibe. Der Strand zeigt sich in seiner Infrastruktur völlig anders. Er ist nicht übermäßig lang, aber sehr schön. Hier wurden etliche Ferienkomplexe gebaut, überwiegend Ferienwohnungen, aber auch ein paar Hotels gibt es. Neben All-Inclusive-Anlagen existieren auch zwei Häuser für Individualreisende. Die beiden Häuser sind etwas höherpreisig, aber auch qualitativ besser als die meisten Bayahibe-Unterkünfte. Das gilt im Übrigen für den ganzen Ort, der auch Playa Dominicus Americanus genannt wird.

Praktische Reisetipps

Anreise

- Anreise ist von La Romana per Guagua möglich. Die Abfahrtsstelle liegt vor einem großen Supermarkt an der Calle Libertad, das ist die Straße, die aus dem Ort herausführt, vielleicht fünf Gehminuten vom zentralen Platz entfernt. Vom Platz eine Straße nach rechts (also zum Fluss) runtergehen bis zur Querstraße, von dort aus noch ein paar Meter nach links. Frequenz: alle 15–20 Minuten.

Unterkunft

Im Dorf werden einige einfache Zimmer vermietet, die fast alle in der Preiskategorie von * liegen. Wer in den Ort kommt, erkennt sofort eine Art touristische Hauptstraße, dort liegen die Unterkünfte und einige Restaurants.

- **Hotel Bayahibe,** Tel. 809-833-0159, www.hotelbayahibe.net, ein modernes grün-weißes Steinhaus, das noch zu den größeren Häusern zählt. Es bietet Kühlschrank, Aircondition und Kabel-TV.
- **Cabañas Francisca,** Tel. 809-883-0016, ein kleines Haus mit wenigen Zimmern, die aber sogar eine kleine Terrasse haben. Leser berichten von Kühlschränken in den Zimmern.
- **Villa Iguana***-*** je nach Standard, Tel. 809-757-1059, www.villaiguana.de. Leicht rötliches Gästehaus im Ortskern mit drei Apartments, sieben DZ und einem Penthouse auf dem Dach. Deutsche Leitung.
- **Casa Daniel**,** Tel./Fax 809-833-0010, http://.casadaniel.tripod.com, liegt hinter dem Baseballfeld. Einfache Räume, eine Tauchschule ist angeschlossen, Schweizer Besitzer.
- **Hotel La Llave del Mar,** Tel. 809-833-0081; ein leicht rosa gestrichenes, mittelgroßes Haus. Zimmer teilweise mit TV und Aircondition.
- **Hotel Bocayate**-***,** Tel. 809-880-2266, www.hotelbocayate.com. Diese nette Anlage bietet 14 Räume, die individuell und durchaus geschmackvoll gestaltet sind. Sie liegen in mehreren kleinen Gebäuden, die um einen geräumigen Innenhof gruppiert sind. Von dort ist es nicht weit bis zum Strand.
- **Hotel Eden****,** Avda. de la Laguna 10, Tel. 809-833-0856, Fax 809-833-0485, www.santodomingovacanze.com. Großzügige Anlage mit Apartments und Bungalows, die gut, aber etwas nüchtern eingerichtet sind. Ein Pool sowie ein großes Restaurant sind angeschlossen.

Gastronomie

Im Dorf existieren ein paar Restaurants, die schnell gefunden sind.

- **Restaurant La Bahía,** Tel. 809-370-7867, liegt recht nett mit Blick aufs Meer. Spezialität sind natürlich Fischgerichte.
- **Leidy,** Tel. 809-543-2058, direkt am Strand gelegenes Terrassenlokal, das leckere Fischgerichte serviert.
- **Disco Mundoacuatico,** liegt im Dorf, unweit vom Busstopp, kennt dort jeder.
- **Mare Nostrum,** Tel. 809-833-0055, liegt sehr schön am Wasser und bietet gute italienische Küche.
- **Pizzeria Marina,** Tel. 833-0465, ist schick eingerichtet und bietet neben Pizza auch Cocktails. Zu finden in dem Neubau „Plaza Comercial Bayahibe“.

Adressen

- **Bank Ban Reserva:** liegt im Ort beim Hotel Bayahibe und hat einen Geldautomaten.
- **Geldwechsel:** Mehrere Wechselstuben im Dorf.

145dr Foto: hf

Dorfidylle in Bayahibe

- **Tauchen** oder **Bootsausflüge** zu den Inseln: *Scubafun,* Calle Principal. 28, Tel. 809-833-0003, Fax 809-833-0005, www.scubafun.info; *Casa Daniel,* Calle Principal 1, Tel. 809-833-0010, http://casadaniel.tripod.com.
- **Internet:** Cybercafé „Coco" am Strand, hinter dem Parkplatz.

Weiterreise

- Täglich, etwa zweimal pro Stunde fährt eine Guagua nach La Romana.

Umgebung von Bayahibe

Isla Saona

Mittlerweile gilt auch der Besuch auf der etwa 30 km entfernten Insel Isla Saona zum Standardprogramm der meisten Anbieter. Das überrascht zunächst einmal, gehört sie doch **zum Nationalpark Parque Nacional del Este,** somit darf sie nur mit einer Erlaubnis betreten werden. Die Erlaubnis erhält man dadurch, dass man eine organisierte Tour über ein Reisebüro oder Hotel bucht.

Die Insel misst immerhin 110 km^2 und ist dünn besiedelt, es existieren nur **zwei kleinere Ortschaften.** Randaspekt: Das Touristikministerium weist darauf hin, dass die Isla Saona die niedrigste Sterblichkeitsrate des Landes aufweist.

Individualreisende können von Bayahibe versuchen, auf eigene Faust hinzukommen, ein gechartertes Boot kostet aber etwa 2000 Pesos, wenngleich für bis zu neun Personen.

Wem dies zu abenteuerlich erscheint, der sollte sich gleich einer **organisierten Tour** anschließen. Diese werden von verschiedenen Orten aus angeboten und beinhalten neben dem Transport jede Menge Drinks, Fahrt mit kleinen Booten durch den dortigen Mangrovenwald, Essen am Strand, Möglichkeit zum Schnorcheln und manchmal sogar Wasserski. Die Besucher werden nur an einem bestimmten Punkt der Insel abgesetzt, Naturschutz und Tourismus gehen sich auf diese Weise aus dem Weg. Auf der Insel befinden sich ein Restaurant, in dem ein Buffet angeboten wird, aber auch ein paar Colmados mit dominikanischen Speisen.

Im *Casa Daniel* kann ebenfalls eine Tour in deutlich kleineren Gruppen zur Isla Saona gebucht werden.

Isla Catalina

Die Insel Isla Catalina ist ein **unbewohntes Inselchen,** das vor La Romana liegt. Angeregt durch einsame Strände und unberührte Landschaft kann man dort einen geruhsamen Tag mit etwas Robinson-Feeling verbringen.

Ein Ausflug nach Catalina gehört heute zum **Standardprogramm eines jeden Reisebüros oder Hotels.** Morgens wird gestartet, ein Bus holt die Gäste ab und bringt sie nach Bayahibe zu wartenden Segelbooten, meist riesige Katamarane. Dann geht's mit viel Hallo und Rumpunch rüber auf die Insel. Wer dem etwas entgehen will, kann abtauchen; die Isla Catalina wird von schönen Korallenriffen begrenzt.

Kann ein derartiger Trip **auf eigene Faust** organisiert werden? Im Prinzip ja, dazu muss man nur nach Bayahibe fahren und ein wenig neugierig herumgucken. Dann wird bestimmt ein Fischer eine Offerte aussprechen. Wenn die Tour vielleicht auch etwas preiswerter gestaltet werden kann, auf der kleinen Insel trifft man sich dann doch wieder.

Higüey

Den meisten ist dieser Ort nur als **Umsteigestation** bekannt, denn hier muss die Guagua gewechselt werden, wenn man zu den Stränden von Macao, Bávaro und Punta Cana will.

Bereits 1504 wurde der Ort auf Befehl von *Nicolás de Ovando* **gegründet,** zählt somit zu den ältesten Orten der Insel. Über das Datum streiten sich die Chronisten, einige sprechen von 1502.

Spannender dürfte aber sein, dass dem Ort **magische Kräfte** zugesprochen werden. Einst soll sich sogar *Kolumbus* auf wunderbare Weise aus einer misslichen Situation befreit haben, als eine Gruppe Tainos die Spanier überfallen hatte und drauf und dran war, den Admiral niederzumetzeln. Da erschien ihm helfend die heilige Jungfrau, die *Tainos* ließen sofort von ihrem Vorhaben ab. Soweit die Legende.

Kurze Zeit später wurde jedenfalls eine Wallfahrtskirche errichtet, in deren Innerem das Bildnis der heiligen Jungfrau aufbewahrt wird, und Higüey wurde somit zum **Wallfahrtsort.** Jedes Jahr am 21. Januar kommen Tausende Pilger hierher, der Día de Altagracia gilt heute als einer der wichtigsten Feiertage des Landes, und damit ist Higüey heute der bekannteste Wallfahrtsort der Dominikanischen Republik. In der auffälligen, in modernem Stil erbauten Basilika befindet sich das Bildnis der Jungfrau Nuestra Señora de la Altagracia, der zahlreiche Wunder zugesprochen werden. Die

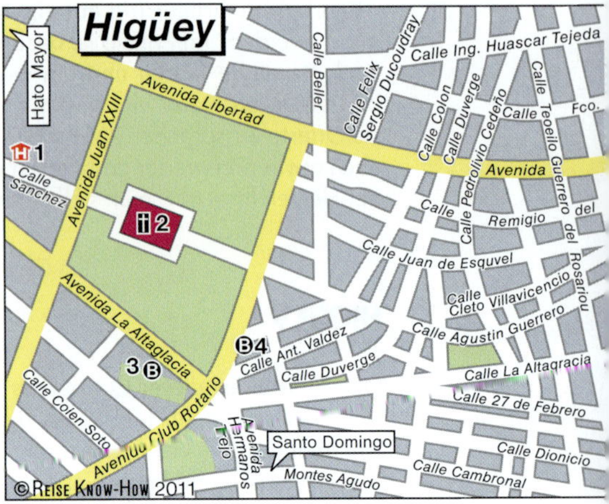

Kirche ist dank ihres hoch aufragenden Betonbogens nicht zu übersehen. Das Bauwerk ist übrigens auf dem 50-Peso-Schein abgebildet.

Praktische Reisetipps

Anreise

- Es existieren durchgehende Verbindungen von **Santo Domingo,** ab Parque Enriquillo. Wer weiter nach Punta Cana will, sage dem Busfahrer Bescheid, der hält dann an der Abfahrtsstelle, die etwas außerhalb vom Zentrum liegt.

Unterkunft/ Gastronomie

- **Hotel Don Carlos**,** c/ Juan Ponce de León, Ecke c/ Sánchez, Tel. 809-554-2713, Fax 809-554-4033. Recht gute Wahl für den Ort, viele Geschäftsreisende. Ein mittelgroßer Zweckbau, etwa einen Block hinter der Kathedrale. Unterschiedlich große Zimmer, die im Anbau sollen besser sein. Ein Restaurant ist auch vorhanden.

Adressen/ Weiterreise

- **Telefonieren:** *Codetel,* Calle Bertilio Alfán 160.
- Die Guaguas und Pick-ups nach **Punta Cana** und **Bávaro** fahren von einer Straßenkreuzung ab, an der der Bus aus Santo Domingo seine letzte Station hat, der Terminal heißt Parada Sitrabapur. Die Abfahrtsstelle liegt etwas versteckt, aber die Fahrer der Guaguas setzen die Reisenden in un-

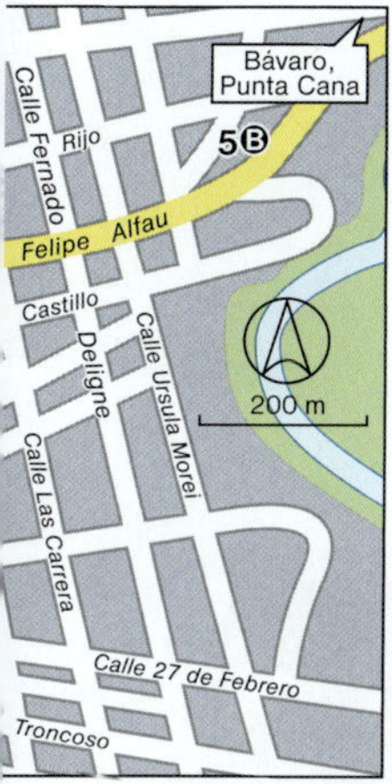

1 Hotel Don Carlos
2 Basílica de Nuestra Señora de Altagracia
3 Busse nach Hato Mayor
4 Busse nach Santo Domingo
5 Busse nach Bávaro, Punta Cana

mittelbarer Nähe des Terminals ab, nur kurz dem Busfahrer Bescheid geben, dass man nach Punta Cana möchte. Fahrplan: ständig von etwa 5 bis 20 Uhr.

- Nach **Santo Domingo** fahren bequeme Busse von einer zentralen Stelle, genau gegenüber dem Park, in dem die Basilika steht. Es handelt sich hierbei um komfortable Reisebusse mit Aircondition, die nach festen Fahrplänen fahren, etwa einmal pro Stunde.

Punta Cana

Keine Frage, hinter diesem Namen verbirgt sich **eines der schönsten Strandziele der Karibik.** Auf einer Länge von gut 30 Kilometern zieht sich ein heller Sandstrand durch nie gezählte Buchten, begrenzt von in Millionen zählenden Palmen und sonst nichts. Da scheint es dann beinahe nebensächlich, dass diese Strandzone eigentlich mehrere Namen trägt: Playa Bávaro, Playa Macao, Punta Cana und Playa del Cortecito. Feinheiten, die den meisten Urlaubern egal sein dürften, denn

146dr Foto: hf

die fühlen sich offenbar sehr wohl dort, egal in welchem Bereich.

Unter dem Begriff „Punta Cana" wird dieser gesamte Küstenabschnitt bei den meisten Reiseveranstaltern verkauft, im Land selbst hat sich auch der Name **„Costa del Coco"** (Kokosnuss-Küste) verbreitet. Tatsächlich wäre dieser gar nicht einmal so falsch gewählt, denn Kokospalmen säumen die gesamte Küste und weite Teile des Hinterlandes.

Auf dem 50-Pesos-Schein abgebildet:
die Basilika von Higüey

Vor noch nicht einmal 20 Jahren gab es auch nicht allzu viel hier. Dieser Zipfel des Landes besaß außer den Kokosnüssen und damit außer Palmen herzlich wenig. Die nächstgrößere Stadt **Higüey** liegt immer noch gute 50 km entfernt. Warum also hierher fahren, sagten sich die Dominikaner. Ausländer kamen sowieso nicht. Dann aber entdeckte die Tourismusindustrie irgendwann einmal **die traumhaften Strände vor den Palmen** und eine Schwindel erregende Entwicklung nahm ihren Lauf. Zuerst entstanden nur einige wenige Hotelanlagen unterhalb des heutigen Flugplatzes an einem Strandabschnitt, der Punta Cana genannt wurde. Dieser Name wurde dann später übernommen für die gesamte Küstenlinie. Denn bald sprach sich vor allem in Europa herum, welch tolle Strände es hier gibt. Und dann dauerte es nicht mehr lange, bis ein **Bauboom** einsetzte. Noch 1990, als der Autor hier zum ersten Mal das Gebiet erforschte, konnten Taxifahrer in Higüey nicht so recht etwas mit dem Begriff Punta Cana anfangen. Vorbei und vergessen!

Viele spanische Hotelketten kamen und bauten vorzügliche Hotelanlagen an die Strände. Weniger tatsächlich in Punta Cana, mehr weiter nördlich vor den Strandzonen von **Bávaro** und **Macao.** Dort liegen wirklich puderzuckerfeine Strände vor einem türkisfarbenen Meer, eingedeckt von unzähligen Palmen (die es so natürlich auch in Punta Cana gibt!). Das ist tatsächlich ein Anblick wie aus dem Bilderbuch.

Gebaut wird noch immer. Weitere Anlagen entstehen, die überwiegend in Strandnähe zu finden sind, aber mittlerweile auch schon in der zweiten Reihe. Verstärkt entstehen auch Ferienwohnungen, als Zielgruppe sind vor allem **US-Amerikaner** angesprochen.

Glücklicherweise wurden bislang „spanische Bausünden" nicht wiederholt. Zumindest mir ist kein Hotel bekannt, das höher als vier Etagen gebaut wurde und damit die Palmen überragt. Da

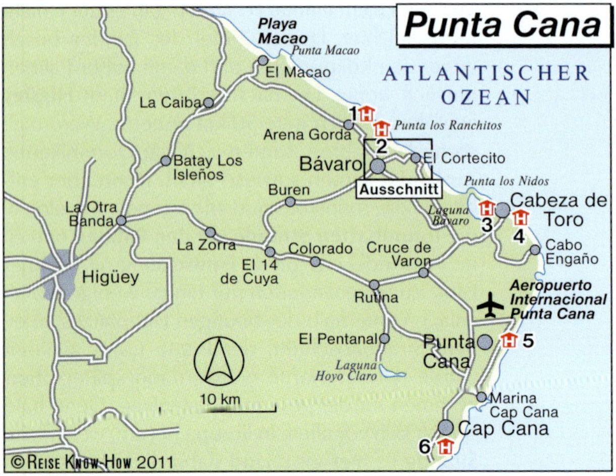

- 1 Hotel Ríu
- 2 Hotel Iberostal Punta Cana
- 3 Hotel Natura Park Eco Resort y Spa
- 4 Hotel Catalonia Bávaro
- 5 Club Mediterranée
- 6 Cap-Cana
- 7 Busterminal
- 8 Hotel Flamboyan
- 9 Hotel Cayacoa
- 10 Hotel Occidental Flamenco
- 11 Gran Paladium Bávaro Resort
- 12 Hotel El Cortecito Inn
- 13 Rest. Capitano Cook
- 14 Hotel Barcelo Bávaro

aber einige Hotelkomplexe mehrere hundert Zimmer haben, entstanden **riesige Hotelzonen.** Teilweise sind sie so groß und weitläufig, dass kleine Shuttlebusse ständig auf dem Gelände pendeln.

Fast alle großen Anlagen bieten das **All-Inclusive-System** an. Einmal in der Heimat bezahlen und dann vor Ort alles genießen. Da aber alle Hotels relativ abgeschieden liegen, bieten sie auch ein breites Animationsprogramm. Verständlicherweise verlassen die wenigsten Gäste einmal ihre Anlage. Obwohl es kinderleicht wäre, denn mittlerweile hat sich auch ein hocheffizientes Bussystem entwickelt, das zuverlässig nach Higüey, der nächstgrößeren Stadt, fährt.

Neben den mittlerweile vier Dutzend großen Hotelanlagen gibt es nur ganz **wenige Unterkünfte für Individualreisende,** die in diesem Buch aber bevorzugt vorgestellt werden sollen.

Wie lang diese Strandzone tatsächlich ist, vermag wohl niemand zu sagen. Manche sprechen von bis zu 50 Kilometern! Ich selbst bin die Strecke von *RIU* bis *Cortecito* mehrfach abgelaufen, in einem Fall bis zum *Natura Park Hotel,* was wohl schon so um die 14 km sein dürften.

Die nördliche Zone wird **Uvero Alto** genannt, wo es bislang noch relativ ruhig war, aber nun auch schon die ersten Hotels stehen.

Rund 10 km weiter südlich liegt die **Playa Macao.** Noch Anfang der 1990er Jahre gab es hier neben einer Art Hängemattenlager keine Unterkünfte. Der ganz große Bauboom ist auch noch nicht ausgebrochen, aber Hotels stehen hier auch schon, und weitere entstehen.

Die folgende Zone wird **Playa Bávaro** genannt. Dort entstanden viele große und überwiegend auch großartige Hotelanlagen auf einer Strandlänge von gut und gerne 15 Kilometern.

Ziemlich mittig liegt dort ein kleines Dörflein namens **El Cortecito.** Hier hausten früher einmal ein paar Fischer und gab es gerade mal ein einfaches

Lokal. Das hat sich grundlegend geändert, aus El Cortecito ist einer der ganz wenigen touristischen Treffs außerhalb der Hotelanlagen geworden. Und etwa zwei Kilometer entfernt im Hinterland entstand eine Art Siedlung, die den allgemeinen Namen **Bávaro** trägt. Dort befinden sich ein paar Shoppingcenter und die zentrale **Busstation.**

Weiter südlich wird es dann entlang der Küste wieder etwas einsamer, was ausdrücklich unter Vorbehalt gesagt wird! Bei der Strandzone **Cabeza del Toro** liegen weitere Hotels und noch weiter südlich (bei *Cabo Engaño*) ebenso, obwohl es dort noch (!) ziemlich urwüchsig ist.

Am südlichsten Abschnitt, Punta Cana, liegen der internationale **Flughafen** sowie eine der ersten Anlagen, die hier überhaupt entstanden, der *Club Méditerranée.*

Aber wie eingangs gesagt, dieses ist nur eine Momentaufnahme. Gebaut wird immer noch, beispielsweise entsteht im Süden die riesige Anlage *Cap-Cana,* die hauptsächlich aus Ferienwohnungen besteht. Für Infos: www.capcana.com.

Sehenswertes

Gibt es etwas Interessantes neben den Stränden? Nicht viel, und jedenfalls wird man sich auch nur schwer aufraffen, wenn man erst einmal am Strand liegt. Man darf es schon so platt sagen: Die Playas hier sind **wahre Traumstrände!** Wunderbar entspannt liegt man unter Palmen im Schatten, ein steter Wind kühlt leicht, das Meer rauscht, Wellen brechen sich ... So in etwa das Klischee, und dem kommt die Wirklichkeit auch recht nahe. Allerdings gibt es auch ständig Animationsangebote (Beachvolleyball, Surfkurse, Merengue-Tanzkurse), die mancher dann auch aus reiner Langeweile annimmt. Daneben gibt es aber keine Besonderheiten, weswegen viele Gäste doch irgendwann einen Ausflug buchen. Oder man besucht wenigstens mal El Cortecito oder Bávaro-Dorf. Dort wird

147dr Foto: hf

man dann zwar hauptsächlich zum Shopping animiert, aber immerhin hat man den Strand einmal verlassen.

El Cortecito

El Cortecito ist der Name eines ehemals winzigen Stranddörfleins, das eigentlich nur aus ein paar Hütten bestand. Zentraler Punkt war (und ist!) die Kneipe *Capitano Cook*. Dort hockt man sehr rustikal am Strand und kann vorzüglich essen. Sehr viele Gäste der umliegenden All-Inclusive-Anlagen kommen hierher, um einmal ein wenig dominikanisches Flair zu erleben. Dieser winzige Ort hat sich aber nun mächtig entwickelt. Es gibt vor allem eine knappe Hundertschaft **Kunst- bzw. Kitsch-Handwerksbuden,** in denen alles touristisch Mögliche und Unmögliche angeboten wird. In der zweiten Reihe liegen noch ein paar Unterkünfte,

Endloser Strand vor endlosem Palmenwald

einige wenige Geschäfte, Bank, Supermarkt, Telefoncenter. Gut zwei Kilometer entfernt befindet sich **Bávaro,** das andere Dorf. Geprägt wird es von **Shopping Centern,** die Namen tragen wie Plaza Punta Cana, Plaza Bávaro oder Plaza Las Brisas. Hauptsächlich auf Touristen ausgerichtet ist das Angebot, ein paar Lokale liegen ebenfalls dort, eine Bank und noch ein Stückchen weiter auch der zentrale Busterminal.

Praktische Reisetipps

Unterkunft

- **Hotel El Cortecito Inn***,** Playa El Cortecito, Tel./Fax 809-552-0640. Ein zweistöckiges Haus mit 70 Zimmern, Pool, das etwas verwinkelt gebaut wurde. Gute Zimmer und nur wenige Schritte vom Strand sowie vom Capitano Cook entfernt.
- **Hotel Cayacoa**,** Av. España, Ecke Av. Francia, Tel. 809-552-0622. Das mittelgroße Haus liegt schon etwas mehr als einen Kilometer vom Strand entfernt vor der Plaza Bávaro an einer stark befahrenen Straße. Die Zimmer sind okay, ein Pool ist vorhanden und ein Restaurant angeschlossen. Zum Strand gelangt man schnell per Motoconcho, ein Fußmarsch ist nicht zu empfehlen (eigene mäßig erbauliche Erfahrungen).
- **Hotel Flamboyan**,** Tel. 809-552-0372. Gar nicht mal so kleines Haus, das runde 150 Meter von der Schnellstraße entfernt, sozusagen hinter der Plaza Punta Cana liegt. Korrekte, aber etwas einfache Zimmer, deren Preis kein Frühstück beinhaltet.

Gastronomie

- **Capitano Cook,** Playa Cortecito. Mittlerweile ein hocheffizientes Lokal, das immer noch gute Fischgerichte zaubert, sogar über einer offenen Showküche, und wo man durchaus nett direkt am Strand sitzen kann. Nur mittags wird es doch ziemlich voll, wenn die All-Inclusive-Gäste hier einfallen. Das geschieht auch, weil Boote die Küste rauf- und runterfahren und mögliche Gäste kostenlos vom Hotel zum Lokal und zurück transportieren.
- Nicht ganz zwei Kilometer im Inland liegen zwei mittelgroße **Shopping Center,** die Fantasienamen tragen: **„Plaza Bávaro"** und **„Plaza Punta Cana".** Dort gibt es eine ei-

214dr Foto: hf

nige Kneipen, nicht wenige in ausländischer Hand. Sicher alles keine sensationellen Läden, aber immerhin doch eine Möglichkeit, außerhalb der A.I.-Anlagen mal zu speisen und einen Drink zu nehmen.

Adressen

- **Banken:** *Banco Popular,* Plaza Bávaro, mit einem Geldautomaten, der auch Maestrokarten nimmt; *Banco Popular,* Playa Cortecito, nur ein Geldautomat, der auch Maestrokarten akzeptiert.
- **Einkaufen:** *Supermercado Amalia* liegt gegenüber vom Restaurant *Capitano Cook* auf der anderen Straßenseite und liefert alles, was man so benötigt.
- **Telefonieren:** *Codetel* hat ein Büro an der c/ Alemania, das ist die Straße, die aus Cortecito hinaus führt zur Hauptkreuzung.

Weiterreise

- **nach Santo Domingo:** Es gibt Direktbusse um 7, 10, 14 und 16 Uhr, die mit einem Pausenstopp in knapp 4 Stunden die Hauptstadt erreichen. Abfahrt ist am zentralen Terminal in Bávaro, Infos unter Tel. 809-552-1678.
- **nach Higüey:** Vom zentralen Busterminal starten regelmäßig Busse, die eine Runde entlang der Hotels drehen, bevor es nach Higüey geht. So passieren sie auch Playa Cortecito. Von Higüey geht es dann weiter mit anderen Bussen oder Guaguas u.a. bis nach Santo Domingo, oder wer nach Samaná will, auch nach Hato Mayor und nach erneutem Umsteigen dort zum Hafen Sabana de la Mar.

- **zum Flughafen:** Zuerst bis zur Kreuzung Cruce de Verón fahren mit dem Higüey-Bus, dort aussteigen und auf einen Bus nach Punta Cana warten, der am Aeropuerto vorbeifährt. Das kann aber schon etwas dauern, sodass hier vielleicht doch mal ein Taxi angebracht wäre.
- **Wassertaxis:** Eine feine Sache, leider nicht ganz billig. Abgesehen von den Booten, die entlang der Strände Gäste für das Capitano Cook einsammeln, kann man auch Boote individuell chartern. Ich selbst bin so schon mehrfach nach einem stundenlangen Fußmarsch entlang des Strandes in wenigen Minuten zum Hotel-Strand zurückgebraust.

Gute Chancen hat man in Höhe Cortecito, aber eigentlich überall, wo schlanke Boote im Wasser dümpeln. Hin und wieder gibt es sogar direkt am Strand einen Hinweis auf „Water-Taxis". Preisangaben zu machen ist unmöglich, ab 20 Dollar ist alles möglich. Kommt auf das Verhandlungsgeschick und vor allem die Entfernung an.

Sabana de la Mar

Sabana de la Mar liegt an der Atlantikküste und ist vor allem als **Fährhafen zur Halbinsel Samaná** von Bedeutung. Der Ort selbst bietet nicht viel, nur einige Holzhäuser, wenig Flair und eine allgemein träge Atmosphäre.

Man kann aber einen Ausflug in den Nationalpark Los Haïtises machen, und zwar über das Hotel Caño Hondo, Adresse und Infos unter www.paraisocanohondo.com.

Praktische Reisetipps

Anreise

- Die Haltestelle der Busse liegt ca. zwei Kilometer außerhalb des Ortes an einer Kreuzung. Manche Busse, besonders jene, die aus **Santo Domingo** kommen, drehen noch eine Ehrenrunde durch den Ort und steuern dabei auch den Fähranleger an. Deshalb sollten Reisende vorher fragen, bevor sie zu früh aussteigen. (*Va al puerto?* – Fahren Sie zum Hafen?) Wer Pech hat, muss an der Kreuzung aussteigen und per Motoconcho oder zufällig vorbeifahrendem Pick-up weiter zum Hafen.
- Wer mit der Fähre von **Samaná** übersetzt, muss etwa 20 m vor der Anlegemole in ein schwankendes Boot umsteigen, das von bis zur Brust im Wasser stehenden Männern die letzten Meter zum Steg geschoben wird. Natürlich werden für diesen Service einige Pesos extra kassiert.

Von der Anlegemole läuft man immer geradeaus bis zu einem zentralen Platz. Dort biegt man nach links in die breite Straße bis zur schon erwähnten Kreuzung, an der die Busse nach Miches bzw. Hato Mayor warten. Manchmal warten die Busse auch direkt an der Mole.

Unterkunft

- **Paraíso Caño Hondo**-*****, je nach Service, ob mit Mahlzeiten oder ohne, Tel. 809-248-5995, www.paraisocanohondo.com. Ökologisch ausgerichtete Naturanlage mit 12 großzügigen Räumen, die im regionalen Stil dekoriert sind. Das Haus liegt am Río Jivales, 9 km außerhalb von Sabana de la Mar am Rande des Naturparks Los Haïtises.

Weiterreise

- Die **Abfahrtsstelle aller Busse** liegt eigentlich zwei Kilometer außerhalb an einer breiten Kreuzung.
- Es verkehren Guaguas nach **Miches** und **Hato Mayor.**
- Nach **Santo Domingo** gelangt man entweder mit einem direkten Bus, oder man steigt in Hato Mayor und später noch einmal in San Pedro um. Wer mit der Fähre einläuft, kann damit rechnen, dass ein direkter Bus nach Santo Domingo schon an Mole wartet.
- Die **Fähre nach Samaná** verkehrt zweimal am Tag: 11 und 17 Uhr. Dauer der Überfahrt: 1½ Stunden, je nach Wellengang. Nicht zu spät kommen, es kann sein, dass sie früher ablegt. Es gibt kein Büro, in dem die Tickets für die Fähre verkauft werden, kassiert wird an Bord. Die Fähre legt nicht direkt am Steg an, zuerst muss jeder in ein kleines Boot klettern, das zur Fähre geschoben wird. Die Fähre transportiert nur Personen, Preis: 150 R.D.$. Autos können nicht mitgenommen werden.
- nach **Higüey und Punta Cana:** zuerst einen Bus nach Hato Mayor nehmen, dort umsteigen in einen Bus nach Higüey. Mit Pech noch ein weiteres Mal unterwegs in El Seibo. Von Higüey geht es dann weiter an die Strände. Eine umständliche Reise, die sich ziemlich hinzieht. Ich hatte es vor Jahren mal gemacht, um von Las Galeras (Samaná) nach Bávaro zu kommen. Es klappt schon, aber der Tag geht dabei drauf.

Miches

Miches zählt zu den abgelegeneren und von Touristen kaum besuchten Zielen. Der **Ort** hat keine hervorstechenden Sehenswürdigkeiten, weist dagegen eine träge, schwüle Atmosphäre auf. Angenehm fallen die vielen bunt bemalten Holzhäuser

125dr Foto: hf

auf. Die Stadt wirkt verschlafen, es herrscht wenig Leben in den Straßen.

Die **schönen, einsamen Strände** liegen ca. fünf Kilometer außerhalb des Ortes. Das Hinkommen muss selbst organisiert werden, am einfachsten per Motoconcho. Die Strände sind hellsandig, von Palmen gesäumt und völlig einsam. Hierher verirrt sich kaum jemand.

Wer sich hier niederlässt, erlebt eine Stadt, die garantiert **noch nicht vom Tourismus geprägt** ist und einsame Strände aufweist.

Praktische Reisetipps

Anreise

- Von **Sabana de la Mar** in weniger als einer Stunde, allerdings auf ziemlich schlechter Straße. Endstation ist der zentrale Platz direkt am Meer.

Unterkunft

- **Cabañas Cocoloco**,** Tel. 809-980-7903, www.puntaelrey.com. Eine kleine Anlage mit zehn vernünftigen Bungalows, die direkt am Strand, aber ein paar Kilometer vom Ortszentrum entfernt liegt. Im Haupthaus gibt es eine kleine Bar und dort wird auch gespeist. Am besten mit Motoconcho hinfahren.

• **Hotel La Loma***,** Tel. 809-553-5564. Das Haus liegt direkt in Miches leicht erhöht, mit einem schönen Blick über die Bucht, und hat acht DZ sowie ein Restaurant.

Adressen

• **Telefonieren:** *Codetel,* Calle Gastón F. Deligne 130.

Weiterreise

• Nach Higüey und nach Sabana de la Mar geht es etwa halbstündlich, die weiteren Anschlüsse müssen dann dort organisiert werden, was aber zumeist unproblematisch ist. Nach Sabana starten Guaguas von einer Station im westlichen Ortsteil, während die Guaguas nach Higüey vom östlichen Ortsteil unweit der Brücke bei der Tankstelle starten.

Umgebung von Miches

Lagunas Redonda y Limón

Dieses 1986 gegründete **Naturreservat** liegt etwa 25 km von Miches entfernt, entlang der Küstenstraße in grober Richtung nach Punta Cana.

Es ist nicht mit dem Auto **zu erreichen,** die letzten 1000 Meter müssen zu Fuß zurückgelegt werden, Ausgangspunkt ist ein Dorf namens Las Guineas.

Das Reservat besteht aus **zwei Lagunen,** die von Mangroven und tropischem Feuchtwald umgeben sind. Mit etwas Glück erspäht man Wasservögel wie Pelikane, Reiher oder Fischadler.

149dr Foto: hf

SÜDWESTEN

ÜBERBLICK

Der Südwesten ist der unbekannte Teil der Insel, kaum jemand erkundet diese Gegend, dabei zeigt sich die **Landschaft** äußerst abwechslungsreich. In der näheren Umgebung von Santo Domingo dominiert noch die grüne Farbe, speziell in der

Nähe von San Cristóbal herrscht eine üppige Vegetation vor. Teilweise ist das Land gebirgig, so vor allem im äußersten Westen beim Lago Enriquillo. Je weiter man nach Westen fährt, desto verkarsteter präsentiert sich die Landschaft, nicht nur eine Folge des geringen Niederschlages, sondern auch des Raubbaues. Wo der Boden kultivierbar ge-

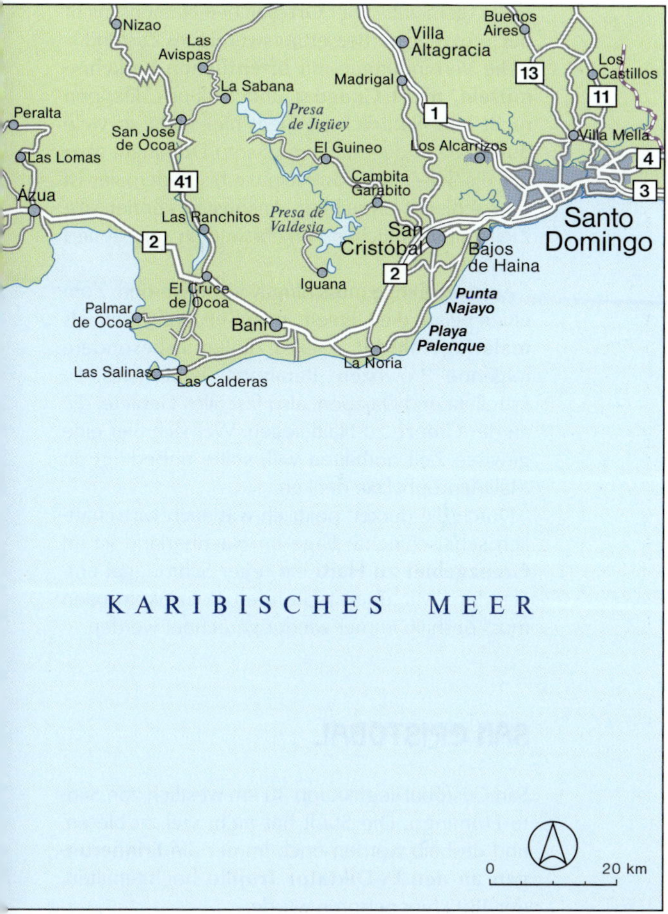

macht werden konnte, werden hauptsächlich Kaffee, Bananen und Zuckerrohr angebaut.

Die meisten Ziele setzen ein Minimum an Spanischkenntnissen voraus. Speziell in den abgelegeneren Orten an der Grenze zu Haiti sind Touristen noch selten anzutreffen.

Die **Straßen** sind meistens in Ordnung, nur die Strecke von Barahona entlang der Küste bis Enriquillo (gemeint ist der Ort gleichen Namens, nicht der See) ist in verbesserungswürdigem Zustand.

Die Verbindungen mit **öffentlichen Verkehrsmitteln,** meist Guaguas und Pick-ups, klappen recht gut. Natürlich pendeln hier nicht so viele Busse wie in der Nähe von Santo Domingo, aber nur die äußerste Südwestspitze bis Pedernales ist sehr schlecht erreichbar. Ansonsten können alle Ziele mit öffentlichen Verkehrsmitteln angesteuert werden.

Auf zwei Dinge muss hingewiesen werden. Zum einen gelten die Gebiete im äußersten Westen als **malariagefährdet.** Hierzu zählen insbesondere folgende Provinzen: Barahona, Pedernales, La Estrelleta und Dajabón, also fast alles Gebiete, die an der Grenze zu Haiti liegen. Wer sich hier eine gewisse Zeit aufhalten will, sollte unbedingt an Malariaprophylaxe denken.

Durch die derzeit politisch wie auch wirtschaftlich sehr schlechte Lage im Nachbarland ist im **Grenzgebiet zu Haiti** ein reger Schmuggel entstanden. Mit überraschenden Polizeikontrollen muss deshalb immer wieder gerechnet werden.

San Cristóbal

San Cristóbal liegt knapp 30 km westlich von Santo Domingo. Die Stadt hat nicht viel zu bieten, und deshalb werden noch immer die **Erinnerungen an den Ex-Diktator Trujillo** hochgehalten, der 1892 hier geboren wurde.

Sehenswertes

Alle Sehenswürdigkeiten stehen im Zusammenhang mit dem Ex-Diktator *Trujillo.*

In der hellgelben **Kirche** Parroquía de Nuestra Señora de Consolación kann sein Mausoleum besichtigt werden, das Grab befindet sich aber in Paris. Der Trujillo-Clan, der Mitte 1961 fluchtartig das Land verlassen musste, ließ sich zunächst in Paris nieder, den Leichnam des Diktators im Gepäck. Hier beerdigten sie das ermordete Familienoberhaupt auf dem Prominentenfriedhof Père-Lachaise. Später musste der Clan auch Frankreich verlassen und wurde mit offenen Armen in *Francos* Spanien aufgenommen, das Grab ließen sie jedoch in der französischen Hauptstadt bestehen. Wer sich mit Muße in der Kirche umschaut, wird die schönen Deckenmalereien würdigen können.

Kirche in San Cristóbal

Der Trujillo-Kult hat auf dem Vorplatz ein **Denkmal** entstehen lassen, Monumento Piedras Vivas (Denkmal der lebenden Steine), das die Stelle markiert, an der das Geburtshaus von *Trujillo* stand.

Das **Schloss Trujillos,** Castillo del Cerro, liegt ein paar Kilometer außerhalb und ist problemlos per Motoconcho zu erreichen. Es ist ein eigenwillig anmutendes sechsstöckiges Gebäude, das angeblich von Trujillo-Anhängern als Geschenk an den Diktator gedacht war. Es kursieren genügend Gerüchte um Orgien und wilde Feste, die die Kinder von *Trujillo* hier gefeiert haben sollen. Der Diktator selbst wohnte nicht oft dort. Nach seiner Ermordung im Jahre 1961 stand das Gebäude jahrelang leer, bis es 1979 von mehreren Hundert Obdachlosen, deren Häuser der Hurrikan David zerstört hatte, okkupiert wurde. Mittlerweile wird von Regierungsseite versucht, das zerfallene Bauwerk zu renovieren.

Praktische Reisetipps

Anreise

- Von **Santo Domingo** ab dem Parque de la Independencia per Guagua, am besten bis zum Hauptplatz in San Cristóbal fahren. Es verkehren ständig Busse, sodass niemand lange warten muss.

Gastronomie

- Rings um den zentralen Platz liegen einfache Restaurants, eines hat eine Terrasse mit Blick auf die Plaza.

Adressen

- **Bank:** *Banco Popular,* am zentralen Platz.
- **Telefonieren:** *Codetel,* Calle Mella, Ecke Calle Constitución, gegenüber der Polizeiwache.

Weiterreise

- Nach **Santo Domingo** fahren ständig Busse und Guaguas vom zentralen Platz ab.
- Nach **Najayo** und **Palenque** starten die Guaguas von einer anderen Abfahrtstelle, die zwei Blocks vom Hauptplatz entlang der breiten Verbindungsstraße bis zur Tankstelle zu finden ist. Dort geht es recht hektisch zu, man muss sich zum richtigen Bus durchfragen.

003sm Foto: sm

PLAYA NAJAYO

Dieser Name bezeichnet einen **kleinen Strandabschnitt** von wenigen hundert Metern, nichts Besonderes, aber dies war einmal *Trujillos* Privatbesitz. Ein paar **Kioske** bieten Verpflegung an, der Strand ist feinsandig, aber nicht hell, es herrscht eine gewisse **Brandung** vor. Touristen verirren sich praktisch nie hierher. Es ist die erste ruhige Bademöglichkeit außerhalb von Santo Domingo, deshalb haben sich einige begüterte Ausländer hier Häuser gekauft. Eine Besonderheit ist die an der Hauptstraße befindliche Telefonzelle, die mit einem Sonnenkollektor betrieben wird.

Im Südwesten sind die Strände oft noch naturbelassen

PALENQUE

Die Busse, die von San Cristóbal kommen, enden in dem Ort Palenque, erschließen einen **winzigen Ort** mit einem sehr **weitläufigen Strand.** Der Strand zieht sich über etliche Kilometer durch mehrere Buchten, der Sand ist etwas dunkler und von Palmen gesäumt. Eine **Mole** aus Beton ragt ins Meer hinein, hier wurde in früheren Zeiten Zuckerrohr in größeren Mengen verladen, heute dient die Mole als Sprungturm für die Dorfjugend. Unter der Woche ist nicht viel los, am Wochenende wird es aber meist trubeliger.

Praktische Reisetipps

Anreise

- Busse aus **Santo Domingo** (Abfahrt: Parque Enriquillo) mit Ziel Palenque halten direkt vor dem Hotel am Ende der Fahrt.

Unterkunft

- **Hotel Playa Palenque**,** Tel. 809-243-2525, www.hotel-playa-palenque.net. Ein kleines, gemütliches Hotel, das von einem Schweizer geleitet wird. Es hat einen schönen Tropengarten, einen Pool und ein Restaurant und bietet acht große Zimmer. Jeder Raum hat einen Balkon.

BANÍ

„Wasserreichtum", so lautet die Übersetzung des Taino-Wortes *Baní,* und die Tainos sollen hier schon lange vor *Kolumbus'* Ankunft **gesiedelt** haben. Später kamen kanarische Einwanderer, die sich im Zuckerrohr- und Kaffeeanbau versuchten. Heute zählt die Provinzhauptstadt etwa 40.000 Einwohner.

Der größte Sohn der Stadt war **Máximo Gómez,** der 1836 in Baní geboren wurde. Er spielte eine führende Rolle in den Unabhängigkeitskämpfen auf der Nachbarinsel Kuba. Am Parque Central, in der Calle Presidente Billini, sind **Wandmalereien** zu finden, die an *Gómez* und seine Taten auf Kuba

047dr Foto: hf

erinnern. Diese riesigen Portraits, die neben *Gómez* auch andere Helden der Nation zeigen, sehen wirklich beeindruckend aus.

An einer anderen Stelle des Ortes erinnert ein kleiner Park an sein **Geburtshaus,** hier werden Reste der Hütte aufbewahrt, in der er das Licht der Welt erblickte, sogar die Straße wurde schließlich nach ihm benannt, Calle Máximo Gómez.

Praktische Reisetipps

Unterkunft

- **Hotel Caribani**,** Calle Sánchez 12, Tel. 809-522-3871. Zentrale Lage beim Park, 28 korrekte Zimmer, Bad und TV. Ein Restaurant ist angeschlossen.

Gastronomie

- **Restaurante La Gran Parada,** liegt am Ortsausgang in Richtung Barahona, so etwas wie eine Mischung aus Fernfahrerkneipe und Autobahnraststätte mit viel Trubel und breiter Essensauswahl.
- **Pizzería Yarey,** c/ Sánchez 10. In der unmittelbaren Nachbarschaft vom Hotel Caribani zu finden. Neben Pizza gibt es auch Fischgerichte.

Kunstvolle Wandmalerei zu Ehren von Máximo Gómez

Ázua

Der vollständige Name dieser mittelgroßen Stadt lautet Ázua de Compostela, und auch sie zählt zu den ältesten Ortschaften des amerikanischen Kontinents. Bereits 1504 siedelte sich hier **Diego Velázquez** an, der schon 1493 mit Kolumbus während dessen zweiter Reise auf die Insel kam, und der bei der Eroberung von Kuba eine Rolle spielte. Damals lag die Siedlung Ázua allerdings noch gut 15 km vom heutigen Standort entfernt, nämlich unten am Meer. Dort entstand ein **Hafen,** und die Siedlung prosperierte recht schnell. Das zog in späteren Jahren Piraten an, die die Stadt schließlich mehrfach plünderten. Zu allem Unglück zerstörte 1751 auch noch ein **Erdbeben** die gebeutelte Ortschaft. Das war fatal, denn zum damaligen Zeitpunkt konkurrierte Ázua aufs heftigste mit Santo Domingo.

Nach all den Unglücken beschlossen die damaligen Stadtväter, den ganzen Ort einfach umzusiedeln an einen sicheren Platz, also weiter ins Hinterland. Dort kamen die Einwohner allerdings vom Regen in die Traufe, denn im vergangenen Jahrhundert überfielen mehrfach **haitianische Truppen** das neue Ázua. So wurde 1849 die haitianische Armee unweit von Ázua am Berg El Número vernichtend geschlagen, ein kleines Denkmal erinnert noch heute daran. Die flüchtenden Truppenreste der Haitianer sollen daraufhin ein letztes Mal die Stadt geplündert haben, eine Art letzte Rache, denn bereits fünf Jahre früher hatte sich die Dominikanische Republik ihre Unabhängigkeit erkämpft, ebenfalls in einer Schlacht gegen Haiti bei Ázua.

Und genau daran erinnert ein wuchtiges **Denkmal** mitten im Parque Central, die Inschrift sagt es klar und deutlich: „El Municipio de Ázua a los Héroes de la batalla del 19 de Marzo de 1844" (Die Gemeinde Ázua den Helden der Schlacht vom 19. März 1844). Dies ist auch die einzige

048dr Foto: sm

echte Sehenswürdigkeit des Ortes, neben einer kleinen Statue zu Ehren des Kaziken *Enriquillo,* die bezeichnenderweise vor der Polizeikaserne steht, an der Straße, die in den Ort führt.

Das **Stadtbild** rund um den Parque Central zeigt sich recht friedlich, nicht ganz so hektisch wie so oft in Städten vergleichbarer Größe. Viele kleinere Häuser sind zu finden, darunter eine ganze Reihe von bunt bemalten Holzhäusern, allerdings wird es auch spürbar heißer als in den Städten im Osten der Insel.

Denkmal in Ázua

Praktische Reisetipps

Unterkunft

- Zurzeit keine Unterkunftsempfehlung

Gastronomie

- **El Gran Segovia,** Calle Sánchez 31, einst von einem versprengten Spanier etabliert. Hier wird heute dominikanische Küche angeboten. Zu finden: entlang der Hauptstraße etwas außerhalb vom Zentrum Richtung Baní. Auffällig geschmückt mit nautischen Dekorteilen und ziemlich rustikal-gemütlich eingerichtet.

Adressen

- **Banken:** *Banco Popular* mit einem Geldautomaten steht an der c/ Duarte, etwa einen Block vom Parque Central entfernt.

Weiterreise

- Per *Caribe Tours* nach **Santo Domingo:** 7.15, 7.30, 10.45, 11.15, 14.45, 18.15, 18.30 Uhr.
  (*Caribe Tours:* c/ Fátima, Ecke Emilio Prud'Homme, Tel. 521-5088)
- **Guaguas nach Santo Domingo** starten regelmäßig und häufig ab Parque Duarte. Express-Busse benötigen gut eine halbe Stunde weniger Fahrtzeit.

BARAHONA

Die Stadt liegt im selten besuchten Südwestteil der Insel, ca. 200 km von Santo Domingo entfernt. Barahona eignet sich als Ausgangspunkt für **Erkundungstouren** in die abgelegenen Orte nahe der Grenze zu Haiti, wie zum Lago Enriquillo oder zu den Stränden bei Paraíso.

Der ganze Ort zeigt sich relativ **ruhig** und ohne hervorstechende Sehenswürdigkeiten, allerdings steigen hier spürbar die **Temperaturen.**

Es ist eine Mischung aus leichter Abgeschiedenheit, Trägheit (durch die Hitze) und - nicht zu übersehen - teilweise auch Nachlässigkeit. Nicht alle **Häuser, viele noch aus Holz** gebaut, sind pittoresk zu nennen, manches ist in einem ziemlich unschönen Zustand.

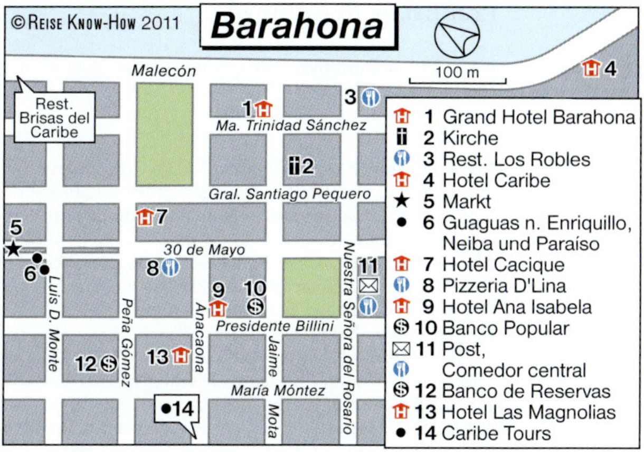

In den Randgebieten liegt sogar eine kleine Strandzone, die ursprünglich einmal als die Basis für ein groß angelegtes **Tourismusprojekt** gedacht war, aber von einer Realisierung ist nichts zu spüren. Viel zu sehen gibt es tatsächlich nicht, und alles liegt dicht zusammen. Besucht werden kann der Markt, die nicht zu große Ortskirche und der zentrale Platz. Abends dann noch einen Spaziergang entlang des Malecón, das war's dann auch schon.

Erstaunlicherweise existieren in dieser Stadt ohne Sehenswürdigkeiten **eine ganze Menge Hotels,** und viele davon bereits seit mehr als zwei Jahrzehnten.

Gegründet wurde Barahona erst im Jahr 1802 von *Toussand L'Ouventure,* der für die Unabhängigkeit Haitis kämpfte.

Lesertipp: Interessanterweise gibt es auch einen **Markt,** der überwiegend von Haitianern betrieben wird. Zu finden: drei, vier Parallelstraßen südostwärts der Straße, wo Caribe Tours hält.

Praktische Reisetipps

Anreise

- Von **Santo Domingo.** per Bus der Gesellschaft *Caribe Tours* in ca. 3½ Stunden.

Unterkunft

- **Hotel Caribe**,** Av. Enriquillo 27, Ecke Calle Duarte, Tel. 809-524-4111, www.hotelcaribe.do. Ein Hotel am Rande der Stadt mit 31 angenehmen Zimmern. Aircondition, Garten, Restaurant.
- **Hotel Cacique*,** Calle Peña Gómez 2, Tel. 809-524-4620. Ein kleines, einfaches Haus, das nur wenige Zimmer hat, die meisten liegen an einem Innenhof.
- **Hotel Ana Isabela***,** Av. Ptde. Billini 16, Ecke Anacaona, Tel. 809-524-4117, Fax 809-524-6656. Die 40 Zimmer sind recht klein, aber besitzen Dusche, Aircondition und TV. Eine Cafetería ist angeschlossen.
- **Hotel Las Magnolias**,** Calle Anacaona 13, Tel. 809-524-2244. Ein Haus in zentraler Lage. Die 38 Zimmer weisen unterschiedlichen Standard auf, nachts läuft der Generator, deshalb Zimmer zur Straße vermeiden.
- **Gran Hotel Barahona**-***,** c/ Jaime Mota 5, Tel. 809-524-3442. Solides, zweistöckiges Steinhaus mit 39 gut eingerichteten Zimmern, die einen Balkon haben, außerdem Internetzugang, Restaurant und ein eigener Parkplatz.

Gastronomie

- **Brisas del Caribe,** Av. Enriquillo, gute 400 Meter außerhalb der City in nördlicher Richtung, Tel. 089-524-2794. Der Name stimmt: Meerblick und frische Brise zu Fischgerichten.
- **Pizzería D'Lina,** Av. 30 de Mayo 11, seit langem bewährte Pizzeria.
- **Comedor Central,** liegt beim Park neben Codetel. Einfaches Lokal, etwas nach hinten versetzt, bietet dominikanische Küche.
- **Los Robles,** Malecón, Ecke c/ Nuestra Señora del Rosario. Gutes Lokal mit netter Innenhof-Terrasse, in dem Fisch, Fleisch und Pizza angeboten werden.

Adressen

- **Banken:** *Banco Antillano,* Calle Pdte. Billini; *Banco Popular,* Calle Pdte. Billini; *Banco de Reservas,* Calle Uruguay.
- **Busgesellschaft:** *Caribe Tours,* Calle Anacaona 4, Tel. 809-524-4952.
- **Post:** Calle Nuestra Señora del Rosario 34.

Weiterreise

- Nach **Santo Domingo** per *Caribe Tours* 6.15, 9.45, 13.45 und 17.15 Uhr.
- Nach **Neiba, Paraíso, La Descubierta** (umsteigen in Neiba) per Guagua, die alle am Marktplatz starten.

Strände südlich von Barahona

Südlich von Barahona verläuft eine **Straße immer entlang der Küste,** bietet teilweise traumhafte Ausblicke. Die Gegend wird immer einsamer, nur wenige Ortschaften werden noch passiert. Die Straße schlängelt sich schließlich einmal um die Halbinsel Baoruco, im Hinterland erhebt sich ein nicht passierbares Gebirge, die Sierra de Baoruco. Die Straße ist hervorragend ausgebaut und führt ständig am Meer entlang, sodass man jederzeit an einer schönen Stelle aussteigen kann.

Touristen kommen so gut wie nie hierher, von daher sind Spanischkenntnisse absolut notwendig. Alles in allem: eine Ecke für **Entdecker.** Auch muss damit gerechnet werden, dass die Dorfbewohner natürlich neugierig auf so einen seltenen Besucher reagieren.

Juan Esteban

Unterkunft

• **Casablanca**,** 10 km südlich von Barahona auf einer Klippe, ca. 15 Meter über dem Meer gelegen, Tel. 809-471-1230, www.hotelcasablanca.com.do. Mehrere Leser waren begeistert! Eine kleine charmante Anlage mit nettem Garten und sechs unprätentiösen Zimmern („kein Warmwasser, keine AC" schreibt ein Leser), aber in sehr angenehmer, persönlicher Atmosphäre. Gutes Frühstück wird serviert, auf Wunsch auch ein sehr leckeres Abendessen, die Schweizer Betreiberin ist vom Fach.

Playa El Quemaito

Nach dem Verlassen von Barahona wird nach vielleicht zehn Kilometern ein Hinweisschild zur Playa El Quemaito erreicht, dort liegt das kleine Hotel El Quemaito, das 2008 komplett renoviert wurde.

Unterkunft

• Das **Hotel El Quemaito**-***,** liegt etwas erhöht auf einem Felsen und bietet einen herrlichen Blick aufs Meer, sogar ein Pool ist vorhanden, Tel. 809-649-7631, www.hotelquemaito.com.

San Rafael

Ein sehr **schöner, einsamer Naturstrand** befindet sich in San Rafael, etwa zwei Kilometer vor Paraíso. Hier mündet ein Süßwasserfluss ins Meer, sodass man sich nach dem Baden im Meer das Salz im Fluss abwaschen kann.

Ein einziges Hotel ist jetzt zu finden, wenn auch nicht ganz einfach.

Unterkunft

- **Casa Bonita******, Tel. 809-476-5059, www.casabonitadr.com. In ziemlicher Abgeschiedenheit liegt das „schöne Haus". Auf einem Hügel, unweit des Fischerdörfchens Baoruco gelegen, lädt die Casa Bonita zum Entspannen ein. Insgesamt 12 komfortable Räume werden angeboten, Restaurant, Bar und Pool sind vorhanden, diverse Ausflüge können arrangiert werden, und der Panoramablick ist unschlagbar. Das ganze Ambiente ist schon etwas edler und am Wochenende wird das Haus gerne von wohlhabenden Dominikanern besucht. Von Barahona 16 Kilometer fahren bis zur einzigen Brücke auf dieser Strecke, dort ca. 30 Meter vorher rechts in einen Schotterweg abbiegen, der bergauf zur Casa Bonita führt.

Paraíso

„Alle Welt sucht es, wir leben schon dort", sagte mir nicht ohne Stolz der Besitzer des kleinen **Hotel El Paraíso*-**** (Tel. 243-1080). Das Haus ist einfach eingerichtet, preiswert und gleichzeitig die einzige Unterkunftsmöglichkeit, ohne Restaurant. Nach einer Renovierung sind die Zimmer wieder in Schuss. Der Strand liegt genau gegenüber jenseits der Straße und einen kleinen Pool hat das Haus auch.

Vom Garten schaut man über die Straße direkt auf den Strand und das Meer, lässt sich derweil den **Wind** um die Nase wehen. Und der bläst kräftig hier, sodass es im Wasser zu starkem Wellengang und, unangenehmer noch, zu Unterströmungen kommt.

In Paraíso ist nichts los, viel mehr als **Spaziergänge** am Strand und abends durchs Dorf kann man nicht machen. Vielleicht sieht ja so wirklich das Paradies aus.

Los Patos

Noch ein kurzes Stückchen weiter liegt der **Strand** von Los Patos. Die Leute vom Hotel Paraíso meinten, dieser sei noch schöner als ihr eigener, aber die brauchen ihr Lichtlein nicht so unter den Scheffel zu stellen. Auf jeden Fall fällt er breiter aus, und es haben sich hier auch ein paar *chiringuitos* angesiedelt, kleine **Restaurants,** direkt am Strand.

Unterkunft

- **Hotelito Oasis Italiana***** mit Vollpension (!), c/ José Carrasco, Tel. 829-926-9796. Ein italienisch geführtes kleines Haus mit korrekten Zimmern, die in einem soliden rotweißen Steinhaus leicht erhöht liegen. Schaukelstühle auf der Veranda, Pool, unterschiedlich eingerichtete Räume. Die italienische Küche wird sehr gelobt und der Strand liegt fast vor der Haustür.

Enriquillo

Enriquillo liegt am Endpunkt der **Straße,** die von Barahona kommt. Zwar gibt es eine weitergehende Strecke bis nach Pedernales, aber die könnte besser in Schuss sein, deshalb wird sie auch äußerst selten von einer Guagua befahren.

Enriquillo ist ein **kleiner Ort,** der früher vom Fischfang lebte. Heute hat sich die Stadt mehr zu einem **Handelsplatz** für die Bewohner der umliegenden Dörfer entwickelt. Einen kleinen zentralen Platz, mehrere Kaufläden und ein **kleiner Sandstrand** sind hier zu finden. Der Ort ist durchsetzt mit vielen Steinhäusern und wenigen Holzhäusern.

Nationalpark Jaragua

Die Straße führt schließlich weiter bis nach Oviedo, einem kleinen Ort, der als **Zugang zum Nationalpark** Jaragua interessant wäre. Dieser knapp 1400 km² große Nationalpark liegt an der äußersten Spitze der Halbinsel Baoruco, 700 km² davon sind **Meeresschutzgebiet,** dort wird auch ein großes Korallengebiet und der Lebensraum von Manatís geschützt.

Kennzeichnend sind große **Trockenwälder** mit Mahagoni und Balsamstämmen; auch viele Kakteen wachsen in dem niederschlagsarmen Klima.

Ein idealer **Lebensraum** für so scheue Tiere wie Schlitzrüssler, Hutia und verschiedene Leguane, außerdem nisten hier 130 verschiedene Vogelarten. Auf der nahe zum Meer liegenden Lagune Laguna de Oviedo gibt es die größte Flamingokolonie des ganzen Landes. Diese absolute Einsamkeit hat auch Wasserschildkröten angelockt, die zur nächtlichen Eiablage an die Playa Larga kriechen. Der Strandabschnitt liegt aber schon so einsam, dass er kaum erreichbar ist.

Von Barahona dauert es rund eine Stunde Autofahrt bis **Oviedo.** Etwa drei Kilometer vor dem Ort befindet sich ein Häuschen der **Nationalparkverwaltung,** wo es Infos gibt und wo auch der Eintritt bezahlt werden kann. Ungefähr einen Kilometer vor Oviedo geht es links ab zur **Oviedo-Lagune,** die besonders reich an Wasservogelarten ist.

Etwa 12 km vor Pedernales geht es links ab in Richtung **Bahía de las Aguilas,** einem Traumstrand (ca. acht Kilometer von der Straße entfernt), wo Meeresschildkröten nisten. Auch dort steht ein Rangerhaus. Mit großer Wahrscheinlichkeit wird der Besucher an diesem kilometerlangen Strand alleine sein, was aber einen anstrengenden einstündigen Fußmarsch vom Rangerhäuschen voraussetzt oder einen Geländewagen.

Zitat einer Leserin: „Selten habe ich so viele Muscheln am Strand gesehen – traumhaft."

Lago Enriquillo

Der Lago Enriquillo ist mit 300 km² der größte **Binnensee** der Antillen. Beeindruckendes Detail:

Der See liegt 44 Meter unter dem Meeresspiegel, Ergebnis von Jahrmillionen dauernden tektonischen Bewegungen.

In seiner Mitte befindet sich eine zwölf mal zwei Kilometer große Insel, die **Isla Cabritos,** die zu einem Nationalpark erklärt wurde. Hier sind über 150 verschiedene Vogelarten anzutreffen, und sogar **Krokodile** gibt es. Diese dürften für viele der Hauptgrund eines Besuches sein, aber leider sind sie nur schwer erkennbar. Meist liegen sie regungslos am Ufer, bestens getarnt, vielleicht gerade das Maul ein wenig geöffnet. Auf der Insel wurden übrigens Temperaturrekorde von an die 60 °C gemessen, also Vorsicht vor der Sonne!

Der **Ort La Descubierta** ist Ausgangspunkt für einen Ausflug zur Isla Cabritos. Es gibt hat einen Balneario, das ist eine Bademöglichkeit an einem Flusslauf, die idyllisch unter Bäumen liegt. Da dort auch ein paar Restaurants zu finden sind, ist es ein Treffpunkt für alle geworden. Der Ort selbst ist ziemlich unscheinbar, man merkt schnell die abgeschiedene Lage. Wie jeder etwas größere Ort im Grenzgebiet sitzt auch in La Descubierta ein Wachtposten am Ortseingang. Da sich nicht oft Gringos in diese Ecke verirren, werden sie hin und wieder gründlicher kontrolliert.

Der **Ausflug zur Insel** ist sehr interessant, wer will, kann es auch auf eigene Faust organisieren. Allerdings bieten mittlerweile alle größeren Reisebüros auch schon organisierte Touren an.

Die **Boote,** die zur Insel übersetzen, fahren von einem Punkt ab, der ca. zwei Kilometer außerhalb von La Descubierta in Richtung Neiba entfernt liegt. Die Ablegemole wird **La Azufrada** genannt. Die Dauer der Tour liegt bei zwei bis drei Stunden. Der Preis beträgt ungefähr 20 Euro pro Person, ein Führer muss extra bezahlt werden.

Die Abfahrt erfolgt immer sehr früh, nämlich zwischen sieben und acht Uhr, da es ab zehn Uhr zu heiß wird und auch die Krokodile dann lieber im Wasser verschwinden. Da aber viele Touristen

001dr Foto: sm

doch später kommen, legt normalerweise auch bis 12 Uhr noch ein Boot ab.

Auf der Insel befindet sich ein kleines Naturkundemuseum, außerdem sind verschiedene Wanderwege angelegt. Wer Krokodile sehen möchte, der muss in einem 30-minütigen Fußmarsch die Insel überqueren (Vorsicht: ab 10 Uhr sehr heiß, da schattenlos!). Auf der Südseite liegt der Sandstrand La Caimanera, wo sich ständig Krokodile aufhalten. Niemals ohne Begleitung hingehen, nur unter Aufsicht eines erfahrenen Rangers; die Tiere sehen so träge aus, sind aber blitzschnell! Bei diesem Besuch geht es durch einmalige Kakteenwälder, wobei Wirtelschwanzleguane beobachtet werden können. Unumgänglich ist die Mitnahme von Trinkwasser!

Wer die Überfahrt scheut und trotzdem Krokodile beobachten möchte, der muss bei Sonnenaufgang zur Abfahrtsstelle bei La Azufrada kommen, dort können bis etwa 9 Uhr Krokodile, die hier „übernachtet“ haben, beobachtet werden.

Am Lago Enriquillo

Nur Kakteen gedeihen hier gut

049dr Foto: sm

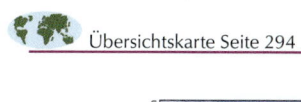

Kurz vor dem Erreichen von La Descubierta liegt auf der dem See abgewandten Straßenseite hoch oben an der Felswand die möglicherweise bekannteste Hinterlassenschaft der Tainos. Hier wurden **Felsmalereien** gefunden, *Las Caritas* (die Gesichtchen) genannt. Die Malereien werden als gemalte Gottheiten gedeutet. Dieser Platz wird auch *El trono de Enriquillo* (der Thron von *Enriquillo*) genannt. Hier soll der legendäre Kazike der Tainos seinen bevorzugten Platz gehabt haben.

Praktische Reisetipps

Anreise

• Vom Marktplatz in **Barahona** muss man zuerst in eine Guagua bis Neiba einsteigen. Die Straße führt durch weitläufige Zuckerrohrfelder und Bananenplantagen.

In **Neiba** muss man dann am zentralen Platz umsteigen. Es fahren meist Pick-ups, aber auch einige Guaguas bis La Descubierta. In Neiba findet am Mittwoch- und Samstagvormittag ein Markt statt, zu dem die Dorfbewohner aus der Umgebung kommen und sich eindecken. Die Wagen, die danach Neiba verlassen, werden direkt hinter dem Ort gründlichst vom Militär kontrolliert. Die Fahrgäste müssen für alle Waren Kaufbescheinigungen vorlegen, deshalb dauert die Kontrolle etwas länger. Man fürchtet den Schmuggel über die Grenze nach Haiti.

Die **Strecke bis La Descubierta** ist sehr eindrucksvoll, man erreicht sehr schnell die Ausläufer des Sees, und die Straße verläuft kilometerlang immer in Sichtweite. Links

ENRIQUILLO

Der wohl bekannteste Taino war ein **Häuptlingssohn** namens *Enriquillo*. Dies war sein Taufname, denn er wurde im Franziskanerkloster in Santo Domingo unterrichtet und schließlich getauft.

Als er in den Dienst eines Spaniers trat, musste er erleben, wie der Sohn jenes Mannes seine Frau vergewaltigen wollte. Sofort flüchtete er mitsamt einigen Getreuen, für die er immer noch der große Kazike war. Viele Jahre konnte er sich **in den Bergen verstecken,** immer mehr Tainos schlossen sich ihm an.

Dass ein Taino sich derartige Freiheiten herausnahm, konnten die Spanier nicht durchgehen lassen. Jahrelang versuchten sie vergebens, ihn ausfindig zu machen, so entbrannte ein dauernder **Kleinkrieg.** Entgegen der spanischen Kriegstaktik brachte er die Gefangenen nicht um, er entwaffnete sie und schickte sie wieder zurück.

Diese Haltung kam schließlich sogar dem spanischen König zu Ohren. Er schickte daraufhin ein Sonderheer, das nur einen Auftrag hatte: *Enriquillo* **zu fangen** oder zur Aufgabe zu zwingen (besiegen oder verbünden, auf jeden Fall unschädlich machen). Er wurde schließlich auf der Insel Cabritos aufgespürt.

Nach langen Verhandlungen ergab er sich. Die Spanier hielten diesmal Wort, *Enriquillo* wurde **zum Caballero (Edelmann) ernannt** und konnte für sich und seine Männer ein Gebiet aussuchen und frei leben. Er war damit einer der ganz wenigen amerikanischen Ureinwohner, die offiziell vom spanischen König geadelt wurden.

liegt der See, rechts steigen kahle Berge auf, man durchfährt viele Dörfer, deren Häuser im Bohío-Stil aus Palmenholz gebaut sind. Hier sind die Häuser selten bunt bemalt, es wirkt alles sehr ärmlich.

In La Descubierta:

Unterkunft

- **Hotel Iguana*,** c/ Billini 3 (das ist die Hauptstraße durch den Ort), Tel. 809-301-4815. Kleines Haus mit zwölf einfachen Zimmern, das von freundlichen Leuten geführt wird, die jede Menge Tipps für einen Ausflug zum See parat haben. Im gleichen Haus werden auch bodenständige Gerichte angeboten.

Aktivitäten

- Das französisch geführte Unternehmen **Eco-Tour** bietet Tagesausflüge ab Barahona zum See mit Mittagessen, Besichtigung der Steinformationen Las Caritas, dem haitianischen Markt Malpasse und einem abschließendem Bad an.

Kosten der Ganztagestour: 75 US-$ bei sechs Personen Minimum. Infos und Kontakt: Tel. 809-243-1190, www.ecotour-repdom.com. Adresse: Calle Uruguay 7, 2. Stock, Paraíso de Barahona.

Umrundung des Sees

Eine ziemlich gut ausgebaute Straße führt um den See herum. Sicher ist es reizvoll, mal in dieser abgelegenen Ecke solch eine Tour zu machen, aber so oft kann man gar nicht von der Straße auf den See blicken. Dennoch bleibt es eine interessante Rundreise durch eine trockene, verkarstete Landschaft. Man muss damit rechnen, dass Soldaten die Autos anhalten und kontrollieren, vor allem in der Umgebung von **Jimaní,** dem Grenzübergang zu Haiti. Den Pass also lieber mitnehmen und nicht im Hotel lassen.

Polo magnético

Eine spektakuläre Besonderheit liegt keine 10 km südlich vom Ort Cabral, das wiederum gute 10 km westlich von Barahona an der Straße zum See liegt. Dort befindet sich ein **„magnetischer Pol",** passend bei einem Örtchen namens Polo. An einer genau auf der leicht ansteigenden Straße markierten Stelle sollen magnetische Kräfte wirken. Eine Bekannte des Autors probierte es vor ein paar Jahren aus und berichtet, dass ihr Auto dreimal „von alleine den Hügel hochfuhr". Wie das geht? So: Auto abstellen, Gang rausnehmen, Handbremse lösen und warten. Nicht lange, dann wirken die magischen Kräfte und „ziehen" den Wagen hoch.

Tatsächlich magische oder magnetische Kräfte? Tja, da man dieses Phänomen auch mit einem Ball oder einer Flasche erleben kann (so wird jedenfalls berichtet), soll es sich letztlich nur um eine **optische Täuschung** handeln. Aber wer weiß, wer weiß ...

096dr Foto: mh

Zentrales Hochland

Überblick

In diesem weitläufigen Gebiet liegen so unterschiedliche Städte wie Santiago, La Vega und Jarabacoa. **Santiago** ist eine äußerst geschäftige Stadt mit einer großstädtischen Hektik. Diese fehlt in **La Vega** völlig, hier ist es entschieden ruhiger und beschaulicher. Nur zur Karnevalszeit verändert sich das Bild, denn der Ort ist eine der Hochburgen des dominikanischen Karnevals. Dann ziehen die Veganos, wie die Bewohner genannt werden, mit fantasievollen Masken durch die Straßen.

Jarabacoa liegt mitten im Zentralen Hochland (La Cordillera Central), dessen Landschaftsbild so gar nicht in das typische Klischee der Karibik passt.

Eine weitgeschwungene **Gebirgskette** zieht sich von Haiti bis weit in die dominikanische Inselmitte hinein, wo sie langsam ausläuft. Mit dem 3087 Meter hohen Berg Pico Duarte befindet sich hier die höchste Erhebung der Karibik, aber noch eine

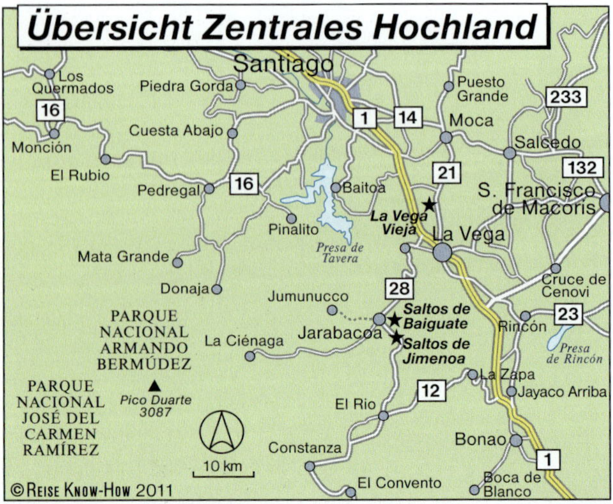

Handvoll weiterer **Dreitausender** sind hier zu finden, so beispielsweise Pico La Pelona (3068 Meter), Pico La Rucilla (3049 Meter) oder Pico de Yague (3045 Meter). Sogar der höchste Berg der Karibik musste unter *Trujillo* seinen Namen wechseln, die Bezeichnung *Pico Trujillo* wurde aber sofort nach dem Ableben des Diktators geändert. Für den neuen Namen stand der Nationalheld *Duarte* Pate.

Die Cordillera Central bildet eine gewaltige Wasserscheide, eine Vielzahl von Flüssen entspringt hier, und etliche Wasserfälle prasseln in die Täler. Die **Landschaft der Cordillera Central** erinnert mehr an die Schweiz, denn sie ist geprägt durch weite, grüne Täler, imposante Bergketten und dichte Mischwälder, kein Wunder, dass dieser Landstrich auch die dominikanischen Alpen genannt wird. Auf Wanderungen kann man beeindruckende Wasserfälle ansteuern und eine völlig andere Karibikseite kennen lernen. Ausgangspunkt für Wanderungen oder Reitausflüge ist hauptsächlich Jarabacoa, weniger das noch höher gelegene Constanza.

Die **Besteigung des höchsten Berges der Karibik** ist eine Herausforderung, für viele Dominikaner gilt es als eine Art Pflicht, dies einmal unternommen zu haben. Wer es ihnen als Tourist nachmachen will, hat dazu mehrere Möglichkeiten. Einige Anbieter offerieren Trips, bei denen die komplette Ausrüstung gestellt wird.

Die **Straßenverhältnisse** sind gut, lediglich die Strecke von Jarabacoa nach Constanza ist eine fürchterliche Schlaglochpiste.

SANTIAGO

Der vollständige **Name** dieser zweitgrößten Stadt der Insel lautet Santiago de los Caballeros. Sie zählt etwa 600.000 Einwohner.

1494 gründete *Kolumbus* eine **Siedlung** am Fluss Río Yaque del Norte, ca. acht Kilometer vom heutigen Santiago entfernt. Der Name dieser Siedlung war Santiago de los 30 Caballeros (Santiago der 30 Ritter). Die Stadt erhielt diesen Beinamen als Erinnerung an die 30 Rittersleute, die die Stadt mitbegründeten. 1562 wurde die Siedlung durch ein Erdbeben zerstört, aber ein Jahr später an der heutigen Stelle wieder aufgebaut.

Heute gilt Santiago als eine **wohlhabende Stadt,** deren Grundlagen der Tabakanbau, die Rumproduktion und der Handel sind.

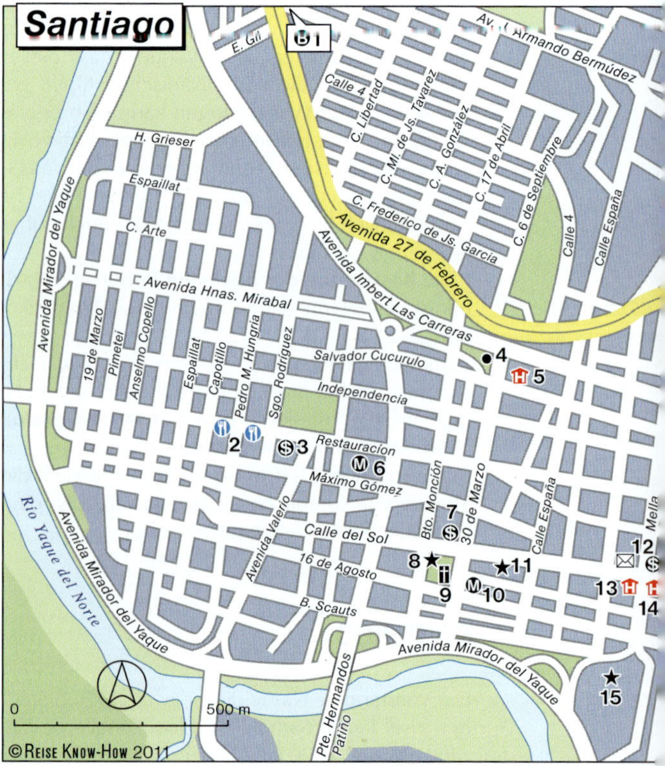

Sehenswertes

„Santiago is good for shopping, but not for staying“, sagte mir eine ansässige Kanadierin. Ganz falsch ist die Behauptung tatsächlich nicht. Das Zentrum der Stadt zeigt sich hektisch und laut, ganz genau wie in Santo Domingo oder Puerto Plata. Die **Einkaufszone** (Calle del Sol und abzweigende Straßen) bietet vielleicht sogar eine größere Auswahl als die Geschäfte in der Hauptstadt. Gleichwohl, man muss sich darauf einstellen, dass ein Shoppingbummel doch vom ständigen Hupen,

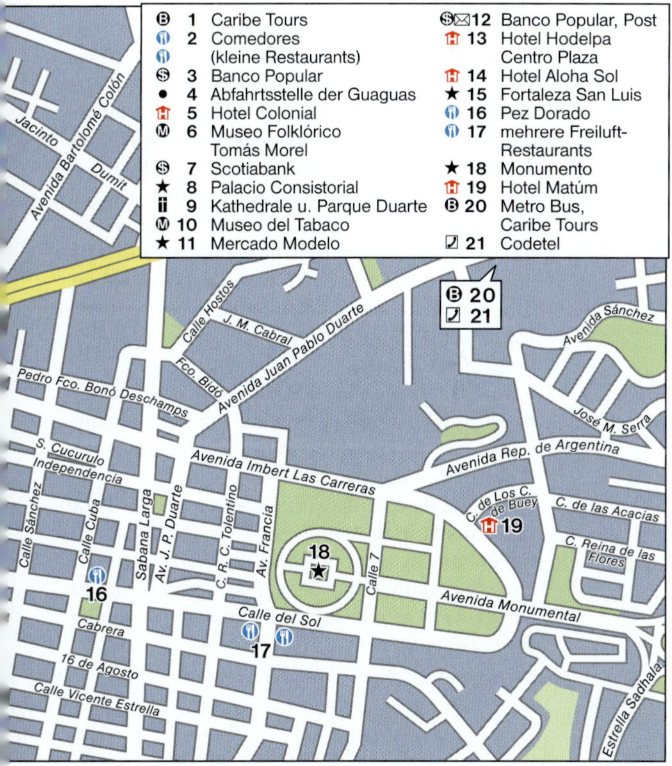

unzähligen merenguespielenden Ghettoblastern und einer nicht enden wollenden Menschenmasse begleitet wird, also überhaupt nicht unseren Vorstellungen vom gemütlichen Bummeln entspricht.

Das **Monumento** a los Héroes de la Restauración de la República ist ein monströses Denkmal, das 1940 unter *Trujillo* errichtet wurde. Es soll an die Helden der Wiedereinführung der Republik erinnern. Da es immerhin 67 Meter hoch aufragt, ist es praktisch von jedem Punkt der Stadt zu sehen. Das Monument wurde teilweise aus Marmor errichtet, und ein spanischer Maler steuerte Wandmalereien bei. Das Denkmal liegt in einer weitläufigen Grünanlage.

Das ungewöhnliche **Museo del Tabaco** (Tabakmuseum) lohnt auf jeden Fall einen Besuch (Calle 16 de Agosto, Ecke Calle 30 de Marzo). Die Geschichte des Tabakanbaus wird hier ausführlich dargestellt. Erklärt wird der gesamte Prozess, vom Anbau über Ernte bis hin zum Endprodukt, zur echten handgerollten Zigarre. Eigentlich sehr interessant, aber bei meinen letzten Besuchen war das Museum jedes Mal geschlossen; die Öffnungszeiten sollen sein: Di–Fr 9–12, 14–17.30 Uhr.

In der Nähe des Museums liegt der zentrale Platz **Parque Duarte,** der sich als guter Orientierungspunkt anbietet.

Dort erhebt sich die **Kathedrale,** Catedral Santiago Apóstol. Auffallend sind die Fenstermalereien und das mit kunstvollen Schnitzereien gestaltete Hauptportal.

Und nur einen Steinwurf entfernt steht der **Palacio Consistorial,** 1895 erbaut, in würdevoller Erhabenheit an der Stirnseite des Parks, an dem auch die Kathedrale liegt. Die dominikanische Flagge weht vom Balkon und gibt dem Haus seine offizielle Note.

150dr Foto: hf

Museo Folklórico Tomás Morel

In der Av. Restauración 174 liegt das kleine, fröhlich-bunte Privatmuseum, das als Hauptthema den **Karneval** hat und neben vielen Fotos und anderen

Exponaten zum Thema vor allem eine Auswahl von schönen handgefertigten Masken zeigt, geöffnet: Mo–Sa 9–13, 15–19 Uhr. Der Eintritt ist frei, aber es wird um eine Spende gebeten.

Geht man die Calle de Sol entlang, erreicht man in Höhe der Calle España das auffällige Gebäude des **Mercado Modelo.** Stöbern und staunen!

Fortaleza San Luis

Erbaut im 17. Jh. war diese Festung lange Zeit eine militärische Bastion für diese prosperierende Stadt, in jüngster Vergangenheit wurde sie dann auch als Gefängnis genutzt. Danach wurde das Gebäude lange Zeit vernachlässigt, bevor es vor ein paar Jahren grundlegend renoviert wurde, um der Geschichtsschreibung von Santiago einen würdigen Ort zu geben. Die insgesamt recht stolze Tradition zeigt sich schon in der Auffahrt zum mächtigen Tor, an der mehrere dominikanische

Fahnen wehen. Im Inneren befindet sich eine kleine **Ausstellung zur militärischen Geschichte** des Landes, außerdem eine **Sammlung von Militärfahrzeugen.** Insgesamt soll diese Ausstellung ausgebaut werden und einmal die Stadtgeschichte dokumentieren.

Praktische Reisetipps

Anreise

- Kein anderer Ort ist besser und mit so unterschiedlichen **Busgesellschaften** zu erreichen. Sowohl *Metro Bus* als auch *Caribe Tours* fahren von **Puerto Plata** und von **Santo Domingo** mehrmals täglich Santiago an. Der Busterminal der Gesellschaft *Caribe Tours* liegt weit außerhalb des Zentrums, der Busterminal von *Metro Bus* etwa 15 Minuten Fußweg vom alles überragenden Monument entfernt. In beiden Fällen ist deshalb ein Taxi angebracht.
- Weiterhin pendeln zwischen **Puerto Plata** und Santiago bzw. zwischen **Santo Domingo** und Santiago unzählige **Guaguas und Minibusse.** Alle Guaguas und Kleinbusse enden sehr zentral an der Calle Salvador Cucurulo, die von der Calle 30 de Marzo abzweigt.

Unterkunft

Es gibt nur relativ **wenig Hotels** für eine derart große Stadt. Anscheinend statten die meisten Touristen Santiago nur einen Tagesbesuch ab von ihrem **Quartier an der Küste** aus. Das ist auch tatsächlich keine schlechte Idee, kann man doch nach einem anstrengenden Tag in der Stadt abends noch einmal schnell baden.

- **Hotel Matúm***,** Av. Las Carreras 1, in Sichtweite zum Monument, Tel. 809-581-3107, www.hotelmatum.com, insgesamt 46 Räume. Ein auffällig rosa gestrichenes, mittelgroßes Haus mit Pool, TV, Aircondition, Casino und Restaurant, das ein wenig abseits vom Zentrum liegt, etwas verplüscht, aber okay.
- **Hotel Colonial**,** c/ Salvador Cucurullo 113 y 115, Tel. 809-247-3122, Fax 809-582-0811. Kleines Haus in unmittelbarer Nachbarschaft des Guagua-Terminals, bietet vernünftige Zimmer, teilweise sogar mit Aircondition.
- **Hotel Aloha Sol***,** Calle del Sol 50, Tel. 809-583-0090, www.hotelalohasol.com. Ein großes, funktionelles Haus mitten im zentralen Bereich der Stadt mit 103 Zimmern.
- **Hotel Hodelpa Centro Plaza,** ab ***, Calle Mella 54, Ecke Calle del Sol, Tel. 809-581-7000, Fax 809-582-4566, www.ho delpa.com. Ein modernes, sechsstöckiges Haus im Herzen der Stadt mit unterschiedlichen Zimmertypen von „Standard" bis „Suite Presidencial". Neben dem üblichen guten Service der *Hodelpa*-Kette gibt es einen Parkplatz, ein Restaurant und eine Disco.

Gastronomie

Eine begrenzte Auswahl ist in den Straßen Calle del Sol, und Calle 30 de Marzo zu finden, des weiteren liegen mehrere kleine offene Restaurants beim Monument, und ein paar Comedores in der Calle Restauración unweit des Parks. Darüber hinaus:

- **Pez Dorado,** Calle del Sol 43, Tel. 809-582-2518. Nicht nur Fisch steht auf der Speisekarte; das Lokal gilt als eines der besten der Stadt.

Adressen

- **Banken:** *Banco Popular,* Calle del Sol Ecke Calle Mella; *Banco Popular,* Calle Restauración 202; *Scotiabank,* Calle del Sol Ecke Calle 30 de Marzo.
- **Telefonieren:** *Codetel,* Av. Estrella Sadhalá, Ecke Av. Juan Pablo Duarte.
- **Busgesellschaften:** *Caribe Tours,* Tel. 809-578-0790, *Caribe Tours* hat zwei Terminals. Einer liegt an der endlos langen Av. 27 de Febrero im Stadtteil Las Colinas, etwa drei Kilometer nördlich vom Zentrum, der andere befindet sich ebenfalls an der Av. 27 de Febrero, fast an der Ecke c/ Maimón und damit in unmittelbarer Nachbarschaft vom Metro-Terminal. Alle Busse halten an beiden Terminals.
  Metro Bus, Calle Maimón, Ecke Av. Juan Pablo Duarte.
- **Post:** c/ del Sol, Ecke c/ San Luis.

Weiterreise

- **Nach Santo Domingo:** per *Caribe Tours* oder per *Metro Bus,* beide stündlich zwischen 6 und 19 Uhr, Caribe Tours zeitweise sogar alle 30 Minuten.
- **Nach Puerto Plata:** per *Caribe Tours* stündliche Verbindung, per Guagua: Ständig starten Kleinbusse vom zentralen Abfahrtsplatz in der Calle Salvador Cucurulo.
- Nach **La Vega** fahren Guaguas vom Park an der Calle Restauración ab.

LA VEGA

Dieser Ort darf ebenfalls den Titel, eine der ältesten Siedlungen der Neuen Welt zu sein, für sich in Anspruch nehmen. Die **ursprüngliche Siedlung** wurde noch zu *Kolumbus'* Tagen in unmittelbarer Nähe der heutigen Stadt angelegt. Schon im 16. Jahrhundert wurde hier mit dem **Zuckerrohranbau** begonnen, was einen gewissen Wohlstand brachte. 1562 erschütterte ein **Erdbeben** die Ortschaft und zerstörte sie weitgehend. Ein Jahr später wurde sie wieder aufgebaut und fand ihre endgültige Lage am Fluss Río Camú.

Der **zentrale Park** zeigt sich in La Vega ziemlich großflächig und offen, an seiner Stirnseite steht eine ungewöhnliche, moderne **Kathedrale.** Aus Waschbeton errichtet, erhebt sie sich in die Höhe, während der dazugehörende Glockenturm rechts daneben steht.

Zwei kleine **Statuen** schmücken den Parque Duarte noch, einmal in Erinnerung an das einhundertjährige Jubiläum der Ankunft des Literaten *Federico García Godoy,* und die zweite zu Ehren von Staatsgründer *Duarte.*

La Vega ist bekannt für seinen außergewöhnlich **farbenfrohen Karneval,** *el Carneval Vegano.* Dieser findet an den Sonntagen im Februar statt. So genannte *Diabolos cojuelos* (hinkende Teufel) kommen dabei in die Stadt, um Sünder zu bestrafen. Diese Teufel sind stilecht mit Masken und Kostümen verkleidet, für deren Herstellung die Träger ein ganzes Jahr benötigen. Sie schlagen die heutigen vermeintlichen Sünder mit aufgeblasenen Schweineblasen, das kann eine durchaus schmerzhafte Angelegenheit sein.

Masken aus La Vega

Die Herstellung der Karnevalsmasken ist ein langwieriger Prozess. Zuerst wird ein Modell der späteren Maske aus Ton modelliert und gebrannt. Die eingefettete Tonmaske wird in mehreren Lagen mit Papierschnipseln belegt und mit Kleister bestrichen. Zwischen dem Auftragen der einzelnen Lagen muss eine mehrtägige Trockenzeit eingehalten werden, um den späteren Halt zu garantieren. Vor dem Auftragen der letzten Papierlagen erhält die Maske ihre Hörner, die aus Karton in Form gerollt wurden. Ist die Kleister-Papiermasse vollständig durchgetrocknet, wird das Tonmodell vorsichtig abgelöst. Als letzten Arbeitsgang erhält die Pappmaske ihre kräftig bunte Bemalung. Wer außerhalb der Karnevalszeit reist, kann sich diese farbenfrohen und kuriosen Masken im Museo del Hombre Dominicano in Santo Domingo anschauen.

Praktische Reisetipps

Unterkunft

- **Hotel Rey**,** c/ Restauración 3, Tel. 809-573-9797. Gut eingerichtete Räume mit TV und vor allem Aircondition. Ein Restaurant ist angeschlossen, ebenso ein Parkplatz.

Weiterreise

- Nach **Santiago** fahren ständig Guaguas von einem Punkt unweit vom zentralen Platz ab.
- Nach **Jarabacoa** fahren Sammeltaxen und Pick-ups, die von einer Seitenstraße, welche zwei Blocks vom zentralen Platz entfernt liegt, starten. Wer von Santiago kommt, sollte rechtzeitig dem Fahrer Bescheid sagen, dann hält er an der richtigen Stelle an, und man kann gleich umsteigen. Allerdings fährt auch *Caribe Tours* dorthin, es ist der Bus, der aus Santo Domingo kommt.
- Nach **Santo Domingo** fährt *Caribe Tours* zwischen sechs Uhr und 21 Uhr etwa halbstündlich, (*Caribe Tours,* Avda. Rivas, nach der Brücke Puente Seco, unweit der Schnellstraße Santo Domingo – Santiago, ca. 2 km außerhalb vom Zentrum.
- Nach **Puerto Plata** fahren die Busse von *Caribe Tours* etwa stündlich, auch hier sind es die aus Santo Domingo kommenden Busse.
- Nach **Salcedo:** etwa halbstündlich per Guagua, die teilweise weiterfahren bis Tenares und damit auch das Museum *Hermanas Mirabal* passieren.

Umgebung von La Vega

La Vega Vieja

Die **alte Siedlung des ursprünglichen Ortes La Vega** liegt ein paar Kilometer außerhalb vom heutigen La Vega. Die Straße zweigt von der Hauptstraße im spitzen Winkel ab und schlängelt sich durch kleine Dörfer.

Es handelt sich um eine kleine Anlage mit **Ausgrabungen, Resten von Fundamenten** und einem kleinen **Museum,** das auf Anfrage besichtigt werden kann. Dort sind Gegenstände aus der Zeit der Spanier zu sehen, insbesondere Waffen, Tonwaren und Alltagsgegenstände wie z.B. ein Sattel. Allzuviel gibt es nicht zu sehen, aber einst stand hier die Festung namens Fortaleza de la Concepción, von der noch Mauerreste übrig geblieben sind. Weiterhin sind Grundmauern des Monasterio de San Francisco zu entdecken. Links neben der ehemaligen Kathedrale, von der nur noch Reste zu sehen sind, liegt der **Friedhof,** auf dem nicht nur Spanier liegen, sondern auch Tainos.

Diese erste bedeutende Siedlung der Spanier wurde 1562 durch ein verheerendes **Erdbeben** zerstört, seitdem verfiel die Ortschaft, bis man vor ein paar Jahren mit der **Restaurierung** begann.

- Geöffnet: Mo–Fr 8–15, Sa/So 9–16 Uhr. Eintritt: 50 R.D.$.

Santo Cerro

Kurz bevor La Vega Vieja erreicht wird, zweigt links eine Piste über zwei Kilometer zum Santo Cerro ab, dort gab es 1495 eine entscheidende **Schlacht zwischen Spaniern und Tainos.** Der damals beteiligte *Kolumbus* hatte hier ein Holzkreuz aufstellen lassen, das die Tainos verbrennen wollten, aber, so die Legende, dies wurde durch ein göttliches Wunder verhindert. Rechtzeitig erschien die Virgen de las Mercedes, und die tief beeindruckten Tainos legten die Waffen nieder. Etliche ließen sich daraufhin sogar taufen. Heute steht hier eine **Wallfahrtskirche,** am 24. September findet alljährlich eine Wallfahrt zu Ehren der heiligen Jungfrau statt.

Moca

Eine quirlige Stadt mit einer ungewöhnlichen Sehenswürdigkeit, einer alten **Dampflokomotive,** die auf einem gut 15 Meter langen Brückenrest, auf einem *viaducto,* ausgestellt wird. Sie erinnert an eine ehemals tatsächlich existierende Eisenbahnverbindung zwischen Santiago – La Vega – Sánchez (auf Samaná). Schade, dass diese Linie nicht mehr verkehrt.

Neben diesem Exponat sei noch die große, helle **Kathedrale** erwähnt, vor allem wegen der schönen Glasmalereien.

Die drei Schwestern Mirabal (v.l.n.r.): Patria, Minerva, María Teresa

151dr Foto: hf

SALCEDO

Dieser kleine Ort muss ausnahmsweise mal unter politischen Gesichtspunkten herausgestellt werden, denn hier lebt die Familie *Mirabal.* 1960, kurz vor seinem eigenen Aus, ließ Diktator *Trujillo* drei Schwestern der Familie, die er als erbitterte Gegnerinnen ausgemacht hatte, kaltblütig ermorden. Der **Mord an den Schwestern Mirabal** löste mehr als alle anderen Gräueltaten Empörung aus, denn die Familie *Mirabal* zählte schon damals zu den angesehensten des Landes. Das Andenken der drei Schwestern *(Las Tres Hermanas Mirabal)* wird heute im ganzen Land hochgehalten, Straßen sind nach ihnen benannt, Briefmarken mit ihren Portraits werden gedruckt, und ein Roman beschäftigt sich mit ihrer Geschichte. Die dominikanische Schriftstellerin *Julia Álvarez* beschrieb in ihrem Roman „Die Zeit der Schmetterlinge" ihr Leben.

Direkt vor ihrem Geburtshaus in dem kleinen Ort Salcedo erhebt sich ein verschlungenes **Denkmal** zu Ehren der drei. 4 km entfernt ist ein kleines Museum eingerichtet, in dem sehr persönliche Ex-

007dr Foto: sm

ponate die Erinnerung an die drei ermordeten Schwestern aufrecht erhalten. Manchmal kann man im Geburtshaus auch eine ältere Dame antreffen, wie es mir vor ein paar Jahren passierte. Sie führte mich im Haus herum und erklärte die Ausstellung. Sie erzählte außerdem, dass sie auch eine *Mirabal* sei, die vierte Schwester, die immer noch hier lebe. *Doña Dedé,* wie sie im ganzen

Denkmal zu Ehren der
drei Schwestern Mirabal in Salcedo

Land heute nur respektvoll genannt wird und die auch im Roman vorkommt, meinte locker auf meine Frage, ob sie auch noch politisch tätig sei: „Ich nicht, aber mein Sohn - er war nämlich der Vizepräsident des Landes."

- **Museo de las Hermanas Mirabal,** Km 4 in Conuco an der Straße nach Tenares, Tel. 809-587-8530, geöffnet Di-So 9-12, 14-17 Uhr, Eintritt: 20 R.D.$, freundliche Führung auf Spanisch.

Praktische Reisetipps

An- und Weiterreise

- *Caribe Tours* fährt viermal am Tag **von Santo Domingo** direkt hierher, zurück geht es um 6.15, 10.45, 14.45 und 17.45 Uhr. Der Terminal liegt an der Calle Francisca Mollins 63, Tel. 809-577-2414.
- Von **La Vega** pendeln halbstündlich Guaguas vom zentralen Platz, die Tenares-Busse passieren auch das Museum.

Jarabacoa

Jarabacoa liegt ca. 30 km von La Vega entfernt, mitten in der für die Karibik so untypischen Bergwelt. Die **gebirgige, grüne Landschaft,** die den Ort umgibt, ist wirklich beeindruckend. Hier passt tatsächlich der Name, den sich geschickte Tourismuspromoter haben einfallen lassen: dominikanische Alpen. Diese liegen mitten in der Gebirgskette Cordillera Central. Das Landschaftsbild ist geprägt von Nadelgehölzen und grünen Wiesen, Palmen findet man hier seltener.

Der Ort hat zwar eine angenehme Atmosphäre und ist deutlich kühler als der Rest des Landes, bietet aber ansonsten nicht viel, die Lage und die Möglichkeit, kleinere Wanderungen zu unternehmen, machen den Reiz aus. **Ausflüge in die Bergwelt** müssen allerdings selbst organisiert werden. Wenn Besucher z.B. in den Nationalpark wollen, wird sich bestimmt ein Taxifahrer finden lassen, der sie fährt.

112dr Foto: hf

Wasserfälle

Neben Routen durch das bewaldete Vorgebirgsland sind es in erster Linie drei Wasserfälle (Saltos), die von Wanderern gerne angesteuert werden. Am Endpunkt kann gebadet werden, sodass die Touren einen zusätzlichen Reiz haben.

Saltos de Jimenoa 1

Erstmal entlang der Straße nach Constanza über sieben Kilometer, am besten mit Motoconcho oder Guagua, bis ein kleiner Laden erreicht wird, wo ein grünes Hinweisschild nach links zu den Saltos de Jimenoa weist. Von dort geht es auf einem schmalen und teilweise rutschigen Pfad sehr steil etwa 20 Minuten hinab. Am Ende erwartet einen ein Wasserfall, der aus 20–30 Metern hinabrauscht, im Sammelbecken kann man baden.

Saltos de Jimenoa 2

Der Wasserfall liegt schon ziemlich weit außerhalb, so dass man sich besser eine Transportmöglichkeit organisiert. Zu erreichen: von Jarabacoa

Dominikanische Alpen: grün und gebirgig

Baden am Saltos de Jimenoa 1

zunächst knappe vier Kilometer Richtung La Vega (am einfachsten per Guagua bis kurz vor Buena Vista), dann dem Hinweisschild Salto de Jimenoa nach rechts folgen. Es sind dann noch gute fünf Kilometer. Der Wasserfall rauscht circa 500 Meter von einem kleinen Parkplatz, der durch einen Militärposten bewacht wird, hinunter. Die letzten Meter geht es übrigens über ziemlich schwankende Hängebrücken, außerdem müssen ein paar Pesos Eintrittsgebühr entrichtet werden (zuletzt 50 R.D.$). Direkt beim Wasserfall verkauft ein Kiosk kühle Drinks. Ein großes Naturbecken mit Flussstrand lädt zum Baden ein, ca. 100 m vor dem Kiosk einen kleinen Weg 30 m zum Fluss folgen.

004dr Foto: sm

Saltos de Baiguate

Vom Hotel Pinar Dorado etwa 20–30 Minuten Richtung Constanza laufen, bis man das Hinweisschild zum Salto de Baiguate sieht. Hier die Straße nach rechts Richtung Berge verlassen und circa 45 Minuten auf einer Piste laufen, die direkt zum Wasserfall führt, zunächst bis zu einem Parkplatz, dann noch einmal 10 Minuten auf einem abgedeckten Wasserkanal weiter. Ein Fahrzeug muss ca. 1½ km vorher geparkt werden, der Rest geht nur zu Fuß.

Aufstieg zum Pico Duarte

(Die folgenden Infos sind von *Markus Harteis*)

Der Pico Duarte, mit 3087 Metern der höchste Berg der Karibik, kann bestiegen werden. Noch vor ein paar Jahren wurde seine Höhe mit 3175 m angegeben, aber dank neuester Satellitenmesstechnik weiß man es nun besser bzw. genauer. Auch das Schild am Gipfel wurde entsprechend korrigiert. Die Besteigung erfordert ein wenig Eigeninitiative und Grundkenntnisse in Spanisch. Wem dies zu mühselig ist, kann sich auch einer **organisierten Tour** anschließen, erste Unternehmen bieten den Trip bereits an, so beispielsweise *Rancho Baiguate* in Jarabacoa, Tel. 809-574-6890, www.ranchobaiguate.com.

Um den Gipfel zu erreichen, muss man vorher keine bergsteigerischen Großtaten vollbracht haben. Als **Voraussetzung** reicht die Bereitschaft, etwas vom einfachen Leben der Kleinbauern kennen lernen zu wollen und eine gute körperliche Verfassung; gilt es doch, vom Parkeingang bei dem Ort La Ciénaga (1000 m Höhe) bis zum Gipfel etwa 2500 Höhenmeter zu überwinden.

Die Entfernung wird offiziell mit 23,1 Kilometern angegeben. Das klingt nach relativ wenig, täuscht aber gewaltig, denn **es geht ständig rauf und runter.** Kurz vor der Ankunft bei der Schutzhütte erreicht man den höchsten Punkt der ersten Ta-

098dr Foto: mh

gesetappe *Agüita Fría* auf 2650 Metern Höhe, die Schutzhütte selbst liegt auf 2450 Metern. Diese 200 Höhenmeter muss man natürlich beim Abstieg auch wieder hinauf.

Zwischen den 35 km voneinander entfernten Orten Jarabacoa und Ciénaga verkehren zwar Pick-ups, wer aber früh morgens aufbrechen will, wird wohl um eine Taxifahrt nicht herumkommen oder muss einen Tag vorher anreisen.

La Ciénaga liegt am Rande des Parque Nacional Bermúdez, die Ortschaft zieht sich vom Fluss ein Stück den Hang hoch. Inmitten des Dorfes gibt es ein paar Lebensmittelgeschäfte mit allerdings beschränkter Auswahl. Es empfiehlt sich deshalb, alles Notwendige mitzubringen.

Die Besteigung ist nur in Begleitung eines einheimischen Führers möglich. Diese werden üblicherweise durch die Parkverwaltung vermittelt. Die Führer sind geschult, kennen Wege, Wasserstellen und Rastplätze und helfen außerdem bei der Anmietung der Maultiere. Alles Organisatorische lässt sich direkt am **Parkeingang** regeln, dieser liegt etwa 100 m hinter dem Dorf. Dort besteht auch die Möglichkeit zu übernachten, um am folgenden Tag frühzeitig aufbrechen zu können.

Die **Ausrüstung** muss mitgebracht werden, im Park selbst kann nichts gekauft werden. Notwendig sind Lebensmittel für die Wanderung, dabei nicht den Führer vergessen. Einfache Gerichte können bei den Schutzhütten zubereitet werden, von denen insgesamt sieben im Park verstreut liegen. An jeder Hütte findet sich ein überdachter Kochbereich mit einem für die ländliche Bevölkerung typischen gemauerten einfachen Holzherd. Trinkwasser gibt es an den Hütten und an einigen Rastplätzen. Bei der Auswahl der Kleidung sollte man an feste Schuhe, Regenzeug, aber auch an einen warmen Pullover denken. Für die Übernachtung empfiehlt es sich, einen Schlafsack und eine Unterlage mitzubringen.

Das Gepäck wird am besten mit einem Maultier **transportiert.**

Man kann den Aufstieg in drei Tagen oder auch in zwei Tagen bewältigen. Die meisten Wanderer ziehen die 2-Tages-Tour vor, da man oben in der Schutzhütte sowieso nicht viel machen kann. Generell sieht das Programm so aus:

Acht Stunden Aufstieg bis zur **Schutzhütte,** wo übernachtet wird. Dann am nächsten Morgen sehr früh aufstehen und noch einmal etwa zwei

Stunden hoch bis zum Gipfel. Manche versuchen so früh oben zu sein, dass sie dort den Sonnenaufgang erleben. Danach geht es zurück und man sollte noch einmal 5–6 Stunden rechnen von der Schutzhütte bis hinunter nach La Ciénaga.

Der Weg verläuft auf den ersten vier Kilometern bis zur Hütte *Los Tablones* noch recht flach, dann aber folgt ein langer Kamm. Gerade der untere Teil führt durch einen tropischen Regenwald, während ab einer Höhe von 2200 Metern die Vegetation spärlicher wird. Der Weg ist teilweise recht schlammig und durch den häufigen Regen wird der Boden sehr aufgeweicht.

Die **Hütte** besteht aus einem großen Raum und bietet sicher Platz für 40 bis 50 Personen. Gleich nebenan steht ein gemauerter Herd unter einem Blechdach, und um eine Feuerstelle liegen in einem Rechteck große Baumstämme, auf denen man sich gemütlich zum Essen niederlassen kann.

Hier die **Einschätzung eines anderen Lesers,** der ebenfalls zum Gipfel wanderte:

In zwei Tagen auf den Pico Duarte zu wandern, ist auch für Hardcore-Wanderer wie mich kein Spaß; am zweiten Tag geht es auf einer Distanz von 28 km (das dürfte Luftlinie sein) 1200 Höhenmeter bergauf und 2500 Höhenmeter bergab. Man kann bis zum Gipfel auf Mulis reiten, und das ist keine schlechte Idee ... Für die Übernachtung sollte man unbedingt Schlafsack, Liegematte und Kochtopf mitnehmen, denn das gibt es in der großen, neuen Hütte nicht. Hier ist nichts als blanker Boden, in Nebengebäuden Toiletten und Feuerstellen, also ziemlich ungemütlich.

- **Kosten:** Wenn zwei oder drei Personen die Tour machen, muss mit etwa 200 US$ pro Person gerechnet werden. Wer direkt bei der Parkverwaltung die Tour abspricht, kann eventuell etwas sparen.

Rancho Baiguate bietet den Trip ebenfalls an und stellt Guide sowie Ausrüstung. Die Kosten richten sich nach Größe der Gruppe und starten bei 255 US$, einschließlich der kompletten Ausrüstung, die niemand aus der Heimat mitbringen muss (www.ranchobaiguate.com).

Praktische Reisetipps

Anreise

- Von **La Vega** ein Sammeltaxi oder einen Pick-up nehmen. Am besten am zentralen Platz aussteigen und von einem Motoconcho gleich zum Hotel fahren lassen. Direkt nebenan liegt der Terminal von Caribe Tours, die 4-mal täglich von Santo Domingo fahren.

Unterkunft

- **Hotel California**,** Tel. 809-574-6255. Kleines gemütliches Haus, 18 Zimmer, Pool, etwa 1 km außerhalb in Richtung Constanza gelegen, holländische Betreiber.
- **Gran Jimenoa***,** Av. Confluencia 1, Tel. 809-574-6304, www.granjimenoahotel.com. Ein Öko-Hotel mit 65 guten Zimmern, direkt am Río Jimenoa gelegen, etwa zwei Kilometer außerhalb. Mit Pool und Restaurant. Am Ortseingang rechts abbiegen und nach wenigstens 500 Metern ein weiteres Mal nach rechts.
- **Hotel Pinar Dorado***,** inkl. dreier Mahlzeiten pro Person, an der Straße nach Constanza, Tel. 809-574-2820. Ruhiges, weitläufiges Haus mit 43 Zimmern, eingebettet in die Ausläufer des Waldes. Ein Pool und ein Restaurant sind ebenfalls vorhanden. Es liegt ca. 2500 m außerhalb von Jarabacoa. Internet: siehe Rancho Baiguate.
- **Rancho Baiguate,** Tel. 809-574-6890, www.ranchobaiguate.com. Etwas ganz Besonderes, eine ökologisch ausgerichtete Farm etwa 3 km außerhalb in Richtung Constanza (100 m hinter dem Hotel Pinar Dorado links ab, ist ausgeschildert). 27 Zimmer im Cabañas-Stil für 40–50 US$ pro Person inklusive dreier Mahlzeiten. Es können diverse Ausflüge gebucht werden, u.a. dreitägiger Aufstieg zum Pico Duarte oder Wildwasser-Rafting, Canyoning, Mountainbike-Trips. Es gibt auch einfache Bungalows mit Bad und Etagenbetten für knapp 25 Euro mit Vollpension (!) pro Person.
- **Hotel Brisas del Yaque**,** c/ Luperón Ecke c/ Pelegrina Herrera, Tel. 809-574-4490. Ziemlich ruhig in einer Nebenstraße gelegenes Steinhaus von zwei Etagen mit kleinen Balkonen. Von einigen der insgesamt recht kleinen Zimmer toller Fernblick, nur die mächtigen Antennen auf dem Dach muss man ertragen.
- **Jarabacoa Guest House**,** Calle 7 Nr. 8, Tel. 809-365-9102, www.guesthouse-jarabacoa.com. Ein Lesertipp! Kleines Haus unter deutscher Leitung, in dem zwei Apartments vermietet werden, die modern und zweckmäßig eingerichtet sind. Zu finden: 14 Blocks vom zentralen Platz entfernt.

Gastronomie

- **Restaurant El Rancho,** c/ Independencia 1, Tel. 809-574-4557, am Ortseingang bei der Esso-Tankstelle, kreolische Küche, nicht billig.

• **Leña Parilla,** c/ Mirabal, direkt beim Parque Central. Urig-gemütlich auf Ländlich dekoriert. Angeboten werden Fleischgerichte, die über einem offenen Holzkohlegrill zubereitet werden. War zuletzt unklar, ob noch geöffnet.
• **Parque Galería,** c/ Mirabal beim Parque Central. Liegt gleich in Nachbarschaft zum Vorgenannten und ist ebenfalls fantasievoll dekoriert. Hier gibt es alles: Frühstück, Snacks, Abendessen, und viele Gerichte werden ebenfalls über einem Grill zubereitet.
• **Bohío,** Avda. Independencia Ecke c/ Sánchez. Das Haus fällt auf! Es wurde einem Bohío nachempfunden, entsprechend sehr ländlich und urgemütlich eingerichtet. Es bietet hauptsächlich dominikanische Gerichte.

Adressen

• **Bank:** *Banco de Progreso,* c/ Luis F. Gómez Urribe, Ecke Av. Independencia; *Banco Popular,* Av. Independencia, fast c/ Pelegrina Herrea
• **Aktivitäten:** Praktisch alle sportiven Unternehmungen, die auf -ing enden (Canyoning, Rafting, Mountainbiking, Hiking, etc.) bietet *Rancho Baiguate* an.

Weiterreise

• Die Sammeltaxen und Guaguas nach **La Vega** fahren an der Ausfallstraße ab. Neben Terminal *Caribe Tours.*
• Wer von La Vega weiter nach **Santiago** will, braucht nicht ganz bis in den Ort hineinzufahren. Die Straße von Jarabacoa stößt ca. fünf Kilometer vorher auf die Fernstraße Santiago – Santo Domingo. Dort aussteigen, die Straße überqueren und den nächsten Bus anhalten.
• Nach **Santo Domingo** fährt *Caribe Tours* um 7, 10, 13.30 und 16.30 Uhr; der Terminal liegt in der Calle José Durán 3, Tel. 574-4796.
• **Guaguas nach Constanza** starten von der c/ Carmen Ecke c/ Gastón Fernando Deligne. Frequenz: ziemlich selten, zuletzt etwa alle 2 Stunden.
• **Guaguas nach la Ciénaga** fahren auch etwa alle 2 Stunden von der c/ Carmen Ecke c/ Obdulio Jiménez.

Constanza

Die Stadt liegt noch höher als Jarabacoa, nämlich auf gut 1200 Metern, dadurch herrscht hier ganzjährig ein angenehmes, fast karibik-untypisches **Klima.** Nachts fällt das Thermometer auf (für Karibikverhältnisse) ungewohnte Tiefstgrade.

Was lockt? Die herrliche **Landschaft,** das milde Klima und möglicherweise **Abstecher in die Ber-**

ge. Der **Wochenmarkt** quillt hier über von Früchten, auch so „exotischer" (weil untypisch für Karibik) wie Erdbeeren oder Äpfel.

Praktische Reisetipps

Anreise

- Nicht die Strecke von **Jarabacoa** fahren, diese ist eine üble Schlaglochpiste. Die Guaguas, die Constanza ansteuern, fahren alle über **Bonao,** auf einer zumindest teilweise sehr steilen Straße.

Unterkunft

- **Mi Casa**,** c/ Sánchez 2, Tel. 809-539-2764. Kleines Hotel am Ortseingang mit Restaurant, insgesamt 10 Zimmer.
- **Rancho Constanza***,** Tel. 809-539-3268, www.ranchoconstanza.tripod.com. Etwa 2 km außerhalb Richtung Bonao gelegene Öko-Lodge mit 12 Zimmern und 12 kleinen sogenannten Villas. Rustikales Design, alles sehr naturnah. Ein Restaurant bietet typische Gerichte der Region, außerdem können diverse Exkursionen gebucht werden.
- **Mi Cabaña Resort,** ab **, Ctra. a Duvergé 60, Tel./Fax 809-539-2930, www.micabana.bizland.com. Kleines Haus mit unterschiedlich großen Unterkünften, von Standardzimmer bis zur Villa für vier Personen, etwas außerhalb gelegen, mit Pool.

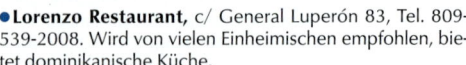

Gastronomie

- **Lorenzo Restaurant,** c/ General Luperón 83, Tel. 809-539-2008. Wird von vielen Einheimischen empfohlen, bietet dominikanische Küche.

Adressen

- **Telefonieren:** *Codetel,* im Ortszentrum.
- **Bank:** *Banco León,* c/ Luperón Ecke c/ Andrés Abreu. Liegt an der Hauptstraße, die durch den Ort führt, und hat einen Geldautomaten.

Ausflug

Wanderung zum **Wasserfall Saltos de Aguas Blancas.** Zuerst per Motoconcho zum Dorf El Convento, von dort sind es etwa 3½ km bis zum Wasserfall, der über mehrere Stufen herunterrauscht.

An- und Weiterreise

- Von und nach **Jarabacoa** gibt es seltene Verbindungen mit Guaguas. In Constanza enden alle Linien an der Isa-Tankstelle im östlichen Ortskern.
- Von dort besteht auch eine stündliche Verbindung nach **El Abanico,** wie die Kreuzung mit der Schnellstraße nach Santo Domingo genannt wird. Von diesem Punkt geht es nach Umsteigen weiter nach Bonao, La Vega oder gar nach Santiago und auch in die Hauptstadt.

San Francisco de Macorís

Die drittgrößte Stadt des Landes (180.000 Einwohner) steht etwas im touristischen Abseits. An der Straße von Santiago nach Nagua gelegen, blieb San Francisco für die meisten Reisenden nur eine Durchgangsstation auf dem Weg zu den Stränden von Samaná. Und seit *Caribe Tours* jetzt auch nicht mehr durch den Ort kommt, sondern die neue Schnellstraße befährt, kommen noch weniger Besucher. Dabei verpassen sie etwas, liegt doch ganz in der Nähe das **Reservat Loma Quita Espuela,** ein Nebelwald mit hoher Biodiversität. Auf einem 2,7 km langen Lehrpfad, der stetig bergan führt, lernt man unterschiedlichste Vegetationstypen kennen. Krönender Abschluss auf dem so genannten „Weg zu Wolken" ist ein fantastischer Weitblick vom Aussichtsturm, der auf dem Gipfel in 942 Meter Höhe steht. Bei klarem Wetter kann man manchmal sogar das Meer sehen! Ein Besuch ist nur geführt möglich und dauert sechs bis sieben Stunden. Kontakt: Fundación Loma Quita Espuela, Av. Libertad 44, Tel. 588-4156, www.flqe.org.do (nur auf Spanisch).

Praktische Reisetipps

Unterkunft

- **Hotel 2000**,** c/ Salcedo 100, Tel. 809-588-0817. Liegt im Zentrum an der Hauptstraße, 8 DZ und 16 EZ mit Bad, AC, TV.
- **Hotel Las Caobas***,** c/ Luis Enrique Carrón, Tel. 809-290-5858, Fax 809-290-5859. Bestes Haus der Stadt, ruhige Lage außerhalb des Zentrums. 40 DZ, 10 Suiten, Pool.

Gastronomie

- Momentan keine Empfehlung; das hochgelobte *Mesón Asturiano* war zuletzt geschlossen, die Betreiber wollen aber dem Vernehmen nach mit neuem Konzept und Namen weitermachen. Wer genauere Infos hat, möge uns schreiben.

An- und Weiterreise

- Es gibt **Guaguas** von La Vega, aber nicht allzu häufig. Ebenso bestehen Verbindungen nach Nagua an die Küste. Caribe Tours fährt um 7, 9.30, 13.30 und 16 Uhr nach Samaná und stündlich nach Santo Domingo. Entsprechend gibt es von beiden Orten ebenfalls Verbindungen hierher.

215dr Foto: hf

NORDKÜSTE

Überblick

Die Nordküste weist **abwechslungsreiche Landschaftsbilder** auf.

Im **äußersten Nordwesten** zeigt sich die Landschaft völlig karg und trocken, das Land ist hier deshalb auch dünn besiedelt, eine Bearbeitung des Bodens ist kaum möglich. Kakteen sind die vorherrschenden Pflanzen. Die abseits liegenden Ortschaften zählen außerdem zu den malariagefährdeten Gebieten des Landes. Am Río Yaque werden etwas Reis, Tabak und Baumwolle angebaut, allerdings in kleinen Mengen.

Das Bild ändert sich erst, je weiter man **nach Osten** fährt. In der weiteren Umgebung von Puerto Plata sind schließlich ausgedehnte Zuckerrohrfelder zu finden, während die Landschaft noch weiter gen Osten immer grüner und subtropischer

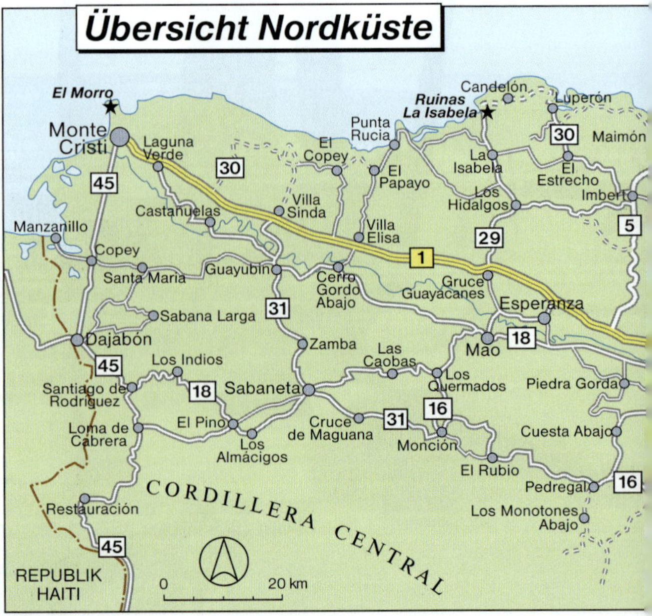

Übersicht Nordküste

wird. Im Hinterland zieht sich der Gebirgszug Cordillera Septentrional entlang, der erst kurz vor der Halbinsel Samaná ausläuft.

An der Nordküste sind viele touristische Einrichtungen entstanden. Alle Urlaubsorte liegen an schönen und großen Strandabschnitten, dafür sind diese allerdings manchmal etwas isoliert und beschränken sich auf weitläufige Hotelanlagen, die dem Gast dann aber auch alles bieten. Andere Orte sind eine erträgliche Synthese zwischen moderner Feriensiedlung und ursprünglichem Dorf eingegangen.

Die Drehscheibe und das Einfalltor bildet **Puerto Plata** mit seinem internationalen Flughafen. Östlich der Stadt liegen drei touristische Zentren: Playa Dorada, Sosúa und Cabarete.

An der **Playa Dorada** existieren ein paar Tausend Hotelbetten verteilt auf gut ein Dutzend Ho-

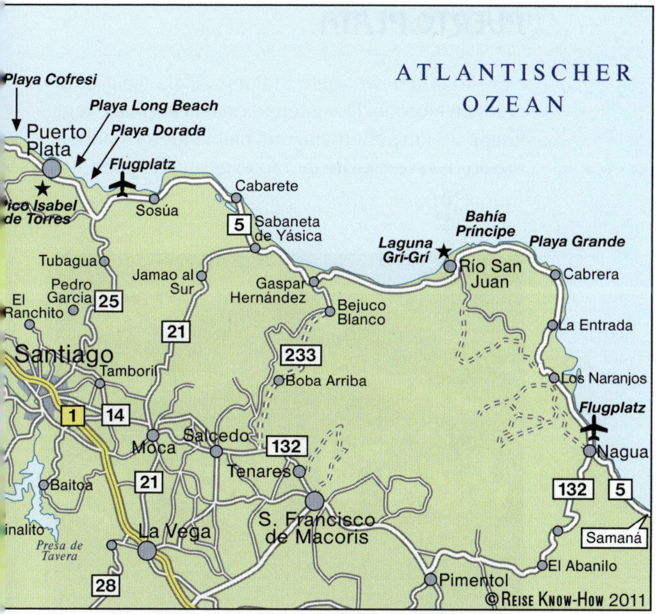

tels der gehobenen Klasse. Das Gebiet liegt trotz seiner relativen Nähe zu Puerto Plata recht isoliert, denn das gesamte Areal ist lediglich über eine bewachte Zufahrtsstraße zu erreichen.

Stellte **Sosúa** noch vor ein paar Jahren eine gelungene Mischung aus Feriensiedlung und ursprünglichem Dorf dar, nimmt mittlerweile die Tourismusindustrie eine beherrschende Stellung ein. Immer mehr Urlauber drängeln sich an dem relativ kleinen Strand, und ein reges Nachtleben mit teilweise unangenehmen Auswüchsen hat sich entwickelt.

In **Cabarete** herrschen noch immer die sportiven jugendlichen Urlauber vor. Nach wie vor gilt der Ort als der Surfertreff, aber auch Urlauber, denen Sosúa zu rummelig und Playa Dorada zu isoliert ist, kommen hierher.

PUERTO PLATA

Mit 140.000 Bewohnern ist Puerto Plata die größte Stadt im Norden. Der internationale **Flugplatz** liegt knapp 20 km außerhalb, und hier landen Urlauber, die an der Nordküste ihr Hotel gebucht haben.

152dr Foto: hf

Einwanderer von den Kanarischen Inseln

Im 17. Jahrhundert stieg die Zahl der Auswanderer von den Kanarischen Inseln auf ungeahnte Höhen. So wurde die Dominikanische Republik allein im Jahr 1686 von 300 Canarios als neue Heimat gewählt – allerdings nicht immer ganz freiwillig. Aus dem ursprünglichen Recht auf Auswanderung wurde bald eine Pflicht. Das spanische Königshaus wollte die neuen Ländereien lieber von schon gelernten Bauern bewirtschaften lassen, als die dortige Bevölkerung anzulernen. So wurde in einem königlichen Dekret vom 15. April 1678 angeordnet, dass die Gesellschaften, die Wein von den Kanaren in die Neue Welt transportierten, pro 100 t Ware auch jeweils fünf Familien von den Kanarischen Inseln mitschicken mussten! Mit diesem Dekret wurde zudem umgangen, dass alle Auswanderungswilligen in den Goldminen der Neuen Welt ihr Glück versuchten.

Nicht wenige Urlauber verzichten gleich auf einen Besuch von Puerto Plata, wobei sie allerdings etwas versäumen, denn die Stadt hat durch die vielen **Holzhäuser aus der Kolonialzeit** einen ganz eigentümlichen Reiz. Diese Häuser sind in einem Gebiet zu finden, das sich grob von der Festung bis zum Parque Central erstreckt.

1504 wurde die **Siedlung** von *Nicolás de Ovando* gegründet, aber nach relativ kurzer Zeit wieder aufgegeben. Grund dafür waren diverse Piratenüberfälle, später erkannten die Seeräuber, dass der Hafen für sie ein ideales Versteck darstellte, denn durch die vorgelagerte Korallenbank konnten nur erfahrene Kapitäne sicher manövrieren. So konnten sie von hier recht ungeniert ihren Aktivitäten nachgehen.

Irgendwann platzte der spanischen Krone dann der Kragen, und alle Bewohner wurden nach Santo Domingo zwangsumgesiedelt, Puerto Plata war verwaist.

Holzhaus in Puerto Plata

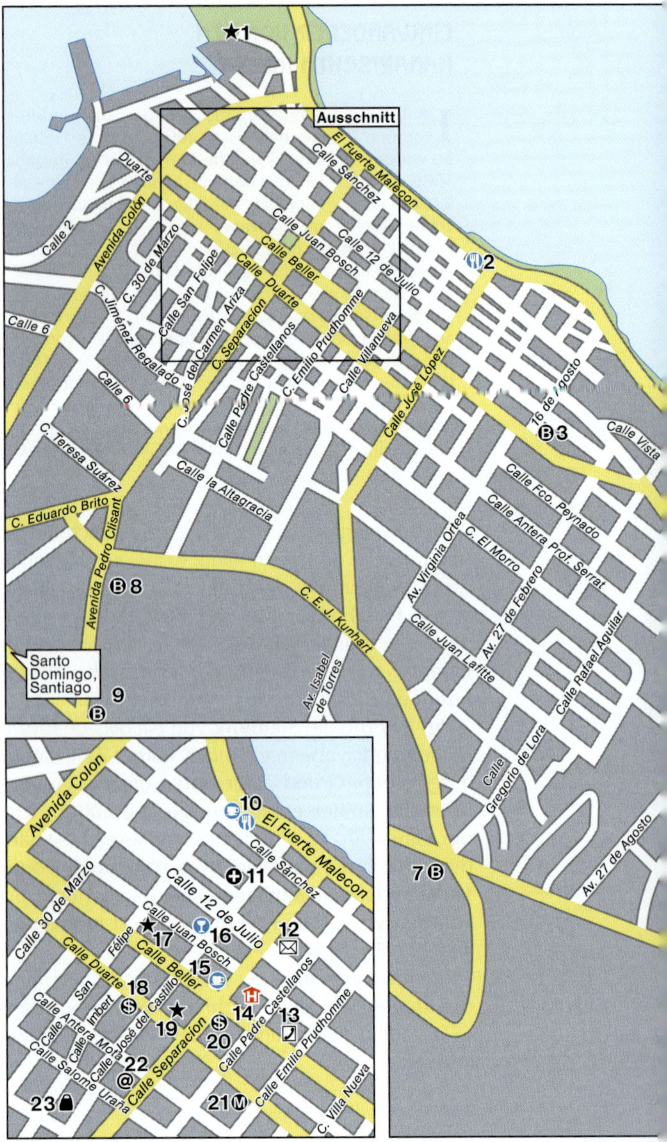
Ausschnitt
El Fuerte Malecon
Calle Sánchez
Duarte
Calle Juan Bosch
Calle 12 de Julio
Calle 2
Avenida Colón
C. 30 de Marzo
Calle Beller
Calle Duarte
Calle San Felipe
Calle del Carmen Ariza
C. Separacion
C. Jiménez Regalado
Calle 6
Calle Padre Castellanos
C. Emilio Prudhomme
Calle Villanueva
Calle José López
16 de Agosto
Calle Vista
C. José del Castillo
C. Teresa Suárez
Calle la Altagracia
Calle Fco. Peynado
Calle Antera Prof. Serrat
C. Eduardo Brito
Avenida Pedro Clisant
Av. Virginia Ortea
C. El Morro
Av. 27 de Febrero
C. E. J. Kunhart
Calle Juan Lafitte
Calle Rafael Aguilar
Av. Isabel de Torres
Santo Domingo, Santiago
Calle Gregorio de Lora
Av. 27 de Agosto
Avenida Colon
Calle 30 de Marzo
Calle Juan Bosch
Calle Beller
Calle Duarte
San Felipe
Imbert
Calle Antera Mota
Calle José del Castillo
Calle Salome Ureña
Calle Separación
Calle Padre Castellanos
Calle Emilio Prudhomme
C. Villa Nueva
1
2
3
7
8
9
10
11
12
13
14
15
16
17
18
19
20
21
22
23

Puerto Plata
0
500 m
ATLANTISCHER OZEAN
★ 1 Fortaleza San Felipe
2 Pizzería Janvis
3 Metro Bus
4 Terraza Las Almendras
5 Restaurant und Guest House Portofino
• 6 Baseball-Stadion
7 Busse nach Sosúa, Cabarete
8 Caribe Tours
9 Guaguas nach Santiago
10 Tam Tam Café, Rest. Barco's und Entre amigos
11 Clínica Brugal
12 Post
13 Codetel
14 Bonsai Hostal
15 Österreichisches Café
16 Sam's Bar
★ 17 Plaza Arawak
18 Banco Popular
★ 19 Parque Central
20 Banco BHD
21 Museo Ámbar
@ 22 La Red
23 Markt
Alegre
C. Hugo
C. Paul Harris
Kunhart
C. Hnos. Espignolio
C. Hnos. Sarita
C. A. Brugal Montanes
Carolina
Av. 27 de Agosto
Avenida Circunvalación Norte
Avenida Luis Ginebra
Long Beach
Avenida Circunvalación Sur
Avenida Hnas. Mirabal
4
5
6
Sosúa, Flugplatz und Rumfabrik
©Reise Know-How 2011

Erst im 18. Jh. erlebte Puerto Plata wieder einen Aufschwung, nachdem sich Einwanderer von den Kanarischen Inseln hier niedergelassen hatten.

In den letzten Jahren erfuhren die Stadt und die nahen Strandorte einen weiteren wirtschaftlichen Schub durch die **touristische Entwicklung,** obwohl die Hotelzonen außerhalb des Ortes liegen.

Sehenswertes

Holzhäuser

Das Stadtbild ist besonders in den Straßen **zwischen dem Zentrum und der Fortaleza** von buntbemalten Holzhäusern geprägt. Speziell rings um den zentralen Platz sind einige gut erhaltene Häuser zu finden. Entfernt man sich allerdings auch nur ein wenig von dieser Zone, ändert sich schnell das Bild, dann finden sich auch einige nicht so gut instand gehaltene Häuser. Weitere liegen entlang der **Calle Beller** in Richtung zum Terminal von *Metro Bus.*

Museo Ámbar

Im Zentrum befindet sich das Bernsteinmuseum Museo Ámbar, Calle Duarte 61, Ecke Calle Prudhomme. Im oberen Stockwerk sind wertvolle **Bernsteinexponate** ausgestellt, in der unteren Etage können im Tourist Bazar Steine, Bücher und Souvenirs erworben werden. Das Museum liegt in einem schönen alten Gebäude.

- Geöffnet: Mo–Sa 9–17 Uhr, Eintritt 50 R.D.$.

Parque Central

Der Parque Central ist ein lebhafter Platz, mitten im Zentrum gelegen. Wie immer an so einem zentralen Platz finden sich hier fliegende Händler und Schuhputzer, Pensionäre und Müßiggänger, wichtige Männer mit Sonnenbrille und Gel im Haar neben Bettlern ein. Keine Frage, ein buntes Treiben, das ein wenig Einblick in die Sozialstruktur gestattet. Ruhig erhebt sich dagegen im Zentrum des kleinen Parks ein hübscher Pavillon mit dem erstaunlichen Namen **Glorieta Siciliana** (sizilianische Laube/Lusthäuschen).

153dr Foto: hf

Nordküste

Fortaleza San Felipe

Am Ende des Malecón liegt die **alte Festungsanlage** Fortaleza San Felipe. 1541 wurde mit dem Bau der Festung an dieser strategisch wichtigen Stelle begonnen. Damals war Puerto Plata ein wichtiger Hafen und musste gegen Piratenüberfälle geschützt werden. 1577 wurde der Bau beendet, aber da begann bereits der langsame Verfall der Stadt, denn es wurden inzwischen weitaus günstiger gelegene Häfen gefunden, die den aus Peru und Mexiko kommenden Schiffen Schutz bieten konnten.

Hier steht auch ein schlichter Gedenkstein, der an ein Flugzeugunglück von 1996 erinnert.

In den 1960er Jahren wurde die Festung renoviert, heute befindet sich hier ein kleines **Museum,** das aber außer einigen Kanonenkugeln und ähnlichen militärischen Exponaten nicht viel hergibt. Weiterhin wird an den Staatsgründer *Duarte* erinnert, der hier eine Zeit lang inhaftiert war.

- Geöffnet: täglich außer Sa 9–17 Uhr, Eintritt 50 R.D.$.

An einem Sonntag in Puerto Plata

DIE ZEIT DER PIRATEN

Es ging bei fast allen Piratenüberfällen gegen die **Schiffe der Spanier,** denn die hatten bei ihren Raubzügen quer über den amerikanischen Kontinent sagenhafte Reichtümer zusammengeraubt. Und die sollten nun sicher über den Atlantik gebracht werden, was alles andere als einfach war.

Die Spanier hatten ein **gut organisiertes Transportsystem** entwickelt. Aus dem ehemaligen Aztekenreich flossen die Goldfunde zum Hafen Veracruz an die Ostküste Mexikos. Von dort fuhren die Schiffe weiter nach Havanna (Kuba), von wo sie entweder direkt nach Spanien liefen oder auf die Silberflotte warteten, die aus Cartagena und Porto Bello kam. Die Schätze der Inkas wurden auf Schiffen im Pazifik bis zum Hafen Panama gebracht. Dort wurden sie umgeladen und auf Maultieren in anstrengenden Gewaltmärschen durch den Dschungel über den Isthmus nach Porto Bello transportiert. Von Porto Bello wurde das Silber dann nach Havanna gebracht.

Die Spanier hatten den unschätzbaren Vorteil, dass sie in völliger Sicherheit die Silberschiffe im Pazifik segeln lassen konnten, denn es gab niemanden, der den Weg durch die Magellanstraße kannte und wagte. Das war das bestgehütetste Geheimnis Spaniens!

Somit mussten die Schiffe nur auf der Atlantikroute geschützt werden, und dies geschah durch aufwendigen Geleitschutz.

Die möglichen **Angriffspunkte für Piraten** lagen also in erster Linie auf der Strecke nach Havanna, denn einen riesigen Geleitzug anzugreifen, traute sich niemand. Unzählige Piratenattacken fanden deshalb in den karibischen Gewässern statt, besonders auf kleinere Schiffe, oder man plünderte die Hafenstädte, in denen gerade ein Schiff lag.

1602 überfiel ein Mann namens *Pierre le Grand* ein spanisches Schiff. Die Piraten erbeuteten ohne nennenswerten Widerstand das Schiff mit den Schätzen. Die Tat war bald vergessen, aber nicht der Ruf, den die Spanier dadurch erhielten.

Viele schwer schuftende Männer, denen Ströme von Milch und Honig in der Neuen Welt versprochen worden waren, die aber nur Hitze und Mühsal vorfanden, erfuhren nun, wie leicht ein spanisches Schiff zu entern sei. Etliche, vor allem die rauen Rinderjäger, *Boucanniers* genannt, entschlossen sich daraufhin, nun nicht länger im Busch zu leben, Rinder zu jagen oder ihre Plantage zu bestellen. Sie versuchten sich ebenfalls als Piraten und hatten großen Erfolg. Die Boucanniers von Tortuga (kleine Insel vor Hispaniok, im heutigen Haiti, direkt vor dem Ort Port-de-Paix) waren sehr bald der gefürchtetste Piratenhaufen der Karibik. Dabei bildeten sie eine erstaunliche Gemeinschaft, die als eine der wenigen funktionierenden klassenlosen Gesellschaften angesehen wurde, wenigstens zeitweise. *Alexander Oliver Exquemelin* gibt in dem authentischen Bericht „Das Piratenbuch“ von 1678 tiefe Einblicke in diese Gesellschaft. Es ist ein höchst lesenswertes Buch von einem Beteiligten.

Eine Piratenbesatzung für ein Schiff wurde gezielt zu einem Beutezug angeworben. Waren genügend Leute beisammen, wurde ein regelrechter **Vertrag,** Chasse-partie genannt, aufgesetzt. Hier wurden die einzelnen Anteile der Mannschaft genau festgelegt. Es gab Extraprämien für denjenigen, der als erster ein fremdes Schiff erspähte, für den, der als Erster an Bord war, und für das Niederholen der gegnerischen Flagge. Weiterhin wurde eine Art **Sozialkasse** angelegt und genau bestimmt, wieviel ein Mann für einen verlorenen Arm, ein verlorenes Bein oder andere Verwundungen bekommen sollte. Auf einem eroberten Schiff wurde die gesamte Beute zusammengetragen, niemand durfte sich etwas einstecken, dies musste jeder auf die Bibel beschwören. Es gab sogar eine eigene Rechtsprechung, nach der die Gemeinschaft entschied, ob jemand den Vertrag gebrochen hatte.

Die Boucanniers gingen auch bald dazu über, Städte zu plündern. Für diese Unternehmungen stellten sie große Heere zusammen, die dann plündernd und mordend u.a. in Campeche (Mexiko) und Porto Bello (Panama) einfielen.

Herausragende Köpfe waren der Franzose *François Lolonois* und der Waliser *Henry Morgan. Lolonois* war einer der ersten, der in größerem Stil spanische Städte auf dem Festland überfiel.

Morgan brachte es schließlich sogar bis zum Gouverneur von Jamaika, einem weiteren Piratennest. Als Belohnung und auch als eine der Möglichkeiten, der Piraterie gewisse Grenzen zu setzen, wurde er vom englischen König geadelt und zum Gouverneur ernannt.

Das **Ende der Boucanniers** kam langsam und friedlich. Die Spanier versuchten Tortuga gewaltsam zu räumen, was aber nur zum Teil gelang. 1664 wurde unter dem damaligen Gouverneur *D'Ogerón* eine andere Methode versucht, die darauf hinauslief, die Boucanniers zu domestizieren. Sie sollten begnadigt werden und ein Stück Land bekommen, um als Farmer zu leben. Es wurden sogar Frauen aus Frankreich importiert, um den Piraten die Möglichkeit zu geben, eine Familie zu gründen. Tatsächlich stieg die Zahl der Farmer auf Hispaniola in nur vier Jahren von 400 auf 1500, die Piraten von Tortuga gingen nach und nach in den Ruhestand. Wer Pirat bleiben wollte, musste auswandern, z.B. nach Jamaika. Die Insel Tortuga, die einst ein gefürchtetes Piratennest war, wurde bald vergessen.

Damals tummelten sich in der Karibik neben den freiberuflichen Piraten und den Boucanniers auch die **im staatlichen Auftrag agierenden Piraten.** Diese führten bei der Plünderung spanischer Schiffe und Häfen einen Kaperbrief mit sich, der es ihnen erlaubte, Schiffe feindlicher Nationen auszurauben. Dies führte dazu, dass Spanien seine angeblich unbesiegbare Armada 1588 nach England schickte, um endlich mit der staatlich unterstützten Piraterie aufzuräumen. Das Ergebnis ist bekannt, die Armada ging in den Herbststürmen vor Schottland unter.

Direkt vor der Festung steht ein würdevolles **Reiterdenkmal** zu Ehren von *General Luperón,* der im letzten Jahrhundert gegen die Spanier kämpfte.

Markt

Etwas außerhalb des Zentrums liegt die Markthalle an der Calle El Morro. Es ist kein Vorzeigemarkt, sondern es geht hier recht rustikal zu. Neben Obst, Gemüse und Fleisch werden auch Gebrauchsgegenstände angeboten.

Monte Isabel de Torres

Der Monte Isabel de Torres ist ein knapp 800 Meter hoher **Berg,** auf dessen Spitze eine große Christusfigur mit ausgebreiteten Armen steht. Eine **Seilbahn,** Teleférico, fährt in fünfminütiger Fahrt hoch. Von oben haben Besucher fantastische Ausblicke. Aber möglichst nur am frühen Vormittag kommen. Ab Mittags ist die Bergspitze oftmals von Wolken verhüllt. Ich selbst hatte bei meinen Besuchen immer Pech, nicht ein einziges Mal fuhr die Seilbahn. Aber sie fährt sehr wohl: Ab 9 Uhr zum Preis von 350 R.D.$! Oben gibt es einen botanischen Garten und ein paar Souvenirläden am Sockel unter der Christusfigur.

Plaza Arawak

Einen Block von der Plaza Central entfernt in Richtung Westen liegt in der Calle Beller ein neues Geschäftszentrum, die Plaza Arawak (Calle Beller, Ecke San Felipe).

Integriert in dieses Gebäude ist das **Museo de Arte Taino,** das eine kleine Ausstellung von Kunst und Fundstücken aus der Zeit der Tainos zeigt, allerdings keine Originale, sondern Kopien aus Lehm, die Originale stehen im Museo del Hombre Dominicano in Santo Domingo.

- Geöffnet: 9–17 Uhr, Eintritt ist frei, Spenden werden dankend entgegengenommen.

Playa Long Beach

Playa Long Beach ist der **Stadtstrand,** der am Ende des 3 km langen Malecón beginnt. Er erstreckt sich kilometerweit und geht später in die Playa Dorada über. Es ist kein Traumstrand, aber zum

216dr Foto: hf

Entspannen nach einem Stadtbummel absolut ausreichend. Nahe der Stadt sind die Stellen zum Baden jedoch sehr begrenzt und häufig verdreckt. Erst am Ende des Malecóns beginnt die etwas breitere Strandbucht, die sich bis Playa Dorada entlangzieht.

Zuletzt wurde der Strand durch Sandaufspülungen erkennbar **verbreitert** und macht in diesem Abschnitt einen guten Eindruck. Seit neuestem gibt es ein gutes Dutzend Kioske mit Meerblick-Terrasse, die im Abstand von etwa 100 Metern direkt am Strand stehen.

Rumfabrik Einen Besuch in einer Rumfabrik möchte wohl jeder Karibikurlauber vornehmen, in Puerto Plata kann dies problemlos bei der **Firma Brugal** arrangiert werden. Die Fabrik liegt etwas außerhalb zwischen Puerto Plata und Playa Dorada in der Av. Luís Ginebra, dort werden auch Führungen veranstaltet. Wie ein Leser so schön schrieb: „Fünf

Parque Central mit der Glorieta Siciliana

Minuten interessanter Film zur Rum-Herstellung, auf Wunsch in Deutsch, dann 10 Minuten Besichtigung der Abfüllanlage, danach kostenloser Daiquirí und verschiedene Rumsorten nach Belieben bis zur halbseitigen Gesichtslähmung".

- Geöffnet: Mo–Fr 9–12 und 13–16 Uhr.

Praktische Reisetipps

Anreise

- **Per Flugzeug:** Der internationale Flugplatz befindet sich knapp 20 km östlich der Stadt.

Eine Bank liegt etwas versteckt linker Hand in dem Raum mit den Gepäckbändern. Wer spät abends landet, sollte ein paar kleine Dollarscheine mitbringen, da die Bank gegen 18 Uhr schließt. Eine weitere Bank mit Geldautomat liegt links hinter den kleinen Bars vor der Ankunftshalle.

Für eine Taxifahrt nach Sosúa müssen 25 US$ veranschlagt werden, nach Cabarete ca. 40 US$.

- **Per Bus:** Sowohl *Caribe Tours* als auch *Metro Bus* fahren Puerto Plata an. Der Terminal von *Caribe Tours* ist am Stadtrand an der c/ Camino Real Ecke Eugenio Kunhardt.

Metro Bus hat seinen Terminal am Stadtrand in der Calle 16 de Agosto Ecke Calle Beller. Wenn die Busse eintreffen, stehen Taxen und Motoconchos bereit.

- **Per Guagua:** Die Guaguas aus **Santiago** enden an der Umgehungsstraße, recht weit außerhalb der Stadt, aber Motoconchos stehen immer bereit. Guaguas aus **Sosúa, Cabarete** oder **Río San Juan** enden im Zentrum. Wer zum Long Beach will, steigt am besten am Baseballstadion vor den Toren der Stadt aus und geht dann über die Av. Hnas. Mirabal die letzten 500 Meter Richtung Meer zu Fuß.

Unterkunft

Urlauber haben grundsätzlich die Möglichkeit, direkt im Ort zu wohnen oder etwas außerhalb am Meer in der Nähe des Strandes Long Beach, circa drei km vom Ortskern entfernt. Der Strand ist problemlos über den breiten Malecón zu erreichen, Motoconchos fahren ständig auf und ab. Aber es darf dann doch so deutlich gesagt werden: Die Qualität der meisten ist eher nicht überzeugend, man kann sehr viel besser in Sosúa oder Cabarete wohnen.

- **Guest House Portofino**,** Av. Hermanas Mirabal 12, Tel. 809-586-2858, Fax 809-586-5050; liegt nur fünf Gehminuten vom Long Beach entfernt. Solides Steinhaus in relativ ruhiger Umgebung, allerdings drei Kilometer vom Zentrum entfernt, dafür aber mit Pool und eine Pizzeria. Es gibt auch Zimmer ohne Fenster (!) und insgesamt könnte das Haus mal wieder generalüberholt werden, aber es ist insgesamt immer noch günstig.

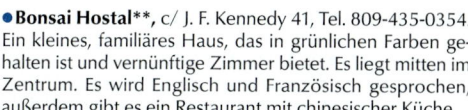

- **Bonsai Hostal**,** c/ J. F. Kennedy 41, Tel. 809-435-0354. Ein kleines, familiäres Haus, das in grünlichen Farben gehalten ist und vernünftige Zimmer bietet. Es liegt mitten im Zentrum. Es wird Englisch und Französisch gesprochen, außerdem gibt es ein Restaurant mit chinesischer Küche.

Gastronomie

- **Sam's Bar,** c/ José del Carmen Ariza 24, Tel. 568-7267. Mitten im Zentrum gelegenes emblematisches Lokal unter kanadischer Flagge in einem grundsätzlich hübschen, jetzt aber doch etwas vernachlässigt wirkenden viktorianischen Gebäude. Es werden auch einfache Zimmer vermietet.
- **Repostería Austriaca,** ein österreichisches Café, direkt am zentralen Platz gelegen, in dem es Sachertorte, Apfelstrudel und andere Leckereien gibt.

Am Malecón: Entlang des Malecón liegen vereinzelte Lokale und neuerdings etliche Kioske direkt am Strand. Zumeist nichts Besonderes, aber man kann ganz nett bei einer kühlenden Brise dort hocken und aufs Meer starren.

- **Pizzería Janvis,** mit größerer Terrasse und Meerblick, liegt noch knapp in Fußlauf-Distanz vom Zentrum.
- **Terraza Las Almendras,** Malecón Ecke c/ Bugal Montanez, Tel. 809-854-0092. Gemütliches Lokal am Malecón gelegen mit einer Terrasse unter Bäumen. Man sitzt dort ganz angenehm und schaut über die Straße aufs Meer.
- **Barco's,** Av. General Luperón 6. Direkt am Malecón unweit der Fortaleza gelegen. Die Karte bietet eigentlich von allem etwas, aber vor allem treffen sich hier die ausländischen Residenten.
- **Tam Tam Café,** Av. General Luperón. Liegt gleich nebenan und ist ähnlich zu beschreiben.
- **Entre amigos,** Av. General Luperón. Kleines dominikanisches Lokal, das noch ein Stück näher zur Fortaleza liegt.

Adressen

- **Bank:** *Banco BHD,* c/ Separación am Parque Central; *Banco Popular,* Calle Duarte, Ecke Parque Central (mit Geldautomaten).
- **Busgesellschaften:** *Caribe Tours,* Calle Camino Real, Ecke Eugenio Kunhardt, Tel. 809-586-4544; *Metro Bus,* Calle 16 de Agosto, Tel. 809-586-6062.
- **Telefonieren:** C. Beller 58 (1 Block von der Plaza Central)
- **Internet:** *Dot Com,* c/ 12 de Julio 69; *La Red,* c/ Separación, Ecke c/ Mota.
- **Krankenhäuser:** *Clínica Dr. Brugal,* Calle Ariza, Tel. 809-586-2519; *Clínica Gregorio Hernández,* Av. 27 de Febrero, Tel. 809-586-1166.
- **Post:** Calle 12 de Julio Ecke Calle Ariza.
- **Einkaufen:** Mehrere Shops mit überwiegend Zigarren, Rum und touristischen Waren liegen an der c/ Duarte, unweit der Plaza Arawak.

Weiterreise

- **Zum Flugplatz:** am einfachsten per Taxi zum Festpreis von 25 US$
- **Nach Monte Christi:** per Guagua in Richtung Santiago fahren, aber an der Kreuzung der Fernstraße Santiago – Monte Cristi bereits aussteigen und die nächste Guagua, die aus Santiago kommt, stoppen
- **Nach Playa Luperón und den Ruinas de la Isabela:** Per Guagua in Richtung Santiago fahren, an der Abzweigung nach Playa Luperón im Dorf Imbert umsteigen. Die Abzweigung ist nicht zu übersehen, Werbeschilder weisen den Weg. Anschluss-Guaguas stehen bereit.
- **Nach Samaná:** Es geht momentan nur per Guagua und mit mehrmaligem Umsteigen. Zuerst nach Río San Juan fahren, von dort weiter nach Nagua. Dort eine Guagua (kann auch mal ein Pickup sein) nach Sánchez nehmen und von dort geht es schließlich weiter entweder nach Las Terrenas oder nach Samaná Stadt. Hört sich schlimmer an, als es tatsächlich ist, denn Anschlussbusse stehen immer bereit. Es gibt auch noch Privatbusse, die einmal am Tag den Trip nach Samaná direkt machen. Selbst mitgefahren bin ich noch nicht, aber man hat mir glaubhaft geschildert, dass der Bus *Transporte Papagayo* etwa um 6.30 Uhr ab Puerto Plata (gegenüber *Clínica Brugal*) fährt und in Sosúa gegen 7 Uhr vor dem Supermarkt *El Playero* weitere Fahrgäste einsammelt. Ankunft in Samaná dann gegen 10.30 Uhr. Infos: Tel. 809-749-6415 (Spanisch); wer die Tour gemacht hat, möge bitte einen Bericht schicken.
- **Nach Santiago:** Nach Santiago kommt man entweder mit einer der beiden großen Busgesellschaften oder mit klimatisierten Kleinbussen der Gesellschaft *Javilla,* die ständig verkehren. Die Abfahrtsstelle liegt am Stadtrand. Am besten man lässt sich per Motoconcho zur Abfahrtsstelle fahren.
- **Nach Santo Domingo:** per *Metro Bus:* 6, 7, 9, 11, 14, 16 und 18.30 Uhr, per *Caribe Tours:* zwischen 6 und 19 Uhr stündlich.
- **Nach Sosúa/Cabarete:** Guaguas starten regelmäßig von der Abfahrtsstelle, die etwas außerhalb vom Zentrum an der Avenida Circunvalación liegt.

Playa Dorada

Unter diesem Namen ist die kilometerlange Strandzone bekannt, die sich unmittelbar an den Long Beach von Puerto Plata anschließt. Nur 5 km entfernt von Puerto Plata entstanden etwas mehr als ein Dutzend erstklassiger Hotels, die in einer **weitläufigen, parkähnlichen Anlage** zu finden

117dr Foto: hf

Nordküste

sind. Wer hier urlaubt, befindet sich einerseits in einem etwas separat liegenden Komplex, hat aber dafür jede erdenkliche Serviceleistung.

Das gesamte Gelände ist über eine einzige **Zufahrtsstraße** erreichbar. Diese wird Tag und Nacht bewacht, nicht jeder kann den Posten passieren. Die Zufahrtsstraße beschreibt einen weitläufigen Bogen durch die gesamte Anlage und stößt nach mehreren Kilometern schließlich wieder auf die Hauptstraße Puerto Plata – Sosúa.

Auf dem Gelände liegen gut ein Dutzend **Hotelanlagen,** teilweise allerdings etwas vom Strand entfernt. Diese Hotels haben alle einen gehobenen Standard und bieten überwiegend All-Inclusive an. Abgesehen von den Hotels findet sich alles **Notwendige,** wie Banken, Shops, Autovermieter, Bars, Tennisplätze und sogar ein Golfplatz.

Für viele Besucher gibt es keinen Grund, diesen Bereich auch nur einmal zu verlassen. Dabei ist es so einfach; die **Straße nach Sosúa bzw. Puerto Plata** führt in unmittelbarer Nähe hier vorbei.

Müßiggang an der Playa Dorada

Praktische Reisetipps

Unterkunft

Alle Hotel-Anlagen gehören in unsere preisliche Kategorie der vier Sterne, aber da fast alle über europäische Reiseveranstalter buchbar sind, lassen sich schon andere Preise erzielen. Einzelbeschreibungen zu geben ist schwierig, immerhin sind die Unterscheidungsmerkmale doch recht gering. Die Anlagen liegen alle ziemlich dicht beisammen und bieten immer einen hohen Service-Standard, überwiegend All-Inclusive. Zum Strand hat es niemand weit.

Sosúa

Sosúa kann als einer der Hauptferienorte der Dominikanischen Republik bezeichnet werden. Der hellsandige Hauptstrand liegt in einer knapp 1 km langen Bucht, diese wird von schattenspendenden Bäumen begrenzt.

Diverse **Aktivitäten** werden am Strand angeboten, wie z.B. eine Fahrt mit dem Glas-Bottom-Boat oder Wasser-Scooting.

Eine schier endlose Kette von Verkaufsbuden begrenzt den Strand. Angeboten werden vor allem Bilder, die der naiven Malerei von Haiti nachempfunden sind, aber auch kühle Drinks, T-Shirts, Snacks und vieles mehr.

Der eigentliche Ort, **Los Charamicos,** liegt links der Bucht (Blickrichtung zum Meer). Hier befinden sich die ursprüngliche Siedlung, kleine Garküchen und die Busstation.

Rechts der Bucht hat sich nach und nach die neue Feriensiedlung ausgedehnt. Dort sind auch alle touristisch wichtigen Einrichtungen zu finden, dieser Teil heißt *El Batey.*

Mittlerweile hat sich die Feriensiedlung bis zur nächsten Bucht, der **Playa Chiquita,** hingezogen. Dieser Strand ist wirklich winzig *(chiquita),* dafür aber auch nicht sonderlich überlaufen. Weitere kleine Buchten schließen sich in östlicher Richtung an.

Sosúa war lange Zeit nichts weiter als ein kleiner Flecken am Meer. Als *Trujillo* die **jüdischen Flücht-**

155dr Foto: hf

Nordküste

linge 1940 ins Land holte, ließ er sie hier in Sosúa siedeln. Das veränderte das dörfliche Leben entscheidend. Die neuen Siedler aber waren städtisch geprägt und hatten von Landwirtschaft, zumal unter karibischer Sonne, keine Ahnung. Das Projekt begann nur unter großen Schwierigkeiten, und nach Kriegsende zogen viele Juden weiter in die USA oder nach Kanada. Die verbliebenen allerdings schufen sich langsam ihre Lebensgrundlage. Noch heute genießen die Fleisch- und Milchprodukte aus Sosúa einen ausgezeichneten Ruf.

Mit der Eröffnung des **Flughafens Puerto Plata** und der Eröffnung der Fernstraße entlang der Nordküste Anfang der 1980er Jahre schwappte der internationale Tourismus nach Sosúa. Viele Urlauber zog es zunächst zum etwas höherpreisigen Playa Dorada, aber genügend kamen auch nach Sosúa, das schnell den Ruf erhielt, ein Billig-Ziel zu sein. Die Folge: Hotels und Kneipen schossen aus dem Nichts hervor und nach kurzer Zeit war der Ort unter Sextouristen eine neue Destination.

Waterfront Restaurant

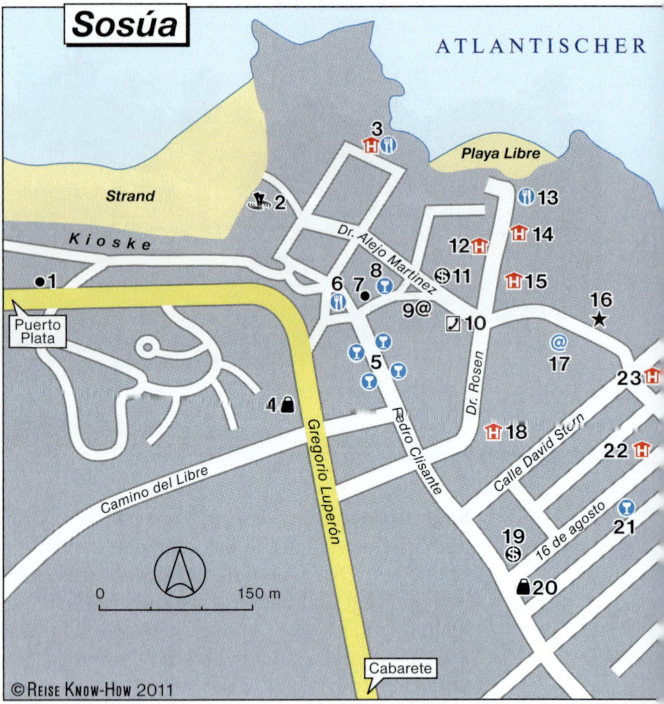

In den 1990er Jahren konnten Urlauber hier tatsächlich äußerst günstig 14 Tage Urlaub verbringen, noch dazu All-Inclusive. „Karibik zu Kanarenpreisen", lautete damals die Parole. Dass diese Rechnung nicht aufging, wurde schnell deutlich. Die Hotels hatten nicht die Qualität der Häuser von Punta Cana und Playa Dorada, wo man schon damals sehr viel mehr bezahlen musste. Es lässt sich kaum anders sagen, aber Sosúa bekam in jener Zeit einen ziemlich schlechten Ruf.

Die Situation besserte sich nach dem Millenniumswechsel. Einige billige Hotels gingen pleite, die Regierung griff gegen den Sextourismus durch, der trotzdem immer noch unübersehbar in

- 1 Terminal Caribe Tours
- 2 Merlin
- 3 Piergiorgio Palace Hotel mit Restaurant
- 4 Supermarkt El Playero
- 5 Viele Bars
- 6 mehrere Restaurants, u. a. La Rocca und PJ's
- 7 Reisebüro Melissa Tours
- 8 Valentino's
- 9 Caribe Internet
- 10 Codetel
- 11 Banco Popular
- 12 Hotel Casa Cayena
- 13 Ocean Waterfront Restaurant
- 14 Pension Anneliese
- 15 Hotel El Rancho Sosúa
- 16 jüdische Synagoge
- 17 Internet Café
- 18 Casa Valeria
- 19 Ban Reservas
- 20 Super, Super
- 21 Eddy's Sportbar
- 22 Hotel Romanoff
- 23 Hotel Don Andrés
- 24 Ristorante Bologna
- 25 Hotel Sosúa-by-the-Sea

Sosúa zu finden ist. Ein hochpreisiges Ziel ist Sosúa immer noch nicht.

Herausragende Attraktionen gibt es nicht, die meisten Besucher suchen **Spaß am Strand** und in den Kneipen, von denen es unzählige gibt, sowohl direkt am Strand, als auch in der Calle Pedro Clisante. Überspitzt ausgedrückt, liegt der dominikanische Ballermann hier in Sosúa.

Synagoge

Einzig die kleine Synagoge in der Calle Dr. Alejo Martínez bleibt als Sehenswürdigkeit zu nennen. Ganz vereinzelt finden noch Gottesdienste statt (einmal im Monat), ansonsten ist hier ein Museum untergebracht, das die Geschichte der jüdischen

116dr Foto: hf

Siedler dokumentiert. Viele historische Fotos, vergilbte Zeitungsausschnitte und eine genaue Zeittafel mit den Namen aller Siedler zeigen den jüdischen Hintergrund zu Sosúa.

- Geöffnet: Mo–Fr 9–13 und 14–16 Uhr, Sa 9–13 Uhr, Eintritt 75 R.D.$.

Praktische Reisetipps

Anreise

- Vom **Flugplatz** per Taxi zum Festpreis für 25 US$.
- Von **Puerto Plata** per ständig pendelnder Guagua. Die Guaguas halten an der Hauptstraße vor dem Supermarkt *El Playero*. Man benutze eine der Stichstraßen, die zum Meer führen.
- *Caribe Tours* hat einen kleinen Terminal an der Durchgangsstraße oberhalb vom Ortsteil **Los Charamicos.** Sobald ein Bus eintrifft, stehen Motoconchos bereit.

Das Jüdische Museum

TÖDLICHER SPRACHTEST

Am 2. Oktober 1937 kam es zu einem **Massaker an Arbeitern aus Haiti.** Unzählige Haitianer lebten schon damals in der Dominikanischen Republik, größtenteils illegal. Haitianer und Dominikaner gerieten in Streit über ein Farmland in der Nähe der Grenze, dabei verloren einige Dominikaner ihr Leben. Dies wurde von *Trujillo* als Vorwand genutzt. Über 25.000 Haitianer sollen dann innerhalb von drei Tagen ermordet worden sein!

Das grausame Vorgehen gipfelte in einer Art **Sprachtest, um schwarze Haitianer von schwarzen Dominikanern zu unterscheiden.** Wer das Wort *perejil* (Petersilie) nicht aussprechen konnte, wurde kurzerhand ermordet. Kein Haitianer kann das spanische **R** korrekt aussprechen, sie sprechen es wie ein **L** aus, sodass sie **Pelejil** sagen. Allein dies genügte für ein Todesurteil. Da dieses Sprachphänomen aber auch auf dominikanischer Seite anzutreffen ist, stellt sich unweigerlich die Frage, ob *Trujillo* nicht auch eigene Landsleute hat umbringen lassen. Das Massaker rief nicht einmal internationalen Protest hervor. *Trujillo* zahlte später eine Entschädigung von 40 US$ je getötetem Haitianer an Haitis Präsidenten. Um sein Image aufzupolieren, erlaubte er die Einreise von verfolgten Juden aus Europa.

Nordküste

Unterkunft

- **Piergiorgio Palace Hotel***,** Tel. 809-571-2626, Fax 809-571-2786, www.piergiorgiopalace.com. Tolle Lage, tolle Einrichtung! Sehr ruhig direkt über den Klippen gelegen und doch nur fünf Minuten Fußweg in die City. Von der Hälfte der Zimmer fantastischer Meerblick, schöner Garten, Pool.
- **Pension Anneliese**,** Calle Dr. Rosen, Tel./Fax 809-905-1946, www.weblatino.de/pension. Ein Haus mit zehn Zimmern in sehr ruhiger Lage unter deutscher Leitung, mit Pool und WLAN.
- **Don Andrés**,** Calle Martínez 6, Tel. 809-856-2005, www.hoteldonandres.com. Ein kleines, auffällig blau angestrichenes Haus mit zweckmäßig eingerichteten Zimmern und Apartments. Ein Pool ist vorhanden, ein Restaurant angeschlossen.
- **Hotel Sosúa-by-the-Sea***,** Tel. 809-571-3222, Fax 809-571-3020, www.sosuabythesea.com. Insgesamt 81 Räume. Das größere, schön gelegene Haus ist unweit von der Playa Chiquita zu finden, Pool und direkter Zugang zum kleinen Strand sind vorhanden.
- **Hotel Romanoff**,** c/ 16 de agosto, Tel. 809-571-3242, Fax 571-3241, insgesamt 50 Räume. In der Nähe des klei-

nen Hauses liegen ein paar Restaurants, außerdem: WiFi, Pool.

• **Casa Valeria****-***, c/ Dr. Rosen 28, Tel. 809-571-3565, www.hotelcasavaleria.com. Eine kleine, propere Anlage, hübsch begrünt, die einen schmucken Eindruck macht. Neun Zimmer, unterschiedlich ausgestattet, einige sogar mit Küche. Im Zentrum gibt es einen Pool und auf den Zimmern Fernseher. Deutschsprachig, WiFi.

• **Hotel Casa Cayena*****, c/ Dr. Rosen 25, Tel. 809-571-2651. In einer Seitenstraße gelegenes ockerfarbenes Haus, mittelgroß und in L-Form gebaut. Umlaufende Balkone auf zwei Etagen, von dem die Zimmer abgehen. Größerer Innenhof mit Pool, Restaurant und einem hübschen Garten, insgesamt mit viel Stein- und Holzdekor. Internetzugang.

• **Hotel El Rancho Sosúa****-***, c/ Dr. Rosen 36, Tel. 809-571-4070, Fax 809-569-0011, www.hotelranchososua.com. Das Haus fällt auf durch seine farbenfrohe Gestaltung im mexikanischen Stil mit dem unübersehbaren Palmendach. Es bietet 17 Zimmer oder Studios, die gemütlich und teils sogar romantisch eingerichtet sind. Die deutschsprachigen Betreiber bieten außerdem einen Pool, eine Bar und ein Café.

Gastronomie

In kaum einem anderen Ort ist die Auswahl an Restaurants größer. Speziell in den Straßen Martínez, Pedro Clisante und Ayuntamiento findet man zahlreiche Lokale.

• **Ocean Waterfront Restaurant,** c/ Dr. Rosén 1, bietet neben guter Küche einen fantastischen Blick hinaus aufs Meer.

• **Restaurant La Rocca,** liegt schräg gegenüber vom Strandzugang, ein größerer Laden auf zwei Etagen in sehr zentraler Lage. Die lange Happy Hour am späten Nachmittag lockt immer viele Durstige an.

• **Restaurant La Puntilla de Piergiorgio,** am Ende der kleinen Parallelstraße der c/ Martínez gelegen. Der Clou des Ortes! Man gehe mal hin und speise in ungewöhnlicher Lage 100 m über dem Meer. Direkt in den Klippen sind kleine, weiß getünchte Balkone wie Schwalbennester hoch über dem Meer eingelassen worden.

• **Ristorante Bologna,** an der Plaza Bologna, bietet vernünftige Pizza und Pasta.

• **PJ's Bar,** liegt mitten im Geschehen neben Restaurant La Rocca und ist seit Jahren ein beliebter Treff. Der Laden hat 24 Stunden geöffnet und bietet internationale Küche. Er ist sehr beliebt, das zeigen auch die vielen Autokennzeichen aus aller Welt, die Fans hier an die Wand nagelten.

• **Eddy's Sportbar,** c/ 16 de agosto, hat vier riesige TV-Schüsseln hinterm Haus stehen. Somit lockt er sportbegeisterte Gäste aller Nationalitäten, da *Eddy* alle möglichen Sportsendungen live zeigt, www.eddyssportsbar.com.

Die Juden von Sosúa

In Sosúa leben noch heute einige Juden, die 1940 vor dem aufziehenden Antisemitismus aus Europa geflohen waren. Wie kamen die Menschen ausgerechnet in diesen Karibikort, der vor einem halben Jahrhundert nichts weiter als ein abgelegenes Dörflein war?

1939 wurde in Frankreich eine **Konferenz** abgehalten, die sich mit der immer größer werdenden **Anzahl von jüdischen Flüchtlingen,** welche es hauptsächlich in die Schweiz zog, beschäftigte. Insgesamt nahmen 32 Staaten teil, immerhin hatte US-Präsident *Roosevelt* sie einberufen. Jedoch alle teilnehmenden Staaten weigerten sich, den Flüchtlingen Asyl zu gewähren.

Lediglich der dominikanische **Diktator Trujillo** war **bereit, Zehntausende Flüchtlinge aufzunehmen,** natürlich nicht ganz uneigennützig. Er versuchte, mit dieser Geste sein Ansehen wieder zu heben. 1937 hatte er nämlich in einem unbegreiflichen Anfall ungefähr 25.000 Schwarze aus Haiti umbringen lassen.

Trujillo ließ hauptsächlich Alleinstehende **einreisen,** nur zehn Prozent der Einwanderer durften Familien sein. Damit wollte er eine schnelle Integration und somit auch stärkere Vermischung seiner Bevölkerung erreichen. Tatsächlich gelangten schließlich aber nur etwa 600 Flüchtlinge nach Puerto Plata.

Die meisten kamen aus städtischen Verhältnissen, kaum einer war mit der **Landwirtschaft** vertraut. Alle Einwanderer sollten aber auf dem Feld arbeiten, das war eine von *Trujillos* Forderungen. Dieses ungewohnte Leben behagte vielen nicht, nach Kriegsende zog ein Großteil weiter in die USA. Die Verbliebenen schufen sich mit der Zeit einen gewissen Wohlstand. Israel unterstützte bereitwillig die Neu-Farmer und schickte den Agrar-Fachmann *David Stern.* Er gab die nötige Hilfestellung, und bald flossen die ersten Erträge. Ihm zu Ehren wurde eine Straße in Sosúa benannt. Die Milchwirtschaft aus Sosúa hat immer noch einen guten Ruf.

Heute leben nur noch ganz wenige Juden in Sosúa, einzig erkennbares Zeichen ist die kleine Synagoge mit dem Davidstern in der Eingangspforte.

2008 feierte *Luis Hess,* langjähriger Schuldirektor von Sosúa, seinen einhundertsten Geburtstag. Sein angebliches Rezept: täglich um 12 Uhr ein Gläschen Rum. 2010 verstarb Hess im gesegneten Alter von 101 Jahren.

- Mehrere deutsche Kneipen sind zwischen den **über einhundert Kiosken** am Stand zu finden, fast schon eine Legende ist dabei die unverwüstliche *Manni's Schwabenbar.*
- In der Straße **Pedro Clisante** reiht sich ein Tresen an den nächsten, lockt ein ausländisches Lokal neben dem anderen. Hier bleibt wahrlich kein Auge trocken, es ist DIE Kneipenmeile mit einigen größeren, offenen Musikläden.
- **Valentino's,** c/ Duarte 7. Mal was anderes: Eine stilvolle Bar mit gepflegter Atmosphäre und gepflegten Cocktails.

Adressen

- **Banken:** *Banco Popular,* Calle Pedro Clisante 14; *Banreservas,* Calle 16 de agosto Ecke c/ Pedro Clisante; *Banco Popular,* Av. Martínez.
- **Busgesellschaft:** *Caribe Tours Los Charamicos,* an der Hauptstraße, Tel. 809-571-3508.
- **Telefonieren:** *Codetel,* Calle Dr. Rosén Ecke Av. Martínez.
- **Post:** Calle E. Kunhardt 8 in Los Charamicos, kleines Holzhaus, schnell zu übersehen.
- **Internet:** *Caribe Internet Café,* c/ Duarte 5; *Internet-Café,* Calle Dr. Alejo Martínez, schräg gegenüber des jüdischen Museums.
- **Reisebüro:** *Melissa Tours,* c/ Duarte 2, Tel. 809-571-2567.
- **Tauchen:** *Merlin,* Tel. 809-545-0538 www.tauchschule-merlin.com. Ein deutschsprachiges Tauchcenter an der kurzen, leicht abschüssigen Straße zum Strand.
- **Einkaufen:** *Super, Super,* c/ Pedro Clisante, Ecke c/ 16 de agosto. Ein nicht zu großer, aber bestens bestückter Laden für ausgesuchte Alkoholika und Tabakwaren; *El Playero,* an der Hauptstraße bei der einzigen Ampel im Ort gelegen. Dürfte der größte Supermarkt von Sosúa sein mit einem entsprechend breiten Angebot.

Aktivitäten

- **Organisierte Ausflüge** und **Hochseeangeln** bietet *Melissa Tours* an. Angeboten werden sowohl Kurztrips nach Samaná mit einem Abstecher zur Bacardi-Insel als auch mehrtägige Besichtigungsfahrten durch die Hauptstadt.
- **Geschnorchelt** wird am besten bei den etwas abseits gelegenen Buchten in Richtung Cabarete, da hier keine motorisierten Wasserfahrzeuge die Fische aufscheuchen.

Weiterreise

- Nach **Santo Domingo** per *Caribe Tours:* zwischen 5.20 und 18.20 Uhr stündlich, Abfahrt: Los Charamicos, der linke Ortsteil, Tel. 809-571-3808.
- Nach **Cabarete bzw. Río San Juan oder Puerto Plata** fahren ständig Guaguas, die auf der Verbindungsstraße zwischen den beiden Orten pendeln.
- Nach **Samaná** kann es eine sehr umständliche Reise werden. Details siehe unter Cabarete oder Puerto Plata, Weiterreise. Man kann auch versuchen, in einem Reisebüro für eine organisierte Tour ein One-way-Ticket zu kaufen. Sollten noch Restplätze frei sein, verkaufen Reisebüros manch-

mal solche Tickets, einfach mal fragen. Weiterer Vorteil: Im Preis ist meist ein Frühstücksstopp mit eingeschlossen.

Cabarete

Cabarete gilt als das **Ziel der Surfer!** Der Ort liegt ca. 15 km östlich von Sosúa und 30 km von Puerto Plata entfernt. Hauptattraktion ist der breite Strand, der sich über ca. drei Kilometer entlangzieht und an dem am Nachmittag eine frische Brise weht; dies ist auch der Grund, warum sich die Surfer hier treffen. Den Vormittag kann jeder zum Erholen nutzen, denn auch der Après-Surf will gepflegt werden ...

Der **Ort** besteht aus einer Ansammlung von meist sehr schön angelegten Hotels, genügend Bars und Restaurants, die sich alle entlang der Durchgangsstraße angesiedelt haben und von denen viele eine Strandterrasse anbieten. Hier haben sich auch Surfschulen und Vermieter von Funboards niedergelassen. Es fanden bereits Wettbewerbe des Worldcups statt, das zeigt, welche Windverhältnisse herrschen. Durch die meist jüngeren Gäste ist die Atmosphäre im Ganzen recht sportiv.

Im Grunde besteht Cabarete nur aus einer Straße, die gleichzeitig auch noch die **Durchgangsstraße** von Puerto Plata nach Río San Juan ist. Mit anderen Worten: Jeder, der nach Cabarete oder durch Cabarete fahren will, muss diese Straße nutzen. Damit wird deutlich, dass diese Straße kein Ort der Ruhe ist, sondern hier herrscht ein Verkehr, wie in einer veritablen Stadt. Das Geknatter der Mopeds, das Gehupe der Autos, das ewige „Hey, my friend, have a look!" kann einem schon ziemlich auf die Nerven gehen. Aber, und nun folgt wieder das berühmte „Aber", nur wer sich entlang besagter Straße längere Zeit bewegt. Und das macht eh niemand. Sobald man den Strand erreicht, was durch etliche Stichstraßen problemlos möglich ist, fällt dieser ganze Nerv komplett ab. **Der Strand ist einfach schön!** Die frische Brise kühlt herrlich, mehrere nette, gemütliche, lebhafte Lokale mit Strandterrassen locken zum Abhängen. Man findet das ganze Ambiente nur noch gelassen, easy, angenehm, locker, sportiv, relaxt – wie immer man es nennen möchte.

Am Hauptstrand ist am meisten los, dort flitzen auch die meisten **Windsurfer** auf und ab, obwohl man sich (als Nichtsurfer!) nur wundern kann, wie weit sich mancher hinauswagt.

Die **Kitesurfer** tummeln sich am Kite-Beach, der so zwei, drei Kilometer westlich liegt. Vom Hauptstrand kann man am Nachmittag regelmäßig eine Armada von Kitern beobachten.

Praktische Reisetipps

Anreise

- Von **Puerto Plata** per Guagua, die ständig verkehren
- Vom **Flugplatz** per Taxi zum Festpreis von 25 US$
- Von **Santo Domingo** einen Bus der Gesellschaft *Caribe Tours* bis Sosúa nehmen. Von dort geht es dann per Guagua oder Taxi weiter.
- Von **Samaná** ist es sehr umständlich (siehe unter Samaná, Verbindungen).

Unterkunft

- **Secret Garden**,** Perla Marina, Tel./Fax 809-571-2035, www.the-secretgarden.com. Ein Kleinod! Reisebuchautoren sind ja gehalten, neutral zu schreiben, hier sei einmal eine Schwärmerei erlaubt. Sehr schönes, kleines Haus mit fünf Apartments. Es liegt fünf Kilometer vor Cabarete (aus Richtung Sosúa kommend) sehr ruhig in der Villensiedlung Perla Marina, nur 70 Meter vom Strand und 800 Meter von der Straße entfernt. Liebevoll dekorierte Zimmer, mit eigenem Safe und wireless Internetzugang. Ein schöner Garten und ein chemiefreier (!) Pool runden das nette Ambiente ab. Einziger Wermutstropfen: kein Restaurant, aber ein leckeres Frühstück wird serviert. Ein Restaurant liegt in der Nähe, keine fünf Minuten entfernt. Sehr nette deutsch-ungarische Besitzer.

  Zu erreichen: Durch den bewachten Eingang zur Villensiedlung Perla Marina (Hinweisschild) der Straße 800 Meter folgen, hinten rechts liegt dann das farbenfrohe Haus.
- **Aparthotel Albatros**-***,** Tel. 809-571-0841, Fax 809-571-0905. Eine sehr schöne Hotelanlage, umgeben von einem Garten. Sie liegt weit genug von der Durchgangs-

straße entfernt. Die Zimmer mit Balkon sind gut ausgestattet, und im Garten lockt ein Pool.

- **Hotel Kaoba***,** Tel. 809-571-0300, Fax 809-571-0879, www.kaoba.com. Die meisten Zimmer liegen in einem Hauptgebäude an der Straße, weitere Cabañas in einem üppigen Garten. Ein Pool ist auch vorhanden, Internetcafé.
- **Cabarete Palm Beach Condos*****-**** (je nach Saison), Tel. 809-571-0758, Fax 809-571-0752, www.cabaretecondos.com. Eine sehr schöne Anlage mit direktem Zugang zum Strand. Die Apartments sind teilweise riesig, mit mehreren Schlafräumen und oft zwei Badezimmern, so dass ohne Probleme vier Personen hier wohnen können.
- **Hotel Villa Taina***-****,** Tel. 809-571-0722, Fax 809-571-0883, www.villataina.com. Ein größeres, funktionales Haus (57 Zimmer), nur wenige Schritte vom Strand entfernt. Das Haus bietet unterschiedlich große Zimmer, et-

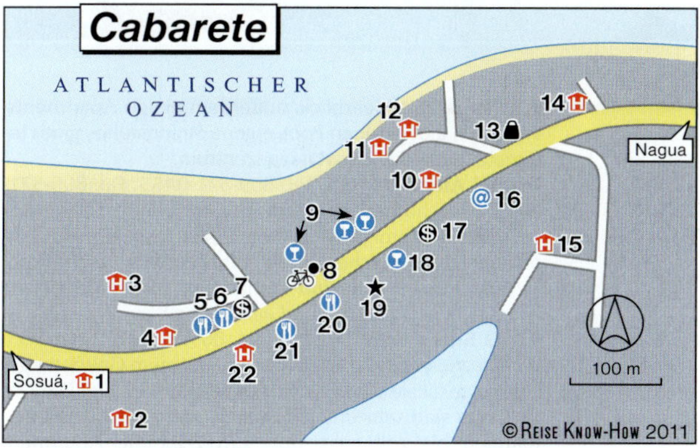

1	Secret Garden	11	Sans Souci-Unterkunft		
2	Aparthotel Albatros	12	Hotel Alegría		
3	Cabarete Palm Beach Condos	13	Supermarkt Janet's		
4	Hotel Villa Taina	14	Casa Blanca		
5	Panadería Dick	15	Ali's Surf Camp		
6	Rest. Friend's	16	Internet-Café		
7	Bank	17	Scotiabank		
8	Iguana Mama (Radtouren), Reisebüro Funtours	18	Hexenkessel		
9	Strandbars	19	Plaza Comercial		
10	Hotel Sans Souci Beach	20	Rest. Sandro's		
		21	Chinesisches Restaurant		
		22	Hotel Kaoba		

156dr Foto: hf

liche sogar mit Meerblick, außerdem einige Apartments. Weiterhin gibt es einen Pool, eigene Strandstühle, gratis Internetzugang und ein Massagezentrum.

- **Hotel Alegría**-*****, Tel. 809-571-0455, Fax 809-571-0455, www.hotel-alegria.com. Ein Steinhaus in ruhiger Lage, nicht allzu groß, aber in Strandnähe, insgesamt 13 Zimmer, einige mit Küche, andere mit Meerblick vom Balkon. TV und Kühlschrank sind vorhanden, außerdem gibt es wireless Internetzugang und eine kleine Bar.
- **Ali's Surf Camp***-******, Tel. 809-571-0733, www.cabaretesurfcamp.com. Etwas abseits an einem Gewässer gelegene, rustikale Anlage unter deutscher Leitung. Die Unterkünfte sind sehr unterschiedlich, von relativ schlichten Räumen bis voll ausgestattetem 2-Zimmer-Apartment reicht die Palette. Alles recht rustikal, aber gemütlich mit Traveller-Charme. Ein ebenso gestaltetes Restaurant ist angeschlossen, in dem es u.a. gute Fleischgerichte gibt, außerdem hat die Anlage einen Pool und Internetzugang.
- **Casa Blanca****, Tel. 809-571-0934, Fax 809-571-0323, www.casablancacabarete.com. Nette kleine Anlage, die etwa 70 m vom Strand entfernt liegt. Es werden 6 korrekte Zimmer und 7 Studios mit Küche vermietet, außerdem gibt es einen Pool und ein kleines Restaurant namens „Claro"
- **Sans Souci Beach**-*****, Tel. 809-571-0755, Fax 809-571-1542. Unübersehbar liegt dieses Strandhotel im östlichen Ortsteil, es gehört zu einer kleinen Kette von insgesamt sieben Häusern in Cabarete, die alle den Namenszu-

Surfer in Cabarete

satz „Sans Souci" tragen. Dieses Haus bietet insgesamt 14 Apartments mit Küche, Balkon und vor allem auch Meerblick. Die Räume haben Aircondition, Zimmersafe und Kabel-TV.

Die weiteren Sans Souci-Unterkünfte liegen in Strandnähe recht nahe beieinander. Sie sind unterschiedlich groß, haben insgesamt 75 Apartments und liegen im Preis bei etwa **-***.

Die hier aufgezählten Hotels liegen alle, mit einer Ausnahme (Secret Garden), im Ortsbereich von Cabarete, und dieser ist klein genug, kaum zwei Kilometer nämlich. Darüber hinaus existieren aber auch noch weitere **riesige Hotelanlagen, außerhalb von Cabarete.** Einige wurden an die Küste zwischen Sosúa und Cabarete gebaut, andere im Bereich östlich von Cabarete.

Gastronomie

Die meisten Restaurants liegen an der Durchgangsstraße in Strandnähe, Vergleiche sind schnell angestellt.

- Direkt am Strand liegen einige Restaurants, in denen Interessierte den Sundowner zur Happy Hour meist zum Preis „Zwei für einen" einnehmen können. Oft ist auf der Speisekarte auch eine reichhaltige Auswahl an Speisen zu finden. Viele Lokale sind ziemlich langgezogen, sie haben einen Eingang an der Straße, dem ein 20 bis 30 Meter tiefer Raum mit Tresen, Tischen und Küche folgt. Alle laufen in einer Art Beachfront-Terrasse aus und die meisten haben noch einige Tische draußen in den Sand gestellt. Perfekt, um einen Sundowner zu genießen, wenn man in der Abenddämmerung bei chilliger Musik so richtig schick abhängen kann. In einigen dieser Bars geht dann spät abends so richtig die Post ab und die Surfer-Gemeinde feiert schwer ab, z.B. im *LAX* oder im *Voy-Voy*. Hier eine Auswahl:
- **Casanova,** ist nett eingerichtet, u.a. mit einigen Buddhastatuen und serviert gute Pizza, die es zwischen 14 und 18 Uhr zum halben Preis gibt.
- **José O'Shaddy,** mal was anderes, eine irische Bar am Karibikstrand.
- **Nikki Beach,** große Terrasse und sehr auffällige und einladende Sitz- sowie Liege-Möglichkeiten mit großvolumigen Kissen und einigen Betten (!) direkt am Strand.
- **Blu,** auch ein großer Laden, der mit sehr großen Kissen und Sitzgelegenheiten lockt, so was fällt einfach auf.
- **Pitú** ist sozusagen der Gegenentwurf. Nichts Spektakuläres, von Dominikanern geführt mit locker-lässigem Stil. Aber den haben sie hier eigentlich alle drauf.
- **Miró's on the beach,** ebenfalls ein Veteran auf dieser Meile, bietet eine etwas exquisitere internationale Küche.
- **La Casa del Pescador** bietet eine breite Auswahl an Fischgerichten.

217dr Foto: hf

- **Chinesisches Lokal** mit der üblichen Auswahl, an der Hauptstraße.
- **Panadería Dick,** Leckereien gegen den kleinen Hunger zwischendurch.
- **Friend's,** liegt gleich nebenan. Farbenfrohes Lokal, sehr beliebt bei Ausländern; bietet Frühstück, Burger, Pizza und WiFi.
- **Sandro's,** seit vielen Jahren hält sich tapfer ein kleines dominikanisches Lokal an der Hauptstraße – unbedingt mal unterstützen!
- **Hexenkessel.** Oben an der Straße, etwa in der Mitte vom Ort, hat sich eine deutsche Kneipe etabliert, dort gibt es auch klassische germanische Gerichte.

Adressen

- **Bank:** *Banco General,* am Ortseingang, außerdem diverse Geldwechsler entlang der Hauptstraße *Scotiabank,* im oberen Ortsteil, schräg gegenüber von Iguana Mama.
- Fast am Ortsausgang Richtung Río San Juan liegt der große **Supermarkt** *Janet's* mit breiter Auswahl an Lebensmitteln, der auch eine Western-Union-Filiale hat.
- **Fahrradvermietung:** bei Iguana Mama.
- **Motorrad-Vermieter:** Verschiedene Anbieter sind unübersehbar an der Durchgangsstraße zu finden.
- **Zeitungen:** Im *Guajiro Gift Shop,* beim *Sans Souci Beach Hotel,* gibt es internationale Presse; *Luis Anselmo Gift Shop,* neben dem *Hexenkessel,* führt internationale Zeitungen.
- **Internet:** Internet-Cafe links neben der Scotiabank sowie schräg gegenüber vom Lokal *Miró's on the Beach* an der Straße.

Aktivitäten

- **Surfen,** surfen, surfen. Wer kein eigenes Brett hat, kann sich vor Ort eins leihen, beispielsweise im *Spin-Out,* dem möglicherweise größten Surf-Shop von Cabarete.
- **Organisierte Aktionen,** von Städtetrips bis Piratenfete, werden überall per Handzettel angekündigt, oder man bucht eines der vielen Angebote von *Iguana Mama,* Tel. 809-571-0908, www.iguanamama.com.
- **Ausflüge:** Langjährige Residenten empfehlen *fun tours,* das an der Hauptstraße etwa in der Ortsmitte liegt. Ein Bayer leitet das Unternehmen und kann verlässliche Infos geben. Tel. 809-571-0250.
- **Mountainbike-Touren** organisiert *Iguana Mama,* ein kleines Büro, mitten im Ort an der Hauptstraße gelegen. Alle Touren starten recht früh, führen ins bergige Hinterland und sind, wegen der Hitze, bis Mittag beendet, Infos: www.iguanamama.com.

Weiterreise

- **Nach Westen und Süden:** Am einfachsten zuerst per Guagua oder Taxi nach Puerto Plata fahren. Von dort gibt es die meisten Verbindungen. Details siehe unter „Puerto Plata, Weiterreise".
- **Nach Samaná** (siehe auch unter Puerto Plata, Weiterreise): umständliche Anreise! Zuerst per Guagua nach Río San Juan, dort umsteigen und weiter nach Nagua fahren. Von dort fahren Guaguas nach Sánchez. In Sánchez kann man wählen, ob man nach Samaná-Stadt weiterfahren will oder nach Las Terrenas.

Wenn man dem jeweiligen Fahrer sagt, wohin man will, bringt der einen zum Anschlussbus. Nach meinen Erfahrungen sind die Wartezeiten kurz.

Umgebung von Cabarete

Cabarete-Naturpark

Dieser kleine Park liegt 1,3 km von der Hauptstraße entfernt, etwa 1 km außerhalb der „City" in Richtung Sosúa weist ein kleines Schild den Weg ins Hinterland: „*Cave of Cabarete*". Hier befanden sich früher die Kultstätten der Tainos, heute liegen die Höhlen inmitten eines sehr schönen, von Orchideen umgebenen Naturwaldes. Zu besichtigen gibt es bizarre Tropfsteinhöhlen, einen Süßwasserteich mit allen auf der Insel lebenden Wasservögeln und Fischen, schwankende Bambusbrücken, und es besteht sogar die Möglichkeit, in einer unterirdischen Grotte zu schwimmen. Das

Ganze soll einmal zu einer Begegnungs- und Kulturstätte ausgebaut werden.

- Geöffnet: 9–16 Uhr, Eintritt: etwa 10 US$ (scheint verhandelbar, wie Leser berichten).

Río San Juan

Dieser kleine Ort bietet als eine einzigartige Besonderheit die **Lagune Grí-Grí.** Sie liegt am Ortsrand, keine zehn Minuten Fußweg von der Durchgangsstraße entfernt. Von der Haltestelle der Guaguas über die Calle Duarte gehen, dann erreicht man problemlos die Lagune. Dort stößt man auf die Abfahrtsstelle der kleinen Boote, die einen in gemütlicher Fahrt durch die von Mangroven gesäumte Lagune auf einem schmalen Kanal bis zu einer **Höhle** bringen.

Die Lagune ist von Mangroven überwuchert und vermittelt so eine eigentümliche Urwald-Atmosphäre. Das Boot fährt weiter bis zum **Strand Playa Caletón** und kehrt schließlich nach gut einer Stunde an den Ausgangspunkt zurück. Leser-Tipp: Man kann auch in einem 10-minütigen Fußmarsch westlich des Kanals vorbei an Mangroven kleinere Strände erreichen, wo es eine gute Bademöglichkeit gibt.

Achtung: Hier herrscht eine **Mückenplage,** die Mücken stechen auch schon am Tag gerne! Unbedingt Mückenschutz mitnehmen und nicht zu leicht bekleidet die Tour unternehmen, sonst kann aus der Tour eine Tortur werden. Abgesehen davon ist dies einer der wenigen größeren Orte an der Nordküste, der so gut wie nichts vom touristischen Kuchen abbekommen hat. Dabei gibt es hier einen sehr schönen Strand, der allerdings recht klein ausfällt, und ein nettes Hotel mit überraschend günstigen Tarifen. Ansonsten darf man nichts erwarten, Río San Juan ist ein temperamentloser, **sehr ruhiger Ort,** der nur tagsüber von einigen Touristen heimgesucht wird. Wenn die dann wieder zurück in ihre Hotels gefahren sind, senkt sich dominikanischer Alltag hernieder, was ja, wie schon gesagt, an der Nordküste nicht ganz selbstverständlich ist.

Ausflug zur Playa Caletón

Vielleicht ein bis zwei Kilometer außerhalb Richtung Nagua liegt der sehr schöne Strand Caletón. Hierher kommen überwiegend Dominikaner, denn er ist kaum bekannt. Es ist eine ziemlich ruhige Stelle, **einige Garküchen** bieten Speisen an, ansonsten döst man unter Palmen und kann den Tag relaxt verstreichen lassen.

Anreise per Motoconcho oder auch per Guagua, wobei die Cobradores manchmal wegen der kurzen Stecke maulen. Oben an der Straße aussteigen und ca. 300 Meter runter zum Strand auf einer Piste laufen.

Praktische Reisetipps

Anreise

- *Caribe Tour* fährt 5-mal tägl. direkt von Santo Domingo.
- Es fahren Guaguas von **Puerto Plata** über **Sosúa** und **Cabarete** durch bis Río San Juan.
- Weiterhin verkehren etwas seltener Guaguas entlang der Küste bis/von **Nagua.**
- Die Busse beginnen und enden alle an der zentralen Kreuzung, von wo die Calle Duarte abzweigt. Diese führt sowohl zur Lagune als auch zu den beiden Hotels.

Gastronomie

- Die **Restaurant-Szene** zeigt sich etwas bescheiden. Die meisten sind einfach und bieten nichts Spektakuläres.
- **Restaurant Teresa,** c/ Duarte unweit vom Hotel *Río San Juan*. Man sitzt nett unter einem Bohío-Dach, serviert wird dominikanische und internationale Küche.
- **D'Frank Restaurant,** liegt gegenüber der Anlegestelle der Lagunen-Boote. Optisch einfach gestrickt, bietet das Lokal prima Meeresfrüchte.

Aktivitäten

- **Bootstour auf der Lagune:** Zuletzt wurden 1200 R.D.$ für ein sieben-Personen-Boot gefordert. Zumeist versammeln sich aber am Vormittag genügend Interessierte.

Weiterreise

- Sowohl Richtung Puerto Plata als auch nach Nagua (mit Anschluss nach Samaná) fahren regelmäßig **Guaguas.**
- *Caribe Tours* fährt direkt bis nach Santo Domingo um 6.30, 8, 9.30, 14, 15.30 Uhr. Abfahrt ist ebenfalls von der zentralen Kreuzung, Infos unter Tel. 589-2644.

STRÄNDE WESTLICH VON PUERTO PLATA

So touristisch erschlossen die Strände östlich von Puerto Plata sind, Richtung Westen ändert sich das Bild grundlegend. Es gibt einige schöne Strände und Buchten, aber hier muss man sich auf völlig andere Gegebenheiten einstellen.

In der Umgebung von Puerto Plata sieht es zunächst noch ganz herkömmlich aus. An der **Playa Maimón** steht eine große All-Inclusive-Anlage und auch an der **Playa Cofresí** logieren A.I.-Gäste. Wer auf eigene Faust reist, findet erst in **Luperón** eine preiswerte Übernachtung. Noch weiter westlich wird das Land deutlich trockener und auch heißer. Touristische Ziele bleiben nur noch die wenig besuchte Bucht **Punta Rucia** und vor allem die **Kleinstadt Monte Cristi,** die ganz im äußersten Nordwesten liegt.

PLAYA LUPERÓN

Playa Luperón ist ca. 45 km westlich von Puerto Plata zu finden. Eine Straße zweigt 22 km hinter Puerto Plata von der Verbindungsstraße nach Santiago bei dem Ort **Imbert** ab und führt zu dieser ruhigen Bucht. Die Straße schlängelt sich durch kleine Ortschaften und kleinste Dörfer. Die öffentlichen Verkehrsmittel haben ihre Endstation im kleinen Ort Luperón.

So recht was Spektakuläres wird man schwerlich finden in Luperón. Macht auch nichts, denn so verirren sich nicht allzu viele Reisende hierher. Wenn man so will, lässt sich hier ein Örtchen entdecken, das nicht vom Tourismus lebt, aber auch nicht gänzlich aus der Welt gefallen ist. Etwa einen bis allerhöchstens zwei Kilometer außerhalb liegt ein netter Strand, in dessen Nähe sich zwar schon eine riesige Hotelanlage angesiedelt hat, der aber trotzdem noch genügend Platz hat. Nicht weit davon entfernt wurde ein Hafen gebaut, den die Dominikaner unter „Muellecito" kennen. Auch hier nichts Spektakuläres, aber immerhin ein ruhiges Plätzchen mit einem Lokal, von dessen Terrasse aus man verträumt aufs Wasser schauen kann.

Praktische Reisetipps

Anreise

- Ob aus **Santiago** oder **Puerto Plata** kommend, Reisende müssen bei der Abzweigung, die nach Playa Luperón führt, umsteigen. Sie liegt im Ort **Imbert** und ist wegen der großen Werbeschilder nicht zu übersehen. An der Abzweigung warten meist schon Guaguas auf die Umsteigenden.

Unterkunft

- **Luperón Beach Resort****** (alles inklusive), Tel. 809-571-8303, Fax 809-571-8180. Auf dem weitläufigen Gelände liegen verstreut kleine Gebäude unterschiedlicher Ausstattung, in denen die Zimmer untergebracht sind. Dem Gast wird hier einiges geboten, jedoch auch eine ziemlich abseitige Lage.
- **Hotel La Casa del Sol**,** Tel./Fax 809-712-4293, www.casadelsol.de.ms. Kleine, liebevoll gestaltete Anlage mit fünf Zimmern, ca. 400 m außerhalb vom Ort in Richtung La Isabela. Netter Garten, deutsch-dominikanische Besitzer, die für ihre Gäste kochen. Einen Kilometer zum Strand.

RUINAS LA ISABELA

Die **Ruinen der alten spanischen Siedlung La Isabela** liegen 18 km westlich von Luperón entfernt. Es handelt sich um den Platz der ehemals ersten Siedlung, die Spanier in der Neuen Welt gegründet hatten. Bereits von weitem kann man eine kleine Kirche sehen, El Templo de las Américas. Ein gewaltiger Name für ein derart kleines Gotteshaus, aber wir befinden uns ja auch auf wahrlich geschichtsträchtigem Grund. Von der ursprünglichen Siedlung ist allerdings momentan nicht allzu viel zu sehen. Die Grundmauern der alten Häuser sind zu erkennen, teilweise auch noch die Fundamente, viel mehr aber auch nicht, nur noch zwei geborgene Skelette werden ausgestellt. Bei aller Begeisterung fällt es dem neugierigen Besucher jedoch schwer, sich vorzustellen, wie es hier einmal ausgesehen hat. Schade, dass keine Schautafeln oder Modelle helfen, sich ein Bild zu machen. In einem kleinen Museum sind noch wenige Fundstücke ausgestellt. Insgesamt könnte die Anlage besser unterhalten und aufbereitet sein.

Punta Rucía

Ein kleines idyllisches Fischerdörflein, unweit von Luperón am Meer gelegen. Ein Freund schwärmte: „Superkaribische Farben mit türkisblauem Meer, grünen Mangroven, Kokospalmen und bunten Holzhäusern". Etwa 350 Menschen leben dort, es gibt zwei Colmados und einige Ferienhäuser wohlhabender Menschen. Ein schöner Strand und eine entspannte Atmosphäre laden also zum Abhängen ein. Vorgelagert im Meer gibt es über 150 verschiedene Riffe, für Taucher also ein lohnendes

Der Schatz von Cofresí

Es war schon ein Kreuz für den armen *Cofresí,* einem der grausamsten Piraten der Karibik! In jahrelanger Arbeit hatte er riesige Beute gemacht und diese auch, wie es sich für einen rechten Seeräuber gehörte, ordentlich versteckt. Dummerweise eilte ihm bald der Ruf voraus, dass er seine Helfershelfer regelmäßig nach dem Vergraben der Schätze abmurkste und sie sozusagen als Wache dort verscharrte. Nachdem auch *Cofresí* das Zeitliche gesegnet hatte, überlebte ihn allerdings sein Ruf. Noch heute, so die Legende, kann seine Beute nur mitgenommen werden, wenn einer der Schatzsucher dableibt. Logischerweise wollte diese Aufgabe niemand übernehmen, und somit scheiterten zahlreiche Expeditionen. *Cofresís* Beute ruht deshalb noch heute (angeblich!) in ihren Verstecken.

Ziel, eine Tauchschule ist bereits vor Ort. Ein besonders reizvolles Ziel ist Cayo Arena, eine kleine Sandinsel, die völlig von einem atollartigen Riff umschlossen wird, und sich damit hervorragend zum Schnorcheln eignet. Per Boot in einer guten halben Stunde erreichbar. Zuletzt wurden 35 US$ für eine Schnorcheltour verlangt, Essen inklusive. Infos: *Cayo Arena Tours,* Tel. 809-224-4793.

Praktische Reisetipps

Anreise

- Von der Hauptstraße **Santiago – Monte Cristi** im Örtchen Villa Elisa rechts abbiegen (ausgeschildert). Auf staubiger Piste dann noch ca. 30 Minuten fahren bis Punta Rucía. Keine Busverbindung!

Unterkunft

- **Villa Rosa**,** Tel. 809-496-9107, www.lavilla-rosa.com. Kleines Haus, das tatsächlich rosafarben gehalten ist und von zwei Franzosen geführt wird. Angenehme Atmosphäre, die Einrichtung ist etwas rustikal, aber insgesamt sehr gemütlich.

Monte Cristi

Monte Cristi befindet sich im äußersten Nordwesten. Es kommen nicht viele Ausländer in diese **abgelegene Region,** deshalb werden sie in der Guagua eher als anderswo neugierig befragt. Eine völlig neue Karibikseite gilt es zu entdecken.

Es ist eine lange Anreise durch **trockenes, staubiges Land.** Man durchfährt viele ärmlich wirkende Dörfer, die meist nur aus einfachen Holzhäusern bestehen. Das Land ist äußerst karg und bietet kaum Möglichkeiten für Landwirtschaft.

Es muss erwähnt werden, dass die gesamte Region Monte Christi als **Malariagebiet** gilt.

Sehenswertes

Monte Cristi ist ein **verschlafener Ort.** Die Stadt wurde früh von den Spaniern gegründet. Nach

Die erste spanische Siedlung

Kolumbus landete auf seiner ersten Reise im Dezember 1492 vor der nördlichen Küste des heutigen Haiti. Dort lief sein Schiff *Santa María* auf ein Riff und konnte nicht wieder flottgemacht werden. Aus den Resten des Schiffes ließ er eine Siedlung bauen, die er, da gerade der 26. Dezember war, **La Navidad** (Weihnachten) taufte. Da nicht genügend Platz auf dem verbliebenen Schiff für alle war, mussten 39 Männer zurückbleiben. Sie sollten die Siedlung zu einer Festung ausbauen und die Stellung halten, bis *Kolumbus* wieder zurückgekehrt war.

Elf Monate später, auf der zweiten Reise, fand *Kolumbus* die Siedlung zerstört vor, alle 39 Mann waren getötet worden. Diese allererste Siedlung der Neuen Welt wurde danach aufgegeben und vergessen. 1987 hat man den Platz wiedergefunden.

Kolumbus ließ dann 1493 eine neue Siedlung errichten, ca. 100 km weiter östlich. Dieser Ort erhielt den Namen **La Isabela,** zu Ehren der spanischen Königin Isabel la Católica. Heute wird La Isabela als die erste europäische Siedlung in der Neuen Welt angesehen. Die ungünstige Lage des Ortes und die Nachricht, dass weit unten im Süden große Goldfunde gemacht wurden, veranlasste den damaligen Statthalter *Bartolomé Colón* (ein Bruder des *Christoph Kolumbus*), die Siedlung 1496 aufzugeben. So wurde im Süden das heutige Santo Domingo gegründet, La Isabela geriet in Vergessenheit.

kurzer Zeit wurde sie aber zu Beginn des 17. Jahrhunderts aufgegeben, etwa 100 Jahre später von Einwanderern aus aller Welt neu gegründet und planmäßig streng symmetrisch angelegt. Aus dieser Zeit sind noch eine ganze Reihe **Kolonialhäuser** vorhanden. So findet man noch heute recht ansehnliche Häuser im viktorianischen Stil. Eine der ganz wenigen lokalen Sehenswürdigkeiten ist die große Uhr aus dem 19. Jahrhundert im Parque Central, die ursprünglich aus Frankreich stammt. Und noch eine Reminiszenz an Frankreich lässt sich finden. Die Fensterrose über dem Haupteingang der Kirche ist an die Pariser Notre-Dame-Kirche angelehnt.

Spezielle Sehenswürdigkeiten gibt es darüber hinaus nicht, aber der zwei Kilometer entfernte **Strand** ist ein Ziel für Leute, die es mal etwas weltabgewandt mögen. Dem Strand sind die **Siete Cayos,** die sieben Riffe vorgelagert, Fischer bieten Bootexkursionen dorthin an, die nächstgelegene der sieben Inselchen ist etwa 5 km entfernt. Es ist zugleich die größte Insel mit 0,15 km² und heißt *El Tercero*.

Am Strand liegt auch der **Hügel El Morro,** der heute zum Gebiet eines Nationalparks gehört. Diesem Berg vorgelagert befindet sich die winzige Insel, die **Isla Cabra,** die einen schönen Strand aufweist und auch von kleineren Booten angesteuert wird. Die Abfahrtsmole liegt an einem kleinen Kanal, dort starten auch Boote zu den Siete Gayos *(el canal,* kennt jeder). Fahrzeit: etwa 45 Minuten. Die Stelle ist auch bekannt als *La Ferriza*.

Parque Nacional Monte Cristi

Dieser Nationalpark hat eine Ausdehnung von 550 km², was zum großen Teil auch die Wasserfläche mit den sieben Inselchen umfasst. Hier mündet auch der **Río Yaque del Norte.** Das Gebiet ist überwiegend flach, es gibt nur eine bescheidene Erhebung. Dieser Hügel (300 m) wird **El Morro** genannt und kann ohne große alpine Erfahrung erklommen werden. Die Parkverwaltung errichtete vor einigen Jahren sogar Stufen. Das größte Problem dürfte die Hitze sein, da Schatten völlig fehlt. Nach dem Passieren der Rangerstation folgt man der Piste bis zu einem Parkplatz über knapp 2 km, von dort führt ein steiler Weg nach oben. Auf dem „Gipfel" stehend, genießt man einen wunderbaren Weitblick bis aufs Meer. Unterhalb des Morro liegt ein Strand, der zwar nicht spektakulär ist, aber eine keine Rast ermöglicht.

Zu erreichen: Von Monte Cristi der Straße, die zum Strand führt, über 2–3 km folgen.

Praktische Reisetipps

An- und Abreise

- Von **Santo Domingo** verkehrt *Caribe Tours,* sechsmal am Tag. Variante zwei: einen der häufiger fahrenden Busse bis Santiago nehmen und von dort mit einer Guagua weiterfahren.
- Von **Puerto Plata** per Guagua bis zur Verbindungsstraße Santiago – Monte Cristi fahren und dort umsteigen. Die Guaguas, die von **Santiago** kommen, sind zwar meist schon recht voll, aber der Cobrador findet schon noch ein Plätzchen.

Die Busse enden mitten im Ortskern, sofort bieten Motoconchofahrer ihre Dienste an.

Unterkunft

- **Apart-Hotel Cayo Arena*****, Tel. 809-579-3145, www.cayoarena.com. Schöne Anlage mit zwölf Apartments außerhalb vom Ort gelegen, die zwei Schlafräume, Wohnraum und Küche haben. Außerdem bieten sie vom Balkon Meerblick. Ein Restaurant sowie Pool nebst Poolbar gibt es auch noch.
- **Chic Hotel**,** c/ Benito Monción 66, Tel. 809-579-2316, www.chichotel.net. Schon seit Jahrzehnten gibt es dieses mitten im Ort gelegene 41-Zimmer-Haus. Insgesamt ganz gut erhalten, mit Pool und Restaurant, etwa 500 m vom Strand entfernt. Das Haus kann durchaus gewählt werden, da alles Wichtige außer dem Strand in der Nähe liegt.
- **Hostal San Fernando**,** liegt an der Straße zum Hügel El Morro, Tel. 809-964-0250. Großzügige und gut eingerichtete Räume, mit strahlend weiß gekalkten Wänden, die in einzelnen Bungalows untergebracht sind. Ein Restaurant und ein kleiner Strand sind vorhanden.

Weiterreise

- Am besten per Guagua nach **Santiago** fahren und dort die weiteren Anschlüsse organisieren.
- Nach **Santo Domingo** fährt *Caribe Tours* um 7, 9, 13.45, 14.45, 16 Uhr, Abfahrt: Avenida Mella Ecke Rodriguez Camargo, Tel. 809-579-2129.

160dr Foto: hf

Nordküste

Ausflug nach Dajabón

Dajabón liegt etwas mehr als 30 km südlich von Monte Cristi direkt an der Grenze zu Haiti. Genau diese Tatsache macht den Ort so interessant, dass Caribe Tours immerhin sechs tägliche Busverbindungen von Santo Domingo unterhält. Der Grund: Hier findet zweimal die Woche einer der größten grenzüberschreitenden **Märkte** des Landes statt. Jeden Montag und Freitag. Dabei kommen Hunderte von Haitianern über die Grenze, bieten Waren an und kaufen Dinge ein, die es bei ihnen nicht gibt. Es ist ein unglaublich quirliger, bunter Markt ohne jeden touristischen Schnickschnack. Hier werden nur Dinge des Alltags gehandelt. Staunende Ausländer fallen natürlich auf, deshalb gut auf die Wertsachen aufpassen!

Verkehrsverbindungen

Von Monte Cristi per Guagua, die speziell an den Markttagen (Montag und Freitag) häufig verkehren. *Caribe Tours* fährt sechsmal von und nach Santo Domingo. Abfahrt ist die Calle Marcelo Carrasco, an der Ecke Calle Presidente Hernández.

158dr Foto: hf

SAMANÁ

ÜBERBLICK

Die Halbinsel Samaná zählt eindeutig zu dem **schönsten Teil der Insel.** Üppige tropische Vegetation und Bilderbuchstrände haben Samaná zu einem obligatorischen Anlaufpunkt gemacht.

Die Halbinsel ist groß genug, so dass jeder seine Ecke finden kann, noch ist aus dieser Perle kein touristischer Rummelplatz geworden. Samaná ist zwar ein touristisches Muss, unterscheidet sich aber noch wohlwollend von vergleichbaren Orten.

Kolumbus und seine Männer waren auch hier die ersten Besucher, als sie am Ende der ersten Reise am 12.1.1493 hier an Land gingen. Die dort lebenden Ciguayos waren von der Visite aber gar nicht angetan und griffen die Spanier sofort an. Aufgrund dieser Attacke taufte *Kolumbus* die Bucht von Samaná Bahía de las Flechas (Bucht der Pfeile). Diese feindliche Begegnung ging als die erste Kampfhandlung zwischen Europäern und Bewohnern der Neuen Welt in die Geschichte ein.

1756 wurde eine **Stadt gegründet** mit dem Namen Santa Bárbara de Samaná, in der sich Auswanderer von den Kanaren niederließen.

In den Jahren 1824–1825 siedelten sich Hunderte von ehemaligen schwarzen **Sklaven aus den USA** hier an, die entscheidend zu der landwirtschaftlichen Entwicklung beitrugen.

Die heftigen Regenschauer, die auch außerhalb der Regenzeit stundenlang fallen können, lassen die Halbinsel im **üppigen Grün** erscheinen.

Abgesehen von den beiden größeren Orten Sánchez und Santa Bárbara de Samaná gibt es kaum nennenswerte Ortschaften. Der Tourismus konzentriert sich hauptsächlich auf drei Orte, Las Terrenas, Las Galeras und Santa Bárbara, so der offizielle Name von Samaná-Stadt. Während **Las Terrenas** an der offenen Nordküste liegt und einen kilometerlangen, palmengesäumten Strand aufweist, ist **Samaná-Stadt** längst nicht so idyllisch. Eigentlich gibt es überhaupt wenig zu sehen, aber der Ort eignet sich gut als Ausgang für Ausflüge zu den Stränden in der Umgebung und vor allem zum Bacardi-Island, der **Cayo Levantado.**

Las Galeras liegt sehr ruhig an der Ostspitze und könnte für Leute interessant sein, denen Las Terrenas bereits zu rummelig ist.

Möglicherweise steht der Halbinsel Samaná jetzt ihre größte Veränderung bevor. Zunächst wurde der **internationale Flughafen El Catey** eröffnet, auf dem nun Charterflieger aus Europa landen. Von Santo Domingo führt **eine Autobahn** nach Samaná, die Fahrzeit wurde von vier Stunden auf zwei Stunden halbiert. Man hofft in erster Linie auf eine Zunahme des nationalen Wochenendtourismus, aber auch ganz allgemein auf eine deutlich bessere Erreichbarkeit.

Sánchez

Sánchez ist der erste größere Ort auf der Halbinsel Samaná, aber er bleibt für die meisten Besucher nur Zwischenstation auf dem Weg zu den Stränden. Wer nach Samaná-Stadt will, fährt durch, Leute, die nach Las Terrenas wollen, müssen hier umsteigen.

Der Ort hat einige hübsche im viktorianischen Stil erbaute **Holzhäuser** zu bieten, das ist eigentlich schon alles. Ansonsten gibt er sich träge und ruhig, so gemächlich, wie die sanften Wellen ans Ufer schwappen.

Von hier starten allerdings **organisierte Ausflüge** zum Nationalpark Los Haïtises. *Amilka Tours* ist ein seit Jahren bewährter Anbieter aus Sánchez, Tel. 552-7664.

Praktische Reisetipps

An und Weiterreise

- **nach Las Terrenas:** *Caribe Tours* hält an einem Punkt an der Straße nach Nagua, der *Proyecto Residencial Cerros Chaljub* heißt. Anschluss-Guaguas starten von einem anderen Punkt, der aber nicht so weit entfernt liegt, nur die Busse nach Las Terrenas starten überwiegend an der Kreuzung bei der Tankstelle, die ein paar Kilometer entfernt liegt. Deshalb überbieten sich auch bei Ankunft des Caribe Tours-Busses die Jungs auf ihren Motorrädern mit Angeboten. Und natürlich möchte jeder auch gleich den Ausländer direkt nach Terrenas fahren. Kann man machen, ich selbst fuhr so dreimal hinüber, aber man muss schon ziemlich viel Vertrauen haben und vor allem sehr wenig Gepäck.
- **nach Samaná-Stadt:** Guaguas starten von einer Kreuzung, die mitten im Ort liegt. Von der Hauptstraße nach Nagua an der großen Kreuzung abbiegen und drei, vier Blocks der Calle Duarte in den Ort hinein folgen.
- **nach Nagua:** Die Guaguas nach Nagua starten von einem leicht erhöht liegenden Platz an der Hauptdurchgangsstraße. Sie drehen aber noch eine Runde durch den Ort, bevor es dann richtig losgeht, und passieren dabei auch die Kreuzung, wo die Busse nach Samaná-Stadt abfahren bzw. enden. Die Frequenz aller Guaguas liegt bei gut halbstündlich, más o menos.
- **nach Puerto Plata:** Wer nach Puerto Plata bzw. **Sosúa** und Cabarete möchte, kann dies ohne große Probleme machen. Zuerst eine Guagua bis nach Nagua nehmen. Gleich dem Fahrer oder Cobrador mitteilen, dass man weiter möchte nach **Río San Juan.** Dort das gleiche Spiel, noch einmal umsteigen. Nun entweder mit einem Kleinbus weiter, der sehr häufig direkt bis Puerto Plata fährt ohne weiteres Umsteigen. Oder man fährt mit einem Sammeltaxi. Das kostet etwas mehr, hält dafür aber unterwegs selten. Es kann sein, dass man bei dieser Variante noch einmal das Auto wechseln muss. Ich habe beide Varianten ge-

nutzt und ziehe das Taxi vor. Ist der Wagen voll, sitzt man überall unbequem, aber das Taxi ist deutlich schneller.

- Mit *Caribe Tours* besteht eine Verbindung nach **Santo Domingo.** Der Bus startet in Samaná-Stadt (siehe dort) und ist ca. 30 Minuten später am Terminal, dessen offizieller Name lautet: *Proyecto Residencial Cerros Chaljub,* gelegen an der Straße nach Nagua, Tel. 552-7434. Allerdings hat man nicht immer die Gewähr, dass auch Plätze frei sind. Von daher ist zu überlegen, schon in Samaná-Stadt zuzusteigen. Offizielle Abfahrtszeiten: 7, 8.30, 10, 13.30, 14.30 und 16 Uhr.

PARQUE NACIONAL LOS HAÏTISES

Es gibt verschiedene Anbieter für diese Trips, beispielsweise *Amilka Tours.* Gestartet wird in Sánchez (oder auch in Samaná-Stadt), die Gäste werden ab 9 Uhr im Hotel abgeholt. Die Tour dauert vier Stunden und kostet etwa 45 US$, inklusive Mittagessen. Die **Boote** fahren quer über die Bucht (Vorsicht vor der Sonne!) und dann den Küstenstreifen des Nationalparks ab. Dieser ist durchsetzt von freistehenden Kalkfelsen, und man zeigt und erklärt in erster Linie die Vogelwelt, hauptsächlich Pelikane und Papageien. Einen Einblick erhalten Interessierte zudem in die tropische Vegetation und dunkle, etwas geheimnisvolle Höhlen. Beispielsweise die Höhle von San Lorenzo, die von zwei in Felsen gemeißelten Gesichtern flankiert wird. Weitere Höhlen mit teilweise abenteuerlichem Hintergrund (Schatz vom Piraten *Cofresí* oder die Einsiedlerhöhle) können auch besichtigt werden. Ein kundiger Führer kann hier auch Felszeichnungen der Tainos zeigen. Darüber hinaus wird der Park mit seinem typischen Baumbestand des Feuchtwaldes, dem größten Mangrovenwald der Karibik, und den seltenen Zagutis und Schlitzrüsslern erforscht. Von den 22 Reptilienarten wird bei einer solchen Tour wohl auch kaum ein Exemplar über den Weg krabbeln. Buchungen übernimmt jedes Reisebüro oder direkt bei *Amilka Tours* in Sánchez, Tel. 809-552-7664.

Las Terrenas

Las Terrenas liegt an der nördlichen Seite der Halbinsel. Hier winden sich kilometerlange Sandstrände durch unzählige Buchten. Las Terrenas besteht aus kaum mehr als einer langgezogenen Zufahrtsstraße und einer seit neuestem gepflasterten Straße, die von der Zufahrtstraße abzweigt und entlang dem Meer verläuft. Dieser Weg parallel zum Strand zieht sich über 1–2 Kilometer entlang, an ihm sind die **Hotels** der unterschiedlichsten Qualität zu finden. Somit sind die Wege recht lang, aber Dutzende von Motoconcho-Fahrern bieten ihre Dienste an. Man kann nicht drum herum reden: Die Hauptstraße ist laut, wuselig und alles andere als idyllisch. Ständig knattern Mopeds entlang oder versperren Lieferwagen den eh schon schmalen Weg. Hier liegen aber auch alle wichtigen Einrichtungen wie Telefonamt, Geldwechsler, Mopedverleih, Supermarkt und sogar ein paar Hotels. Ruhiger wird es erst hinter dem Friedhof Richtung El Portillo und sogar deutlich ruhiger entlang der staubigen Piste am Meer. Direkt am Schnittpunkt von Piste und Hauptstraße liegt das recht große Centro Comercial El Paseo, eine Shopping-Meile mit mehreren Lokalen.

Die **touristische Infrastruktur** hat sich sehr entwickelt in den letzten Jahren: Großzügige Unterkünfte sind entstanden, weitere Restaurants wurden eröffnet, und zusätzliche Serviceeinrichtungen, wie Mietwagen oder -motorräder, kamen hinzu; die alten, kleinen Travellerhotels verschwinden immer mehr, allerdings auch schon so manche große Hotelanlage. Der Trend geht klar zu modernen Apartmentanlagen.

Noch ist Las Terrenas einer der **Hauptorte des Individualtourismus,** aber ob dies noch lange gilt? Es gibt gute Restaurants, viele mit einer Terrasse direkt am Meer, gemütliche und auch coole Bars sowie eine gut besuchte Disco. Man kann also prima am Strand abhängen, abends abwechslungsreich essen gehen, nachts die Piste unsicher machen und problemlos Ausflüge unternehmen.

Der Hauptanziehungspunkt ist aber immer noch eindeutig der Strand. Der **Strand** ist recht schmal und das Wasser ziemlich flach. Dieses seichte Wasser bietet allerdings ungeahnte Möglichkeiten zum Schnorcheln. Man muss nur weit genug laufen, um seine einsame Ecke zu finden.

Praktische Reisetipps

Anreise

- Von **Sánchez** aus mit Pick-up oder Guagua. Die Straße führt über einen 550 Meter hohen Gebirgszug, am Scheitelpunkt sagenhafter Blick zu beiden Meeren! Eine äußerst

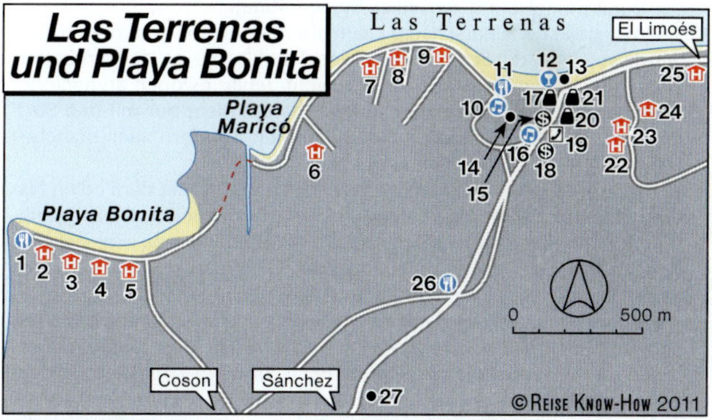

- 1 Pizzeria
- 2 Atlantis Hotel
- 3 Casa Grande Beach Hotel
- 4 Hotel Acaya
- 5 Hotel Coyamar
- 6 Iguana Hotel
- 7 Hotel Playa Colibri
- 8 Alisei Hotel
- 9 Coco Plaza Hotel
- 10 Gaia Club
- 11 Pueblo de Pescadores mit vielen Lokalen
- 12 Bar Paco Cabana
- 13 Friedhof
- 14 a&m communication
- 15 BanReservas
- 16 Disco Nuevo Mundo
- 17 El Paseo
- 18 Banco Popular
- 19 Codetel
- 20 Plaza Taina
- 21 Casa Linda
- 22 Hotel El Rincón de Abi
- 23 Hotel Casas del Mar Neptunia
- 24 Hotel Casa Robinson
- 25 Hotel Casa Nina
- 26 Mi Corazón
- 27 Guaguas nach Sánchez

400 VERSUNKENE SCHIFFE

25. Dezember 1492, *Kolumbus* segelte entlang der Küste des neu entdeckten Landes. Noch wusste er nicht, dass Hispaniola eine Insel ist. Er wollte einen sicheren Ankerplatz suchen. Was er nicht wissen konnte, war, dass die Küste von unzähligen Korallenbänken und Riffen umgeben war. Das **Schiff Santa María** segelte frontal auf eine dieser Korallenbänke, die unter der Meeresoberfläche verborgen waren, und schlug leck. Es war somit das erste europäische Schiff, das vor der dominikanischen Küste gesunken war. Fast 400 (!) weitere sollten folgen.

Alle Schiffe waren reich beladen. Entweder transportierten sie Reichtümer aus Mexiko/Peru nach Spanien oder brachten Möbel, Rohstoffe, Waffen oder andere Kostbarkeiten aus der Alten in die Neue Welt. In jedem Fall stellte der Verlust einen herben Schlag dar. Im Jahre 1724 sanken in der Bucht von Samaná die **spanischen Schiffe Guadalupe** und **Tolosa.** Die Schiffe mussten wegen eines aufziehenden Sturmes in die schützende Bucht einlaufen. Bei diesem Versuch liefen sie auf eine der Korallenbänke und versanken binnen Minuten.

Unvorstellbare Silberschätze lagen auf dem Meeresboden. Natürlich wurde versucht, die Schätze zu bergen. Das klappte im 18. Jahrhundert verständlicherweise so gut wie gar nicht, fehlte es doch an jeglicher Ausrüstung. Die eingesetzten Taucher hatten nicht nur mit den Strömungen und dem Wasserdruck zu kämpfen, sondern auch manches Mal mit den Haifischen! Der Erfolg blieb mäßig.

Der größte Verlust war wahrscheinlich das Schiff mit dem edlen Namen **Nuestra Señora de la Pura y Limpia Concepción** (Unsere Jungfrau der unbefleckten Empfängnis). Dieses Schiff versank, wie viele andere auch, auf der Höhe von Puerto Plata. Die Gegend wurde daraufhin auch sinnigerweise Banco de la Plata (Silberbank) getauft.

Da die Schätze so unglaublich groß waren, wurde auch hier fieberhaft gesucht. Dabei war der Erfolg natürlich bescheiden, die Wracks gerieten jahrhundertelang in Vergessenheit, bis zum Jahr 1950. In dem Jahr wurde erstmals die Suche, diesmal mit modernster Technik, wieder aufgenommen. Zunächst hatten die Schatzsucher wenig Skrupel, die Korallenbänke, unter denen die Schiffe vermutet wurden, einfach wegzusprengen, später ging man vorsichtiger zu Werke. Die Taucher wurden tatsächlich fündig. 1976 wurde die *Concepción* lokalisiert, im selben Jahr die *Guadalupe,* und schließlich (1977) sogar die *Tolosa.* Die Strömung hatte sie sieben Kilometer von der Stelle, wo sie ursprünglich versunken war, abgetrieben.

338 Jahre nach dem Unglück konnte so nebenbei noch ein dreister Schmuggelversuch aufgeklärt werden: In einer Truhe fand man in einem doppelten Boden 1400 Silbermünzen.

schöne Landschaft und einige typische Dörfer werden passiert. Ständig bieten sich während der Fahrt die tollsten Ausblicke auf die weit entfernte See. Die Busse fahren in Las Terrenas meist durch das ganze Dorf, bis die Straße schließlich den Strand und damit die Hotelzone erreicht.

Hier muss man aussteigen und nach links dem Weg am Wasser entlang folgen. Oder noch ein Stückchen der Straße schräg nach rechts folgen. Wegen des ständigen Motorradlärms besser ein abseits der Straße gelegenes Quartier suchen. So Leid es mir auch tut, aber die Häuser entlang der Hauptstraße und im Umfeld vom Friedhof können einfach nicht mehr empfohlen werden, es gibt aber auch genügend Alternativen.

Unterkunft

- **Alisei Hotel****,** Tel. 809-240-5555, http://aliseihotel.com. Schöne neue Anlage mit 48 Ferienwohnungen und sechs Penthouses, direkt am Strand gelegen. Alle Wohnungen sind bestens ausgestattet, es gibt sogar eine Hochzeitssuite. Ein Restaurant und ein Pool gibt's auch, vor allem aber hat das Haus einen großen Wellness-Bereich, u.a. mit einem türkischen Hamman, einem Blütenbad und verschiedenen Massage-Angeboten.
- **Casas del Mar Neptunia**-***,** Av. Emilio Prud' Homme 1, Tel. 809-240-6617, www.casas-del-mar-neptunia.com. Insgesamt 8 Bungalows liegen in einem netten Garten, dessen Mitte eine überdachte Terrasse einnimmt, wo auch das Frühstück serviert wird. Die Bungalows sind unterschiedlich dekoriert und bieten Platz für vier Personen. Sie sind einfach, aber völlig ausreichend eingerichtet und in den maritimen Farben weiß und blau gehalten. Außerdem werden noch zwei Apartments vermietet. WiFi.
- **Casa Nina**,** Tel. 809-240-5490, Fax 809-240-5489, www.hotel-casanina.com; einstöckiges Steinhaus mit Pool und kleinem Garten. Relativ ruhig an der Straße nach Portillo, ca. 500 m von Terrenas-City entfernt gelegen.
- **Casa Robinson**,** Av. Emilio Prud'Home, Tel. 809-240-6496, www.casarobinson.it. Kleines, urig-gemütliches Holzhaus mit einem knappen Dutzend Zimmer, die alle Balkon oder Terrasse haben. Einige Räume haben eine Küche; vor allem liegt das Hotel relativ ruhig in einer Stichstraße.
- **Coco Plaza Hotel***,** Francisco Bono 2, Tel./Fax 809-240-6516, ein etwas verwinkeltes Steinhaus mit 16 Zimmern und neun Apartments, die meisten Zimmer mit Meeresblick, aber die Anlage liegt ein wenig zurückversetzt, sodass man nicht jeden Motoconchofahrer hören muss. Es gibt eine Bar, die Apartments haben Kühlschrank, TV, Zimmersafe und sind recht geräumig. Auf Wunsch wird Frühstück serviert.
- **El Rincón de Abi**,** Av. Emilio Prud'Homme 3, Tel. 809-240-6639, www.el-rincon-de-abi.com. Das kleine solide Steinhaus liegt am Ende dieser ruhigen Stichstraße und macht schon von außen einen guten Eindruck. Es hat nur sechs gut eingerichtete Zimmer und ein großes Apartment, ein allgemeiner Aufenthaltsraum liegt unter einem Palmendach. Bei Bedarf ist eine Küchennutzung möglich, außerdem sind ein Pool, Zimmersafe und WiFi vorhanden.

- **Hotel Iguana***,** Tel. 809-240-5525, Fax 240-6070, www.iguana-hotel.com. Acht Bungalows für 2–4 Personen mit Safe, Terrasse. Eingerichtet im fröhlich-karibischen Stil, umgeben von einem tropischen Garten, mit Restaurant. Das Haus liegt sehr ruhig, etwa 250 m vom Strand entfernt am Ende einer Piste in einer winzigen Villensiedlung.
- **Playa Colibri,** sehr gestaffelte Preise, Tel. 809-240-6434, Fax 809-240-6917, www.playacolibri.com. Schöne größere Anlage mit 45 Apartments unterschiedlicher Größe. In der Mitte der Anlage lockt ein Pool, obwohl der Stand gerade zehn Schritte entfernt ist.

Gastronomie

Die größte und beste Auswahl an Lokalen liegt an einem zentralen Streifen am Strand, der **Pueblo de Pescadores** genannt wird. Praktisch alle haben nach hinten zum Meer eine Terrasse und vorne den etwas unspektakulären Eingang. Da sie in unmittelbarer Nachbarschaft zu finden sind, kann man sich rasch einen Überblick verschaffen:

- **Pizza Playa:** Nach einem anstrengenden Tag am Strand hat man vielleicht so richtig Hunger auf eine leckere Pizza, hier gibt es über drei Dutzend Varianten.
- **Cayuco:** Ein spanisches Restaurant, in dem es Tapas, kleinere Gerichte, aber auch Paella gibt. Eines der größeren Lokale an dieser Meile.
- **Paco Cabana:** Dieses schon etwas größere und leicht elegante Lokal liegt neben dem Friedhof, also nicht mehr ganz im Pueblo de Pescadores. Verwandelt sich abends in eine Musikbar und hat ein cooles Design mit Strandliegen zum abchillen.
- **La Salsa:** Momentan das letzte Restaurant an dieser Meile. Hat eine nette Terrasse, alles ist gemütlich eingerichtet, die Karte bietet internationale Küche.
- **El Paseo:** Zentraler Ortsmittelpunkt mit diversen Läden, aber auch ein paar netten Lokalen, wo man ruhig seinen Kaffee trinken oder auch gemütlich frühstücken kann.
- **Nuevo Mundo:** Seit vielen Jahren bewährte Disko an der Hauptzufahrtsstraße, wo es Merengue und Bachata auf die Ohren gibt. Am Wochenende brennt hier die Luft!
- **Mi Corazón,** c/ Duarte 7, c/ 240-5329, tägl. außer So/Mo ab 19.30 Uhr. Schickes Lokal, für den Ort fast schon ein wenig vornehm zu nennen. Schweizer Besitzer, die eine qualitativ hochwertige Menükarte anbieten.
- **Gaia Club,** liegt am Anfang der Strandstraße gegenüber vom Lokal *Cayuco* und fällt sofort auf. Musik-Club in einem soliden Steinhaus mit drei unterschiedlichen Stilrichtungen: Merengue, Bachata und House sowie eine Chill-out-Zone.

Adressen

- **Telefonieren:** *Codetel* hat sein Büro fast am Ende der Zufahrtsstraße.
- **Post:** c/ Carmen 63.

- **Bank:** *Banco Popular* und *BanReservas* (beide mit Geldautomaten) liegen etwa 50 m hinter *Codetel*, aus Richtung City kommend; *Proasseso*, Geldautomat auch im Einkaufszentrum El Paseo (hinten). Dort befindet sich auch eine Geldwechselstube.
- **Intenet:** *a&m Communications*, c/ Carmen, nur wenige Plätze, aber sehr hilfreiches Personal; *Codetel*, hat zwar wenige Rechner, aber eine gut funktionierende Klimaanlage.
- **Zeitungen:** Internationale, überwiegend jedoch französische Presse gibt es in einem Geschäft im Einkaufszentrum El Paseo.
- Plaza Taina ist eine **Shoppingmeile,** aber eine ganze Spur kleiner als das Barrio Latino, im Hintergrund gibt es eine ruhige Bar.

Aktivitäten

- **Moped- und Quad-Vermietung:** Unübersehbar liegen die Büros mehrerer Anbieter entlang der Hauptstraße.
- **Schnorcheln:** Das Gewässer bei Las Terrenas, besonders in den etwas abgelegeneren Ecken, eignet sich zum Schnorcheln.
- **Reisebüro** *Bahía Tours* in der Shoppingmeile Casa Linda, Tel. 809-240-6088, www.bahia-tours.com.

Weiterreise

- **Nach Sánchez:** Guaguas nach Sánchez starten fast am Ortsausgang von einem relativ unscheinbaren Platz, den aber jeder Motoconchofahrer natürlich kennt. Frequenz: etwa halbstündlich. Von Sánchez geht es dann weiter Richtung Nagua, der Fahrer bringt einen dorthin.
- **Nach Samaná:** Pick-ups oder vereinzelt Kleinbusse starten beim Friedhof und fahren bis El Limón. Dort ist dann Endstation, so dass man umsteigen muss und mit einer anderen Guagua geht es dann weiter. Frequenz: auch hier etwa halbstündlich, wobei der letzte Bus schon gegen 18 Uhr startet.
- Nach **Santo Domingo:** Gegen 13.30 Uhr startet an der Hauptkreuzung vor dem El Paseo ein Kleinbus direkt nach Santo Domingo. Ich selbst bin damit noch nicht gefahren. Leser berichteten aber, dass die Fahrt 3 Stunden dauerte, 260 R.D.$ kostete und man in Santo Domingo von der Endhaltestelle auch mit Gepäck ins koloniale Viertel laufen könne. Leider wussten sie nicht mehr die genaue Stelle zu benennen.

Playa Bonita

Playa Bonita liegt drei Kilometer von Las Terrenas entfernt. 500 Meter hinter dem Ortseingang von Las Terrenas zweigt ein Weg links ab, der durch ein Dorf und später durch ein Waldgebiet zum

Strand führt. Bis auf die wenigen Hotelanlagen gibt es keinerlei Einrichtungen. Wer entspannen will, wird sich wohl fühlen, Nachtschwärmer dürften eher nicht auf ihre Kosten kommen.

Die **Hotels** liegen sehr schön unter Palmen und unmittelbar am Meer. Es scheint beinahe eine **Postkartenidylle** zu sein. Der schmale Strand zieht sich kilometerweit durch die Buchten, ständig ist er von Palmen gesäumt.

Hier hat man Ruhe satt, wer nächtlichen Trubel will, muss rüber nach Las Terrenas.

Ausflug zur Playa Cosón

Von Las Terrenas verläuft eine asphaltierte Straße zur Playa Cosón. Dieser **schöne Strand** liegt noch ziemlich einsam ein paar Kilometer außerhalb von Terrenas. Dort kann man (noch) in ziemlicher Einsamkeit mal einen Tag an einem durchaus langen Strand verbringen. Noch ist die Infrastruktur bescheiden, ein Hotel entsteht und eine nette Bar mit dem Namen „the Beach" existiert schon.

Praktische Reisetipps

Anreise

- Von **Las Terrenas** am besten mit einem Motoconcho fahren, denn die drei Kilometer mit Gepäck zu laufen, verbietet sich bei der Hitze von selbst, Guaguas verkehren nicht.

Unterkunft

- **Hotel Acaya***,** Tel. 809-240-6161, Fax 809-240-6166. Insgesamt 16 Räume, ein kleineres, angenehmes Haus. In dem weitläufigen Garten kann man in Hängematten schaukeln und abschalten, nettes Restaurant.
- **Hotel Atlantis****,** Tel. 809-240-6111, Fax 809-240-6205, www.atlantis-hotel.com.do. Bietet verschiedene Zimmergrößen und auch vereinzelte Bungalows an. Es ist eine kleine, gemütliche Anlage, die direkt am Strand liegt und unter französischer Leitung steht (exzellente Küche unter *Mitterands* ehemaligem Chefkoch, der mittlerweile sogar französischer Konsul ist). WiFi.
- **Coyamar**-****,** Tel. 809-240-5130, Fax 809-240-5141, www.coyamar.com. Zwei fröhlich bunt bemalte, zweistöckige Häuser mit Restaurant, großem Garten und kleinem Pool. Die Zimmer sind großzügig und hell eingerichtet, haben Safe, Ventilator und eine Radioanlage, sodass man mal karibische Klänge hören kann. Außerdem sind die Fenster so angeordnet, dass ein kühlender Luftzug übers Bett weht. *Judith* und *Peter*, zwei ausgewanderte Münch-

ner, leiten die Anlage und können gute Tipps geben. Kleines Hobby der beiden: Am Freitag ist Kinotag im Coyamar; seit Jahren wird da ein besonderer Film gezeigt, der mittlerweile viele Fans unter den deutschen Residenten hat.

• **Casa Grande Beach Hotel***-******, Tel. 809-240-6349, www.casagrandebeachhotel.com. Insgesamt zehn Zimmer mit unterschiedlichen Einrichtungsstilen vor einem großen, zum Meer offenen Garten. Dort liegt auch das Restaurant, wo man abends beim Piña Colada so richtig nett abhängen und sich aufs Meer wegträumen kann. Die Zimmer mit Meerblick sind etwas teurer.

Gastronomie

• **Pizzeria:** Liegt am Ende des Strandweges in Höhe des Hotels Atlantis unter Palmen direkt vor dem Strand. Zwei Franken betreiben das Lokal und bieten eine ausgezeichnete Pizza, die man in lauer Luft unter Palmen bei Meeresrauschen genießen kann.

El Limón

El Limón liegt ca. zwölf Kilometer östlich von Las Terrenas. Die Straße dorthin führt ständig unmittelbar am Meer entlang, bis sie das riesige Gelände des **El Portillo Beach Resort** erreicht. Auf dem Weg passiert man auch die Landebahn des kleinen Flugplatzes von Portillo.

Das Örtchen selbst hat keine touristische Besonderheit zu bieten, aber ein einzigartiges Naturwunder liegt etwas außerhalb in Richtung Samaná, der **Wasserfall** Salto de Limón.

Der **Salto del Limón** stürzt sich über 47 Meter hinunter, neben diesem beeindruckenden Anblick lockt vor allem ein erfrischendes Bad in dem herrlichen Wasser. Leser schrieben, dass sie zu Fuß in 40 Minuten hingewandert sind, sich allerdings etliche abstruse „Warnungen“ anhören mussten.

Zunächst muss man mit der Guagua von Las Terrenas bis zum Dörfchen El Limón fahren. Dort bieten sogleich lokale Führer ihre Dienste an. An der Hauptkreuzung liegt die Bar *Santís Parada*, die ein Spanier aus Asturien führt. Hier können Sie eine Tour zu dem Wasserfall buchen, die Guides gelten als kompetent und verlässlich. Meist ist in der Tour, die etwa 20 US$ kostet, ein Mittagessen ein-

159dr Foto: hf

geschlossen, was aber nicht verpflichtend ist. Man reitet wenigstens eine halbe Stunde buchstäblich über Stock und Stein, streckenweise auf ziemlich steilem Geläuf. Die letzten Meter geht man noch zu Fuß, aber dann öffnet sich das prächtige Panorama des herabstürzenden Wasserfalles. Direkt davor kann gebadet werden. Man kann sich auf einem Pferd zu den Saltos tragen lassen oder (außerhalb der Regenzeit) zu Fuß gehen. Es gibt mehrere Zugangswege zum Wasserfall, die alle gleich weit entfernt sind. Etwa einen Kilometer hinter El Limón in Richtung Samaná weist ein Schildchen „Saltos" den Weg, ein zweiter Zugang liegt noch mal fünf Kilometer weiter beim Schild „Cascada del Limón".

Samaná-Stadt

Samamá-Stadt heißt mit vollem Namen Santa Bárbara de Samaná. Samaná-Stadt bietet eine **entspannte Atmosphäre,** sowie alle notwendigen Einrichtungen, die der Reisende so wünscht (z.B. Restaurants, ausreichendes Hotelangebot). Diese beschränken sich jedoch auf eine **kleine touristische**

Fischer in Samaná

Meile, die sich hauptsächlich entlang der Uferstraße Malecón erstreckt. Das Ganze ist aber noch auf eine relativ kleine Anzahl von Geschäften begrenzt, sodass sich alles noch im Rahmen hält. All zuviel los ist hier wahrlich nicht.

Möglicherweise trägt dazu auch die Tatsache bei, dass es keinen nennenswerten **Strand** direkt am Ort gibt. Der einzige erwähnenswerte liegt versteckt unterhalb des Hotels Cayacoa, dieser kann es aber mit den schönen Stränden weiter außerhalb nicht aufnehmen. Anscheinend erwarten einige Investoren doch noch Größeres. Am Malecón wurde im zentralen Bereich eine Häuserzeile errichtet, die einem viktorianischen Baustil nachempfunden wurde. Diese Zone heißt **Pueblo Príncipe** und wird vor allem von den Gästen einiger All-Inclusive-Anlagen (ebenfalls mit dem Namenszusatz „Príncipe") aufgesucht, wenn die sich denn mal aus ihrem Resort heraustrauen.

Museo de las Ballenas

Ein **Wal-Museum,** das klingt interessant. War leider wieder bei meinem Besuch geschlossen. Ein Gärtner versicherte aber, es sei generell ab 9 Uhr geöffnet, nur leider-leider nicht am heutigen Samstag, als ich da war. Nun ja, auch hier die Bitte: Falls jemand das Museum besuchen konnte, bitte uns die Eindrücke schildern.

Praktische Reisetipps

Anreise

- Von **Santo Domingo** ist Samaná-Stadt per Bus der Gesellschaft *Caribe Tours* in 2½ Stunden zu erreichen. Die Busfahrt endet am Malecón, unweit der Hafenmole. Sofort werden etliche Schlepper kommen und versuchen, einem Besucher das beste und billigste Hotel anzubieten. Die Jungs bekommen eine kleine Provision von den Besitzern der Hotels, in die sie die Gäste bringen. Folglich macht jeder das angebotene Hotel des anderen schlecht, so dass der Reisende am Ende nur verwirrt ist. Da fast alle Hotels dicht beieinander liegen, kann man getrost auf eigene Faust ein Zimmer suchen gehen.
- Wer, von **Sabana** kommend, mit der Fähre eintrifft, erlebt das gleiche Spektakel. Man läuft aber nur von der Mole auf den Malecón und befindet sich schon im Zentrum.

- Wer sich per Guagua von **Puerto Plata, Sosúa** oder **Cabarete,** bis hierher durchgeschlagen hat, landet dann beim Marktplatz, der zentralen Haltestelle aller Guaguas.

Unterkunft

- **Hotel Docia*,** Tel. 809-538-2041, liegt in der zweiten Reihe gegenüber der auffälligen Kirche mit dem spitzen Turm. Hier ist es schon eine deutliche Spur ruhiger. Die 15 Zimmer sind unspektakulär, für den Preis aber absolut in Ordnung.
- **Hotel Bahía View**,** Tel. 809-538-2186, Av. Francisco del Rosario Sánchez, Ecke Av. Circunvalación 4. Das kleine Hotel liegt direkt hinter dem zweiten Kreisverkehr links, die Zimmer sind in der ersten Etage, unten befindet sich ein Restaurant, so dass man tatsächlich auf die Bucht blicken kann, wie der Name verspricht. Es ist leicht verwinkelt gebaut, gewinnt dadurch aber einen individuellen Touch. Es gibt kleine Balkone vor den 10 einfachen, aber korrekten Zimmern.
- **Hotel Gran Bahía Cayacoa****** (alles inklusive), Tel. 809-538-3131-9, Fax 809-538-2985, insgesamt 82 Räume. Das große Hotel liegt auf einem Hügel hoch oberhalb der Stadt, ca. 500 Meter steil bergan. Es bietet eine absolut ruhige Lage und die schönste Aussicht auf die Stadt und die Bucht. Das Hotel hat sogar einen Tennisplatz und einen kleinen Strand.

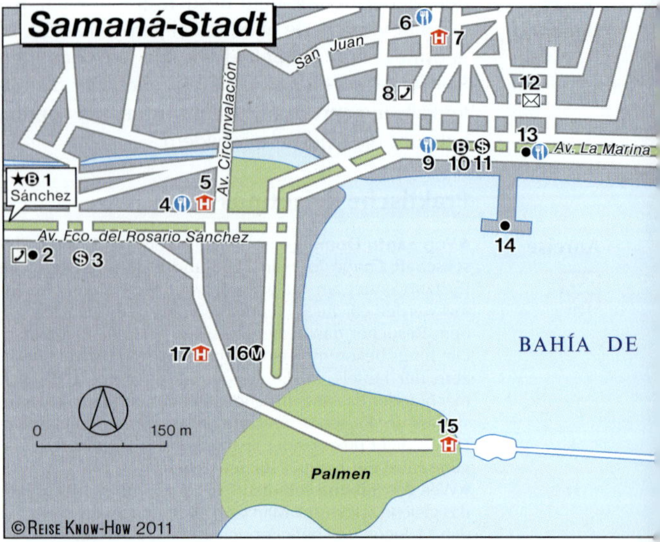

• Hotel Puerto Escondido,** Carretera al Hotel Cayacoa, Tel. 809-538-3337. Auf halbem Weg hoch zum Hotel Gran Bahía Cayacoa liegt dieses kleine, helle Haus schon ziemlich ruhig. Korrekte, nicht zu große Zimmer, aber das größte Plus dürfte die ruhige Lage sein.

Gastronomie

Die meisten Restaurants sind am Malecón angesiedelt.

• Restaurant Tony, c/ Sánchez 34. Sehr zentral gelegen am Kreisverkehr. Internationale Küche und morgens wird ein leckeres Frühstück serviert.

• Restaurant Bambú, schräg gegenüber der Anlegemole. Fundierte Auswahl und eine kleine Terrasse.

• Mata Rossada, kleines Restaurant in der Häuserzeile am Malecón mit hübscher Terrasse und internationaler Karte.

• Restaurante Chino (heißt wirklich so!), c/ San Juan 1. Unübersehbar dank der riesigen Aufschrift an der Hauswand liegt dieses Lokal hoch über der Stadt. Eine Treppe führt steil nach oben, etwa in Höhe vom Hotel Docia, sonst der geschwungenen Av. Circunvalación nach oben folgen.

Adressen

• Banken: *Banco de Reservas,* erste Parallelstraße hinter dem Malecón; *Scotiabank,* keine 50 m vom Hotel King entfernt; *Banco Popular,* etwa Höhe Anlegemole.

• Busgesellschaft: *Caribe Tours,* Malecón 5, Tel. 809-538-2229. Das kleine Büro ist schnell zu übersehen, es liegt neben der besser sichtbaren Eisdiele „Bon".

★ 1 Markt und
Ⓑ Guaguas nach Sánchez, El Limón
☎ 2 Codetel,
• Transportes Samaná
Ⓢ 3 Scotiabank
🍴 4 Restaurant Tony
Ⓗ 5 Hotel Bahía View
🍴 6 Restaurante Chino
Ⓗ 7 Hotel Docia
☎ 8 Codetel
🍴 9 Restaurant Mata Rossada
Ⓑ 10 Caribe Tours
Ⓢ 11 Banco Popular
✉ 12 Post
• 13 Whale Samaná und
🍴 Restaurant Bambú
• 14 Anleger der Fähre nach Sabana & Boote nach Cayo Levantado
Ⓗ 15 Hotel Gran Bahía Cayacoa
Ⓜ 16 Museo de Las Ballenas
Ⓗ 17 Hotel Puerto Escondido

Whale Watching

8 Uhr morgens, das Boot legt ab. An Bord etwa 20 Touristen und **Kim** – Expertin für Wale, und deshalb fahren wir zusammen raus: Whale Watching. Erst einmal geht es schnurstracks raus, an der Cayo Levantado vorbei. Unterwegs erklärt *Kim* die Spielregeln. Alle müssen mitmachen, immer den Horizont absuchen. Der wird gemäß der Uhr in Abschnitte eingeteilt.

Vorne am Bug ist es 12 Uhr, hinten am Heck 6 Uhr. Steuerbord, also rechts, ist es 3 Uhr, backbord 9 Uhr. Wer einen Wal sieht, ruft nur die entsprechende Uhrzeit, ganz einfach. Also starren wir und gucken und ... nichts. Kein Wal. Doch dann, *Kim* hat's gesehen: ten o'clock, also halb links. Wo? Wo? Doch, wirklich: eine Mutter und ihr Kalb. Volle Kraft voraus, zunächst, aber dann rechtzeitig stoppen. Nicht zu nahe heran. Die beiden sind schon wieder untergetaucht. Also warten. Warten. Warten ... Plötzlich: two o'clock. Alles hastet nach rechts. Und dann sehen wir ihn tatsächlich, aber weit weg. Unendlich langsam hebt er sich aus dem Wasser, zieht in einer geschmeidigen Bewegung seinen riesigen Körper durch und taucht ab.

Unser erster Wal, Wahnsinn. Wir stieren gebannt aufs Wasser. Was war das? Eine Sonnenreflexion? Eine Fontäne, oder was? Dann: auf 11 Uhr ... und weg. Ganz kurz tauchte er auf und gleich wieder weg. *Kim* kommentiert: Der kommt gleich wieder. Und wirklich, jetzt taucht er auf, nur 40 Meter von uns entfernt. Oh, ah, unglaublich, *amazing, dios mío!* Erst der Kopf, dann zieht sich der Körper in seiner vollen Länge aus dem Wasser, beschreibt einen Halbbogen und versinkt langsam wieder, ganz zum Schluss die Fluke in voller Größe. Kameras klicken, Münder stehen offen, alle sind begeistert.

Wo bleibt der nächste? Der kommt nicht. Warten. Schon 20 Minuten, die Sonne brennt, wir werden müde. Die Aufmerksamkeit sinkt. *Kim* versucht einen Scherz: *This is not whale watching, this is whale waiting.* Dann: 3 Uhr. Tatsächlich! Unglaubliche 20 Meter nah. Wieder hebt er sich aus dem Wasser, erst der Kopf, dann der Rücken, dann ganz langsam die Finne und dann der Schwanz, die Fluke. Langsam wird der Halbbogen kleiner, versinkt.

Alles danach ist fast Routine. Noch ein paar Wale sehen wir, dann müssen wir zurück. Unser Zeitlimit ist abgelaufen. Kein Boot darf länger als 30 Minuten bei einer Walgruppe bleiben.

Wir klettern unter das Sonnendach, entspannen uns, packen die Kameras weg, reden. Mit einmal schreit der Steuermann: *A la seis – six o'clock.* Ruckartig fahren wir hoch. Der Wal ist wieder da. Aber was macht er? Er bewegt den linken Flipper und dann den rechten. Er platscht ihn zurück aufs Wasser und wieder der andere, der linke und platsch! der rechte. Der linke, der rechte. Und aus und weg. *Kim* kommentiert trocken: *he said Good bye to us.* Genauso sah es aus. Nur Mist, dass die Kameras schon weggepackt waren.

218dr Foto: hf

Samaná

- **Telefonieren:** *Codetel,* Calle Santa Bárbara 4, unweit der Kirche, und in der ersten Parallelstraße hinter dem Malecón.
- **Motorradvermietung:** *Xamaná Rent a Moto,* Avenida La Marina 3.
- **Post:** erste Parallelstraße hinter dem Malecón.
- **Whale Samaná,** Veranstaltungsbüro der Kanadierin *Kim Badell* von Whale Watching Touren. Das Büro liegt am Malecón neben dem Restaurant *Bambú,* Tel. 809-538-2494, www.whalesamana.com. Die Saison für Walbeobachtungen liegt im Zeitraum Mitte Januar bis Mitte März. In dieser Zeit bietet *Kim* zweimal täglich um 9 und 13.30 Uhr Touren an für 40 US$, auf Wunsch auch mit Verlängerung auf Cayo Levantado.

Aktivitäten

- Von Samaná-Stadt aus kann man die Halbinsel gut erkunden. Besonders per **Geländemotorrad** lassen sich viele kleine, einsame Strandbuchten (siehe unter El Valle und Playa Rincón) entdecken.
- Die Stadt selbst hat keinen Badestrand zu bieten mit Ausnahme des kleinen Strandes unterhalb des Hotels Coyacoa. Mit etwas Aufwand ist die Insel **Cayo Levantado** zu erreichen (siehe dort).

Weiterreise

- Nach **Santo Domingo:** mit *Caribe Tours:* 7, 8.30, 10, 13, 14.30 und 16 Uhr.
- Nach **Puerto Plata per Guagua:** Zunächst vom Marktplatz nach Sánchez fahren. Dort in eine andere Guagua nach Nagua umsteigen. Unter der Woche gibt es auch vereinzelte Direktbusse nach Nagua. Von dort geht es weiter

nach Río San Juan und nach abermaligem Umsteigen schließlich bis nach Puerto Plata. Immer dem Fahrer erzählen, dass man den Anschlussbus erreichen möchte, dann bringt er einen dorthin.

- Nach **Puerto Plata per Direktbus:** Ein Kleinbus der Gesellschaft *Transportes Samaná* fährt dreimal am Tag direkt nach Puerto Plata, um 7.45, 10.30, 14 Uhr. Das kleine Büro liegt ganz in der Nähe vom Markt.
- Nach **Las Terrenas:** vom Markt mit einem Pickup oder Kleinbus zunächst nach El Limón fahren, dort umsteigen und weiter nach Las Terrenas. Klappt recht gut, die Frequenz beträgt etwa 30 Minuten.
- Nach **Las Galeras** fährt ebenfalls halbstündlich ein Fahrzeug ab Marktplatz.
- Nach **Sabana de la Mar:** Die Fähre legt um 7 und um 15 Uhr ab. Die Überfahrt dauert je nach Wetterverhältnissen ca. 1½ Stunden, Ticketverkauf eine halbe Stunde vor Abfahrt. Der Preis: 130 R.D.$.

Achtung: Kurz vor dem Einlaufen in den Hafen von Sabana müssen alle Passagiere in ein winziges Ruderboot umsteigen. Bis zur Brust im Wasser stehende Männer schieben die Boote die letzten Meter bis zum Steg. Dieser Service kostet natürlich extra.

- **Von Sabana** gibt es seltene Verbindungen nach Miches oder über Hato Mayor **nach San Pedro de Macorís.** Von dort wiederum starten ständig Guaguas sowohl **nach Santo Domingo** als auch **nach La Romana, Higüey.** Wenn die Fähre einläuft, warten sogar an der Mole Guaguas, die direkt nach Santo Domingo fahren. Reisende mit sperrigem Gepäck sollten die Fähre meiden und mit *Caribe Tours* fahren.

Cayo Levantado

Cayo Levantado ist ein winziges Inselchen, ca. 5 km vor Samaná-Stadt gelegen und nur per Boot zu erreichen. Zwei Strände und eine üppige Vegetation sind zu finden, die Insel wird auch *Bacardi-Island* genannt, weil angeblich hier der Werbespot gedreht wurde.

Das Ganze wird schon kräftig vermarktet als eine Art organisiertes Robinson-Crusoe-Feeling, lohnt aber trotzdem einen Besuch. Wer dem täglichen **Besucherandrang entgehen** will, muss nur früh genug kommen bzw. spät genug wieder wegfahren. Die organisierten Reisegruppen bleiben meist nur kurze Zeit über Mittag.

Das Inselchen hat einen **Hauptstrand** mit weichem, weißem Sand und diverse Grillstände. Hier bieten Fischer Langusten, Grillfisch und Drinks an. Man kann sein Essen zu einer bestimmten Zeit vorbestellen. Der Hauptstrand ist etwas lebhafter, denn die meisten Leute bleiben gleich hier.

In der Bucht eröffnet sich ein ca. 100 Meter langer weißer Sandstrand mit Palmen im Hintergrund. Und ganz im Hintergrund beugt sich tatsächlich eine Palme über das Meer, beinahe so, wie aus dem Werbefilm bekannt. Hier kann man ganz nett, aber nicht spektakulär schnorcheln und die buntesten Fische beobachten.

Auf der Insel befindet sich das 5-Sterne-Hotel *Gran Bahía Príncipe Cayo Levantado*. Die Zimmer liegen im Haupthaus und in einzeln stehenden Bungalows. Damit wird schon ein gewisser Platz der kleinen Insel belegt. Dazu kommen die **Tagesausflügler,** so dass es schon etwas voller ist. 1990 existierte das Hotel noch nicht und man konnte tatsächlich das „Bacardi-Feeling" erleben. Leser berichteten, dass sie dieses zwar nicht mehr vorfanden, ein Besuch jedoch immer noch reizvoll sei, aber man die Erwartungen lieber etwas tiefer hängen solle.

Praktische Reisetipps

Anreise

- Es starten Boote direkt vom Hafen von **Samaná-Stadt,** zumeist geht's frühmorgens rüber, eine Zeit für die Rückfahrt wird vereinbart, und der Käpt'n ist pünktlich zur Stelle. Eine zweite Abfahrtsstelle, **Simi Baez,** liegt ein paar Kilometer außerhalb an der Straße nach Las Galeras. Ob man da sehr viel spart ist fraglich, da der Transport hin (und zurück) organisiert werden muss.

LAS GALERAS

Las Galeras bezeichnet ein etwas abgelegeneres Strandgebiet, das 28 km von Samaná-Stadt entfernt liegt und ein ruhiges Minidorf ist. Hier endet die Straße, die von Samaná-Stadt in Richtung

Osten führt. Sie stößt auf eine ca. einen Kilometer lange **Strandbucht,** die recht hübsch von Hügeln eingerahmt wird. Ein paar Boote dümpeln herum, einige Palmen spenden Schatten, ein Essensstand bietet fangfrischen Fisch und Langusten an.

Einsamer ist es dagegen in der sich rechts anschließenden **Bucht Playa Bonita,** wenn auch eine große Hotelanlage dort in den Palmen steht. Ein Sandweg führt vom Hauptstrand in östlicher Richtung entlang der Küste dorthin (ca. 500 Meter). Der Strand ist hier schmaler, das Wasser flacher und mit vielen Korallenbänken durchsetzt.

Knapp außerhalb vom Ort liegt ein Strand, der kurz und bündig „playita" (Strändchen) genannt wird. Auf der Hauptstraße ein paar hundert Meter ortsauswärts gehen, dann westwärts durch die Felder auf einer Erdstraße. Sehr schöne, ruhige Strandbucht von vielleicht 250 Meter Länge mit zwei einfachen Fischlokalen.

Praktische Reisetipps

Anreise

- Per Guagua oder Rikscha-Motoconcho vom Marktplatz in **Samaná-Stadt.**

Unterkunft

Etwa 100 m bevor die Straße am Strand endet, liegt eine Kreuzung. Jeweils nach rechts oder nach links zweigt eine Straße ab, an der alle Unterkünfte zu finden sind. Man kann sie bequem zu Fuß erreichen. An der linken Straße:

- **Hotel Villa Serena****** (mit Frühstück), Tel. 809-538-0000, Fax 809-538-0009, www.villaserena.com. Das Hotel liegt links vom Hauptstrand in zurückversetzter Lage. Das Haus liegt äußerst ruhig am Meer und ist mit viel Liebe zum Detail eingerichtet worden, alle 21 Zimmer haben ihren besonderen Stil, alle besitzen eine Terrasse mit Meerblick. Pool, Restaurant und ein schöner Garten runden die Idylle ab.
- **El Marinique Resort**-*****,** Tel. 809-538-0262, www.elmarinique.com. Die keine Anlage liegt sehr ruhig am Strand in einem schönen Garten. Vermietet werden Apartments unterschiedlicher Größe und Ausstattung, die zwar ohne Luxus, aber völlig ausreichend eingerichtet sind.
- **La Bella Ventura**-*****,** Tel. 1849-881-0643, www.labellaventura.com. Sehr schöne kleine Anlage in einem weitläufigen Garten. Einzelne Häuschen oder Zimmer mit

Küche. Gut eingerichtet, farbenfroh und zweckmäßig gestaltet. Sehr ruhige Umgebung, 100 m vom Strand entfernt.
- **Aparthotel La Isleta****-***, Tel. 809-538-0116, www.laisleta.com. Eine schön gestaltete, kleine Anlage in hellen Farben mit gemütlichem Garten und kleinem Pool. Gut ausgestattete Bungalows mit Küche für bis zu vier Personen.

Rechte Straße:
- **Todo Blanco Hotel*****, Tel. 809-538-0201, Fax 809-538-0064, www.hoteltodoblanco.com. Kleines schickes Haus mit acht netten und praktisch eingerichteten Zimmern, die alle einen Balkon zum Meer haben. Das Haus liegt 50 Meter vom Strand entfernt und hat deutsch-italienische Besitzer. Auf Vorbestellung kocht der Patron italienisch-kreolisch. WiFi.
- **La Plantación Guest House****-***, Tel. u. Fax 809-538-0079, www.villalaplantacion.com. Eine sehr schön gestaltete Anlage in einem ebenso hübschen 2600 m² großen Garten. Vermietet werden vier Zimmer und ein Apartment, das ganze liegt nur knappe 150 m vom Strand entfernt.
- **Solazul****-***, Tel. 829-882-8790, www.elsolazul.com. In der weitläufigen und schönen Anlage fällt sofort die Schweizer Flagge im Garten auf. Die ockerfarbenen Gebäude sind liebevoll gepflegt, es gibt einen kleinen Pool.
- **La Rancheta***-**, Tel. 829-878-0637, www.larancheta.com. Auch bekannt unter „Karin y Ronald-Bungalows", liegt diese rustikale Anlage gut 2½ km von der Hauptkreuzung entfernt. Es gibt gut eingerichtete Zimmer oder einen Bungalow zu mieten. Wer möchte, kann sich auch längerfristig auf einer Hazienda einmieten.

Gastronomie

Die Lokale sind im Bereich der einzigen Kreuzung des Ortes zu finden:
- **Restaurant Chez Denise,** seit über einem Jahrzehnt französische Küche.
- **Pizzería Aventura,** liegt an der Hauptzufahrtsstraße knapp vor der Kreuzung.
- **Karin y Tony,** Bar & Grill, liegt ebenfalls knapp vor der Kreuzung auf der linken Seite. Kanadisch-dominikanische Küche wird geboten.
- **Plaza Lusitania,** liegt gegenüber und ist so etwas wie ein zentraler Punkt mit mehreren Läden. Dort gibt es auch ein italienisches Restaurant.
- **Strandlokal.** Direkt am Strand liegt ein einfaches Lokal, was sich aber nur auf die Bauweise bezieht. Hier bekommt man leckere Fischgerichte oder hängt ganz einfach an den urigen Tischen bei einem Presidente-Bier 'ne Runde ab.

Adressen

- Ein **Minimarket** liegt an der Hauptstraße.
- **Geldwechseln** kann man im *Las Galeras Tourist Service* an der Hauptkreuzung.

- **Autoverleih:** *Caribe Fun Rentals,* Tel. 809-538-0109, ist ein deutschsprachiger Auto- und Motorradverleiher. Er liegt am linken Straßenarm nach der Hauptkreuzung.
- Das **Internet Center** befindet sich in unmittelbarer Nachbarschaft zum *Caribe Fun Rentals.*
- **Sunshine Tours,** ein Deutscher verleiht Motorräder und vermittelt Ausflüge. Zu finden beim Supermarkt. Mehrere Leser waren sehr angetan.

Weiterreise

- Etwa halbstündlich fahren Guaguas nach **Samaná-Stadt** bis zum Markt, von wo es weitergeht nach Sánchez, El Limón oder Las Terrenas.
- Wer mit *Caribe Tours* nach **Santo Domingo** reisen möchte, steigt vorher aus, nämlich am Malecón, etwa in Höhe der Fähranlegestelle.

El Valle

Dieser absolut einsam gelegene Strand ist am besten mit einem Motorrad zu erreichen, allerdings auf einer **unwegsamen Strecke,** die nichts für Anfänger ist (bitte ernst nehmen!). Man verlässt Samaná-Stadt in Richtung Las Galeras, fährt den kleinen Hügel in einer Linkskurve hoch bis zur T-Kreuzung, wo die Straße rechts nach Las Galeras abzweigt. Dieser folgt man bis nach wenigen hundert Metern ein kleines Schild nach links den Weg weist: El Valle. Die nun folgende unebene Piste weist tiefe Schlaglöcher auf, ist stark ausgewaschen und teilweise äußerst steil. Unterwegs müssen zwei Bäche durchquert werden. Insgesamt ein Weg von 9 km. Trotz aller Strapazen ist der Weg landschaftlich sehr schön. Ausflügler passieren einige Häuser, die zur Sicherheit auf Pfählen stehen.

Vorsicht beim Baden, hier herrscht eine tückische Strömung. Der 20 Meter breite Strand ist durch einen großen Felsen zweigeteilt. Aus ihm sprudelt eine Süßwasserquelle mit erfrischendem glasklarem Wasser, das nach wenigen Metern im Meer versickert.

Kneipe auch am Ende der Welt

Playa Rincón

Dieser vier Kilometer lange Strand ist ebenfalls nicht mit öffentlichen Verkehrsmitteln zu erreichen. Am besten gelangt man **per Motorrad** oder per Bootscharter in die Bucht. Zunächst wird noch die geteerte Straße in Richtung Las Galeras befahren, bis nach 17 km ein Holperweg nach links abzweigt (aus Richtung Las Galeras: nach sieben km rechts). Nach elf km erreicht man die Bahía de Rincón, wenn man nach 9 km nicht die Abfahrt nach links verpasst hat. Auch hier gilt das über den Weg nach El Valle Gesagte zur Piste.

In Las Galeras werden auch immer wieder **Bootstouren** zu diesem Strand angeboten. Ich selbst habe es bislang noch nicht gemacht, kann es mir aber ziemlich reizvoll vorstellen. Das wird sich aber nur für eine kleine Gruppe lohnen.

Die Piste jedenfalls ist ziemlich holprig und sollte nicht mit einem normalen Pkw befahren werden.

Der **Strand** zählt mit zum Schönsten, was man im ganzen Land finden kann! Einige kleine Kioske bieten Fischgerichte an, ansonsten gibt es wenig bis gar keine Infrastruktur. An einer kleinen Süßwasserquelle kann später das Salz abgewaschen werden.

219dr Foto: hf

220dr Foto: hf

ANHANG

Kleine Sprachhilfe

Wir geben hier nur ein paar Phrasen an, die man schnell erlernen kann bzw. auf die keine komplizierte Antwort zu erwarten ist. Das reicht aber nicht zur Kommunikation, deshalb ist wenigstens ein Volkshochschulkurs angebracht. Speziell in den abgelegeneren Gebieten spricht kaum jemand Englisch.

Die Menschen sind natürlich neugierig auf den Ausländer, halten ihn aber meist auf den ersten Blick für einen Gringo, einen Amerikaner. Wer dieses Vorurteil noch dadurch bekräftigt, dass er Englisch spricht, wird oftmals nicht allzu freundlich begrüßt, US-Amerikaner sind eben nicht immer beliebt.

Gerade der Individualtourist, der häufig an Busschaltern und Hotelrezeptionen zu tun hat, muss ein paar Grundkenntnisse Spanisch mitbringen

Betonung

Hier ein paar grundlegende Hinweise:

- Jedes Wort wird so ausgesprochen, wie es geschrieben wird, d. h. es werden keine Buchstaben zusammengezogen.
  Beispiel: *bien* (gut) wird „bi-en" gesprochen.
- Einzige Ausnahme: *gue* und *gui,* die werden „ge" und „gi" gesprochen.
  Beispiel: *guerra* (Krieg) „gerra"
- Grundsätzlich werden die Wörter auf der vorletzten Silbe betont, wenn sie auf einem Vokal *(a, e, i, o, u)* bzw. auf *n* oder *s* enden.
- Endet ein Wort auf einem Konsonanten (außer: *n* und *s*), wird die letzte Silbe betont.
- Abweichungen von dieser Regel zeigen die Akzente an. In diesem Fall wird dann der Buchstabe betont, über dem der Akzent steht.

Aussprache

• *c* = „ß", fast wie englisches th	*ciudad* (Stadt) = „ßiudad"
• *c* = „k", wenn a, u, o folgt	*casa* (Haus) = „kasa"
• *ch* = „tsch"	*mucho* (viel) = „mutscho"
• *j* = „ch" in huch	*Juan* = „chuan"
• *ll* = „lj", fast wie deutsches „j"	*Mallorca* = „Maljorka"
• *ñ* = nj	*España* = „Espanja"

Hilfreiche Phrasen

Hier stellen wir ein paar wichtige Sätze vor, die der Reisende ständig gebrauchen kann.

- Hinweis: Das umgedrehte Fragezeichen (¿) vor dem Fragesatz ist eine typische spanische Besonderheit. Analog wird vor einem Befehlssatz ein umgedrehtes Ausrufungszeichen gesetzt (¡).

Begrüßung und Verabschiedung

Buenos días	Guten Tag
Buenas tardes	Begrüßung am Nachmittag
Buenas noches	Gute Nacht und Guten Abend
Hola	Hallo
Adiós	Tschüss

Die Dominikaner verabschieden sich auch lässig mit *Salú,* was von *saludo* (Gruß) kommt.

Orientierung

• Wo ist ...	*¿Dónde está ...*
• ... der Busterminal von Caribe Tours?	*... la terminal de Caribe Tours?*
• ... der Busterminal von Metro Bus?	*... la terminal de Metro Bus?*
• ... die Polizei?	*... la policía?*
• ... das Hotel ...?	*... el hotel ...?*
• ... die Post?	*... el correo?*
• ... die Bank?	*... el banco?*
• Haben Sie einen Stadtplan von ...?	*¿Tiene un plano de ...?*
• Ist dies die Straße nach ...?	*¿Es esta la carretera a ...?*
• Ist es weit?	*¿Es lejos?*
• In welcher Richtung liegt ...?	*¿En qué dirección está ...?*

Unterkunft

• Haben Sie ein Doppelzimmer?	*¿Tiene una habitación doble?*
• Haben Sie ein Einzelzimmer?	*¿Tiene una habitación sencilla?*
• Wie teuer ist es?	*¿Cuánto vale?*
• Ich möchte ein ruhigeres Zimmer.	*Prefiero una habitación más tranquila.*
• Ich möchte bezahlen.	*Quiero pagar.*

Transport

• Ein Ticket nach ..., bitte.	*Un billete a ..., por favor.*
• Zwei/drei Tickets nach ..., bitte.	*Dos/tres billetes a ..., por favor.*
• ... für morgen	*... para mañana*
• Wieviel kostet ein Ticket nach ...?	*¿Cuánto vale un billete a ...?*

	• Wann fährt ein Bus nach ...?	*¿Cuándo sale un autobus a ...?*
	• Fahren Sie nach ...?	*¿Va a ...?*
	• Fahren Sie am/bei ... vorbei?	*¿Pasa por ...?*
	• Halten Sie hier!	*¡Pare aquí!*
Taxifahrt	• Ich möchte zum Flugplatz fahren.	*Quiero ir al aeropuerto.*
	• Ich möchte zum Hotel ... fahren.	*Quiero ir al hotel ...*
	• Wie teuer ist es nach ...?	*¿Cuánto vale a ...?*
	• Das ist ziemlich teuer.	*Es demasiado caro.*
Bank	• Ich möchte Reiseschecks wechseln.	*Quiero cambiar cheques de viaje.*
	• Ihre Adresse	*Su dirección*

(Gemeint ist die Hoteladresse, die auf den Formularen beim Geldwechseln eingetragen werden muss.)

Zahlen	0	*cero*
	1	*uno* (aber: *un kilo, una cerveza*)
	2	*dos*
	3	*tres*
	4	*cuatro*
	5	*cinco*
	6	*seis*
	7	*siete*
	8	*ocho*
	9	*nueve*
	10	*diez*
	11	*once*
	12	*doce*
	13	*trece*
	14	*catorce*
	15	*quince*
	16	*dieciséis*
	17	*diecisiete*
	18	*dieciocho*
	19	*diecinueve*
	20	*veinte*
	21	*veintiuno*
	22	*veintidós*
	29	*veintinueve*
	30	*treinta*
	31	*treinta y uno*
	32	*treinta y dos*
	39	*treinta y nueve*
	40	*cuarenta*
	50	*cincuenta*
	60	*sesenta*
	70	*setenta*

80	*ochenta*
90	*noventa*
100	*cien*
101	*ciento uno*
102	*ciento dos*
110	*ciento diez*
138	*ciento treinta y ocho*
200	*doscientos*
300	*trescientos*
400	*cuatrocientos*
500	*qinientos*
600	*seiscientos*
700	*setecientos*
800	*ochocientos*
900	*novecientos*
1.000	*mil*
2.000	*dos mil*

Die Zahlen ab 1000 aufwärts werden wie im Deutschen gebildet, indem jeweils mil angehängt wird. Beispiele:

5.000	*cinco mil*
14.000	*catorce mil*
10.000	*diez mil*
100.000	*cien mil*

LITERATURHINWEISE

- *Álvarez, Julia*: **Die Zeit der Schmetterlinge.** Piper Verlag 1996. Fiktiver Roman vor dem Hintergrund einer tatsächlichen Begebenheit aus den letzten Tagen der Trujillo-Diktatur, als der Diktator die drei Schwestern *Mirabal,* die sich in Opposition zu ihm stellten, ermorden ließ. Die Schwestern Mirabal gelten heute als Märtyrer, in beinahe jedem Ort ist eine Straße nach ihnen benannt.
- *Bolay, Eberhard:* **Hispaniola – 500 Jahre danach.** Erlanger Verlag für Mission und Ökumene, 1994. Die Indianer Quisqueyas. Der Autor beschreibt die geschichtliche Entwicklung der indianischen Bevölkerung.
- *Exquemelin, Alexander Oliver:* **Piraten der Karibik.** Heel-Verlag 2007. Ein Beteiligter beschreibt das Leben der Boucanniers.
- *Las Casas, Bartolomé de:* **Kurzgefasster Bericht von der Verwüstung der Westindischen Länder.** Insel-Verlag 1981. *Las Casas* berichtet als Augenzeuge über die Gräueltaten der Spanier, die u.a. auf Hispaniola stattfanden, und er erzählt vom Leben der Tainos vor der Ankunft der Spanier.
- *Barnet, Miguel:* **Der Cimarrón.** Suhrkamp 1999. Die Lebensgeschichte eines entflohenen Sklaven aus Kuba, von ihm selbst erzählt. Ein nach Tonbandaufnahmen zusammengestellter Bericht des 104-jährigen Montejo, der sein Leben als entflohener Sklave, als Cimarrón, zu Anfang des Jahrhunderts erzählt. Die Hintergründe und Umstände trafen auch auf die Sklaven Hispaniolas zu.
- *Thum, Rolf:* **Palmen, Reis und rote Bohnen.** Larimar Verlag 1995. Der Autor lebte mehrere Jahre auf der Insel und gibt feinfühlige, aber auch detaillierte Einblicke in den Alltag, die den meisten Touristen verschlossen bleiben. Er scheut sich auch nicht, sich selbst einen Spiegel vor das Gesicht zu halten und das „merkwürdige Verhalten“ eines Ausländers aus dominikanischer Sicht zu schildern. Ein sehr vergnüglicher Lesespaß.

• *Vargas Llosa, Mario:* **Das Fest des Ziegenbocks.** Suhrkamp 2001. Die letzten Tage vor *Trujillos* Ermordung werden aus drei verschiedenen Blickwinkeln erzählt: aus Sicht der Attentäter, aus Sicht des Diktators und aus Sicht der Familie Cabral. Eine vierte Erzählebene beschreibt die Rückkehr von Urania Cabral und die Abrechnung mit ihrem Vater, einem ehemaligen hohen Trujillo-Funktionär.

Reisegesundheitsinformationen zur Dominikanischen Republik

Stand: Dezember 2010

Die nachstehenden Angaben dienen der raschen Orientierung, welche Vorschriften und Gesundheitsvorsorgemaßnahmen für eine geplante Reise in das Land zu beachten sind.

Die Angaben wurden nach bestem Wissen und sorgfältiger Recherche zusammengestellt. Eine Gewähr oder Haftung kann nicht übernommen werden.

Klima:

Tropisches Klima, im Norden und Osten regenreich, im Süden trockener, Regen vorwiegend von Mai bis November; durchschnittliche Monatstemperatur in Santo Domingo zwischen 24 °C und 27 °C.

Einreise-Impfvorschriften:

Für die Einreise besteht zurzeit keine Impfpflicht. Neben den in Deutschland empfohlenen Impfungen können jedoch weitere Impfungen sinnvoll sein.

Empfohlener Impfschutz:

Generell: **Tetanus, Diphtherie, Hepatitis A**

Außerdem sind zu erwägen: Impfschutz gegen **Typhus** und **Hepatitis B** (bei Langzeitaufenthalten und engerem Kontakt mit der einheimischen Bevölkerung) unter folgenden Reisebedingungen: Reise durch das Landesinnere unter einfachen Bedingungen (Rucksack-/Trekking-/Individualreise) mit einfachen Quartieren/Hotels; Camping-Reisen; Langzeitaufenthalte; praktische Tätigkeit im Gesundheits- oder Sozialwesen; enger Kontakt zur einheimische Bevölkerung wahrscheinlich. Bei vorhersehbarem Umgang mit Tieren wird außerdem eine Impfung gegen **Tollwut** empfohlen.

Wichtiger Hinweis:

Welche Impfungen letztendlich vorzunehmen sind, ist abhängig vom aktuellen Infektionsrisiko vor Ort, von der Art und Dauer der geplanten Reise, vom Gesundheitszustand sowie dem eventuell noch vorhandenen Impfschutz des Reisenden.

Da im Einzelfall unterschiedlichste Aspekte zu berücksichtigen sind, empfiehlt es sich immer, rechtzeitig (etwa vier bis sechs Wochen) vor der Reise eine persönliche Reise-Gesundheits-Beratung bei einem reisemedizinisch erfahrenen Arzt oder Apotheker in Anspruch zu nehmen.

Malariarisiko: ganzjährig

mittleres Risiko herdförmig im Tiefland der westlichen Provinzen, besonders in Azua, Bahoruco und Dajabón, sowie in den Feuchtbiotopen im Hinterland der Provinz La Altagracia im Osten.

geringes Risiko herdförmig in den übrigen tiefer gelegenen Teilen

sehr geringes bzw. **kein Risiko** im Stadtgebiet von Santo Domingo, in Höhenlagen sowie in den Touristenresorts an der Küste.

Vorbeugung: Ein konsequenter Mückenschutz in den Abend- und Nachtstunden verringert das Malariarisiko ganz erheblich **(Expositionsprophylaxe).** Die wichtigsten Maßnahmen sind: In der Dämmerung und nachts Aufenthalt in mückengeschützten Räumen (Räume mit Aircondition, Mücken fliegen nicht vom Warmen ins Kalte); beim Aufenthalt im Freien in Malariagebieten abends und nachts weitgehend körperbedeckende Kleidung (lange Ärmel, lange Hosen) tragen; Anwendung von Insekten abwehrenden Mitteln (Wirkungsdauer etwa zwei bis vier Stunden) an unbedeckten Hautstellen (Wade, Handgelenke, Nacken); im Wohnbereich Anwendung von Insekten abtötenden Mitteln in Form von Aerosolen, Verdampfern, Kerzen, Räucherspiralen; Schlafen unter einem Moskitonetz (vor allem in den Hochrisikogebieten).

Ergänzend ist die Mitnahme von Anti-Malaria-Medikamenten zur notfallmäßigen **Selbstbehandlung** (Stand-by-Behandlung) zu empfehlen. Zu Art und Dauer der Behandlung fragen Sie Ihren Arzt oder Apotheker, bzw. informieren Sie sich in einer qualifizierten reisemedizinischen Beratungsstelle. Malariamittel sind verschreibungspflichtig.

Ratschläge zur Reiseapotheke:

Vergessen Sie nicht, eine Reiseapotheke mitzunehmen (wenigstens Medikamente gegen Durchfall, Fieber und Schmerzen, Insekten- und Sonnenschutzmittel, Salbe bei Insektenstichen sowie Verbandstoff, Pflaster und Wunddesinfektion), damit Sie für kleinere Notfälle gerüstet sind. Nicht vergessen: Medikamente, die Sie ständig einnehmen müssen! Wenn Sie spezielle Fragen zur Reiseapotheke haben, wenden Sie sich am besten an eine Apotheke mit reisemedizinisch qualifizierten Mitarbeitern.

Aktuelle Meldungen:

Darminfektionen: Risiko für Durchfallerkrankungen landesweit. Die Dominikanische Republik gehört zu den Urlaubsländern mit den höchsten Fallzahlen für Reisediarrhoen. Im Zuge der aktuellen Cholera-Epidemie im Nachbarland Haiti ist es zu 46 bestätigten Krankheitsfällen in der Dominikanischen Republik gekommen. Die Ansteckungsgefahr für Reisende ist derzeit gering. Hygiene beachten.

Die Reihe KulturSchock

vermittelt dem Besucher einer fremden Kultur wichtiges Hintergrundwissen. **Themen** wie Alltagsleben, Tradition, richtiges Verhalten, Religion, Tabus, das Verhältnis von Frau und Mann, Stadt und Land werden nicht in Form eines völkerkundlichen Vortrages, sondern praxisnah auf die Situation des Reisenden ausgerichtet behandelt. Der **Zweck** der Bücher ist, den Kulturschock weitgehend abzumildern oder ihm vorzubeugen. Damit die Begegnung unterschiedlicher Kulturen zu beidseitiger Bereicherung führt und nicht Vorurteile verfestigt.

Hier eine Auswahl:

Afghanistan	**Indien**
Ägypten	**Kambodscha**
Argentinien	**Kaukasus**
Australien	**Laos**
Brasilien	**Marokko**
VR China/ Taiwan	**Mexiko**
	Pakistan
Cuba	**Polen**
Ecuador	**Portugal**
Frankreich	**Russland**
Großbritannien	**Spanien**
Japan	**Thailand**
Jemen	**USA**
Indonesien	**Vietnam**

Leben in fremden Kulturen

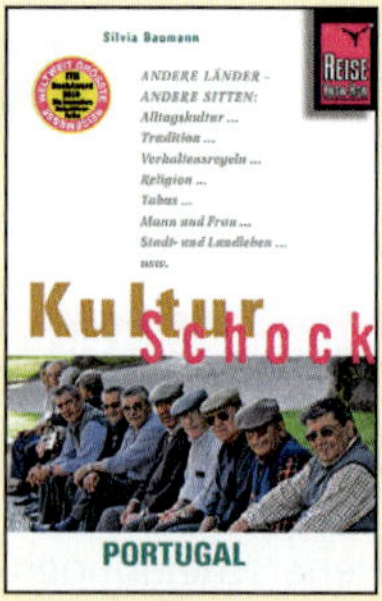

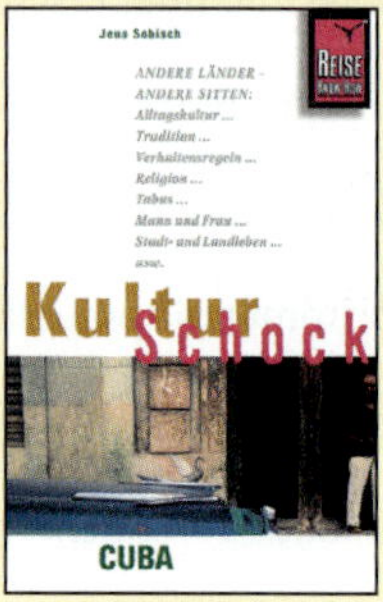

Reise Know-How Verlag, Bielefeld

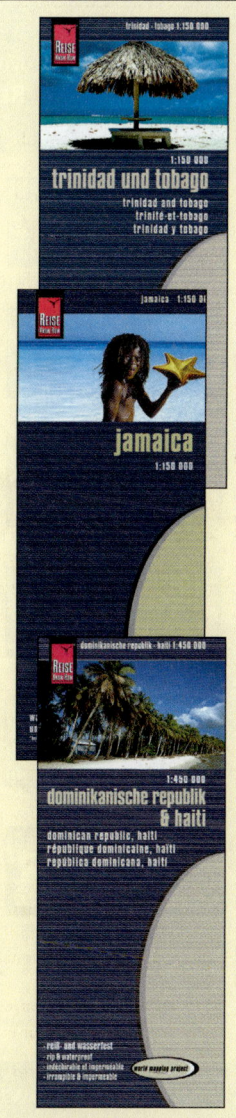

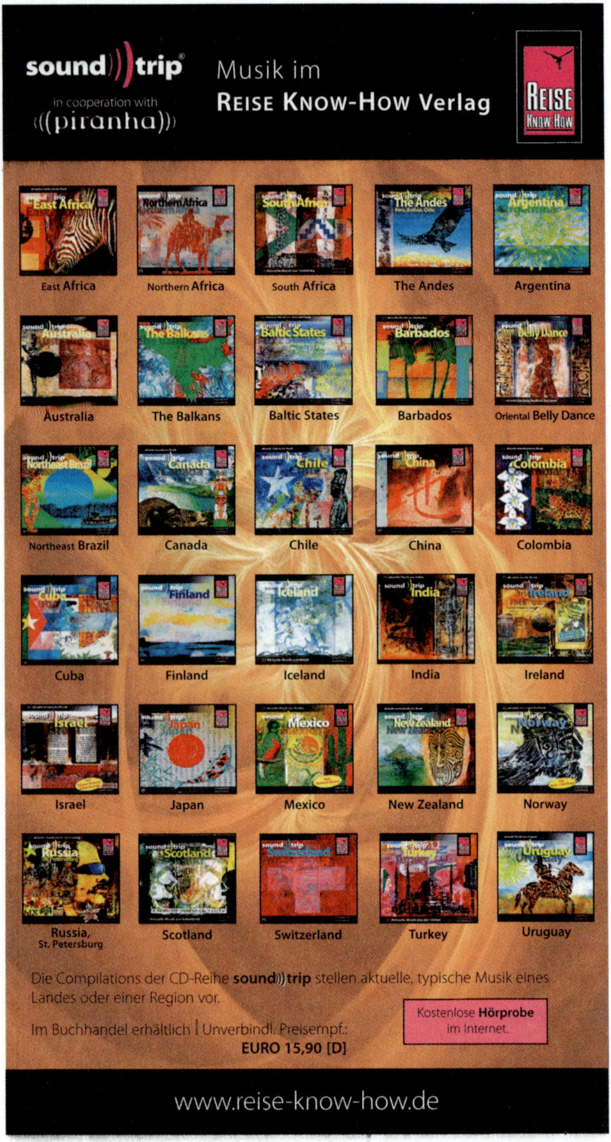
sound trip
in cooperation with
piranha
Musik im
Reise Know-How Verlag
Reise Know-How
East Africa
Northern Africa
South Africa
The Andes
Argentina
Australia
The Balkans
Baltic States
Barbados
Oriental Belly Dance
Northeast Brazil
Canada
Chile
China
Colombia
Cuba
Finland
Iceland
India
Ireland
Israel
Japan
Mexico
New Zealand
Norway
Russia, St. Petersburg
Scotland
Switzerland
Turkey
Uruguay
Die Compilations der CD-Reihe sound trip stellen aktuelle, typische Musik eines Landes oder einer Region vor.
Im Buchhandel erhältlich | Unverbindl. Preisempf.:
EURO 15,90 [D]
Kostenlose Hörprobe im Internet.
www.reise-know-how.de

REGISTER

A
All Inclusive 15, 103
Altos de Chavón 271
Anreise 63
Apartments 105
Aquarium 234
Arawaks 151
Architektur 193
Ärzte 62
Ausreisebestimmungen 14, 40
Ausreisesteuer 41
Ausrüstung 34
Außenhandel 168
Autofahren 35
Autovermieter 116
Ázua 302

B
Bachata 189
Balaguer, Joaquín 158, 162
Baní 300
Barahona 20, 31, 304
Baseball 264
Batey 154
Bávaro 281, 283
Bayahibe 20, 24, 272
Benzin 118
Bergsteigen 95
Bernstein 190
Besiedlung 151
Bevölkerung 17, 174
Bildungswesen 196
Boca Chica 20, 23, 251
Botschaften 39
Buckelwale 133, 404
Busse 110

C
Cabañas 105
Cabarete 21, 28, 93, 369
Casas, Bartolomé de las
218, 220
Cayo Levantado 406
Chapetones 155
Codetel 99
Cofresí 31, 378, 380
Colmado 75
Comedor 44
Condominios 105
Constanza 339
Cordillera Central 20, 122, 318
Criollos 155

D
Dajabón 385
Denguefieber 61
Diplomatische Vertretungen 39
Dollar 16, 54
Drake, Francis 215
Drogen 92

E
Ebano Verde 146
Einreisebestimmungen
14, 40
Einwanderer 347
El Cortecito 285
El Limón 399
El Valle 410
Elektrizität 43
Emigration 178
Enriquillo 309, 314
Essen 44
Euro 16, 54

F
Fähren 115
Faro a Colón 232
Fauna 131
Faxen 99
Feiertage 49
Fernández, Leonel 159, 163
Fernsehen 166
Feste 49
Fischvergiftung 57
Flagge 150
Flora 126
Flüge 63
Flughäfen 14, 63
Flugpreise 66
Fotografieren 51, 109
Frauen 184
Freihandelszonen 168
Fremdenverkehrsamt 18

G
Gebirge 122
Geld 16, 52
Geldautomaten 54

Geografie 122
Gepäck 67
Geschichte 151, 203
Geschwindigkeits-
begrenzung 117
Gesundheit 56, 420
Gesundheitswesen 197
Getränke 46
Gewichte 69
Guaguas 109, 111

H
Hahnenkampf 180
Haitianer 176
Handy 101
Hauptstadt 17, 202
Higüey 277
Hinflug 63
Hispaniola 123
Holzschnitzereien 190
Hotels 102
Hurrikane 125
Hutia 137

I
Individualreise 80
Informationen 18, 69
Isla Cabritos 311
Isla Catalina 276
Isla Saona 275

J
Jarabacoa 20, 31, 331
Juan Dolio 20, 24, 258
Juan Esteban 307
Juden 363, 367

K
Keramik 190
Kinder 71
Kitesurfen 93, 370
Kleidung 38, 108
Klima 56, 123
Kolonialarchitektur 194
Kolumbus, Christoph
156, 207, 382, 388, 394
Konsulate 39
Krankenversicherung 62
Kreditkarte 55, 78
Kultur 174
Kunsthandwerk 190

L
La Descubierta 311
La Romana 266
La Vega 325
La Vega Vieja 327
Lago Enriquillo 310
Lagunas Redonda y Limón 291
Lagune Grí-Grí 376
Landschaften 122
Landwirtschaft 167
Las Galeras 407
Las Terrenas 392
Last-Minute 68
Literatur 192, 418
Loma Quita Espuela 147
Los Patos 309
Luperón 31, 378

M
Macao 281, 283
Maimón 31, 378
Malaria 18, 59, 421
Malerei 190
Manatís 133
Masken 326
Maße 69
Medien 165
Merengue 186
Miches 289
Mietwagen 116
Militär 161
Mirabal 329
Mobiltelefon 101
Moca 328
Monte Cristi 381
Morro 383
Moskitos 59
Motoconchos 73, 114
Motorradfahren 73
Musik 186

N
Nachtleben 75
Nationaldistrikt 159
Nationalhymne 150
Nationalkongress 160
Nationalparks 138
Nationalpark
- Armando Bermúdez 140
- del Este 139
- Isabel de Torres 146

- Isla Cabritos 143
- Jaragua 144, 309
- José del Carmen Ramírez 140
- Laguna Rincón 147
- Los Haïtises 140, 391
- Monte Cristi 142, 383
- Redonda y Limón 145
- Sierra de Bahoruco 141
- Submarino La Caleta 142
- Valle Nuevo 145
Notfall 62, 78, 116
Notruf 62, 78

O, P
Öffnungszeiten 78
Palenque 300
Palmen 126
Paraíso 308
Parque de Los Tres Ojos 235
Parque Nacional
- Armando Bermúdez 140
- del Este 139
- Isabel de Torres 146
- Isla Cabritos 143
- Jaragua 144, 309
- José del Carmen Ramírez 140
- Laguna Rincón 147
- Los Haïtises 140, 391
- Monte Cristi 142, 383
- Redonda y Limón 145
- Sierra de Bahoruco 141
- Submarino La Caleta 142
- Valle Nuevo 145
Parteien 164
Pauschalreise 80
Pflanzen 126
Pick-ups 115
Pico Duarte 122, 334
Piña Colada 48
Piraten 352, 380
Playa Bonita 397
Playa Caletón 377
Playa Cofresí 31, 378
Playa Cosón 398
Playa Dorada 21, 30, 358
Playa El Quemaito 307
Playa Luperón 31, 378
Playa Maimón 31, 378
Playa Najayo 299
Playa Rincón 411
Politik 162
Polo magnético 315
Post 79
Preise 79, 81, 107
Prostitution 76
Provinzen 159
Puerto Plata 21, 30, 63, 346
Punta Cana 25, 63, 279
Punta Rucía 380

R
Radfahren 85, 94
Radio 166
Regenwald 128
Regenzeit 88, 124
Reiseapotheke 61, 421
Reisegepäck-
versicherung 119
Reisekasse 107
Reiserücktrittskosten-
versicherung 118
Reisezeit 17, 87
Reiten 95
Religion 17, 179
Reptilien 135
Reserva Científica
Ebano Verde 146
Reserva Científica
Loma Quita Espuela 147
Río San Juan 376
Ruinas La Isabela 379
Rundflüge 93

S
Sabana de la Mar 288
Salcedo 329
Salto del Limón 399
Saltos de Baiguate 334
Saltos de Jimenoa 332
Samaná 21, 26, 388
Samaná-Stadt 400
San Cristóbal 296
San Francisco de Macorís 341
San Pedro 263
San Rafael 308
Sánchez 389
Santiago 319
Santo Cerro 328
Santo Domingo
19, 22, 64, 193, 202
Schlitzrüssler 136
Schulsystem 197

Seekühe 133
Sicherheit 89
Sicherungsschein 119
Sklaven 177, 220, 389
Sonne 58, 108
Sosúa 21, 29, 360
Spanisch 96
Speisen 44
Sperrnummer 78
Sport 93
Sprache 16, 96, 414
Staat 159
Staatspräsident
17, 159, 160, 163
Staatssymbole 150
Straßen 118
Strom 43
Surfen 93, 369

T
Tainos 151, 234, 314
Tanken 118
Tauchen 95
Taxi 109, 115
Telefonieren 99
Tiere 131
Tourismus 17, 169, 170
Touristenkarte 14, 40
Transportmittel 15
Trujillo, Rafael
158, 228, 298

U
Uhrzeit 102
Unfall 116
Unterkunft 14, 102
Unterkunftskategorien 107

V
Velázquez, Diego 302
Verhaltenstipps 108
Verkehrsmittel 110
Versicherungen 118
Verwaltung 159
Vögel 131
Voodoo 180
Vorwahl 101

W
Währung 52
Wald 130
Wale 133, 404
Wasserfall 332
Wechselkurs 52
Whale Watching 134, 404
Windsurfen 93, 370
Wirtschaft 166

Z
Zeitdifferenz 102
Zeitungen 165
Zoll 41
Zuckerrohr 167, 176

221dr Foto: hj

Der Autor

Hans-Jürgen Fründt ist waschechter Schleswig-Holsteiner. Schon in frühester Jugend zog es ihn an die Küsten, mal zur Nordsee, um mit den Wellen zu kämpfen, mal um im ruhigen Ostseewasser zu planschen. Kaum ein Strand im platten Land, den er nicht irgendwann einmal probegelegen hätte. Aber dann war die Neugierde auf das Fremde doch stärker, es zog ihn zunächst nach Hamburg, dann nach Madrid, wo er an der Universidad Complutense Spanisch studierte. Durch mehrjährigen Aufenthalt in Spanien und später Mittelamerika kam er zum Journalismus. Mittlerweile sind über 40 Bände entstanden, hauptsächlich über Spanien und seine Heimat Schleswig-Holstein. Der vorliegende Band ist sein fünfzehntes Buch. Daneben entstanden Reportagen, die u.a. in überregionalen Zeitungen und Reisemagazinen veröffentlicht wurden. In die Dominikanische Republik kam er 1990 zum ersten Mal, mittlerweile sind es zehn Reisen geworden.

Spezielle Textbeiträge

Der Buchautor **Jürgen Hoppe** lebt seit über 20 Jahren in der Dominikanischen Republik und beschreibt die Nationalparks. **Peter Wegmüller,** verheiratet mit einer dominikanischen Ärztin und Hotelier in Palenque, beobachtet die Stellung der Frau im dominikanischen Alltag und skizziert das Gesundheitswesen. **Markus Harteis** steuerte seine Erfahrungen beim Aufstieg auf den höchsten Gipfel der Karibik, den Pico Duarte, bei.

Kartenverzeichnis

Barahona 305
Boca Chica 252
Cabarete 371
Dominikanische Republik ....Umschlag hinten
Higüey 278
Juan Dolio 260
La Romana 267
Las Terrenas und Playa Bonita 393
Nordküste, Übersicht 344
Osten, Übersicht 248
Puerto Plata 348
Punta Cana 282
Santiago 320
Santo Domingo, Übersicht 202
Santo Domingo, Innenstadt 222
Santo Domingo, Kolonialviertel ....Umschlag vorn
Samaná, Übersicht 388
Samaná-Stadt 402
Sosúa 362
Südwesten, Übersicht 294
Zentrales Hochland, Übersicht 318